I0876091

SPINOZA
LA CAUSE DE LA PHILOSOPHIE

BIBLIOTHÈQUE D'HISTOIRE DE LA PHILOSOPHIE

NOUVELLE SÉRIE

Fondateur : Henri GOUHIER Directeur : Emmanuel CATTIN

SPINOZA
LA CAUSE DE LA PHILOSOPHIE

par

Elhanan YAKIRA

Traduction de l'anglais

par

Édith FUCHS

revue par l'auteur

PARIS

LIBRAIRIE PHILOSOPHIQUE J. VRIN

6, Place de la Sorbonne, Ve

2017

À Daniella, Hagit, Osnat et David

This translation of *Spinoza and the Case for Philosophy*
is published by arrangement with Cambridge University Press.

Imprimé en France
ISSN 0249-7980
ISBN 978-2-7116-2731-8

www.vrin.fr

ABRÉVIATIONS

La traduction en français des citations des différentes œuvres de Spinoza provient des traductions de Charles Appuhn. Dans quelques autres rares cas, l'emprunt est précisé (pour la correspondance par exemple); en général, il s'agit alors des traductions contenues dans l'édition de la Pléiade (édition de 1962) par Roland Caillois, Madeleine Francès et Robert Misrahi.

Pour l'*Éthique* : *É*. Les abréviations de Elhanan Yakira ont été suivies, c'est-à-dire que « *É* Vp40 » renvoie à *Éthique*, « Cinquième partie », Proposition 40. Corollaire est abrégé « cor » et scolie « s ».

Pour le *Traité de la réforme de l'entendement : TRE*, suivi du numéro de paragraphe (si le traducteur n'est pas spécifié, il s'agit de Charles Appuhn).

Pour le *Traité des autorités théologique et politique : TTP*, suivi du numéro du chapitre et du numéro du paragraphe.

Pour le *Traité politique* : *TP*

Les références dans l'édition Gebhardt sont données par G suivi du numéro de volume.

NS désigne les « Nagelate Schriften » c'est-à-dire la traduction néerlandaise de l'*Éthique* publiée en même temps que la première édition de cette dernière.

Les références aux œuvres de Descartes données dans l'édition Adam-Tannery sont signalées par AT.

Les notes de la traductrice sont indiquées par le signe [NdT].

Remerciements

Ma gratitude va à ma traductrice, Edith Fuchs, à la rigueur et au sérieux de son travail dont elle a bien voulu m'entretenir à mesure. Une nouvelle amitié en est ainsi résultée.

Jérusalem,
avril 2016

PRÉFACE À LA TRADUCTION FRANÇAISE

Cet ouvrage n'est ni une introduction générale à la philosophie de Spinoza ni un « guide pour lecteur égaré ». Je n'ai pas cherché non plus à réintroduire dans l'œuvre de Spinoza une cohérence toujours fuyante ou à dépasser ses contradictions apparentes ou réelles. Une seule hypothèse méthodologique a dirigé le travail consacré à cette œuvre : il semble souvent plus fructueux de demeurer attentif aux difficultés du système et à la nature paradoxale, voire bizarre, de certaines de ses doctrines, car il paraît possible de parvenir ainsi à une saisie plus profonde des motivations cachées, de la source de la pensée qui reste souvent muette sous la surface ou derrière l'apparente cohérence du *more geometrico*. Tel fut l'espoir qui a déterminé les choix selon lesquels ce livre s'est lentement formé. Au lieu de chercher à apporter aux paradoxes du spinozisme des solutions imaginaires ou réelles, reconnaître la réalité des difficultés devrait permettre d'accéder à une meilleure compréhension de la pensée qu'elles recèlent, de dévoiler le malaise philosophique qui a conduit à la formulation des thèses principales de cette philosophie et d'espérer ainsi mieux saisir les enjeux qui s'y jouent.

La rédaction du livre a commencé il y a à peu près une vingtaine d'années, mais il est en effet le résultat, et en quelque sorte le bilan, de longues années d'étude, de lecture, de recherche et d'enseignement de la pensée de Spinoza ; j'oserais même dire qu'il était en gestation depuis ma toute première rencontre avec la philosophie de Spinoza durant mes premières années d'études au département de philosophie de l'Université Hébraïque de Jérusalem. Si les lecteurs et lectrices de ce livre trouveront peut-être sa forme quelque peu inhabituelle, c'est que pendant ces longues années de réflexion et d'écriture, je l'ai abandonné de temps en temps pour me livrer à d'autres travaux tout en y revenant pour en changer, rectifier, réécrire sans cesse de longs passages. Quelques positions et quelques idées centrales demeuraient stables tandis que le reste évoluait et se modifiait sans arrêt – la structure, l'envergure, le contenu, le style et ainsi de suite. D'où sans doute quelques défauts de rédaction – des répétitions, des redondances, certainement quelques lacunes aussi. D'autre part, et comme le matériau accumulé menaçait de devenir hors de portée, j'ai pris deux décisions qu'on pourrait dire stratégiques : l'une, de maintenir l'ouvrage dans des proportions raisonnables; l'autre, de me limiter aux matières à propos desquelles un apport un peu neuf me semblait pouvoir être adjoint à l'abondante littérature consacrée à Spinoza.

Ainsi qu'il vient d'être dit, cette étude consacrée à l'*Éthique* résulte de la lecture et de la méditation de la philosophie de Spinoza, pratiquées de longues années durant. Ce fut en effet une lutte continuée, un travail incessant de déchiffrement, une tentative toujours renouvelée de cerner cette pensée dans son entièreté, d'accéder à son centre, et de l'évaluer en tant que projet philosophique.

Au centre de cette étude se trouve donc une lecture serrée de deux doctrines qui sont incontestablement parmi les plus importantes, mais aussi les plus difficiles, et même les plus paradoxales, de tout ce qu'on trouve dans l'*Éthique*. Elles se situent loin l'une de l'autre et les liens entre elles ne sont pas forcément toujours très clairement visibles : il s'agit des treize premières propositions de la Deuxième partie et des vingt dernières de la Cinquième partie. Là se trouvent respectivement l'épicentre de ce qu'on appelle la doctrine spinoziste du corps-esprit, et d'autre part, la doctrine du *salut*. Entre ces deux textes relativement courts, se jouerait, je crois, l'essentiel du spinozisme. D'une part tout dépend chez lui des rapports entre le corps et l'esprit; mais, d'autre part, tout conduit à la doctrine du *salut* (ou de ce que Spinoza entend par ce terme, mais qu'il nomme aussi bien *béatitude* et *liberté*). En dernière analyse, et même s'il en parle peu, c'est cette doctrine du *salut* qui donne à sa philosophie son allure tellement particulière. L'*Éthique*, il va sans dire, ainsi que la totalité du corpus spinoziste, contient d'autres sujets divers, dans la plupart des cas extrêmement intéressants, difficiles et philosophiquement importants, qui ont souvent été étudiés pour eux-mêmes avec grande intelligence, fécondité et probité philosophiques.

Cependant, et c'est sans doute un des multiples paradoxes du spinozisme et de sa réception, la doctrine du salut et de la liberté, du salut en tant que liberté et de la liberté en tant que salut, c'est-à-dire ce qui donnerait au spinozisme son sens ultime, n'a pas toujours fait l'objet de tels travaux et elle est souvent tenue pour la doctrine spinoziste la plus énigmatique au point d'être parfois considérée comme incompréhensible, absurde ou même superflue. Cette doctrine deviendrait peut-être moins énigmatique si l'on entreprenait de lier ces deux groupes de propositions – *É* II p1-13 et *É* V p21-42 – et de voir comment ils s'expliquent mutuellement. C'est en tout cas ce que je me suis proposé de faire dans ce qui suit – étudier de façon systématique les liens, implicites et semi-implicites qui relient le début de *É* II (du point de vue d'une lecture spécifique de ce qui s'y trouve) et la fin de *É* V. Je m'aventurerais même à dire que le rapport implicite entre ces deux textes constituerait une sorte d'axe thématique, un échafaudage théorique qui soutient tout l'édifice de la philosophie de Spinoza. Les étudier conjointement permet donc d'espérer ménager une voie d'accès à l'univers spinoziste et offrir une clé possible pour résoudre l'énigme de sa pensée.

Or, pour le voir, il fallait surmonter l'omniprésente notion du *parallélisme*. A la différence de la doctrine du *salut*, celle des rapports entre le corps et l'âme a fait l'objet d'un très grand nombre d'études, souvent excellentes. Mais la quasi-totalité de ces études acceptent, soit comme chose qui va de soi, soit avec quelques réserves, la pertinence du *parallélisme* comme principe herméneutique incontournable pour toute bonne interprétation de la doctrine spinoziste du corps et de l'esprit. Il y a sans doute de bonnes raisons à cela; j'ai pensé toutefois qu'il y avait aussi de bonnes raisons pour tenter un autre chemin.

De là suit donc la décision de se concentrer sur ces deux parties de l'*Éthique*, mais elle a toutefois un prix : il faut négliger ou passer sous silence tout le reste. Mais il faut aussi supposer que ce dont cet ouvrage ne traite pas est plus ou moins connu de la plupart de ceux qui vont le lire. Ces thèmes ne seront pris en considération que dans la mesure où ils seraient indispensables à la compréhension de ce qui est tenu pour essentiel.

Pour autant, ce livre n'est nullement conçu dans l'idée de se livrer à une monographie consacrée à un ou deux thèmes particuliers. Mon intention est bien de présenter une perspective plus générale. Je ne suis sans doute pas le seul parmi les lecteurs de Spinoza à avoir le sentiment que l'*Éthique* tout particulièrement, et l'*œuvre* en général, tournent autour d'un intérêt central et fondamental, d'une sorte de *cœur* thématique difficile à saisir et à définir, mais qui semble pointer vers quelque chose qu'on pourrait désigner comme un *projet.* Or, celui-ci, ce qui traverserait l'œuvre de Spinoza de bout en bout et lui donnerait son visage particulier serait mieux décrit, je crois, comme une lutte principielle avec la religion, de sorte que la portée du spinozisme ne peut être jaugée que par une contextualisation, à la fois historique et thématique, permettant de la situer à l'intérieur de ce qu'on aimerait appeler (en songeant, évidemment, surtout à Leo Strauss en rappelant le contexte historique) « *La* critique de la religion ».

Cette considération n'a, en elle-même rien d'original[1]. La place qu'occupe Spinoza dans l'histoire de *la question de la religion* a été abondamment étudiée. Mais cette question est habituellement abordée d'un point de vue historique, ou théologico-politique, c'est-à-dire du point de vue de l'advenue de la modernité, de la sécularisation et de la science moderne. Or, l'*Éthique*, à la différence du *Traité théologico-politique* ne s'occupe pas directement de la question de la religion en tant qu'elle relèverait de l'histoire, de la civilisation ou du théologico-politique. On peut cependant suggérer que *l'Éthique*, censée relever de la maturité philosophique de Spinoza, repose implicitement sur l'hypothèse qu'un moment critique où la religion avait été visée est désormais révolu, la réfutation de ses prétentions intellectuelles acquise, et le préjugé religieux détruit. C'est en quelque sorte la condition préalable, apte à rendre possible la libre recherche philosophique, la réflexion et la quête du salut auxquelles l'*Éthique* entend se consacrer désormais. L'*Éthique* commence donc là où le *Traité théologico-politique* s'achevait[2]. Cependant la critique de la religion, et par conséquent la question de la religion, mieux, la religion elle-même demeurent très fortement présentes dans l'*Éthique*. Bien que cette présence ne soit pas toujours obvie, elle n'en est pour autant pas moins fort réelle et importante. On pourrait peut-être dire que Spinoza s'est efforcé de transposer la factualité historique de la *question de la religion* en une réflexion philosophique transhistorique qui peut, et même doit être conduite avec les moyens de l'articulation et de l'argumentation proprement philosophiques.

Cet ouvrage comporte quatre parties : les deux plus longues sont de nature plutôt exégétique, les deux autres sont plus générales. La Première partie contient une tentative, plus thématique qu'historique, qui s'attache à lire Spinoza dans le contexte de la critique de la religion. Cette partie traite de la nature essentiellement polémique de la philosophie de Spinoza, en se consacrant au *Traité théologico-politique*, à la position que Spinoza adopta à l'égard de son milieu juif, et tout particulièrement à l'égard de Maïmonide. La question d'une prétendue religiosité de Spinoza y est également envisagée en la confrontant avec deux essais célèbres qui se sont

1. Voir S. B. Smith, *Spinoza's Book of Life : Freedom and Redemption in the Ethics*, New Haven, Yale University Press, 2003, notamment le chapitre VII qui a quelques similitudes avec la présente étude. Il essaie aussi de parvenir à une sorte d'évaluation générale de la philosophie de Spinoza, qui est plus politique et moins métaphysique que la mienne, et il prend appui sur une présupposition analogue, quoique plus directement straussienne que la mienne, en ce qui touche à l'idée que la critique de la religion a façonné la vision du monde fondamentale propre à la philosophie de Spinoza.

2. Selon le mot heureux de L. Strauss, le *TTP* serait une propédeutique pour la philosophie.

efforcés de décrire une supposée spécificité du « religieux », à savoir ceux de Rudolf Otto et de William James.

La « Deuxième partie » se consacre à la conception spinoziste de l'unité du corps et de l'âme. Elle comporte trois chapitres. Le premier (chap. II) s'attache à réfuter le célèbre paradigme interprétatif du parallélisme. Le deuxième (chap. III) examine quel arrière-plan thématique, et à quelque égard historique, est requis pour lire les considérations que contiennent les treize premières propositions de *É* II. Dans le troisième (chap. IV) je propose mon interprétation de la doctrine spinoziste du corps-esprit qui ne repose pas sur le paradigme du parallélisme mais sur la double affirmation que l'âme est une idée (*É* IIp11) et que son objet est le corps (*É* IIp13).

La Troisième partie (chap. V), essaie de mettre en perspective la doctrine spinoziste de l'âme et du corps, analysée dans la Partie II, en prenant le point de vue de quelques aperçus philosophiques contemporains sur cette problématique. On escompte parvenir par là à une meilleure intelligence des enjeux philosophiques plus vastes que la position de Spinoza impliquerait, au-delà du contexte immédiat de sa pensée.

La Quatrième partie (chap. VI et VII) examine la doctrine du *salus, sive beatitude sive libertas,* telle qu'elle se trouve dans la deuxième moitié de *É* V. En son centre se tient ce qu'on peut considérer comme la conclusion de cette étude consacrée à l'*Éthique*, à savoir l'affirmation que ce moment final de l'*Éthique* n'est compréhensible que si l'on y saisit une théorie de la valeur irréductible de l'être et de l'existence humaine en général, et tout particulièrement, une théorie de la valeur irréductible du mode de vie philosophique.

Jérusalem,
le 15 décembre 2015[1]

1. Je saisis l'occasion de rendre hommage à un maître et un savant qui est presque un inconnu à l'extérieur d'Israël ; il eut un rôle tout à fait déterminant dans les études et l'enseignement de la philosophie en Israël et il fut le professeur qui, le premier, suscita mon intérêt pour Spinoza. Yossef Ben Shlomo (1930-2007) fut professeur de philosophie puis professeur de la pensée juive à l'Université Hébraïque ainsi qu'à l'Université de Tel Aviv. C'était un enseignant charismatique. Grand connaisseur de Spinoza, mais aussi de la tradition juive, de la philosophie juive et de la Kabbale, Ben Shlomo écrivit relativement peu et presque exclusivement en Hébreu. Dans les traductions en hébreu du *TRE* et du *Court Traité* ses notes très détaillées constituent en vérité des commentaires complets. Au moment où la version anglaise du présent ouvrage était à l'impression, un volume posthume fit son apparition avec le titre suivant en hébreu : *Le défi de Spinoza*. Il comportait bon nombre d'études consacrées à Spinoza et à la réception de sa philosophie. Ben Shlomo voyait un « défi » majeur – vue que je partage avec lui – dans le rapport que Spinoza entretient avec la pensée religieuse. Toutefois, contrairement à moi, il juge que l'œuvre de Spinoza est l'expression d'une profonde religiosité dans laquelle il lui a semblé pouvoir saisir une sorte de sentiment quasi mystique d'union avec le « Tout ».

PREMIÈRE PARTIE

CHAPITRE PREMIER

SPINOZA ET LA QUESTION DE LA RELIGION

LA POLÉMIQUE

Si la philosophie de Spinoza est polémique de part en part, elle recèle tout autant l'invention d'un projet philosophique positif. Toutefois, même lorsqu'elle ne semble pas directement polémique, sa pensée se déploie dans un mouvement de défiance permanente, de questionnement incessant à l'égard des conventions fondamentales et des vérités universellement reçues, de sorte qu'elle ébranle les fondations présumées inébranlables de la civilisation chrétienne au sein de laquelle ses contemporains les plus radicaux – tel Hobbes – conduisent leur vie et leur pensée. À la différence de la majorité de ses contemporains, il avait à se faire une place, pour lui-même, philosophiquement et existentiellement, dans un univers dans lequel pour lui rien ne pouvait être considéré comme acquis. C'était un membre marginal de la *République des Lettres*[1], une figure quelque peu étrange – on l'appelait souvent « le Juif » – et s'il contribua modestement à ce qu'on appelle la révolution scientifique, il en était néanmoins suffisamment bien informé pour devenir l'interlocuteur de quelques uns de ses plus illustres chefs de file. C'était un Juif renégat qui vécut dans une relative intelligence avec ses voisins, des “chrétiens sans Église”. Quatre

1. En français dans le texte [NdT].

traditions surtout avaient compté pour façonner sa vie et sa pensée : la science nouvelle qui venait de naître ainsi que le nouvel ethos scientifique ; l'école de philosophie cartésienne ; la tradition religieuse, à la fois juive et chrétienne, surtout calviniste et réformée ; et la tradition qui pense l'État en termes républicains. Sa pensée avait grandi dans un dialogue complexe avec ces traditions sans jamais appartenir pleinement à aucune d'entre elles, mais si nous continuons à étudier Spinoza avec autant d'intérêt, il va sans dire que c'est parce que sa pensée transcende l'immédiateté des débats et disputes concrets dans lesquels elle s'est inscrite. On ne saurait cependant pleinement la comprendre, ni mesurer sa valeur universelle et intemporelle, comme on dit, en dehors du contexte dans lequel elle apparut. À l'égard de son environnement culturel, politique, social, spirituel et intellectuel, sa position est paradoxale : acceptation partielle et critique radicale ; marginalité et étrange façon de participer à la vie publique, célébrité et défiance – tout cela concouru à forger un mode de vie et un projet philosophique peu ordinaires. Au sein de cette expérience qui fut complexe et à facettes multiples, la critique, la révolte même contribuèrent nécessairement à façonner tant sa vie que l'élaboration de son projet philosophique. Sa critique de la religion, celle du théologico-politique, celle de la théologie juive et de la tradition juive ainsi que des façons de vivre qui lui sont propres, celle du cartésianisme aussi bien, ont une importance historique qui est, dans l'ensemble, reconnue. Mais ces critiques sont également très importantes si on veut essayer de comprendre le contenu positif de sa philosophie car la polémique en est un élément constitutif. Elle ne l'est toutefois pas seulement dans sa *négativité,* c'est-à-dire en tant que posture critique à l'égard de certains aspects fondamentaux de la réalité théologico-politico-philosophique dans laquelle il vivait, mais elle est également constitutive du point de vue du contenu positif de sa philosophie.

Y a-t-il quoi que ce soit qu'on pourrait tenir pour le cœur du projet philosophique de Spinoza ? Là où Descartes fut submergé par l'enthousiasme d'avoir trouvé sa vocation alors qu'il cherchait les fondements d'une *inventi mirabilis*[1], alors que cet enthousiasme demeura sous-jacent à la totalité de son œuvre scientifique et philosophique, Spinoza fut, quant à lui, sa vie durant, à la recherche d'une « joie continue et durable »[2] si, du moins, on prend au sérieux la présentation qu'il donne lui-même de sa

1. Ainsi qu'il la nomme dans les *Olympiques* lorsqu'il relate cette expérience semi-mystique qu'il eut durant la nuit qui sépare les 10 et 11 novembre 1619, AT X 216. Baillet parle des « fondements de la science admirable » lesquels sont, schématiquement la fondation métaphysique de la nouvelle physique mathématisée.

2. *TRE*, § 1-14.

philosophie. La religion en est partie prenante de façon bien plus proche que par exemple s'il est question de savoir si c'est le soleil qui tourne autour de la Terre ou l'inverse. Si Spinoza eut nombre d'intérêts autres – portant sur des questions scientifiques, des considérations techniques, par exemple sur le polissage des lentilles, ou, plus important, sur la forme de gouvernement souhaitable –, sa pensée, avant tout, se consacrait à ce qu'il avait coutume d'appeler le « salut », la « béatitude », la « liberté ». Là se tient le centre de sa philosophie et sa raison d'être la plus profonde : c'est du moins ainsi que nous comprenons son entreprise philosophique. Cela veut dire que sa position à l'égard de la conception cartésienne des préoccupations propres à la philosophie est des plus complexes. Mais il s'ensuit également que son attitude à l'égard de la religion est toute particulière.

Peut-on dire que la philosophie de Spinoza serait « religieuse » de quelque façon que ce soit ? Partage-t-il avec les religions instituées quelque forme de religiosité ? Peut-être thématise-t-il ce en quoi réside l'essence même de la religion ? Telle est la question qui sera abordée dans ce chapitre préliminaire.

On sait bien que Spinoza fut un critique radical et un opposant inflexible et déterminé de la religion organisée et tout particulièrement du rôle qu'elle convoite pour elle-même dans l'État, rôle que Spinoza tient pour une usurpation du pouvoir politique. Le fait qu'il fut un critique acerbe des formes superstitieuses, irrationnelles et naïves de la religion ou de la théologie est, une fois de plus, inséparable de sa renommée. Cependant, la question de savoir si on doit en faire un déiste ou l'adepte de quelque forme de religion universelle, naturelle et rationnelle, est une autre affaire.

La question qui a pour titre : « Spinoza et la religion » n'est, bien entendu, pas nouvelle. Parmi les réactions diverses suscitées par sa pensée, cette question a constitué un thème constant. Ce fut le cas dès qu'il commença d'écrire et d'être lu, mais, même avant cela l'épisode dramatique de sa rupture avec la communauté des Juifs portugais d'Amsterdam, le célèbre *herem* ou excommunication (littéralement la mise au ban) a clairement à voir avec la religion en dépit du fait que nous connaissons fort peu la nature exacte des accusations dont il fit l'objet. Toutefois, étant donné la façon spéciale dont la religion était pratiquée et pensée par les Juifs d'Amsterdam, il s'agissait bien moins de profession de foi et de doctrine[1] que d'identité et de façons de vivre. C'est d'allégeance qu'il

1. Le thème de la trahison revient sans cesse dans les écrits des Juifs hostiles à Spinoza. Parmi ces accusations, les plus connues sont celles de Herman Cohen et celle d'Emmanuel Levinas. Milner se livre à un concentré d'assertions de ce genre de manière extrêmement

s'agissait avant tout – à la congrégation, à la tradition, à un type particulier de communauté historique. Quelle qu'aie été la nature exacte des relations que Spinoza entretint avec les Juifs et le judaïsme, et quelle que fut l'accusation précise lancée contre lui lors de cet épisode du *herem*, il est certain que déjà durant sa brève vie Spinoza devint célèbre en tant qu'ennemi de la religion, et sa réputation d'athée avait gagné rapidement bien au delà de la cité qui l'avait vu naître. Ultérieurement, il fut tenu pour « l'athée vertueux » grâce à Pierre Bayle surtout, qui lui valut cette réputation. La célèbre *Pantheismusstreit* concerna la religion, ou plutôt c'est Dieu qu'elle concerna[1] ; et si nous devons en croire Jonathan Israël, et avec lui le nombre croissant de ceux qui écrivent sur la question de la « modernité »[2], Spinoza y joua un rôle majeur ou il fut à tout le moins une figure majeure de l'avènement de la sécularisation en Europe. Leo Strauss le voit en

sévère, provocante et même violente, en visant implicitement les discours contemporains qui concernent les Juifs, le sionisme et l'État d'Israël de la part des prétendus *compagnons de route* de Spinoza. Voir J.-C. Milner, *Le sage trompeur. Libres raisonnements sur Spinoza et les Juifs*, Paris, Verdier, 2013. Dans nombre d'écrits de Henry Méchoulan on ne trouve pas de critique moins virulente de l'attitude de Spinoza envers les Juifs et leurs traditions. Voir par exemple : « Hébreux, Juifs et Pharisiens dans le *Traité Théologico-politique* », *in* E. Giancotti Boscherini (ed.), *Spinoza nel 350 anniversero della nascita* (*Proceedings of the first Italian Congress on Spinoza, Urbino, october 4-8, 1982*), Naples, Bibliopolis, 1985. Voir aussi en particulier : H. Méchoulan, *Le droit et le sacré chez Spinoza*, Paris, Berg International, 2013. En ce qui concerne la présentation des circonstances et des raisons de la rupture de Spinoza d'avec la communauté juive d'Amsterdam, voir, entre autres, J. Kaplan, *From Christianity to Judaïsm : the Story of Isaac Orobio de Castro*, trad. de l'hébreu R. Loewe, Oxford, OUP, 1989 ; H. Méchoulan, *Être Juif à Amsterdam du temps de Spinoza*, Paris, Albin Michel, 1991 ; K. O. Meinsma, *Spinoza et son cercle : étude critique historique sur les hétérodoxes hollandais*, trad. fr. R. Roosenburg et J.-P. Osier, Paris, Vrin, 1983 ; Y. Yovel, *Spinoza on Knowledge and the Human Mind*, Leiden, Brill, 1994. L'introduction de J. Lagrée et P.-F. Moreau à leur traduction du *TTP* en français (1990) contient une bibliographie complète. L'ouvrage de S. Nadler, *Spinoza's Heresy. Immortality and the Jewish Mind*, Oxford, OUP, 2002, est une recherche qui porte sur les raisons possibles du *Herem* et de sa sévérité inhabituelle.

1. Voir parmi d'autres : F. C. Beiser, *The Fate of Reason : German Philosophy from Kant to Fichte*. Cambridge, Mass., Harvard University Press, 1987 ; W. Goetschel, *Spinoza's Modernity. Mendelssohn, Lessing and Heine*. Madison, Wis., The University of Wisconsin Press, 2004. Ce dernier est particulièrement intéressant pour l'importance qu'il accorde à la judéité de Spinoza.

2. J. Israel, *Radical Enlightenment : Philosophy and the Making of Modernity 1650-1750*, Oxford, OUP, 2002 (trad. fr. P. Hugues, C. Nordmann, J. Rosanvallon, *Les Lumières radicales*, Paris, Éditions Amsterdam, 2005) ; *Enlightenment contested : Philosophy, Modernity and the Emancipation of Man 1670-1752*, Oxford, OUP, 2006 ; *A Revolution of the Mind : Radical Enlightenment and the Intellectual Origins of Modernity*, Princeton, Princeton University Press, 2010.

prototype du critique de la religion, aux côtés d'Épicure, d'Averroès, de Hobbes ainsi que de quelques autres.

La discussion se poursuit de nos jours en ce qui concerne le caractère religieux du spinozisme. Certains pensent que Spinoza était athée ; d'autres soutiennent que sa pensée, tant éloignée de toute confession qu'elle ait été[1], n'en est pas moins imprégnée d'une religiosité profonde et authentique en ce qu'il formulerait un point de vue religieux sur la Nature et sur l'homme dans sa métaphysique consacrée à Dieu et qu'il l'exprimerait même comme une sorte d'expérience mystique. L'utilisation constante du langage religieux et de doctrines telles que celles de l'éternité de l'âme ou de l'amour intellectuel de Dieu conduit certains lecteurs de l'*Éthique* à une interprétation quasi-mystique, qui leur fait rapprocher cette œuvre de positions plus ou moins comparables soutenues certains kabbalistes[2]. D'autres, répétons-le, sont d'avis qu'il ne saurait y avoir d'opposition plus radicale au spiritualisme mystique et à l'attitude religieuse que le rationalisme qu'on prête à Spinoza.

Ce questionnement continu sert de cadre général à la présente étude de l'*Éthique* de Spinoza et la question à la fois historique et philosophique « de la religion » comme on l'appelle parfois, en est sa toile de fond. C'est contre elle qu'elle fut écrite et c'est contre elle qu'il faut la lire. Ainsi, la conviction majeure que la philosophie de Spinoza s'est formée dans une lutte fondamentale avec la religion a servi de guide à cette étude. Même lorsqu'il se consacre à des sujets qu'en général on ne considère pas comme des sujets religieux, on ne peut évaluer pleinement la portée des positions propres à l'idiosyncrasie spinoziste, qu'en tenant compte de ses démêlés avec la religion. Ainsi que la préface vient de l'exposer, la première partie de cet ouvrage se consacre à lire de près ce qu'on appelle la doctrine spinoziste du corps-esprit. Or, habituellement on ne considère pas que la question du corps-esprit fasse partie de la question de la religion, surtout dans la littérature philosophique contemporaine. Cependant la pleine signification de la singulière doctrine du corps-esprit chez Spinoza ne peut, semble-t-il, être comprise qu'à la condition d'être saisie dans le contexte des considérations par lesquelles l'*Éthique* s'achève, à savoir la doctrine du

1. Après qu'il eût quitté Amsterdam, Spinoza vécut surtout parmi ceux qu'on appelait les « chrétiens sans Église » ; sur ces sectes, voir L. Kolakowski, *Chrétiens sans Église : la conscience religieuse et le lien confessionnel au* XVII*e siècle*, trad. fr. A. Posner, Paris, Gallimard, 1969.

2. Tandis que d'autres refusent cela comme quelque chose d'incompréhensible ou, au moins, d'incompatible avec la philosophie rationaliste de Spinoza. Le cas le plus célèbre est celui de Jonathan Bennett mais quoique de façon plus modérée, c'est aussi celui de plusieurs autres, dont par exemple Edwin Curley.

« salut, de la béatitude et de la liberté », apogée à la fois de la polémique contre la religion et de l'effort destiné à cerner finalement la joie permanente et durable qu'il avait si longuement désirée.

On rend hommage à la grande perspicacité philosophique de Spinoza en lisant encore aujourd'hui avec tant d'intérêt sa théorie de l'âme humaine pour trouver en elle une contribution significative aux discussions qui entourent la question dite du corps-esprit; ce succès menace toutefois d'obscurcir sa signification philosophique plus profonde.

Comment, dès lors, cerner la position de Spinoza, sa position fondamentale, philosophique, vis-à-vis de la religion? Est-elle religieuse, antireligieuse ou religieusement neutre? Les opinions sont des plus variées pour comprendre quelle est cette attitude à l'égard de la religion, de la foi, ou de Dieu. Ainsi par exemple Novalis et son célèbre : « L'homme qui est ivre de Dieu ». Ou encore la non moins célèbre exclamation à laquelle se livra Renan – dans son discours à La Haye à l'occasion du dévoilement du monument dédié à Spinoza en février 1877 – quand il déclara que de son piédestal de granit le philosophe « enseignera à chacun le chemin du bonheur qu'il avait trouvé pour lui-même; pour les siècles à venir, l'homme cultivé qui longera le *Pavilioengragt* se dira intérieurement : « c'est là sans doute qu'on a vu Dieu au plus près ! ». Mais ils sont quelques-uns à trouver que les « abstractions » spinozistes sont froides comme neige au sommet d'une montagne de glace, tandis que d'autres voient en Spinoza le précurseur majeur de la vision matérialiste moderne de la société et de l'homme, de la déconstruction freudienne de la conscience religieuse, du néo-athéisme pour ne rien dire de la sécularisation dans ses manifestations plus politiques ou théologico-politiques. Bayle, qui vient d'être mentionné, pensait que Spinoza était athée. Il le considérait vraiment comme un athée prototypique et il a même formé sa définition de l'athéisme en prenant modèle sur Spinoza, tel qu'il l'avait compris. Dans les *Pensées sur la comète*, il dit que l'athéisme se réduit à « cette doctrine générale que la nature est cause de toutes choses; qu'elle existe éternellement et par elle-même et qu'elle agit selon toute l'étendue de son pouvoir et conformément à des lois immuables qu'elle ne connaît pas »[1]. Une façon de voir plus curieuse mais néanmoins typique vient d'Antonio Negri qui voit en Spinoza « un athée religieux »[2].

1. P. Bayle, *Pensées sur l'athéisme*, « Présentation » de J. Boch, Paris, Desjonquères, 2004, p. 28. Dans le dictionnaire de Bayle, l'entrée la plus longue est consacrée à Spinoza.

2. A. Negri : « Reliqua Desiderantur : A conjecture for a definition of the concept of Democracy in the final Spinoza » *in* W. Montag et T. Stolze (eds.), *The New Spinoza*, Minneapolis, University of Minnesota Press, 1997, p. 219-247. On pourrait tout aussi bien

Spinoza était-il vraiment athée ? Était-il religieux ? Peut-on être à la fois religieux *et* athée ? Ces vocables et quantité d'autres de même genre sont notoirement difficiles à définir et si on commence à en discuter, on risque fort de tomber dans ce que Spinoza considère comme une dispute de mots et non de choses. En maintes occasions, il a lui-même nié être athée, par exemple dans une lettre à Oldenburg de la fin de 1665 dans laquelle il explique que l'une des trois raisons qu'il eut d'écrire le *Tractatus Theologico-Politicus* était « l'opinion qu'a de moi le public qui ne cesse de m'accuser d'athéisme : Je suis contraint de la combattre le plus possible » [1]. Était-il sincère en écrivant ces mots ? Il était plutôt dangereux d'être accusé d'athéisme à cette époque, surtout si être « le Juif » définit son statut social. Mais on n'a aucune raison véritable de supposer la moindre tromperie de la part de Spinoza. Au lieu d'interroger la sincérité de Spinoza, il vaudrait mieux demander ce qu'il a pu vouloir dire en niant être athée.

Si « l'athéisme » consiste à prétendre que le mot « Dieu » est un mot vide, alors bien sûr Spinoza n'est pas athée ; si, en revanche, on entend par « athée » quelque chose du genre de ce que Bayle décrit, alors assurément Spinoza l'était. La signification de ce terme se modifie avec le temps, même si on le prend en général au sens de la négation catégorique de l'existence de Dieu[2]. On doit à Alexandre Kojève un essai de jeunesse resté inachevé qui porte tout simplement le titre *L'athéisme*, dans lequel on trouve une tentative très éclairante pour introduire dans la question de l'athéisme un peu d'ordre conceptuel. Kojève observe qu'on ne peut dire de façon significative que quelqu'un est *théiste* qu'à la condition que Dieu soit pour

dire de Spinoza qu'il fut un « théiste anti-religieux (ou un déiste ou un Dieu-iste) ». Les vues totalement non orthodoxes de Negri sur Spinoza sont exposées dans *L'anomalie sauvage*, Paris, P.U.F., 1982.

1. Lettre XXX, trad. fr. R. Misrahi, « Bibliothèque de la Pléiade », Paris, Gallimard, 1962, p. 1175.

2. L'athéisme consiste-t-il à ne pas croire en Dieu ou réside-t-il dans la croyance positive que Dieu n'existe pas ? Et dans ce cas l'athéisme ne serait-il pas, après tout, une forme de foi ? Voir par exemple à la fois l'« Introduction générale » et quelques unes des contributions *in* M. Michael (ed.), *The Cambridge Companions to Atheism*, Cambridge, CUP, 1997. On a vu apparaître durant la dernière décennie environ, un nouvel intérêt ou plutôt un intérêt renouvelé pour la question de la religion, à la fois sous la forme d'un « nouvel athéisme » et de ce qu'on peut tenir pour une « nouvelle apologétique » mais aussi dans des travaux plus théoriques, la plupart sous la bannière du « théologico-politique ». Voir en particulier : A. Amarasingam, *Religion and the New Atheism. A Critical Appraisal*, Leiden, Brill, 2010. H. De Vries et L. Sullivan, *Political Theologies. Public Religion in a post-secular World*, New York, Fordham University Press, 2006. Et aussi, R. Bellah et S. Tipton, *The Robert Bellah Reader*, Durham, Duke University Press, 2006.

lui quelque chose qui ait une réalité religieuse[1]. Ce qui revient d'un tout autre point de vue à la célèbre distinction pascalienne entre le Dieu des philosophes et le Dieu d'Abraham. Inversement on peut dire que celui qui a véritablement un concept antireligieux de la non-existence de Dieu est *athée.* Soit encore, et de façon plus pertinente pour la question des rapports de Spinoza à la religion, on peut dire également qu'un athée est celui qui a une conception non religieuse de Dieu, ou qui le suppose dépourvu de réalité religieuse, ou encore qui le tient pour le contraire de toute réalité. La question moderne de Dieu porte davantage sur la religion que sur Dieu, comme l'affirment nombre de spécialistes de la question de la religion, et la question de la foi est devenue la question de la foi en la foi[2]. En ce sens, si on accorde, même provisoirement que Spinoza a résolu, ou a cru résoudre la question *philosophique* de Dieu, la question de la religion demeure totalement ouverte.

Il se trouve quelques pseudo-athées pour trouver en Spinoza un précurseur vénérable[3]. S'il y a une part de vérité dans cette assignation toute personnelle, elle contient aussi une bonne dose de détournement de sens caractéristique. Si on le prend dans son sens vague, quoiqu'utile, l'athéisme a toujours accompagné la religion et déjà le Psalmiste (*Ps*, 53,2) parle de « l'insensé qui a dit dans son cœur qu'il n'y a pas de Dieu ». Il n'est toutefois devenu un phénomène significatif du point de vue social, culturel et intellectuel qu'aux environs de l'époque de Spinoza et le problème était en réalité autant celui de la religion que celui de Dieu. Pour ne prendre qu'un exemple, très significatif, Blaise Pascal écrivit ses *Pensées* comme

1. A. Kojève, *L'Athéisme,* trad. fr. N. Ivanoff et L. Bibard, Paris, Gallimard, 1998. Cet ouvrage fut publié de façon posthume et constitue une sorte de « premier jet » pour les perspectives philosophiques qui seront développées ensuite.

2. M. Lila, *The Stillborn God. Religion, Politics and the Modern West,* New York, Knopf, 2007, p. 297-298. Cet auteur a exprimé cette idée en disant que la « crise » de la modernité consiste, pour ce qui nous occupe ici, en ceci que « la philosophie politique ne se soucie désormais plus de Dieu [...], mais de l'homme en tant qu'il croit en Dieu ». Lila voit en Hobbes le principal et même le seul instigateur de ce changement, et mentionne à peine Spinoza. « La foi en la foi » est une expression dont A. MacIntyre se sert aussi pour dire à peu près les mêmes choses. Voir A. MacIntyre, « The Debate about God », *in* A. MacIntyre et P. Ricoeur, *The Religious Significance of Atheism,* New York, Columbia University Press, 1969 p. 1-55. Ce qui explique pourquoi de Durkheim et Weber jusqu'à nos jours, la religion est devenue un problème sociologique autant qu'une question théologique.

3. Parmi nombre de publications récentes qui défendent la cause de l'athéisme, mentionnons seulement : C. Hitchens, *Dieu n'est pas grand. Comment la religion empoisonne tout,* Paris, Belfond, 2009; R. Dawkins, *Pour en finir avec Dieu,* Paris, Perrin, 2009; G. Minois, *Histoire de l'athéisme. Les incroyants dans le monde occidental des origines à nos jours,* Paris, Fayard, 1998. Ce dernier ouvrage est davantage universitaire et moins partisan.

une vaste défense de la religion chrétienne contre l'indifférence ou l'opposition positive de l'athée qu'incarnait la figure du *libertin*[1]. Mais quand Pascal invitait l'athée à parier sur l'existence de Dieu, il s'agissait d'un *Deus absconditus*, un Dieu invisible et inconnaissable qui abandonne l'homme à une existence solitaire et tragique; il parlait plutôt du *besoin* de croire que de la foi en la foi, et il s'efforçait surtout de convaincre le libertin de se faire chrétien, et non de prouver l'existence de Dieu.

Si on prend au sérieux le récit que fait Spinoza au début du *Traité de la réforme de l'entendement*, il sera alors possible d'affirmer que la question de l'éternité – d'une joie éternelle ou de la vie éternelle de l'âme – était, à la fois pour Pascal et pour Spinoza, la question la plus brûlante; et pourtant, il est difficile d'imaginer deux réponses à cette question plus éloignées l'une de l'autre que les leurs. Toutefois, une telle question est-elle nécessairement religieuse? Nous nous risquerions à dire que c'est là que se tiennent les enjeux majeurs d'une compréhension philosophique de Spinoza. La grande complexité de ces enjeux tient à ceci que Spinoza, en vérité, considère que la philosophie devrait permettre de faire de nouveau de la religion une vaste doctrine de la vie bonne – sa propre philosophie en premier lieu, mais également la «philosophie» en tant que ce terme désigne une attitude générale ou un mode de vie, un «amour de la sagesse». Il ne songeait cependant pas – et c'est important – à un mode de vie que tous pouvaient partager, mais à une vie philosophique, accessible au petit nombre capable de penser théoriquement avec sérieux en suivant les chemins qu'il avait marqués dans son *Éthique*. Il s'agissait toutefois de faire beaucoup plus que présenter un dogme destiné à remplacer les dogmes défendus par les religions positives qui l'entouraient; il s'agissait avant tout d'une critique radicale et complexe des présuppositions les plus fondamentales de ce qu'il a dû comprendre comme constituant une conception religieuse de Dieu, du monde et de l'homme.

Il ne semble pas, contrairement à ce qui est parfois affirmé ou sous-entendu, que Spinoza se soit vu lui-même, ni qu'il ait été, de près ou de loin, une sorte de critique social et politique avant tout, ni à plus forte raison un révolutionnaire. Le spinozisme ne peut pas davantage être conçu comme une esquisse préparatoire pour un État ou une société post-religieuse, ni même pour l'existence humaine en général. Ce qu'ont été l'impact, l'influence, le rôle historique de sa philosophie dans l'avènement de la modernité, est une première question. Mais ce en quoi consiste le cœur de sa philosophie en tant que corpus écrit, est une autre question. On ne devrait

1. MacIntyre soupçonne Pascal d'avoir «pour la première fois dans l'histoire du théisme fait de l'athéisme une option sérieuse» (*The Religious Signifiance...*, *op. cit.*, p. 12).

pas, croyons-nous, interpréter le salut, la béatitude et la liberté dont il parle, autrement que d'une façon toute personnelle et élitiste, mais on devrait aussi les tenir pour ce qui était le plus important de son propre point de vue philosophique, et même comme la seule chose *réellement* importante, en ce sens au moins que la signification et la valeur de tout le reste en dérive. Il va sans dire qu'il figure parmi les premiers défenseurs modernes de la démocratie libérale, ou plus exactement du républicanisme démocratique, mais ce n'est pas nécessairement ce qu'il estimait être le plus important. Sa tentative pour formuler une théorie positive de la démocratie (dans la troisième partie inachevée du *Tractatus Politicus)* fut interrompue par sa mort prématurée, et son ouvrage politique majeur qui est conservé, le *Tractatus theologico-politicus*, contient plutôt une critique de la théocratie qu'une doctrine politique positive. On peut le dire tant des derniers chapitres de cet ouvrage – dans lesquels on trouve quelques thèmes centraux de la théorie politique – que des premiers chapitres dans lesquels la théocratie est directement critiquée. Spinoza y exprime une grande suspicion à l'égard du rôle que la religion joue dans l'État et cette suspicion s'étend en vérité à tout le reste de ce qui relève en général de la « religion », ce qui inclut en particulier la prétention de la religion à détenir une compréhension toute particulière de la structure ultime de la réalité et de la signification de l'Être. Cependant son attitude philosophique à l'égard de la religion exprime une sorte de respect à l'envers, lequel est totalement absent de sa théorie politique. Il en résulte dans son œuvre une tension permanente entre la façon dont il aborde la religion d'un point de vue politique et son approche proprement philosophique, qui est bien plus vaste. Politiquement, il fait partie des défenseurs les plus astucieux et les plus incisifs de la totale soumission de la religion à l'autorité de l'État ; en ce sens sa voix – aux côtés de celles de Machiavel et de Hobbes en particulier – a joué un rôle important tant dans l'apparition du discours dévolu au besoin *pratique* de « mater la religion » qu'à la théorie de la suprématie de la politique par rapport au théologique. Mais, à la différence de Hobbes et de Machiavel, la philosophie politique n'a jamais pour lui pris la place de la *philosophia prima* et, ainsi qu'il vient d'être supposé, il fut, en dernière analyse, beaucoup plus proche de Pascal parce que la question qui importait plus que tout autre dans son travail intellectuel regardait au salut et à l'éternité de l'âme.

D'un point de vue historique, il est incontestable qu'on peut considérer la sécularisation comme un élément essentiel de ce qu'on baptise « modernité », c'est-à-dire une mutation profonde du statut de la religion, dans la sphère privée comme dans la sphère publique, mais aussi dans les domaines de la vie intellectuelle et de l'activité théorique. Il n'y a, de surcroît, guère matière à discussion dans le fait que le dix-septième siècle constitua un moment charnière dans l'histoire de la civilisation occidentale en général, et qu'il fut l'épicentre de l'importante transformation que la sécularisation lui fit traverser.

Baruch-Bento, qui devint Benedictus Spinoza, parvint à l'âge mûr et donna le jour à une œuvre presque universellement reconnue comme un sommet philosophique en un temps dominé par un questionnement fondamental de nature théologico-politique, mais aussi théologico-philosophique autant que théologico-scientifique – en un mot un temps traversé par un questionnement religieux qui dominait entièrement l'espace public. Telle était la réalité dans laquelle Spinoza naquit en étant un Juif d'Amsterdam, ressortissant des Provinces-Unies, Européen et membre de la *République des Lettres*. C'est seulement quelques décennies avant sa naissance que la communauté des Juifs Sépharades avait été fondée à Amsterdam, et que les Juifs furent autorisés à s'y installer, moyennant un grand nombre de restrictions. Alors que Spinoza avait quatorze ans, la guerre de Trente ans s'achevait avec la paix de Münster en 1646, ce qui marquait les débuts de la consolidation du système des États de l'Europe moderne. C'était aussi la fin de la guerre entre l'Espagne et les Provinces-Unies. Durant ces années-là, Descartes ne travaillait pas seulement à développer sa « merveilleuse science » mais il essayait aussi de venir à bout de l'hostilité de nombre de théologiens calvinistes puissants qui cherchaient à censurer ses écrits. Galilée était condamné en 1633 par l'Inquisition, une année après la naissance de Spinoza. Pascal mourait en 1662 à peine trois ans après que Spinoza eut commencé à travailler à son *TTP*[1]. En 1670, Pierre Bayle dut quitter la France après s'être reconverti au protestantisme et dans les années qui précédèrent la mort de Spinoza, le jeune et impétueux Leibniz essayait déjà de perfectionner de multiples façons des arguments œcuméniques.

En vérité, presque toute la *République des Lettres* se souciait de la question de la religion : Boyle – un des premiers correspondants de

1. Selon P. Steenbakkers, « Le texte du Tractatus théologico-politicus de Spinoza », *in* Y. Melamed et M. A. Rosenthal, *Spinoza's Theological-Political Treatise – a Critical Guide*, Cambridge, CUP, 2010 p. 29-40. Voir aussi deux biographies de Spinoza : S. M. Nadler, *Spinoza*, trad. fr. J.-F. Séné, Paris, Bayard, 2003, et M. Gullan-Whur, *Within Reason : A Life of Spinoza*. London, Jonathan Cape, 1998. Tous deux fournissent beaucoup de détails sur le contexte historique et politique de la vie de Spinoza.

Spinoza, par les bons soins de Oldenbourg[1] – Hobbes, Pascal, Bayle, Leibniz, Locke et même Newton, ainsi qu'une douzaine d'autres dont la mémoire est plus ou moins oubliée, sans omettre quelques femmes. Cette question leur paraissait cruciale et tous l'abordaient dans le sentiment d'une grande urgence, quoique selon des voies diverses et parfois opposées. Chacun des noms qui précèdent incarne une réponse prototypique à cette question, mais aussi une expérience concrète, parfois dramatique. Il nous semble que les deux réponses les plus radicales qui émergent de toutes ces positions se trouvent dans les deux extrêmes opposés, à savoir chez Pascal et Spinoza.

Pour tous ces hommes – peut-être à un moindre degré pour Boyle comme pour Newton – la question de la religion fut aussitôt et centralement un problème aigu de nature politique, ou théologico-politique. Toutefois, il s'agissait aussi pour eux tous, quoiqu'à des degrés divers – probablement moindre pour Hobbes – de beaucoup plus qu'une question purement politique ou même théologico-politique. Ils n'y voyaient rien de « superficiel » mais, comme la plupart de leurs contemporains, tout cela était pourvu pour eux d'une certaine densité, qui renvoie à ce qu'on peut appeler, pour le dire d'un mot, la densité de la « foi ». Il est très difficile de tracer des frontières entre les deux interrogations, politique et philosophique. On peut dire que, dans le cas de Spinoza, ces frontières correspondent à ce qui sépare les traités politiques d'un côté, et de l'autre l'*Éthique*, le *Court Traité*, le *TRE* et la plupart des *Lettres*. Si tous ces écrits se recoupent, il est toutefois parfaitement clair que Spinoza s'est attaché à deux champs d'investigation importants et différents : une doctrine du salut et une théorie de l'État.

C'est en se centrant sur la foi qu'on peut saisir comment la question de la religion peut devenir une question philosophique et pas seulement une simple question politique, en ce que la foi comporte toutes sortes de « profils » – conceptuel, gnoséologique, phénoménologique mais aussi ontologique et sotériologique. Dans le chapitre quatorze du *TTP*, Spinoza s'efforce d'ébranler la spécificité religieuse de cette catégorie fondamentale pour la religion, au cours de ce qui apparaît comme une déconstruction radicale : la seule signification de la notion biblique de la foi qui soit rationnellement acceptable se ramène à l'obéissance à l'autorité qui gouverne l'État. C'est là la discussion la plus directe qui porte sur la notion; avec

1. Presque tous considèrent que Boyle est le précurseur le plus remarquable de la chimie moderne et de la science expérimentale en général; sur ses préoccupations à l'égard de la question religieuse voir J. J. MacIntosh, *Boyle on Atheism*, Toronto, University of Toronto Press, 2005 et *La philosophie naturelle de Robert Boyle*, éd. par M. Dennehy et C. Ramond, Paris, Vrin, 2009.

cela, on peut dire du *problème* de la foi qu'il est omniprésent dans sa philosophie et qu'il est même en un sens, le problème dont elle jaillit. S'il était presque impossible pour Spinoza de traiter de la question de l'État sans s'occuper de la question de la religion, ainsi qu'un commentateur l'a bien remarqué[1], on peut soutenir que ce fut également le cas en matière de philosophie. Pour Spinoza, la majorité des questions philosophiques, y compris celle de la philosophie en général, sont pour ainsi dire coextensives avec la question de la foi religieuse – ou tout simplement avec la question de la religion-. Faire entrer en jeu la foi permet de comprendre que ce ne fut nullement à tel ou tel aspect de la religion que Spinoza s'est affronté, comme s'il s'agissait de préoccupations circonscrites – théologico-politiques, sociales ou même éthiques. Quoi qu'il en soit de l'importance – en vérité assez limitée – de ces aspects-là, l'essentiel gît ailleurs, en ce qu'il affronta la question de la religiosité dans son entièreté.

La position de Spinoza à l'égard de la religion est par conséquent d'une grande complexité. Ce qui s'explique en partie par la nature double de ses domaines d'investigation théorique et en partie au fait qu'il adopta des formes de présentation différentes pour la théorie de l'État (c'est-à-dire le « politique ») et pour la philosophie proprement dite. Une compréhension rationnelle de la nature de la réalité politique montre que « dompter » politiquement la religion ne signifie pas seulement rejeter la légitimité de sa prétention à donner des leçons aux « politiques » mais c'est également reconnaître qu'il y a un besoin pragmatique de parvenir à un compromis avec elle, c'est-à-dire avec la superstition ou, pour le dire de façon plus mesurée, avec la nature non philosophique de l'homme, c'est-à-dire de la plupart des hommes. La meilleure façon de parvenir à un ordre politique paisible est de laisser les gens se rendre à l'église ou à la synagogue, tout en veillant à ce que les prêches soient faits pour inciter à l'obéissance et non pour la mettre en péril. Une religion domptée et soumise fournit à l'État la façon la plus efficace et la moins violente d'obtenir l'obéissance à l'autorité politique.

En revanche, dès que nous pénétrons dans le domaine de la *philosophie,* dès que nous lisons sérieusement l'*Éthique*, tout change. Il s'agit toutefois d'un changement en deux directions apparemment opposées. En premier lieu, il ne saurait ici être question de quelque compromis avec la religion car tout accommodement pragmatique reviendrait à faire outrage à la philosophie. On peut être cartésien et continuer d'aller à l'église ou à la synagogue. Il est bien plus difficile d'en faire autant si on est spinoziste ainsi qu'il l'a montré lui-même de son vivant. C'est qu'il ne s'agit plus de

1. P.-F. Moreau, *Spinoza. État et religion*, Paris, E.N.S. Éditions, 2005.

« dompter » la religion et encore moins de lui assigner un domaine indépendant de la juridiction de la raison philosophique : il faut lui trouver un remplaçant. Cette idée de *substitution ou de remplacement* n'est toutefois ni innocente ni simple. En tant que philosophe, Spinoza semble bien jouer, si on ose dire, sur le terrain-même de la religion. On peut reconstruire l'intention du spinozisme en y voyant la volonté de prendre le pouvoir sur la totalité de ce territoire, d'expulser la religion du terrain philosophique pour la reléguer à un rôle second de simple subalterne social et politique, à condition qu'il soit dépourvu de toute pertinence philosophique – et cela en demeurant cependant sur le même terrain qu'elle.

C'est en ce point que le « respect à l'envers » dont nous avons parlé entre en jeu. L'athée militant dénonce généralement la foi comme une illusion et le contenu de la religion comme pure superstition et préjugé. Il ne fait montre d'aucun égard, d'aucun respect et d'aucune patience à l'égard de ce que son adversaire a à dire ; le discours religieux serait vide et ne mériterait aucune attention sérieuse. L'athée lui fait subir des explications réductrices, des justifications par un biais ou un autre, en le tournant en dérision et en le raillant. Il est rare, si même cela se produit jamais, que ce discours soit considéré comme étant doté d'un contenu intelligible. Mais il y a là aussi, pourrait-on ajouter, une sorte de miroir de la façon dont la religion traite souvent l'athée : elle y voit le symbole de la corruption et ses arguments ne méritent guère mieux que l'apologétique. Cette dernière est une forme de discours qui repose sur la supposition que les arguments de l'adversaire sont fondamentalement erronés et qu'ils ne méritent pas qu'on leur accorde une attention sérieuse, pas même une réfutation sérieuse. Dans la querelle sans fin entre la foi et son adversaire athée, les deux rivaux ne parlent pas la même langue.

La situation n'est pas la même avec Spinoza, lui qui parle la langue même de la religion. Et c'est alors que les difficultés s'amoncellent. On pourrait supposer que dans son insistance à conserver le langage de la religion, Spinoza s'est plu à en faire un instrument indispensable à l'expression de sa philosophie ; si c'est bien le cas, le fait d'utiliser le langage religieux exprimerait une façon de reconnaître la pertinence et de la valeur de ce dernier. En vérité Spinoza utilise constamment le langage de la religion. C'est manifeste, en particulier dans le *Court Traité* mais également dans l'*Éthique* et dans les *Lettres*, ce qui complique considérablement toute tentative destinée à faire de lui un critique radical de la religion, à tel point que sa philosophie apparaît parfois comme un étrange hybride de philosophie religieuse antireligieuse. Il n'est pas étonnant que la tentative de comprendre la nature de cette philosophie ait donné lieu à des vues diverses et même contradictoires. La philosophie s'est souvent considérée elle-même comme la servante de la religion, parfois aussi comme son maître. Il lui est arrivé, en d'autres occasions, de reconnaître la légitimité d'un domaine situé au delà de sa propre juridiction et de se soumettre à la révélation, et cela implicitement ou explicitement, très sérieusement ou au contraire simplement du bout des lèvres. Dans d'autres cas encore, la philosophie a pu expliquer que Dieu est mort et refuser d'accorder toute pertinence non seulement à ce que la religion semble dire mais aussi aux motivations fondamentales sur lesquelles elle est censée prendre son essor. Spinoza paraît adopter un autre chemin, sans doute unique en son genre. Il semble être tout à la fois un opposant radical à la religion et plus religieux que les dévots; il semble à la fois conserver et ébranler les prétentions fondamentales de la religion, en vérité celles de la religiosité en tant que telle.

Il s'ensuit qu'à la différence de l'argument type de l'athéisme, Spinoza ne récuse pas la pertinence du langage religieux de son adversaire et s'en sert au contraire avec abondance. Mais paradoxalement, et c'est un paradoxe qui explique la plupart des désaccords et des malentendus qui entourent la nature fondamentale de la philosophie de Spinoza dans son rapport à la religion, sa critique de la religion est plus radicale que celle de l'athée moyen. Spinoza prétend savoir mieux, mieux que les détenteurs originaires de la langue du sacré. On peut soutenir que c'est pourquoi sa position sur la religion parut tellement scandaleuse et c'est pourquoi elle fut accueillie avec tant de colère par tant de défenseurs de la religion, qu'ils soient chrétiens ou juifs. Bien qu'il soit difficile de distinguer avec certitude les cas où Spinoza fait un usage ironique du langage religieux, de ceux où il est subversif et de ceux où il est honnête et sincère, il n'en demeure pas moins qu'à certaines occasions Spinoza veut dire ce qu'il dit et on peut le voir faire montre d'un respect inattendu pour la religion.

Toutefois, l'utilisation que fait Spinoza du langage de la religion n'est en rien innocente. Au lieu de dire qu'il lui emprunte, on cernerait mieux ce qu'il en fait en y voyant une appropriation, une prise en charge et même une usurpation. C'est comme s'il tenait le langage suivant à un adversaire religieux imaginaire : « Vous croyez que ce langage vous appartiendrait en propre, mais c'est l'utilisation que j'en fais qui exprime sa signification véritable, réelle, et entière, la seule qu'on puisse justifier rationnellement et philosophiquement, il s'ensuit qu'elle est également la seule qui soit légitime. Ce que vous, l'adversaire, c'est-à-dire l'homme de la multitude, mais aussi le théologien et le moraliste, attribuez aux mots dont vous faites usage dans vos prières, vos sermons et vos libelles théologiques, tout cela est faux, inadéquat et même contradictoire et inintelligible, et parfois dangereux également. L'État veillera à ce que ce langage ne trouve aucune influence à l'extérieur des églises et qu'il ne serve qu'à susciter l'obéissance parmi les fidèles. Toutefois, philosophiquement parlant – c'est-à-dire du point de vue de la vérité, ce langage n'est pas seulement faux, il a tort moralement. Les mots de votre langage sont maintenant pris en charge par la philosophie ; vous n'avez désormais plus la liberté d'en user à votre guise. »

Nombre de métaphores viennent d'être utilisées telles que : appropriation, prendre en charge, occuper le même territoire, remplacer. Elles conduisent toutes, une fois encore, à une autre métaphore, qui cette fois est bien connue dans le contexte des débats que soulevèrent les questions inséparables de la religion et de la sécularisation. On pourrait avancer que, selon Spinoza, la philosophie doit « réoccuper » la place de la religion. En vérité, c'est dans les débats du siècle passé sur la nature du sécularisme et de la sécularisation ainsi que sur la légitimité des temps modernes que la métaphore de la « réoccupation » fit son apparition. On la voir surgir dans le débat entre Carl Schmitt et Hans Blumenberg, et ce dernier en proposa une élaboration ultérieure dans son ouvrage *La légitimité des temps modernes*[1]. Blumenberg utilise cette métaphore pour expliquer la persistance supposée de certaines questions ; selon lui, la modernité, ainsi qu'il la nomme, estime qu'il lui revient de leur fournir réponse. Les questions, ou plutôt les questionnements qu'il a en tête sont surtout des questions religieuses et ethico-religieuses, et bien que Spinoza ne figure guère dans ses écrits, on pourrait dire que cette idée lui sied parfaitement. Il convient d'ajouter une remarque : Blumenberg caractérise comme des positions qui seraient désormais « vides » ce qu'il appelle le « seuil » de la modernité. Quoique de telles positions soient indépendantes de la modernité, elles n'en constituent pas moins les conditions de celle-ci. En d'autres termes : dans la majorité des cas, l'évacuation des positions qui auraient désormais besoin d'être réoccupées n'a pas toujours résulté d'une attaque directe perpétrée à l'encontre des tenants antérieurs de ces positions. Dans le cas de Spinoza toutefois, la réoccupation fut précédée par une tentative fort active d'occupation. Le vide et le besoin de réoccuper résultent d'une tentative consciente destinée à destituer et à chasser, pour ainsi dire, les précédents occupants. Spinoza n'est sans doute ni le premier ni le seul à avoir ourdi une telle bataille à l'encontre des défenseurs de positions prémodernes, mais on peut dire qu'il est, parmi ceux-ci, un des plus radicaux, et assurément l'un des plus systématiques comme aussi le

1. Voir en particulier la « Première partie », chap. VI.

plus efficace philosophiquement. Il fut peut-être le seul à avoir l'ambition de préserver la position tout en en prenant totalement la relève.

L'existence continue des positions qui ont besoin d'être reprises et réoccupées indique que le spinozisme reconnaît, de façon tacite à quelque égard, l'importance irréductible, en vérité le caractère absolu de certains aspects des motivations, des aspirations, des traditions, des expériences et des formes de vie religieuses ainsi que de la conduite religieuse envers le monde, envers ses semblables et, tout spécialement, envers soi-même. Pour emprunter à Max Weber sa célèbre métaphore, Spinoza avait, envers la religion, l'oreille musicienne. Il avait, en vérité, une très bonne oreille pour les choses religieuses et même, serait-on tentés de dire, il avait l'oreille absolue. Mais, dans le même temps, sa philosophie en son entièreté – et pas seulement le *Traité théologico-politique* – contient également une critique radicale, et même une négation de la religion, qui se trouve assurément parmi les plus radicales dans toute l'histoire de la tradition philosophique occidentale. Sa proximité avec la religion renforce paradoxalement sa critique et il n'y a rien d'accidentel dans le fait que Spinoza ait été perçu par les penseurs religieux comme l'ennemi mortel de toutes les orthodoxies.

Nous en avons assez dit en ce qui concerne la question de la religion comme matrice générale, ou horizon général au sein duquel la pensée de Spinoza se meut constamment. On admet généralement que Spinoza fut une figure centrale dont l'influence fut déterminante dans le procès de sécularisation, quoi qu'on entende par là. Nous n'aborderons pas cette question dans ce qui va suivre. Pas davantage la question de la religion en tant que telle, ni la question générale des relations entre religion et philosophie, ou entre religion et raison. Au lieu d'aborder l'une ou l'autre de ces questions *in abstracto*, il est préférable de prendre en considération un cas particulier et de regarder de près comment la problématique générale trouve sa manifestation concrète au cœur de la philosophie de Spinoza. Il ne s'agit pas de tirer des conclusions générales du « cas Spinoza » et il n'est d'ailleurs pas certain que de tels enseignements puissent en être tirés. Mais nous pensons vraiment que des termes tels que « religion » et « sécularisation » renvoient à une problématique que toute étude sérieuse de la philosophie de Spinoza doit prendre en considération, car il s'agit là du contexte principal à l'intérieur duquel elle doit être lue.

Dans la suite de ce chapitre préliminaire, la façon dont Spinoza se débat avec la religion sera brièvement analysée en la prenant du côté de sa critique radicale telle qu'elle apparaît dans le *TTP*, là où le terrain concret d'exercice de cette critique est le plus évident, à savoir dans la tradition religieuse juive. Il faudra ensuite consacrer quelques mots au versant « positif » de ce combat, si on peut dire, à ce respect difficile et problématique envers la religion qui pénètre toute la philosophie de Spinoza du début jusqu'à la fin. En d'autres termes, il faudra tenter de tracer un portrait de la religiosité de Spinoza, et de cerner quelle signification revêt le langage religieux dont il fait usage et en quoi il peut être considéré comme tout autre chose que pure rhétorique, ou façon toute verbale de chercher à apprivoiser un auditoire potentiellement hostile et fermé à toute compréhension.

LE *TRACTATUS THEOLOGICO-POLITICUS*

Une partie de la difficulté que soulève l'énigme de la religiosité de Spinoza s'explique par l'opacité du *Traité théologico-politique*. On voit la force étonnante de ce texte à la diversité des interprétations auxquelles il a donné lieu, lesquelles expriment le plus souvent des réactions idéologiques et même émotionnelles contradictoires. La complexité notoire de sa structure et de son message, de ses messages plutôt, et peut-être aussi de ses finalités stratégiques, explique cette diversité[1]. Il est bien connu que le *TTP* doit sa naissance, en partie au moins, au désir de prendre part aux conflits théologico-politiques qui déchiraient la Hollande à la moitié du siècle. Il entendait défendre la liberté de pensée en général, mais son propos plus immédiat était de prêter main forte à un renforcement théorique des forces les plus libérales qui, en Hollande, luttaient contre l'orthodoxie calviniste. Il se livre toutefois à quantité d'autres questions, en sus de ce propos : en dehors de la défense de la liberté, il paraît saisir l'occasion de régler de vieux comptes et peut-être même, de se délivrer d'un ressentiment toujours vivace envers les Juifs. Il s'agit probablement de cicatrices mal refermées, de conflits intérieurs toujours en suspens qui ont cristallisé dans le *TTP* sous la forme d'une réfutation systématique de la théologie juive traditionnelle. Cette critique spécifique de la tradition juive se transcende vers une dénonciation générale du préjugé et de la superstition qui sont inséparables de la religion, selon Spinoza, à ce qu'il semble. On comprend dès lors que la polémique joue un rôle essentiel dans le *TTP*. Par son versant affirmatif, si on peut dire, outre la défense de la liberté de la pensée philosophique, l'ouvrage se livre à un plaidoyer en faveur de la séparation de la

1. Pour une longue liste – quoiqu'encore partielle – des différentes positions à l'égard du *TTP*, voir T. Verbeek, *Spinoza's Theologico-Political Treatise. Exploring the Will of God*, Hampshire, Ashgate, 2003.

philosophie d'avec la théologie; ce dernier point est parfois compris, sans doute de façon trop précipitée, comme une séparation de type libéral entre l'Église et l'État, même s'il s'agit bien d'une anticipation de la théorie de la démocratie moderne. L'ouvrage contient également ce qui est tenu pour la première critique biblique. Ainsi que le sous-titre fort détaillé l'indique, il est fait de quelques *dissertations*[1], qui ont apparemment été réunies[2]. Il est possible que le livre se soit appuyé sur une ancienne *apologia* que Spinoza aurait rédigée en réaction à la mise au ban que lui imposait la communauté juive d'Amsterdam; beaucoup d'autres choses encore pourraient être racontées à ce propos. Mais avant tout, c'est la polémique qui confère sa saveur à cet ouvrage – la critique de la théocratie et de la religion instituée en général, comme aussi de ce que Spinoza appelle la «théologie». Le sentiment de subversion, de défi et de révolte qui l'habite contribue incontestablement de façon majeure à la grande séduction qu'il exerce.

C'est à la lecture et relecture jamais interrompue du *TTP* que Spinoza doit en grande partie son renom et le visage qu'on lui prête[3]. Alors que l'*Éthique* contient la philosophie d'un philosophe, le *TTP* paraît plus facile d'accès et plus séduisant, et il s'adresse à un public plus vaste et varié. En vérité il a souvent été utilisé – et continue de l'être – comme la source principale à laquelle se référer pour parler de Spinoza, à tel point que les positions qu'il contient éclipsent tous les autres aspects de sa pensée et tout particulièrement, le sens profond de son attitude à l'égard de la religion tel qu'il émane de l'*Éthique*, pour ne retenir que les vues que le *TTP* défend à propos de la religion, de l'Église et de l'État, de l'Écriture et de son interprétation et du Judaïsme enfin. Il est par conséquent évident que toute discussion sérieuse consacrée aux rapports de Spinoza à la religion doit prendre en considération la théorie politique de Spinoza et bien entendu, tout particulièrement la critique de la théocratie telle qu'elle est formulée dans le *Tractatus theologico-politicus.* Quelques remarques s'imposent à cette fin.

1. En français dans le texte [NdT].

2. Voir T. Verbeek, *Spinoza's Théologio-Politicall Treatise*, *op. cit.*; P. Steenbakkers, «The Text of Spinoza's *Tractatus Theologico-politicus*», in *Spinoza's Treatise, op. cit.*, p. 29-40; S. James, *Spinoza on Philosophy,Religion and Politics: The Theologico-Political Treatise*, Oxford, OUP, 2012, p. 234.

3. Pour des travaux récents sur le *TTP*, outre ceux qui sont cités dans la note précédente, voir S. Preus, *Spinoza and the Irrelevance of Biblical Authority*, Cambridge, CUP, 2001; Y. Melamed et M. Rosenthal, *Spinoza's Treatise, op. cit.*

Le Tractatus theologico-politicus *à la lumière rétrospective du* Tractatus Politicus

La première remarque qui porte sur le *TTP* porte en vérité sur l'ultérieur *TP*. Le *TP* a suscité une attention bien moindre que celle qu'a suscité le *TTP*. Le *TP* est de fait, amplement négligé – ce qu'on peut sans doute comprendre car il est demeuré inachevé, il est dépourvu de la passion et de la véhémence qui animent le *TTP* et il est par moments pédant et même parfois fastidieux. Sa mise à l'écart n'en est pas moins malheureuse car il jette une lumière neuve sur nombre de problèmes qui étaient demeurés plus ou moins obscurs, ou insuffisamment explicités dans les œuvres antérieures de Spinoza. De surcroît on y trouve un grand nombre de thèses originales qui auraient dû octroyer à Spinoza une place beaucoup plus importante dans l'histoire de la théorie politique. Le *TP* est également le moins polémique des écrits de Spinoza de sorte qu'il donne le sentiment au lecteur que l'auteur a cessé d'être hanté par ses vieux démons. Le ton y est moins passionné, et bien que l'ouvrage ne soit pas purement et abstraitement philosophique, il est également bien moins imprégné du sentiment de l'immédiateté et de l'urgence que ne l'était le *TTP*. Il faut souligner que la théocratie et, en vérité la question de la religion en général, sont largement laissées en dehors du principal exposé théorique. La typologie tripartite des régimes qui figurait dans le *TTP* – monarchie, aristocratie et théocratie [1] – a disparu pour laisser place au retour à la classification traditionnelle qui distingue entre monarchie-aristocratie et démocratie. Avec la théocratie, c'est la question théologico-politique qui disparaît elle aussi, et, en vérité, tout un siècle de pensée consacrée à l'État. La réduction du politique au théologico-politique, ou plutôt l'identification des deux, paraît maintenant à Spinoza à tout le moins exagérée – peut-être prématurée et par trop

1. C'est Flavius Josèphe qui inventa le terme de « théocratie » pour caractériser l'État biblique des Hébreux, dans son *Contra Apionem*, ii, 16. Sur le grand intérêt que les Chrétiens, surtout les protestants, manifestent à l'égard de la pensée politique des Hébreux – bibliques et rabbiniques – voir E. Nelson, *The Hebrew Republic : Jewish Sources and the Transformation of European Political Thought*, Cambridge, Mass., Harvard University Press, 2010. Selon cette étude remarquable, le « renouveau hébraïque » et l'hébraïsme politique au XVIIe siècle furent la véritable origine de la théorie politique moderne. Il y eut dans les Provinces-Unies un centre important consacré à cette étude et le *TTP* fait assurément figure de réaction critique à son endroit. On peut donc voir le *TP* comme la première manifestation et aussi le signe du rôle que joua son auteur dans le changement de sentiment qui advint au XVIIIe siècle lorsque, déjà pour les philosophes, la Bible et la tradition juive en général, étaient devenues, selon les mots de Voltaire « l'histoire ennuyeuse des chefs oubliés d'une contrée malheureuse et barbare ».

optimiste[1]. Il est certain que Spinoza reconnaît, dans le *TP* également, le besoin de ménager dans l'État une place pour la religion; cette fois cette dernière ne présente pas de différence majeure avec d'autres phénomènes de la vie humaine – psychologiques, sociologiques, culturels –, avec lesquels tant l'homme d'État que le théoricien doivent compter. La question politique de la religion par conséquent, semble avoir perdu l'urgence et la spécificité qu'elle avait lorsqu'il rédigeait son *TTP*. Ce sont les circonstances particulières à la fin de l'année 1660 et au début de 1670 – qu'il s'agisse de conditions politiques, culturelles et même personnelles qui paraissent, à un regard rétrospectif, avoir octroyé une importance majeure à la question théologico-politique, alors que celle-ci devint ultérieurement pour Spinoza un simple élément de la question plus générale du politique comme tel. Nous sommes convaincus que cette considération ne fait que souligner, d'une part, que l'importance de la confrontation *philosophique* avec la religion demeure essentielle, quoique ce ne soit pas toujours de façon directe et explicite dans l'*Éthique;* et d'autre part, on voit bien le besoin de mettre le *TTP* en perspective, du moins en ce qui touche à la pensée même de Spinoza, plutôt qu'au point de vue de sa réception historique.

Ce qui différencie les deux traités politiques de Spinoza ne doit pour autant pas être interprété comme une *Kehre* ou un changement d'avis. Sur nombre de sujets et de doctrines majeurs, il y a indéniablement une continuité entre l'œuvre antérieure et le dernier écrit, même si cette continuité n'apparaît pas toujours de façon patente. Cependant, du point de vue de la théorie politique, en son sens le plus rigoureux, le *TP* défend avec grande originalité une théorie générale de l'État qui est, à de multiples égards, plus intéressante, ou à tout le moins plus mûre et plus élaborée que ce que le *TTP* ou même l'*Éthique* avaient à dire sur la question de l'État. On peut l'interpréter ou la reconstruire comme une théorie de la nature *sui generis* du politique, de la logique interne du pouvoir que Spinoza appelle *imperium*, c'est-à-dire de ce genre d'être spécial que nous connaissons pour être

1. Il y a eu récemment une remarquable résurgence de l'intérêt pour la théologie politique ou le théologico-politique. La notion est ancienne mais au XVIIe siècle elle s'est trouvée liée à Spinoza jusqu'à ce que Carl Schmitt l'utilise comme une notion centrale dans sa critique de la démocratie libérale. La notion recouvre désormais une myriade de problèmes et de positions de sorte qu'il devient souvent difficile de saisir ce qu'ils ont en commun en dehors de la rubrique sous laquelle on les subsume; on trouve ainsi des débats concernant l'« essence du politique », « le retour du religieux », l'apparition supposée d'une « ère post-sécularisation », et d'autres formulations encore. Voir par ex. H. De Vries et L. Sullivan (eds.), *Political Theologies, op. cit.*; dans les 800 pages ou quasi que ce volume comporte, on ne trouve qu'un seul article consacré à Spinoza (il s'agit en fait de Levinas sur Spinoza).

l'État[1]. Si on peut voir dans le *TTP* un geste de libération – de la libération de la théorie politique vis à vis de la théologie comme source de compréhension et de légitimation théorique, le *TP* quant à lui, pourrait être considéré comme la tentative destinée à thématiser ce qui fut seulement esquissé dans le *TTP*, à savoir le contenu positif du *politique* comme domaine *quasi-sui generis*, c'est-à-dire en tant que sphère théorique spécifique.

De façon fort curieuse le *TP* enveloppe également une attitude hétérodoxe, ou plutôt une attitude sceptique à l'égard de la capacité de la philosophie en matière de compréhension politique. Il est vrai que Spinoza entend intégrer la théorie de l'État à l'entièreté de son entreprise philosophique. Dans les chapitres d'introduction du *TP* comme dans l'*Éthique*, il prétend déduire cette théorie des principes généraux de sa métaphysique, de son anthropologie et de sa psychologie. Mais il n'en demeure pas moins que l'État ou *imperium* demeure une entité d'un genre particulier qui se soutient de soi, en agissant selon ses propres lois. Bien qu'il s'agisse de lois naturelles, elles ont une configuration spécifique qui diffère de celle des lois de la réalité, si on prend celles-ci selon leur acception physique et métaphysique, de sorte que la logique de ces lois de l'État diffère de la logique propre à la raison philosophique. C'est ce que veut montrer tout ce qui est exposé dans le *TP*. Ainsi, les lois du « politique » sont la source de principes normatifs spécifiques, et même *sui generis*, qui justifient une forme spéciale de rationalisation[2]. La très spéciale ouverture du *TP*, qui est d'une grande ironie, supplie les philosophes de ne pas se mêler de chercher à fonder l'État. Ce qu'on ne peut vraiment comprendre qu'à la lumière de la théorie de l'État qui va suivre. Bien entendu Spinoza n'octroie pas davantage sa confiance aux hommes politiques et cette double suspicion introduit à une forme de constitutionalisme ou plutôt, d'institutionnalisme. Il s'agirait en somme, d'une sorte de construction mécaniste du corps politique, d'équilibre des pouvoirs, apte à garantir que la coexistence sociale devienne bénéfique et raisonnable et le demeure, indépendamment de la bonne volonté ou des vertus tant des citoyens que des dirigeants politiques.

Spinoza cependant semble témoigner d'un plus grand respect à l'égard des hommes politiques qu'à l'égard des philosophes. Quand il s'agit des affaires de l'État, l'expérience a fait des premiers des personnages qui

1. Voir W. Goetschel, *Spinoza's Modernity. Mendelssohn, Lessing, and Heine*, Madison, The University of Wisconsin Press, 2004, chap. V.

2. On a affaire ici à un dialogue manifeste avec les doctrines classiques de la raison pratique stoïcienne en particulier. Ce point ne sera pas pris en considération dans le contexte de notre remarque générale consacrée au *TP*, puisque nous souhaitons y insister sur la théorie proprement spinoziste qui est, nous semble-t-il, tout à fait originale.

inspirent davantage confiance et qui, du moins, sont plus compétents que les philosophes. Si le but du *TTP* avait été de contrer la théocratie, celui du *TP* est maintenant de s'opposer à ce qu'on pourrait appeler *Ratio-cratie* ou *Sophia-cratie :* il serait risqué de prêter l'oreille à ce que les philosophes ont à dire en ce qui touche à la conduite de l'État. En parlant des « philosophes » Spinoza, en ce début du *TP*, songe au conditionnement moralisateur, et on est tenté de voir en ces « philosophes-là » une sorte de demi-théologiens, une foule à laquelle Spinoza ne veut surtout pas être mêlé, puisque la philosophie de Spinoza est, en son sens le plus général, une attaque sans merci dirigée contre tout moralisme. Mais il pourrait tout aussi bien s'agir d'une auto-référence ironique. En étant parvenu à une meilleure conception de la réalité politique, il a pris conscience que sa propre crainte d'une imminente catastrophe théologico-politique, qui l'avait conduit à écrire le *TTP* était, en dernière analyse, infondée. Spinoza écrit désormais sur les questions politiques de façon plus détachée et plus objective, mais aussi de façon moins philosophique.

La déduction de la théorie de l'État en partant de principes généraux n'entame pas forcément la spécificité de la doctrine du politique. Mais elle ménage la possibilité qu'une rationalité non philosophique suive deux chemins différents et parallèles. L'État peut être rationalisé – et c'est là le message le plus important du *TP* – mais ce n'est pas à la façon dont l'existence individuelle peut devenir rationnelle, c'est-à-dire à la façon dont elle peut parvenir à une forme de vie philosophique. La théorie politique, le discours sur le politique tel qu'il est formulé dans le *TP* par exemple est certainement rationnel tout en n'étant pas philosophique au sens strict. L'action politique peut conduire à une possible rationalisation de l'État. Celle-ci toutefois n'est pas seulement toujours relative, mais elle ne résulte habituellement pas d'une vraie compréhension théorique. Il est vrai que l'État rationnel – (ce qui est toujours relatif) ne peut se constituer que s'il obéit à la logique interne propre au politique. Cette dernière est censée trouver son explication dans le *TP* mais les hommes qui peuvent accomplir un tel exploit ne le font généralement pas de ce qu'ils auraient une compréhension pleinement rationnelle et philosophique de la nature du politique et de la nature humaine. Il existe donc deux types d'activité – celle du théoricien en politique et celle de l'homme d'action – dont la rationalité n'est pas celle de la philosophie parce que ces deux activités obéissent à une logique de *l'expérience*. Il s'agit plus précisément de la logique de l'expérience historique, et non de la logique de la déduction a priori, *more geometrico* de la vérité philosophique[1].

Le domaine de la raison, par conséquent, ne semble pas être totalement homogène; disons plus rigoureusement qu'il se divise en deux sous-domaines dont les rationalités diffèrent. Le fait même d'écrire le *TP* après avoir achevé l'*Éthique* signifie que la théorie politique ne s'est pas totalement intégrée dans l'opus philosophique qui est censé être exhaustif. Sa doctrine le fait même comprendre plus nettement. Le fait d'écrire le *TP* revient à accorder méthodologiquement qu'il existe une sphère de rationalité relativement indépendante, et c'est celle du politique. Toutefois ce dont il s'agit ne tient pas seulement à distinguer entre praxis politique et philosophie – ce qui ne serait guère original – mais à supposer que le politique se meut selon une logique à demi *sui generis*. Praxis et théorie peuvent toutes deux s'égarer, chacune toutefois a sa manière propre de devenir pathologique. Le politique peut virer à une forme ou une autre de tyrannie et de chaos. La philosophie peut devenir moralisatrice et remplie de préjugés; quant à la théorie politique elle peut virer en théologie politique. Mais dans la mesure où la raison est en jeu, deux grandes voies s'offrent à elle pour se rendre présente : la philosophie et le politique.

Vue sous l'angle de notre modernité, une double démystification, celle du politique et celle de la philosophie expliquerait l'ironie qui traverse le début du *TP*. La démystification du politique va plus loin que ne le fait la conception politique qui est celle que Spinoza défend de façon évidente, plus loin que son refus de l'utopie, son caractère terre à terre, réaliste et même à quelque égard, son pessimisme. Il s'agit d'une démystification très spéciale, qu'on peut dire moderne et même post-moderne. Afin de se prémunir contre tout contre sens qui porterait sur ce qui fut pourtant parfaitement clair dans son ouvrage antérieur, Spinoza commence le *TP* en répétant de la façon la plus vigoureuse combien il se méfie de la « multitude ». Il est vraiment significatif qu'il affirme au tout début d'un traité qui fut assurément écrit en faveur de la démocratie, qu'il n'a aucune tendance, de type rousseauiste, à idéaliser démocratiquement le peuple. Toutefois, si on renverse ou si on reprend de façon sûrement anachronique la célèbre

1. Il existe en vérité un sens selon lequel la notion d'expérience serait également pertinente en philosophie. Voir les considérations qui suivent et également l'étude détaillée qui porte sur la place de l'expérience dans la philosophie de Spinoza dans P.-F. Moreau, *Spinoza. L'expérience et l'éternité*, Paris, P.U.F., 1994. L'histoire joue dans l'herméneutique de l'Écriture un rôle important et même révolutionnaire chez Spinoza, ainsi que nombre de commentateurs l'ont souligné (voir notoirement S. J. Preus, *Spinoza and the Irrelevance*, *op. cit.*). Toutefois, il s'agit bien plus que d'une philosophie de l'histoire, d'une saisie de l'histoire comme d'une expérience paradigmatique.

métaphore de Julien Benda, Spinoza est désormais parfaitement net pour dire que les « clercs » ne lui inspirent pas davantage de sympathie. Il ne se faisait aucune illusion sur le rôle que les philosophes-rois pourraient remplir dans l'État, et pas davantage sur celui des Pangloss au miroir des Princes. Son mépris dédaigneux du philosophe moraliste se situe immédiatement après la dénonciation du *vulgus* : on peut y voir un rejet, ou plutôt une déconstruction *avant la lettre*[1] de la figure moderne de l'«intellectuel», du révolutionnaire mystique, ainsi que d'autres formes de cléricalisme séculier. L'homme de l'action politique ou l'homme d'État n'ont aucun besoin des conseils de la philosophie. La prérogative de l'État ne consiste pas à trancher en matière de vérité et l'État ne saurait incarner la vérité, la moralité ni quelque autre noble idéal que ce soit. L'État, selon le *TP*, n'a pas même vraiment à voir avec la liberté – alors qu'il avait semblé que ce fût le cas dans le *TTP* – mais il a à voir avec quelque chose qui est à la fois beaucoup plus ambigu, plus plébéien et beaucoup moins exaltant aussi que la liberté. Spinoza se préoccupe de ce qu'il appelle « la paix » : on la saisirait au plus près en y voyant une forme de vertu politique spécifique, non pas tant celle des individus particuliers qui sont membres de l'État, ni celle des responsables ou de l'homme d'État, mais celle de l'État en tant que tel. Le politique, l'État, la «praxis», tous ces termes renvoient à la vaste sphère du raisonnable, à ce que l'expérience enseigne, à du « plus ou moins ». Une monarchie peut être salutaire et une démocratie, corrompue[2]. Dans l'ordre du politique, il n'y a pas d'absolu.

Bien qu'on puisse faire de Spinoza un philosophe de la liberté, il n'appartient pas vraiment à cette sorte de philosophes politiques qui ont érigé, surtout dans les temps modernes, la liberté et les libertés politiques en valeur politique suprême ainsi d'ailleurs qu'en valeur humaine suprême. Il faut redire que, seul le point de vue du *TP,* le montre. En effet, le titre complet du *TTP* est rédigé comme suit :

> Traité des Autorités Théologique et Politique ou plusieurs démonstrations sont données de cette thèse : la liberté de philosopher ne menace aucune ferveur véritable, ni la paix au sein de la communauté publique. Sa suppression bien au contraire, entraînerait la ruine et de la paix et de toute ferveur.

Il se présente donc lui-même comme un essai consacré à la liberté politique et il est d'ailleurs souvent reçu pour tel. Mais la vérité est que

1. En français dans le texte [NdT].

2. Bien que Spinoza ait écrit juste avant de mourir quelques pages consacrées à la démocratie, sa façon d'aborder monarchie et aristocratie montre qu'il n'y a qu'une seule logique du pouvoir et qu'elle repose sur une distinction principielle entre le sain et le corrompu laquelle s'applique, *mutatis mutandis*, à toutes les formes de gouvernement.

Spinoza n'a aucunement partagé la mystique typiquement moderne de la liberté politique[1]. Le politique n'est pas le lieu de la liberté pleine et entière, ni celui du salut, et le politique pas plus que l'anti-politique, quelle que soit sa forme, ne peuvent être libérateurs. Bien que Spinoza n'ait pas été conservateur, encore moins «réactionnaire» (à l'opposé de Hobbes ou de Leibniz) sa théorie politique ne ménage aucun espace aux idéalisations anarchistes et libertaires de la liberté politique. Il ne préfigure pas non plus le messianisme politique ni quoi que ce soit qui ressemble à ce qu'on appellera plus tard des religions politiques (ou séculières). De Hobbes à Fichte, Hegel et Marx et de toute la suite jusqu'à leurs plus récents héritiers de droite ou de gauche, on voit bien le penchant de tant de pensées modernes à vouloir intégrer la théorie politique – la théorie de l'État, ou plus subtilement, le politique – à l'intérieur de la *philosophia prima*. Etant donné tout spécialement la place unique qu'occupe Spinoza dans cette tradition, sa véritable position telle qu'elle vient d'être décrite devient tout à fait saisissante.

Il n'y a cependant ni symétrie ni véritable analogie entre les deux domaines de rationalité. Ainsi, si la liberté politique est relativisée, l'aspiration la plus importante et la plus précieuse du spinozisme demeure la liberté philosophique, personnelle, que Spinoza tient absolument à appeler « salut » et qui est essentiellement une forme de liberté. Rien dans sa théorie politique ne ressemble à la doctrine métaphysique de la liberté dans l'*Éthique* quant à la profondeur, la complexité, la subtilité conceptuelle, sans oublier surtout son originalité subversive. Ni la démystification du rôle et de la figure du clerc, ni même cette ironie tournée contre soi, n'ébranlent ni ne relativisent la philosophie. La sagesse théorétique, la philosophie, c'est-à-dire cette compréhension ou connaissance salvatrices sont les choses qui comptent le plus, de sorte que la critique de la sophiacratie, l'injonction faite aux philosophes et aux théoriciens de se tenir à l'écart du politique – tout cela est très différent de la lutte que mène le *TTP* contre les théologiens. Entre théologie et philosophie il n'y a pas de véritable analogie, malgré ce que le *TTP* semble suggérer. Maintenir

1. Voir par exemple H. Arendt, «Qu'est-ce que la liberté?», in *La crise de la culture*, Paris, Gallimard, 1972, p. 186-222. Dans cet article, elle défend avec force que la liberté n'a de sens qu'en tant que notion politique. L'intérêt d'Arendt dans ce contexte tient à qu'elle est en partie étrangère au public des intellectuels juifs, et qu'elle fait siennes la plupart des opinions que Spinoza avait anticipées mais aussi dénoncées. Ce qui est sans doute le plus saisissant tient à l'attitude très ambiguë et équivoque qu'ils eurent l'un comme l'autre à l'égard de leur origine juive, comme est également saisissant le caractère central de l'idée de liberté dans leurs visions du monde respectives. Mais avec cela, il faut rappeler qu'ils ont une compréhension très différente de ce qu'implique la liberté.

théologiens, prêcheurs, prêtres, ministres du culte et autres chefs spirituels dans leurs églises n'engage rien de plus que leur surveillance politique; quant à la mise en garde adressée aux philosophes d'avoir à se tenir éloignés de l'arène politique, elle est, à soi seul, une position philosophique. Elle n'exprime rien d'autre que la retenue du sage et on peut soupçonner que Spinoza ne considérait pas que les théologiens fussent enclins à la pratiquer. Il n'y a donc rien dans l'ironie du *TP* qui reviendrait à désavouer l'*Éthique* et, plus important encore, il n'y a rien qui soit comparable à la récusation de la théologie dans le *TTP*.

Cependant il semble que le *TTP* ait cherché à défendre l'indépendance réciproque de la philosophie et de la théologie. Le titre du chapitre XV est on ne peut plus net: il affirme avoir l'intention de montrer que « la théologie n'est pas la servante de la Raison, ni la Raison de la théologie; et aussi pourquoi l'Autorité de l'Écriture est évidente pour nous ». En vérité cependant, Spinoza ne fait rien de ce genre ni dans ce chapitre ni nulle part ailleurs. On devine qu'en dépit du titre conciliant, le véritable message du *TTP*, même s'il n'est pas toujours franchement énoncé, tient à ceci que la théologie n'est pas un égal pour la philosophie et qu'elle doit, en somme, être placée sous la juridiction de la raison philosophique. En termes politiques, au même titre que la métaphore de la servante, cela ne veut rien dire de plus que la reprise du principe selon lequel l'Église doit être placée sous l'autorité de l'État et le servir en suscitant l'obéissance et être contrôlée par lui. Que pourraient être les ramifications pratiques d'un tel principe demeure, bien sûr, une question ouverte, mais le principe détient une clarté entière et la lecture minutieuse du chapitre XV montre que c'est bien là ce qu'il dit[1]. Selon la lecture la plus généreuse qu'on en puisse faire, les prérogatives que Spinoza feint de reconnaître à la théologie sont fort maigres: Spinoza explique que par « théologie » il entend «la révélation dans la mesure où elle indique le sens de l'Écriture » lequel, ainsi que le chapitre antérieur du *TTP* l'a montré, ne réside en rien d'autre que dans l'obéissance. Spinoza ajoute à cela qu'il n'admet « absolument pas que ce dogme fondamental de la théologie puisse se prêter à l'investigation de la lumière naturelle ou, du moins, que personne l'ait jamais démontré; par suite la révélation était d'une rigoureuse nécessité ». Mais la théorisation

1. S. James, *Spinoza on Philosophy, Religion and Politics, op. cit.* Voir en particulier le chap. XII, qui se livre à une lecture extrêmement soigneuse du texte de Spinoza et montre à quel point, en vérité, Spinoza ne laisse à la théologie qu'un espace exigu. Si on l'aborde à la lumière de l'*Éthique* et surtout du *TP* cet espace semble ne plus appartenir du tout à la sphère de la vérité. Il ne lui reste qu'une forme de tolérance politique en son sens originaire (ce qui consent à l'existence du non-vrai).

de l'État fondé sur l'expérience telle qu'elle est élaborée dans le *TP* entend en venir exactement là, c'est-à-dire montrer rationnellement comment on peut imaginer une citoyenneté docile, ou si on préfère, respectueuse des lois. Bien entendu, la théorie du *TP* ne peut pas vraiment être tenue pour une révélation. Sauf si on se souvient que, après avoir défini la prophétie ou la révélation comme « une connaissance évidente que Dieu a révélé aux hommes », Spinoza avait posé, dans le chapitre premier du *TTP*, que de cette définition « il suivrait que le nom de prophétie convient parfaitement à la connaissance naturelle ». En dépit des apparences, ni la révélation ni la prophétie ne bénéficient d'un statut ou d'une spécificité conceptuels propres.

Le Tractatus theologico-politicus : *du refus du judaïsme à la critique de la religion*

La majeure partie de la lutte que Spinoza engagea contre la théologie dans le *TTP* fut conduite sous la forme d'un différend qui portait sur la bonne méthode d'interprétation de l'Écriture. En restant sur le terrain de l'herméneutique, on peut supposer que pour lui, la bataille portait sur la question de savoir qui détient « l'instance herméneutique », qui est habilité à trancher en la matière. Le différend portait donc sur la question de savoir qui, des deux rivaux, comprend le mieux : lui-même parlant au nom de la raison, c'est-à-dire de la philosophie, et le théologien au nom de la révélation. En d'autres termes, l'enjeu majeur consiste à savoir qui est capable de la meilleure lecture de l'Écriture. Il s'ensuit que la bataille que menait Spinoza contre les théologiens peut être reconstruite comme un différend qui porte sur une question multiple : qui est en position d'interpréter, de qui vient le pouvoir de définir son rival et qui le détient, et le rival enfin est-il défini par celui dont il est rival ou bien en vertu de ce qu'il est. En termes plus généraux, le différend portait sur la question de savoir qui, de la théologie ou de la philosophie, détient l'autorité herméneutique sur l'autre, qui des deux a le droit de déconstruire la source de cette autorité. Or il est manifeste que la déconstruction ne peut se pratiquer dans les deux sens et qu'il ne saurait, dans ce cas, y avoir réciprocité. Chacun ou bien déconstruit ou bien est déconstruit. Entre le théologien et Spinoza, il s'agit d'un jeu à somme nulle : si l'un a raison, c'est que l'autre a tort. Si la raison, c'est-à-dire la philosophie a le droit et la capacité de comprendre la religion en se situant à l'extérieur de celle-ci, il s'ensuit que la prétention de la théologie d'avoir accès à une compréhension plus élevée de la nature de la raison humaine se trouve *ipso facto* réfutée. Par conséquent, la théologie n'est pas seulement réfutée mais la position qu'elle convoite lui est refusée. Il s'agit de cette position de juge ou herméneute suprême qui comprend mieux, et qui aurait par suite l'autorité lui permettant de juger les défauts de la philosophie[1].

Cependant, la philosophie – celle de Spinoza – et la théologie parlent toutes deux le même langage, c'est-à-dire le langage du salut. En d'autres termes, le philosophe spinoziste est persuadé qu'il comprend mieux que les prêtres, mieux que le clergé et que les théologiens – et pour ces questions, mieux que les rabbins – non seulement ce qu'ils sont et pourquoi ils disent ce qu'ils disent, mais aussi quel est le véritable sens des mots dont ils se servent. Cette considération-là met en cause le droit des théologiens à user de leurs propres mots, de sorte que, du point de vue de l'économie du salut et de la liberté, leur droit ne serait pas seulement circonscrit mais il leur serait refusé. Une telle position, aussi intrépide et complexe, permet de comprendre comment le spinozisme constitue un tel scandale pour la conscience religieuse et la foi : c'est qu'il s'agit de s'approprier le langage de la religion afin de ménager la possibilité d'être, d'un seul et même mouvement, le critique de la religion le plus radical qui soit, mais aussi plus religieux que la religion elle-même. Dans le *TTP* les choses sont présentées avec une ambiguïté suffisante pour autoriser des lectures diverses. Mais si on le regarde en prenant le point de vue de l'*Éthique* et du *TP*, il semble bien que Spinoza n'ait pas pris au sérieux l'éventualité de laisser la théologie bénéficier de quelque indépendance, c'est-à-dire détenir légitimité et pertinence théorétique et cognitive comparables à celle de la philosophie et de la raison. De fait, même dans le registre politique, il restreint les prérogatives des ecclésiastiques et ce sont les autorités politiques qui ont pleine juridiction sur eux (voir en particulier chapitre XIX). Si on prend un angle de vue propre au XXIe siècle, Spinoza nous apparaît comme celui qui est parvenu à cerner un thème central apte à caractériser le différend entre religion et irréligion – ce différend qui n'en finit pas de réapparaître. On a entendu récemment, au début du troisième millénaire, nombre de propos annonçant un « retour du religieux », l'émergence d'un « nouvel athéisme », et un rival sous les traits d'une « nouvelle orthodoxie », ou d'une « théologie radicale » et même « séculière ». Après ce que la plupart avaient pris pour une victoire de la sécularisation, l'appropriation du langage de celle-ci par la théologie et la religion peut être considérée

1. C'est là précisément la question dont débattent Spinoza et Albert Burgh. Voir E. Curley, « Spinoza's Exchange with Albert Burgh », *in* Y. Y. Melamed et M. A. Rosenthal, *Spinoza's TTP, op. cit.*, p. 11-28. Curley prétend, à juste titre semble-t-il, qu'il y avait, dans cette correspondance bien davantage que la seule question des miracles. C'est ce que J. Israel avait déjà défendu dans *Les Lumières radicales*, *op. cit.*

comme une renaissance de la lutte pour la suprématie herméneutique – cette lutte qui met en présence l'ambition d'incarner l'instance qui légitimerait l'athée qui, au nom de la raison et de la science prétend que le discours théologique est insensé dans le temps que le théologien quant à lui « revendique l'urgence, en cette fin de règne de la raison sécularisée, de redonner sa suprématie à la théologie en tant que discours »[1]. En d'autres termes, le théologien revendique encore le droit de dire à un monde sécularisé qu'il est, après tout, un phénomène religieux et théologique ; le critique séculier de la religion tente de faire de même et de dire à la religion qu'elle est, pour ainsi dire, un phénomène non religieux – un phénomène politique, sociologique, psychologique etc. – et tous se retrouvent, une fois encore, dans la fâcheuse situation spinoziste d'une bataille herméneutique.

La métaphore de la « bataille herméneutique » et de « l'offensive herméneutique » que Spinoza conduit à l'encontre de l'orthodoxie et de la théologie vient à l'esprit en considérant les âpres discussions consacrées à la méthode adéquate pour lire et comprendre l'Écriture. Il y a là un objectif central dans le *TTP* et il a toujours fait l'objet d'une grande attention[2]. Spinoza, en compagnie de quelques autres, notoirement Hobbes et Richard Simon, est très souvent tenu pour avoir été un fondateur pionnier en matière d'étude critique de la Bible, c'est-à-dire du « haut criticisme ». On attribue souvent l'apparition de cette critique à l'essor du rationalisme scientifique moderne, ainsi qu'à la conscience historique et critique, mais aussi aux bouleversements internes à la Chrétienté, tels que la Réforme ou les guerres de religion. Or, faire usage de méthodes critiques pour étudier le texte biblique ne relève pas nécessairement d'une entreprise destinée à ébranler ni son autorité ni son statut canonique privilégié. Une bonne partie de la théologie biblique moderne présuppose des méthodes critiques de lecture de l'Écriture. La « percée critique » qui eut lieu dans les études bibliques, à laquelle Spinoza contribua de façon majeure, est jugée positivement, comme une réussite pour la religion. L'idée de « percée critique » est empruntée à l'étude que Preus consacra à la bataille herméneutique de Spinoza : selon une façon traditionnelle d'aborder le champ de la théologie biblique, cette percée fut la « percée d'une perspective théologique

1. J. D. Klassen, *The Paradox of Hope. Theology and the Problem of Nihilism*, Eugene, Oregon, Cascade Books, 2011, p. 9. C'est là un exemple pris au hasard, mais il saisit bien l'idée d'une bataille herméneutique.

2. Voir, à titre d'exemples parmi d'autres, S. Zac, *Spinoza et l'Interprétation de l'Écriture*, Paris, Vrin 1970 et C. Chalier, *Spinoza lecteur de Maïmonide : La question theologico-politique*, Paris, Cerf, 2006.

nouvelle »[1]. Si on songe par là à Spinoza, cette façon de voir traditionnelle laisse toutefois échapper l'essentiel, puisque, selon Preus, Spinoza ne serait pas partie prenante aux débats traditionnels portant sur la façon de lire la Bible. Un changement encore plus radical advint et ce fut Spinoza qui, le tout premier, l'accomplit : « le statut privilégié propre à la Bible (*i.e.* canonique) doit être entièrement laissé de côté afin de rendre possible la comparaison de la Bible avec d'autres textes anciens, et de la religion biblique avec d'autres religions. »[2]. Ce n'est pas dans les enjeux du combat que Spinoza menait contre les théologiens que réside la meilleure manière de déchiffrer et d'exposer le message de l'Écriture – du moins tel que Spinoza voyait lui-même ce combat. Alors que l'Écriture repose sur la croyance qu'elle contient un message révélé c'est-à-dire divin, il s'agissait de comprendre son *essence*. En étant à la recherche d'une meilleure façon de comprendre l'Écriture, qui serait fondamentalement naturaliste, Spinoza *ipso facto* refuse d'accorder un statut spécial au texte biblique et récuse sa prétention à détenir un message surnaturel. Dans la tradition pré-spinoziste (selon Preus de nouveau), tous les commentateurs et interprètes de la Bible s'entendaient, en dépit de leurs désaccords, sur une présupposition majeure : les mots de l'Écriture détiennent une vérité toute particulière, qui nécessite une compréhension appropriée parce que cette vérité est révélée, divine, prophétique, et autres vocables semblables. Les opinions pouvaient varier de la façon la plus extrême, et devenir même fort violentes à propos de tout le reste, mais le fait qu'il y ait dans la Bible un message révélé demeurait hors de question. Preus montre de façon fort documentée que même chez les contemporains hollandais hétérodoxes de Spinoza, parmi lesquels tout particulièrement Ludwig Meyer, l'hyper-rationaliste, son ami et collaborateur le plus proche, personne ne remettait en cause cette présupposition[3].

Il faut redire que les études hébraïques en général, les discussions érudites qui portent sur l'interprétation adéquate du texte biblique, sur la littérature rabbinique et tout particulièrement celles qui concernent les enseignements que l'on peut en tirer en théorie politique, tout cela joue un rôle

1. S. J. Preus, *Spinoza and the irrelevance, op. cit.* p. IX ; Preus fait allusion ici à H. K. Kraus.

2. *Ibid.*

3. *Ibid.*, p. 34-67 *sq*. Sur Louis Meyer, voir également J. Lagrée et P-F. Moreau, *Louis Meyer, La philosophie interprète de l'Écriture Sainte*, trad, notes et presentation, Paris, Intertextes éditeur, 1988 ; J. Lagrée, *Ad captum auditoris loqui : Theology and Tolerance in Lodewijk Meyer and Spinoza*, Delft, Eburn, 2001 ; et J. Lagrée (dir.) *Spinoza et le débat religieux. Lectures du Traité théologico-politique*, Rennes, Presses Universitaires de Rennes, 2004. Voir aussi S. Nadler, *Arnauld and the Cartesian Philosophy, op. cit.*

majeur pour définir le contexte dans lequel Spinoza lança son *Tractatus Theologico-politicus*, « sans doute le texte le plus important du dix-septième siècle consacré à la *respublica Hebraeorum*, et le seul à avoir été écrit par un Juif »[1]. Mais Spinoza « avait une vision radicale de la Bible hébraïque qui le situait à l'extérieur de cette tradition »[2], lui, le seul Juif à cette époque qui s'inspirait des Erastiens hébraïsants en se servant de la Bible et de l'histoire biblique de l'État mosaïque à des fins de théorie politique. En vérité, plutôt que participer à ce mouvement, comme Nelson le croit, Spinoza a contribué à ébranler ses présupposés théologiques et par là-même la totalité de ce projet. Dans la discussion du texte biblique, la grande nouveauté de Spinoza n'a pas consisté à fournir une meilleure méthode, mais à mettre en évidence l'inanité de ce texte pour toute entreprise théorique et philosophique.

Des travaux tels que ceux de Preus ou Nelson ménagent des vues très importantes pour toute entreprise qui cherche à comprendre la nature, l'origine et le message, ou plutôt les messages du *TTP*, lesquels étaient probablement destinés essentiellement à un public non-juif. Mais le dialogue avec les Juifs, mieux, l'accusation dirigée contre le judaïsme n'est pas moins importante. Vu l'attention accordée à la percée que Spinoza aurait effectuée dans l'herméneutique biblique, il importe de rappeler qu'il n'y avait en réalité rien de radicalement nouveau dans ses aperçus sur le contenu du texte biblique. Ce qu'il y a de neuf dans l'approche spinoziste de l'étude biblique n'est pas un apport savant car il ne contient ni une grande érudition ni des aperçus nouveaux sur le contenu ou la structure du texte de l'Écriture. La majorité, pour ne pas dire la totalité de ce qu'il utilise pour apporter des preuves de l'historicité, de la naturalité et de l'origine humaine du texte biblique était déjà bien connue de ses prédécesseurs juifs et de bon nombre de ses contemporains, Juifs et non-Juifs, qu'il s'agisse des allusions, des citations ou des exemples bibliques[3]. Ce qui était neuf c'était la hardiesse avec laquelle les contradictions et les incohérences furent mises en lumière et, surtout, l'usage auquel Spinoza les soumit. Si déjà du point de vue des Hébraïsants chrétiens on pouvait conclure que Spinoza tentait d'ébranler l'autorité théologique de la Bible et non de la réformer, du point de vue des Juifs, la portée du geste paraissait encore plus

1. Voir Nelson, *The Hebrew Republic*, *op. cit.*, p. 21.

2. *Ibid.*, p. 133 ; voir ici également n. 1 p. 34.

3. W. Z. Harvey, « Spinoza on Ibn Ezra's "Secret of the Twelve" », *in* Y. Y. Melamed et M. A. Rosental, *Spinoza's TPT*, *op. cit.*, p. 41-55. L'auteur prend en considération le cas célèbre d'un exégète médiéval juif qui s'est heurté à de semblables difficultés insurmontables dans la lecture du texte biblique.

radicale. D'un côté, la religion juive se développe, traditionnellement, en s'appuyant sur une lecture incessante de son canon qui trouve sa source dans la Bible[1]; d'un autre côté, la théologie n'a traditionnellement qu'un rôle très modeste pour les Juifs, et la pensée juive, quand elle ne se consacre pas à la Halakha, est notoirement plus philosophique que théologique (surtout au Moyen-âge). Dans un ouvrage consacré à Spinoza et Maïmonide, Catherine Chalier[2] propose de dire, à juste titre, qu'en voulant prouver que la Bible est philosophiquement vaine et qu'elle n'est d'aucune utilité pour la quête philosophique de la vérité, Spinoza cherche à émanciper la philosophie par rapport à la Bible. L'effet d'une telle émancipation est de ruiner l'idée même de philosophie juive, chrétienne ou musulmane. La philosophie, à l'instar de la géométrie, entend être une entreprise universelle. L'émancipation de la philosophie à l'égard de la Bible – et de sa judéité – est aussi son émancipation à l'égard de la théologie en général, et de tout ce qui dépend d'elle. Toutefois, le différend entre Spinoza et les théologiens réformés des Provinces-Unies était de nature théologico-politique. Ses enjeux étaient surtout politiques et, en tant que tels, ils ne sauraient pour Spinoza, relever vraiment de la philosophie, ainsi qu'il a été rappelé plus haut. Son différend avec les philosophes juifs était plus fondamental car il était de nature philosophique et théologico-philosophique.

Le chapitre XV du *TTP* achève la partie consacrée à la « critique de la théologie »; cette critique prétend être parvenue à frayer la voie à une théorie des fondements de l'État dont la validité universelle serait non théologique ce qui, par là même, légitimerait un tel État. Le *TTP* comporte de nombreuses allusions et remarques consacrées au Nouveau Testament ainsi qu'à la théologie chrétienne en leur allouant dans le chapitre XI[3] une discussion relativement longue et élaborée. Toutefois les quinze premiers chapitres s'occupent essentiellement des sources juives, bibliques et médiévales. La plupart des thèmes, des principes et des doctrines théologiques qui figurent dans le *TTP* sont présentés sous la forme qu'ils eurent dans la tradition juive, en particulier dans le corpus de Maïmonide. Le trait argumentatif obéit clairement à une intention stratégique en ce sens qu'il

1. Il existe un grand nombre d'essais – juifs et non juifs – qui s'attachent à saisir l'essence du judaïsme, ainsi que ce qui caractérise fondamentalement son histoire. On doit une telle tentative à Halbertal qui insiste sur le rôle constitutif que détient le canon (biblique et post-biblique) ainsi que celui que jouent la lecture et la relecture incessantes de cette histoire : M. Halbertal, *People of the Book. Canon, Meaning, and Authority*, Cambridge, Mass., Harvard University Press, 1997.

2. C. Chalier, *Spinoza, lecteur…, op. cit.*, p. 9.

3. Le chapitre XI traite de la question : « Les Apôtres ont-ils écrit leurs épîtres en qualité d'Apôtres et de Prophètes ou en qualité de docteurs ? ».

était moins dangereux de diriger l'attaque contre la théologie juive alors que le vrai rival était l'orthodoxie calviniste. On ne peut cependant expliquer tout ce qui est dirigé contre les Juifs, contre leurs traditions et leurs sages comme s'il s'agissait de simples effets stratégiques et rhétoriques.

Dans le chapitre XIV, Spinoza propose une liste de sept principes définissant ce qu'il nomme « la religion universelle » (*religio catholica).* Cette doctrine spinoziste souffre toutefois d'une certaine ambiguïté car il présente cette religion universelle comme l'essence de la théologie politique biblique, mais aussi comme le projet fondateur d'une religion à venir[1]. L'expression de « religion universelle », ainsi que Jacqueline Lagrée le rappelle[2] désigne habituellement au dix-septième siècle la « religion naturelle », c'est-à-dire ce que toutes les religions ont en commun, et ce qui constitue aussi l'essence de la religion révélée. La question qui se pose est donc de savoir si l'ambition d'universalité de la philosophie doit reconnaître une autre forme d'universalité, qui serait commune à tous les hommes en tant qu'elle est, elle aussi, naturelle.

On ne sait pas vraiment s'il faut prendre totalement au sérieux tout ce que dit Spinoza à propos de la religion universelle. Spinoza joue un jeu subtil entre une référence explicite, essentiellement négative et critique, aux sources juives et une utilisation implicite des façons de pensée juives pour en faire les instruments ironiques d'une critique parallèle, plus ou moins dissimulée, dirigée contre l'orthodoxie calviniste, la chrétienté, et tout spécialement, contre la religion en général. Après avoir récusé la religiosité propre à la foi aussi bien que sa pertinence intellectuelle, la Bible ne se souciant que de l'obéissance et non de la vérité, Spinoza, on le sait, propose sept *dogmata* c'est-à-dire sept principes fondamentaux de la foi auxquels on renvoie souvent comme à un « credo minimal ». Ce credo est, semble-t-il, censé cristalliser sous une forme propositionnelle les ressorts psychologiques et cognitifs de l'obéissance – ceux de la moralité civile,

1. Voir, pour une observation analogue, A. Donagan, « Spinoza's Theology », *in* D. Garrett (ed.), *The Cambridge Companion to Spinoza*, Cambridge, CUP, 1996. La notion de *religio catholica* apparaît à de nombreuses reprises dans le *TTP* et pour ainsi dire nulle part ailleurs (voir cependant Ep. 43, G. IV, 225). La doctrine de la religion universelle a déclenché d'innombrables controverses chez les commentateurs. Voir A. Matheron, *Le Christ et le salut des ignorants chez Spinoza*, Paris, Aubier-Montaigne, 1971 ; J. Lagrée, *Spinoza et le débat religieux, op. cit.*, p. 79-82, p. 128-130; Curley, « Spinoza's Exchange », *op. cit.*, p. 24-26; S. James, *Spinoza on Philosophy…*, *op. cit.*, p. 207-213 (en particulier n. 72 p. 213, qui contient des références détaillées aux différentes opinions en jeu); Verbeck, *Spinoza's TTP*, *op. cit.*, p. 28-34.

2. *Spinoza et le débat religieux, op. cit.*, p. 80.

pour le dire en termes plus courtois. Ce serait la doctrine chrétienne qui constituerait l'arrière plan de ce credo, avec les débats entre protestants et catholiques ainsi qu'entre les différentes sectes réformées, débats dans lesquels il était en particulier question du rapport entre la « foi » et « les œuvres » dans l'économie du salut[1]. Il y a toutefois beaucoup de bonnes raisons de lire ce credo en prenant en considération son arrière plan juif, car plusieurs idées analogues en matière de moralité universelle figurent dans ce fond juif.

Spinoza fait allusion à deux reprises dans le chapitre chapitre XIV à ce qu'il présente, pour ainsi dire, comme un méta-principe moral : « aime ton prochain ». Il affirme[2] en citant la première Épître de Jean, chap. IV que « celui qui aime Dieu aime aussi son propre frère ». Deux pages plus tôt, il dit que l'Écriture enseigne le plus clairement possible ce qui devrait être considéré comme un commandement de Dieu de sorte que nous pouvons savoir, grâce à elle, que le tout de la Loi consiste en un seul précepte, qui est d'aimer son prochain comme soi-même. La traduction en hébreu de cette phrase latine[3] difficile à traduire fait clairement allusion à une célèbre histoire talmudique. Il y est question de Hillel l'Ancien à qui un Gentil demande qu'il lui enseigne la Torah en son entier : en se tenant sur une seule jambe, il répondit ceci : « Tout ce que tu détestes, ne le fais pas à ton semblable. Voilà toute la Torah. Le reste, c'est de l'interprétation. Va et étudie (*shabbat* 31 a) ». La tradition exégétique relie souvent cette phrase au Lévitique, 19, 18, qui est la source la plus ancienne du « aime ton prochain ». On ne peut bien entendu pas savoir avec certitude si Spinoza avait cette histoire talmudique présente à l'esprit mais il n'est pas arbitraire de supposer qu'un homme instruit qui parle et lit l'hébreu ait pu y songer.

Il y a encore une autre allusion à peine dissimulée à la tradition juive de la moralité universelle et c'est le fait apparemment innocent et banal d'avoir nombré *sept dogmata* ou principes de la foi pour son prétendu credo minimal. Il y a un grand nombre de listes dans la tradition hébraïque pour les principes de la foi, les principes moraux et les commandements religieux. Les plus célèbres sont bien entendu les Dix commandements, mais il y a aussi les Treize principes de Maïmonide et les Trois *Iqarim* de

1. Voir le livre de S. James pour une présentation concise du sujet.

2. Voir p. 176 du volume III de l'édition Gebhardt.

3. Le *TTP* fut traduit en hébreu par l'historien et latiniste Haim Wirshubsky (Jerusalem, Magnes, 1961). Le latin affirme : « Deinde quidnam unusquisque debeat, ut Deo obsequatur, ipsa etiam Scriptura plurimis in locis quam clarissime docet, nempe totam legem in hoc solo consistere in amore scilicet erga proximum, quare nemo etiam negare potest, quod is, qui ex Dei mandato proximum tanquam se ipsum diligit, revera est, obediens et secundum legem beatus. »

Ysof Albo, et encore quantité d'autres. L'une de ces listes est connue sous le nom des « Sept commandements Noachites ». Le Talmud (Sanhedrin 9 : 1) en invoquant des sources bibliques énumère sept *mitzvoth* (c'est-à-dire en gros des lois, des commandements, des exigences moraux) qui obligent tous les hommes (à la différence des 613 *mitzvoth* qui obligent les seuls Juifs) et ils entretiennent un lien immédiat avec l'enseignement de Hillel[1].

Le sentiment que le traducteur en hébreu du *TTP* a eu raison de rendre comme il le fit les termes que Spinoza a utilisés à propos du méta-principe moral est confirmé par une référence explicite aux lois Noachites faite antérieurement, qui fut également l'occasion de vifs reproches dirigés contre Maïmonide et les « Juifs » en général. Le chapitre V se livre à un exposé détaillé qui porte sur la valeur éducative et psychologique des cérémonies bibliques, des récits et des histoires ainsi que des mythes pour montrer qu'ils ne sont pas dépositaires de la vérité philosophique, mais que leur utilité revient à susciter des formes de conduite qui soient moralement, socialement et politiquement « convenables » – c'est là ce que Spinoza appelle « obéissance et observance » (*obedientiam et devotionem).* La fin du chapitre met en perspective les considérations qui viennent d'avoir lieu : quel que soit le nom dont on nomme le mode de vie selon l'obéissance et l'observance, il est possible d'y accéder aussi par la lumière naturelle et sans le secours des récits édifiants de la Bible.

Nous en avons assez dit sur cet enseignement moral biblique. On ne saisit pas entièrement comment Spinoza pense renforcer sa position par ce qui suit, mais le fait est qu'il ajoute que les Juifs ont une opinion opposée[2]. Ils ne reconnaissent des modes de vie et des croyances salvateurs qu'à ceux qui furent choisis en raison de leur révélation prophétique à Moïse. Cette généralisation à l'emporte-pièce, et même pourrait-on dire, complètement inexacte – est étayée par une référence au canon de Maïmonide, à la façon dont le problème est formulé et débattu dans *Mishne Torah*. Maïmonide stipule que les Gentils qui observent les sept lois Noachites en vertu de la

1. Wikipedia fait une très bonne rubrique consacrée au sujet des « Sept Lois de Noah ». Pour une interprétation de ces *dogmata* qui se tient en dehors du contexte historique, voir M. Rosental, « Spinoza's Dogmas of the Universal Faith and the Problem of Religion », in *Philosophy and Theology*, 13, 1, 2001, p. 53-82.

2. La question de savoir si le salut est possible en dehors du christianisme constitue aussi, bien sûr, une interrogation centrale dans la théologie chrétienne traditionnelle. On peut imaginer que c'est à des raisons stratégiques qu'obéit, une fois de plus, l'allusion à Maïmonide et aux Juifs. Toutefois la violence des mots dont Spinoza se sert ainsi que la formulation typiquement juive du problème montre qu'il a dû avoir Maïmonide à l'esprit au moins autant que les théologiens calvinistes.

lumière naturelle, et non parce qu'ils acceptent les commandements de la Torah tels qu'ils furent révélés par la prophétie, ceux-là n'auront pas part au monde à venir (ils ne seront pas sauvés). Ce qui vaut également pour ceux qui font partie des sages entre les nations. Spinoza fait alors appel à un commentateur de Maïmonide du quinzième siècle, Yosef Ben Shem Tov, qui avait tiré, de ces conclusions difficiles à accepter, qu'à ce compte, même Aristote ne serait pas sauvé, lui que Maïmonide tenait pour une sorte de prophète biblique parce qu'il connaissait et avait conservé tous les préceptes de la moralité. Spinoza conclut que des opinions de ce genre sont de purs produits de l'imagination qui ne reposent sur aucun fondement d'aucune sorte; leur vacuité est tellement évidente qu'il n'est aucun besoin de les réfuter et il suffit d'observer les façons de vivre de ceux qui prétendent détenir quelque chose de supérieur à la raison – Les Juifs (?) – pour comprendre que ce qu'ils détiennent se situe en vérité fort au dessous.

Les propos de Maïmonide qui sont cités par Spinoza ont donné lieu à quantité de discussions et de débats qui ont bien persisté jusqu'à nos jours [1]. Alors que les Moses Mendelssohn, Herman Cohen et d'autres Juifs, essayaient de faire le tableau du judaïsme à l'époque des Lumières pour un public non-Juif, c'est-à-dire un public toujours méfiant, de tels propos étaient bien embarrassants. Dans la littérature consacrée à Maïmonide, on trouve encore des tentatives destinées à trouver un compromis pour interpréter ce qui peut apparaître comme une affirmation outrancière du particularisme juif. L'image de l'exclusivisme juif qui ressort de la présentation spinoziste des propos de Maïmonide, mais aussi de nombreuses autres considérations que contient le *TTP*, ont provoqué une colère célèbre chez Cohen qui n'a pas manqué d'attaquer Spinoza à de nombreuses reprises. C'est que Maïmonide est censé être la plus haute autorité religieuse dans la tradition juive et par conséquent un authentique représentant du Judaïsme. À propos des lois Noachites en particulier, Cohen reproche à Spinoza d'avoir trahi le texte de Maïmonide (ce qu'il n'a pas fait), et il lui reproche

1. S. S. Schwarzschild, « Do Noachites Have to Believe in Revelation? (A Passage in Dispute between Maïmonides, Spinoza, Mendelssohn, and H. Cohen). A Contribution to the Jewish View of Natural Law : The Textual Question » *in* M. Kelner (ed.), *The Pursuit of the Ideal*, New York, SUNY Press, 1990. Il y a là une étude détaillée des débats qui portent sur ce principe de Maïmonide et ce qu'il devient tant chez Spinoza que dans la littérature anti-spinoziste (surtout chez Herman Cohen). Il s'agit aussi de sa portée philosophique. Fr. W. Niewöhner, « Die Religion Noahs bei Uriel da Costa und Baruch de Spinoza : Eine historische Miniatur zur Genese des Deismus», *in* C. De Deugd, *Spinoza's theological and political thought : international symposium...*, *op. cit.*, p. 143-149, apporte des clarifications supplémentaires à propos des liens entre Spinoza et Uriel da Costa à ce sujet.

aussi de s'être livré à la présentation d'un judaïsme d'exclusion et xénophobe – en quoi on peut soutenir que Cohen a raison)[1].

Abstraction faite des allégations de Cohen, on doit souligner qu'il y a exactement sept *dogmata* qui sont les principes très généraux d'une religion politique et morale destinée à être acceptée de tous « les peuples de la terre ». Il y a là, en dehors de l'utilisation explicite de sources juives, un des nombreux passages du *TTP* doté d'une très forte résonance juive. En outre, Spinoza superpose les couches d'ironie, les unes après les autres, pour former le sous-texte d'un jeu compliqué et ambivalent où il avance, soit masqué soit à visage découvert, pour rejeter et critiquer, mais aussi pour exprimer une nostalgie paradoxale d'amour et de haine envers la religion de ses ancêtres mais en même temps, aussi, une forme de condescendance à l'égard des Gentils qui liront son livre. Les sept *mitzvoth* noachites traditionnels sont essentiellement des règles éthiques ou éthico-religieuses ; il s'agit de prohiber l'idolâtrie, le meurtre, le vol, l'inceste, le blasphème et la consommation de la chair des animaux vivants, ils enjoignent enfin d'instaurer des cours de justice. Ils diffèrent donc des sept principes de Spinoza à deux titres majeurs[2] : le contenu des deux listes n'est pas le même et les principes de Spinoza ont la forme de *thèses* et non celle de *règles* ou de *commandements* moraux, légaux ou religieux. Ces principes sont censés conduire à certaines formes de conduite morale ainsi qu'on le voit dans les brefs développements qui constituent la seconde partie de chacun de ces *dogmata*[3]. Même les principes de la foi prennent la forme d'items dont la structure et le contenu sont propositionnels et non pas normatifs ou prescriptifs. Quoi qu'il en soit, le fait même d'avoir choisi précisément sept items dans ce contexte précis et sous cette forme précise conduit, répétons-le, à penser à une source juive, à moitié secrète, si ce n'est évidemment pas quant au contenu exact de la liste, du moins quant à l'idée de formuler une telle liste. Si nous avons raison de supposer que la liste spinoziste des sept principes d'une religion universelle doit aussi être lue à la lumière des élaborations du noachisme traditionnel, il s'ensuit que nous voyons surgir ici la nature étrange d'une religion universelle dotée visiblement d'un universalisme moral alors qu'elle trouve sa source dans une religion spécifique dont la configuration est fortement particulariste, et

1. S. S. Schwarzschild, « Do Noachites have to believe in revelation », *op. cit.*, p. 46-49.

2. La liste de Spinoza comporte qu'il y a un Dieu ; il est un et unique et le seul dieu ; il est omniprésent ; il a un droit souverain sur chaque chose ; l'adorer est justice ainsi que l'amour du prochain ; ceux qui obéissent à Dieu de cette façon sont sauvés, et seulement ceux-là ; les pécheurs sont pardonnés s'ils se repentent.

3. Voir M. Rosenthal, « Spinoza's dogmas of the universal faith », *op. cit.*, p. 67.

cette religion est elle-même devenue, par un étrange mouvement dialectique, la négation de sa propre origine.

Le premier principe de Spinoza pose que Dieu existe. Le second pose que Dieu est un et qu'il n'y a qu'un seul Dieu. Au premier abord, peut-on trouver plus universellement acceptable et plus œcuménique que cela? Dire qu'il y a un Dieu et qu'Il est un? Toutefois, en y regardant de plus près, ce n'est pas si innocent. *Deum, hoc est ens supremum, summum iustum et misericordem, sive verae vitae exemplar existere* – voilà comment débute la position du premier principe. Dieu, dit-il, existe. Dieu est un être souverain, qui est le plus juste, qui pardonne et compâtit, *c'est-à-dire (sive)* qu'il est un modèle, un *exemplar* d'une vie véracе. L'idée que Dieu est un *exemplar* moral advient en de nombreuses occurrences dans le *TTP*, mais en dehors d'une allusion la plus générale et vague qui soit à l'idée d'une création de l'homme à l'image de Dieu et à la tradition selon laquelle la morale humaine serait une sorte d'*imitatio Dei*, la notion d'*exemplar* conduit l'esprit vers d'autres considérations. Il nous rappelle un des ouvrages autobiographiques écrits par Uriel da Costa en 1640, son *Exemplar humanae vitae*; mais on songe aussi aux utilisations qu'en fait Spinoza dans l'*Éthique* et au rôle de modèles archétypaux qu'il octroie à Moïse ainsi qu'au Christ dans le *TTP* lui-même. La pertinence de da Costa en ce qui concerne la question générale de la morale universelle a été signalée ci-dessus et ce n'est pas le lieu d'y revenir davantage. C'est à deux reprises que Spinoza renvoie dans l'*Éthique* à l'idée d'un *exemplar* ou modèle, et dans les deux cas, il donne l'impression de faire une allusion ironique aux propos du *TTP*. Le long scolie II qui suit *É* I p33 (l'affirmation majeure du nécessitarisme de Spinoza selon lequel les choses n'auraient pas pu être différentes de ce qu'elles sont réellement) contient une critique des vues qui défendent d'une façon ou d'une autre la libre volonté de Dieu. Il s'achève par ce qui revient à une réfutation générale de la pertinence du concept d'*exemplar* quand il s'agit de la doctrine de Dieu :

> Je reconnais que cette opinion qui soumet tout à une volonté divine indifférente, s'éloigne moins de la vérité que cette autre consistant à admettre que Dieu agit en tout en ayant égard au bien (*sub ratione boni*). Car ceux qui la soutiennent semblent poser en dehors de Dieu quelque chose qui ne dépend pas de Dieu et à quoi Dieu a égard comme à un modèle (*exemplar*) dans ses opérations.

Affirmer que Dieu (ou la Nature) agirait *sub ratione boni* constitue par conséquent une grave faute philosophique. Le véritable enseignement en jeu, étant donné ce dont il s'agit maintenant, est que la nécessité, c'est-à-dire Dieu, ne peut pas devenir un « modèle » pour la morale humaine. Si

Dieu était un *exemplar* pour la morale des hommes, et si Dieu n'agit pas en se conformant à un modèle, il s'ensuit bien sûr que la véritable morale humaine ne repose pas sur la conformité à un modèle « extérieur ». Toutefois, dans la préface de *É* IV, Spinoza, en dépit de son refus total de toute considération téléologique, pense encore que des termes tels que « perfection, imperfection », « bon, mauvais » devraient être conservés dans la mesure où nous désirons « former une idée de l'homme qui soit comme un modèle de la nature humaine (*naturae humanae exemplar*) placé devant nos yeux »[1]. Une idée de l'homme – et non pas Dieu – peut servir d'*exemplar*[2].

Le second dogme pose que Dieu est non seulement unique mais qu'il est un. On peut l'interpréter, et cela fut en vérité le cas, comme un rejet de la Trinité de type socinien, c'est-à-dire plus précisément, comme un rejet de la divinité du Christ. On peut également y voir un prélude au Dieu philosophique de l'*Éthique*, le *Deus sive Natura*, un et infini[3]. Mais, dans la mesure où il s'agit d'un principe de la foi et non d'une vérité théorique déduite *more geometrico*, ce dogme doit peut-être rappeler à notre esprit la foi fondamentale du Judaïsme en un Dieu Un et Unique, et plus fondamental encore, le rejet absolu de la conception trinitaire de Dieu tenue pour une forme d'idolâtrie. On peut soupçonner qu'une sorte de dédain se cache dans les vocables que Spinoza utilise pour évoquer le Dieu unique, ce qui est le dédain typique de la plupart des Juifs à l'égard de l'idée de la Trinité.

On s'est en vérité demandé à de nombreuses reprises si le *TTP* était un écrit juif et à quel titre il le serait. Les chapitres I-X et le chapitre XII traitent de façon directe, pour leur majeure partie, de thèmes qui sont empruntés à la tradition juive. Disons plus précisément que Spinoza prend largement appui sur le *Guide des Égarés* de Maïmonide pour aborder des questions telles que la prophétie, les miracles, les approches convenables de l'Écriture, l'élection des Hébreux, la nature et l'origine de la loi en général et de la loi cérémoniale en particulier. Depuis l'étude classique des sources juives de la pensée de Spinoza, due à Joël, au milieu du dix-neuvième siècle, la question de la nature et de la signification du rapport de Spinoza à Maïmonide a sans cesse été reprise. Toutefois la question a récemment pris de l'ampleur, principalement en raison d'un article majeur de Zeev Harvey, où celui-ci défend la thèse (reprise dans d'autres de ses écrits) selon laquelle Spinoza serait fondamentalement un philosophe

1. La question de la perfection est centrale dans la quatrième partie de cette étude.

2. S. Frankel, « The Invention of Liberal Theology. Spinoza's Theological-Political Analysis of Moses and Jesus », *The Review of Politics*, 63, 2, 2001, p. 287-315.

3. Voir S. James, *Spinoza on Philosophy…*, *op. cit.*, p. 109.

« maïmonidien »[1]. Beaucoup de commentateurs contestent ce point de vue[2], mais personne ne doute de l'omniprésence de Maïmonide dans le *TTP*. Ainsi, le grand érudit Shlomo Pines a montré dans un article déjà ancien consacré au rapport entre le *TTP* et Maïmonide, que les premiers chapitres de l'ouvrage de Spinoza constituent une sorte d'hommage à Maïmonide. Il est rare qu'un auteur fasse reposer ses propres doctrines sur la lecture attentive et détaillée d'un autre auteur, surtout, peut-on ajouter, si cette lecture est aussi critique que celle que Spinoza pratique. Pines, nonobstant, semble penser que Maïmonide était spinoziste, plutôt que Spinoza maïmonidien[3]. Plus récemment, Chalier a répertorié sept doctrines centrales dans le *TTP* que Spinoza aurait presque complètement empruntées à Maïmonide. Ce qui est encore plus remarquable selon elle, tient à la façon dont Spinoza prend le contre-pied des idées de Maïmonide pour les tourner sans arrêt contre leur auteur.

Pines renvoie aux idées de Strauss en ce qui concerne les messages ésotériques qu'enveloppent les œuvres potentiellement subversives, ainsi qu'il arrive avec le *Guide,* et il remarque en guise de plaisanterie, que Spinoza ne fut aucunement le lecteur sur lequel Maïmonide fondait ses espoirs. Ce n'est pas obéir à un principe de charité que partir à la recherche des contradictions, et au lieu de chercher à mieux saisir la signification du message, on suscite au contraire un violent antagonisme. L'essor de la science et de la philosophie nouvelles explique en partie l'attitude de Spinoza, étant donnée leur propension à abandonner une grande partie de l'aristotélisme médiéval. Ce qui, selon Pines, a joué un rôle plus important

1. J. Manuel, *Spinoza's Theologisch-politischer Traktat auf seine Quellen geprüft*, Breslau, 1870. Et W. Z. Harvey, « Maïmonidean Aspects in Spinoza's Thought », *Graduate Faculty Philosophy Journal*, 17, 1994, p. 153-174; « A portrait of Spinoza as a Maïmonidean », *Journal of the History of Philosophy*, 19, 2, 1981, p. 151-171. Il faut également mentionner Wolfson, Roth et Nadler (« The Jewish Spinoza », *The Journal of the History of Ideas*, vol. 70, 3, July 2009, p. 491-510) pour une recension des études, en majeure partie récentes, qui se consacrent à cette question. Dans le chapitre III, nous aborderons la question philosophique plus générale des rapports de Spinoza à son supposé traditionalisme. Il nous faudrait toutefois avancer dès maintenant qu'en dépit de quelques similitudes et analogies qui sautent aux yeux, c'est d'une façon très spéciale que la philosophie médiévale juive fait fonction de source pour Spinoza. Il fut au moins autant influencé par celle-ci qu'il en fit une cause occasionnelle pour édifier sa critique systématique à la fois de la théologie et de la philosophie religieuse en général, mais aussi plus précisément, de la tradition juive comme telle.

2. Voir en particulier J. Panes, *Maïmonides and Spinoza. Their Conflicting Views of Human Nature,* Chicago, The University of Chicago Press, 2012. L'introduction de cet ouvrage contient une présentation fort utile de la discussion.

3. S. Pines, *Moses Maïmonides, The Guide of the Perplexed*, translation and introduction, Chicago, University of Chicago Press, 1968, p. 4.

fut le fait que Spinoza n'eut pas à réagir à des contraintes et à des obligations politiques qui lui étaient indifférentes et qui motivèrent au contraire la grande tradition de l'écriture codée[1]. Strauss propose de considérer que le *TTP* relève de cette tradition, mais, ainsi qu'il le concède lui-même dans son *How to read Spinoza's Theologico-Political Treatise*[2]?, le genre de prudence et de retenue dont Spinoza fait montre dans son œuvre diffèrent grandement de celles de Maïmonide. Spinoza avait en vue un public non-juif et il devait évidemment se tenir sur ses gardes, étant donné qu'il ébranlait l'autorité des ecclésiastiques. Mais à l'égard de la pensée et des traditions juives, il se situait à l'exact opposé de Maïmonide. Ce dernier s'adressait aux Juifs et le caractère juif de toute son entreprise lui importait par dessus tout et en constituait la présupposition évidente et absolue. La prudence dont il devait faire montre dans son travail philosophique – ce qui n'était pas le cas pour son immense corpus halakhique – témoigne de son sens de la responsabilité envers la communauté dont il était issu, dont il avait toujours fait partie et dont il était même un des guides les plus importants, communauté dont l'existence et la prospérité à la fois matérielle et spirituelle conféraient sa signification ultime à toute l'œuvre de sa vie. Maïmonide était parfaitement conscient des risques que recèle le genre de réflexion philosophique enveloppée dans le *Guide*. L'autorité de l'Écriture pouvait s'en trouver ébranlée ainsi que les fondements sur lesquels reposait la vie juive. Il trouvait néanmoins que la vérité de son entreprise de philosophe rationaliste était indispensable, quoi qu'il en soit. En s'efforçant de masquer la pleine rationalité de son message, ce n'est pas de sa propre sauvegarde personnelle qu'il prenait soin, mais de la cohésion et de la solidité intérieure du monde juif. Quoique maints aspects du discours de l'orthodoxie aient soulevé ses plus vives critiques, il était fort conscient du potentiel subversif de la pensée philosophique et il en appréhendait le danger. Rien ne l'effrayait davantage que de mettre en péril la vie religieuse des Juifs. Après tout, il avait consacré bien davantage de temps, d'efforts et d'énergie intellectuelle à son œuvre halakhique et à veiller à la solidité de la vie juive qu'à son travail philosophique. Quant à Spinoza, il semble ne pas s'être tellement préoccupé de ce genre de choses. Ce qui accroît la complexité de sa position réside en ceci qu'il conserve beaucoup d'aspects critiques qui touchent à l'attitude juive à l'égard de la théologie chrétienne ainsi qu'à l'égard de la théologie politique, mais il ne s'ensuit

1. S. Pines, *Moses Maïmonides*, *op. cit.*, p. 4-5.

2. L. Strauss, « How to Read Spinoza's Theologico-Political Treatise? », *Persecution and the art of writing*, Chicago, Chicago University Press, 1988, p. 142-202 (*La Persécution et l'art d'écrire*, trad. fr. O. Seyden, Paris, Gallimard, 2009).

pas qu'il ait conservé une fidélité de type maïmonidien à l'égard de sa judéité. Ce qui sépare ainsi Maïmonide de Spinoza n'a rien d'anecdotique. Cette différence engage la nature même de leurs entreprises respectives et elle atteint jusqu'aux motivations les plus profondes qui en constituent la source. Maïmonide joue un rôle significatif et paradoxal dans le *TTP* : Spinoza l'utilise à la fois comme un tremplin pour sa critique de la religion tout en en faisant la cible privilégiée de ses attaques. La critique que Spinoza conduit contre Maïmonide comprend deux points de vue, différents quoique reliés entre eux. Avant tout, Maïmonide est la figure emblématique du philosophe et théologien juif. Ce qui s'explique par le fait qu'on le tient habituellement pour la plus haute figure de la tradition de la philosophie médiévale juive – et vraisemblablement aussi un des objets de lecture et d'étude préféré de Spinoza pendant sa jeunesse. Mais il est aussi l'auteur de la plus grande codification de la Halakha.

Avec cela, Maïmonide fut un adversaire et un critique radical de la naïveté et de l'irrationalité religieuses. Entre Spinoza et Maïmonide, ce qui se joue ne porte pas sur la valeur (ou ici, l'absence de valeur) du préjugé et de la superstition dans la vie religieuse. Maïmonide les combat, avec autant de violence que le fait Spinoza et, avec eux, le fondamentalisme auquel ils donnent naissance. En un sens, il est même un plus grand ennemi de l'irrationalité religieuse que Spinoza ne l'est, parce qu'il défend une religion rationnelle. A la façon de ce que Spinoza fera plus de cinq siècles plus tard, Maïmonide lui aussi propose une explication rationnelle (qui n'est souvent pas du goût de l'orthodoxie), à la fois des miracles et de la prophétie, mais aussi des façons d'aménager l'Écriture pour qu'elle soit compatible avec les enseignements de la raison scientifique. Toutefois l'angle d'attaque choisi par Spinoza contre sa « méthode » de lecture de l'Écriture n'est pas seulement incommensurable aux présuppositions les plus fondamentales de Maïmonide, il leur est radicalement opposé : les présuppositions de Maïmonide ne sont ni méthodologiques, ni même philosophiques car elles sont religieuses.

Dans le *TTP*, Maïmonide apparaît comme l'adversaire majeur, en vérité comme l'ennemi archétypal de la philosophie. Il en est ainsi parce que c'est le rationalisme religieux qui est le véritable ennemi, caché derrière le préjugé, la crédulité et la naïveté de la religiosité. En dernière analyse, Maïmonide est plus dangereux que l'orthodoxie et beaucoup plus difficile à réfuter. Il en est ainsi justement à cause de sa grande proximité avec Spinoza, ou parce que Spinoza fut sur le point de devenir maïmonidien, comme le prétendait Harvey. C'est Maïmonide qui rendit possible de croire que l'essence de la religion ne réside pas dans la superstition, et que celle-ci pourrait être vaincue de l'intérieur mais c'est lui aussi qui masque, derrière une apparence de rationalité, le danger que la religion présente pour l'État, pour la liberté de la philosophie, et, tout spécialement, de la philosophie comme d'une entreprise de pure raison et de salut rationnel. Il n'y a rien de trivial dans le fait que Spinoza était prêt à se satisfaire d'une sorte de religiosité universelle et de sens commun – pour ne pas dire de naïveté religieuse – mais aucunement d'une religion rationnelle qui serait politiquement modérée (Maïmonide fut justement ce genre de rationaliste). C'est pourquoi l'attaque menée contre la doctrine de Maïmonide des Lois Noachites au chapitre V est tellement parlante : l'espèce de sagesse universelle incarnée par Maïmonide et son effort pour y intégrer la défense inflexible et sans compromis de la valeur irréductible de la religiosité juive, voilà ce que Spinoza pouvait le moins tolérer.

La majeure partie de ce qui sépare Spinoza de Maïmonide tourne autour de la différence d'attitude à l'égard de la tradition : fidélité ou non ?, et il ne s'agit pas du tout d'une question mineure. C'est elle qui façonne la question plus profonde, philosophiquement, de la pertinence ultime de la légitimité de quelques catégories religieuses fondamentales et, en dernière analyse, de la religiosité elle-même. Derrière les ressemblances et les différences, les continuités et les discontinuités qu'on trouve ou non, entre Spinoza et Maïmonide, sur le socle de leurs interprétations respectives de la Judéité et du phénomène juif se trouve quelque chose qui est encore plus fondamental et d'une portée universelle. Leurs réponses sont opposées quant à la question de savoir si des notions telles que celles de *miracle*, de *prophétie* et de l'*Écriture* conservent ou non pour le philosophe une signification irréductiblement et originairement religieuse, celle du sacré, des merveilles, du surnaturel, de l'inspiration sacrée, de la morale etc. Maïmonide répond par l'affirmative là où Spinoza répond par la négative.

Selon Jonathan Israel par exemple, « il n'y a aucun autre élément dans la philosophie de Spinoza qui ait suscité à son époque autant de réprobation et de scandale que sa façon de repousser les miracles et le surnaturel »[1]. Les positions de Maïmonide à propos des miracles, auraient, selon un autre spécialiste récent, évolué, pour passer du rejet à l'acceptation. La doctrine de la maturité, selon cette lecture, affirmerait que les événements que nous

1. J. Israel, *Les Lumières radicales*, *op. cit.*, p. 218 : le chapitre XII de cet ouvrage majeur examine la doctrine spinoziste des miracles. S. M. Nadler, *A Book forged in Hell. Spinoza's Scandalous Treatise and the Birth of the Secular Age*, Princeton, Princeton University Press, 2011 : le chapitre V contient une comparaison avec la doctrine de Maïmonide. J. Lagrée (*Spinoza et le débat religieux*, *op. cit.*) traite de Spinoza dans le contexte du débat théologique chrétien qui porte sur le miraculeux, comme par exemple le refus calviniste du culte des reliques – mais non celui des miracles comme tels.

devons tenir pour des miracles ne remettent pas en cause la rationalité qui règne partout dans l'univers. Les miracles montrent toutefois que l'ordre naturel ne suffit pas à expliquer tout ce qui arrive. Il existe un ordre plus élevé qui est celui de la volonté divine et de la providence[1]. Sans prendre le risque de soulever la moindre controverse à propos de Maïmonide, nous pourrions retenir de ce qui précède les points suivants : la religiosité ne requiert pas la suspension de l'attitude rationnelle. Le philosophe maïmonidien accorderait au rationaliste spinoziste que les miracles ni ne modifient ni ne suspendent l'ordre naturel, mais il ne s'ensuit pas qu'il récuserait la pertinence de la notion de miracle ainsi que le fit Spinoza. Le « miraculeux » désigne la notion rationnellement acceptable d'un ordre plus élevé qui, sans contredire à l'ordre de la nature, ni le suspendre, le renferme en quelque sorte, ce qui est précisément religieux : la nature elle-même est miraculeuse, ou, pour le dire autrement, elle est créée[2], ce qui ne revient aucunement au même qu'à la dire, par exemple magique, ou ensorcelée. Mais pour Spinoza, d'un autre côté, puisque la nature n'est pas créée, elle est naturelle. À la façon dont la primauté de la raison pratique n'implique pas pour Kant la suspension de la raison théorique, pour les maïmonidiens, la primauté de l'intérêt religieux ne fut jamais envisagée comme une compromission avec l'irrationalisme. Au lieu de procéder à une *réduction* de la signification religieuse de la notion de *miraculeux*, ce que Spinoza envisagera, Maïmonide se livre à sa réhabilitation rationnelle. En ne cédant pas aux prétentions de l'orthodoxie, la pensée de Maïmonide exprimerait un besoin authentiquement religieux d'intégrer ce qui est spécifiquement religieux dans une conception plus vaste de la raison, et cette pensée tente de ne pas renoncer à la raison en dépit des exigences, et même des attaques de la théocratie.

Si la critique spinoziste des miracles fit tellement scandale auprès de ses lecteurs, ce ne fut pas forcément, en tout cas pas toujours, parce qu'ils n'appréciaient pas sa façon d'interpréter les histoires de miracles ; c'est plutôt qu'ils sentaient bien que son interprétation enveloppait une mise en cause radicale de la légitimité de la notion du *miraculeux*. Leibniz faisait partie de ce genre de lecteurs. Pour lui, exactement comme pour

1. T. Y. Langermann, « Maïmonides and Miracles : The Growth of a (dis)belief » (*Jewish History* 18, 2004, p. 147–172) contient des références aux principales études consacrées à la position de Maïmonide à l'égard des miracles.

2. La « croyance en l'éternité telle qu'Aristote la conçut… détruit en son principe même la loi, accuse nécessairement de mensonge tout miracle et réduit à néant tous les espoirs et les menaces que la Loi avait maintenus ». D'un autre côté, « avec la foi en la création du monde à un moment donné, tous les miracles deviennent possibles et la Loi devient possible, et toutes les questions qu'on peut se poser à ce sujet disparaissent » (*Guide des Egarés* II, 25).

Maïmonide, ce qui justifiait le maintien d'une notion positive du miraculeux ne tenait ni aux irrégularités qu'on trouve dans la nature, ni à l'extraordinaire et à l'inexplicable, mais à la reconnaissance religieuse (qui est cependant pleinement rationnelle, du moins selon sa vision du rationnel) du besoin de faire droit à un ordre plus élevé de raisons qui se trouve sous la juridiction du *principe de raison* tout autant que l'ordre naturel, tout en étant distinct de lui et irréductible à celui-ci. Pour lui aussi, exactement comme pour Maïmonide, ce qui était en jeu concernait, en partie, le projet philosophique destiné à justifier la fidélité à toute une tradition dont il conservait le vocabulaire et qu'il réinterprétait de façon à ce que la position de la foi devienne rationnellement acceptable. Il semble donc que la « fidélité » et la « foi » ne soient pas facilement séparables : du moins ne l'étaient-elles guère à l'époque de Spinoza, de sorte que sa critique de Maïmonide et de la religion en général doivent être saisies dans ce contexte.

Le chapitre XIV: *Quit sit fides*, c'est-à-dire « Qu'est ce que la foi ? »[1] récapitule la critique de la théologie. Ainsi qu'il fut déjà suggéré dans ce chapitre, on peut dire que la foi est ce qui caractérise le plus fondamentalement l'attitude religieuse. Dans les quelques pages qui précèdent sa présentation des sept *fidei universalis dogmata* Spinoza définit ainsi la foi : « Avoir la foi, c'est simplement former à l'égard de Dieu certaines pensées, dont l'ignorance ou l'abstention feraient disparaître du même coup l'obéissance. »[2]. Être un homme qui a la foi signifie seulement avoir certaines opinions qui induisent à l'obéissance, apparemment à Dieu, mais en réalité, à l'autorité civile. Le terme clé est « obéissance ». Dans la langue de Spinoza, l'obéissance présuppose toujours la contrainte. Puisque l'essence de l'obéissance, disait-il auparavant dans le *TTP*, consiste à observer des préceptes par simple soumission à l'autorité qui commande, le respect des lois dans une démocratie n'est pas, à strictement parler, une obéissance[3]. Puisque sa source est extérieure, elle est l'antithèse de la liberté et elle est, par conséquent, dépourvue de valeur propre. Le philosophe n'*obéit* pas et la raison ne *commande* pas. La philosophie est une forme de liberté, et non d'obéissance ou d'observance de préceptes, de règles ou de lois. Si l'homme pieux obéit, ce qui est surtout dû à la peur et à l'espoir que la religion distille, il est évident qu'on ne peut dire du géomètre qu'il « obéit » aux règles qu'il « suit » quand il démontre, et qu'il affirme par

1. Le titre complet du chapitre XIV est le suivant : « Qu'est ce que la foi ? Quels sont, entre les hommes, les croyants ? Comment déterminer les principes de la foi, et distinguer la foi de la philosophie ? »(« Bibliothèque de la Pléiade », Paris, Gallimard, 1962, p. 803).

2. Édition de la Pléiade, p. 806 – chap. XIV dans l'édition Gebhardt III, p. 175.

3. Chap. V, G III, p. 74.

conséquent en étant, si on peut dire, en accord avec la vérité, par exemple du théorème de Pythagore. Le philosophe lui non plus « n'obéit » pas à la raison quand il comprend – et donc, donne son assentiment – à la vérité qui porte sur lui-même et le monde et qu'elle devient sa façon de conduire sa vie. Le terme de « foi » renvoie à quelque chose qui ne constitue pas une expérience humaine *sui generis*. La justification de la foi est totalement conditionnelle et elle prend entièrement appui sur des considérations opportunistes. Quel que soit le contenu cognitif de la foi, il n'est pas conçu pour ses propriétés théoriques, rationnelles ou vraies, parce que la distinction entre vérité et fausseté n'est pas son affaire. Ce contenu ne peut être évalué que du point de vue fonctionnel, quant à son utilité et son efficacité pour consolider politiquement la paix, la cohésion et la stabilité de l'État ainsi que, tout particulièrement, le droit de gouverner de l'autorité politique.

Étant donné que Spinoza ne trompait personne quant à la vraie nature du livre qu'il avait écrit et que sautait aux yeux le caractère radical et subversif de son attitude envers la théologie, comme de sa conception de la nature non religieuse de l'État en général – le scandale immédiat qu'il suscita le montre avec une clarté suffisante – on comprend bien que la majorité de ses futurs lecteurs se soient posé la question de savoir pour qui Spinoza écrivait [1]. Est-ce que, sans nous risquer à fournir une réponse exhaustive à cette vieille question, nous pourrions suggérer que ce lecteur potentiel n'est personne d'autre que Spinoza lui-même. Selon Strauss, le *TTP* c'est-à-dire la critique spinoziste de la religion, était une sorte de propédeutique philosophique, une préparation à la philosophie en ce sens que Spinoza y triomphe du préjugé, de la superstition ainsi que de la force de l'autorité religieuse, de sa tradition et de l'identité communautaire. À ce titre, le *TTP* serait la remémoration indirecte d'un parcours personnel de libération (ce terme a ici un sens neutre) et de liberté à l'égard de la religion et il lui fallait un immense effort pour y parvenir. Fruit d'une généralisation, le *TTP* plaide pour que soit garantie la liberté de pensée dans deux domaines différents, à la fois en matière philosophique et en matière politique. Une des conditions de la liberté de pensée réside dans le fait que l'État se tienne à l'écart du champ de la vérité, sans que cette liberté politique puisse prémunir contre la superstition. Ces deux formes de liberté sont tacitement défendues dans l'*Éthique.* Si la voie n'avait pas été libre pour la philosophie, cela n'aurait eu aucun sens d'écrire l'*Éthique*. On ne

1. Voir S. Frankel, « Politics and Rhetoric: The Intended Audience of Spinoza's Tractatus Theologico-Politicus », *The Review of Metaphysics*, 52, 4, juin 1999, p. 897-924, qui fait la recension de la plupart des débats qui portent sur cette question.

peut accéder à la vraie liberté personnelle qu'au terme d'un parcours philosophique dans la mesure où cette vraie liberté est une vertu philosophique et non une vertu politique. Un manque relatif de liberté à l'extérieur n'est pas un obstacle insurmontable sur le chemin de la libre philosophie du moment qu'une liberté suffisante demeure accordée pour se mettre en route. En supposant que l'État, ou les théologiens, ne mettront pas en péril la relative liberté de pensée de chacun, ce qui reste encore à accomplir est de toutes les entreprises humaines celle qui est la plus risquée et celle qui importe le plus : à savoir, se libérer de toute superstition et, par là-même faire positivement de soi un homme libre. La religion et la superstition étant coextensives l'une à l'autre (dans le *TTP,* mais ce n'est désormais plus le cas dans le *TP*) ni la théologie ni la religion n'ont leur mot à dire en matière de vérité. Dans une philosophie *more geometrico*, exactement comme dans la géométrie elle-même, il n'y a aucune place pour la fausseté. Elle est tout simplement exclue comme un non-être. La vérité ou la vraie philosophie n'admettent pas la fausseté. C'est là une tâche qui prend du temps pour être menée à bien, et il faut débuter par des formes inférieures de connaissance, mais dès qu'on est parvenu à une compréhension vraie, il n'y a plus aucune place pour l'erreur. La tolérance présuppose une autorité qui demeure neutre sur les questions en cause. On peut dire de l'État libéral qu'il est une telle autorité apte à ménager un espace où toutes les opinions, vraies et fausses, sont tolérées. La tolérance par conséquent est une vertu politique et non une vertu philosophique. Dans l'État spinoziste, en vérité, la théologie et la religion bénéficient d'une relative tolérance[1]. Mais quand il s'agit de la vérité, la théologie ne saurait être tolérée. À la façon dont une fausseté feint d'être la vérité, l'objet de la religion est un non-objet, et ses injonctions sont dépourvues de signification (à moins qu'on puisse montrer que certains théologiens-philosophes, surtout des Juifs, aient parfois vu un véritable objet, comme au travers des nuées)[2]. À l'extérieur de la philosophie toutefois, la religion demeure une réalité indépassable. Et c'est la « volonté de puissance » qui vient occuper la place de son objet inexistant. La religion est donc un phénomène politique. Dans la mesure où la nature de la théologie et de la religion en général est interprétée essentiellement en termes politiques, la tolérance et la liberté religieuses doivent

1. *TTP,* chap. XIX. Voir S. James, *Spinoza on Philosophy…*, *op. cit.*, p. 14 : la superstition est une « déformation de la religion, une pathologie qui advient lorsque la religion fait fausse route. » Mais la religion ne peut que faire fausse route. Si ce n'était pas le cas elle serait soit saine politique, soit saine raison, c'est-à-dire spinozisme.

2. Ce sont les mots de Spinoza dans le scolie de *É* IIp.7 : voir les analyses *infra* dans cet ouvrage.

être bornées dans un État de façon à ce que la volonté de puissance religieuse soit au service du seul pouvoir légitime. Selon Spinoza, un tel État devrait être, non pas libéral, mais consister en une république sécularisée et anticléricale car, dans des formes politiques autres, la religion est, par définition, nuisible et dangereuse.

La religiosité de Spinoza

Dès lors, voici des questions cruciales : quelle est la nature du *TTP* ? Quel sens doit-on accorder au fait que Spinoza fasse usage d'un langage fortement empreint de religiosité voire de résonances mystiques ? Bien qu'il y ait là de vraies questions, peut-être même les questions les plus importantes en matière à la fois herméneutique, historique et philosophique, les discussions à leur propos sont plus souvent verbales que substantielles. La philosophie de Spinoza est-elle religieuse ou athée ? Fut-il le premier Juif sécularisé, en d'autres termes, fut-il un rationaliste non-confessionnel ? Doit-on imputer à son concept de Dieu, comme à son usage constant d'un langage religieux, un contenu religieux positif, ou bien s'agit-il d'une subversion, et peut-être même d'une subversion radicale ? Avant que la moindre interrogation herméneutique puisse être sérieusement formulée, il faut s'entendre sur le sens à accorder à des termes tels que « religieux », « expérience mystique », ou encore pour notre propos, ceux de « sécularisé », « athée » et ainsi de suite, car toutes ces notions sont notoirement ambiguës et imprécises.

Il n'y a pas lieu ici d'entrer dans la difficulté et l'ambiguïté inhérentes à la question de la religion ; pas davantage dans la grande difficulté qu'il y aurait à parvenir à une réponse cohérente et pourvue d'un intérêt historique et biographique, et surtout d'un intérêt philosophique, quand il s'agit de la religiosité de Spinoza. Mais il y a cependant quelques points sur lesquels un consensus peut être trouvé. Il semble incontestable que Spinoza fut un adversaire de la théocratie, qui lui apparaissait comme une usurpation du pouvoir politique caractéristique des ecclésiastiques de toute confession. La même remarque s'impose en ce qui concerne le fait que sa critique de la théocratie fut également une critique systématique de la théologie, dans laquelle il voyait essentiellement une justification de la théocratie. Bien que des doutes aient été soulevés ici ou là, il paraît également parfaitement certain que Spinoza a rejeté l'idée même que le « surnaturel » puisse être une notion intelligible – ce qui, dit positivement, revient à l'« immanentisme » de la philosophie spinoziste. Mais avec cela, il rejeta ou, à tout le moins, déconstruisit-il nombre des éléments les plus fondamentaux des grandes traditions théistes des civilisations juive, chrétienne ou islamique. C'est notamment le cas des notions de « Dieu transcendant », « personnel » et « législateur » ; des notions de « création », « miracles », « révélation », « prophétie », « providence », « vie après la mort », et bien plus problématique encore de « récompense et punition » et aussi de « bien et mal » (au sens moral). Mais il ne faut pas oublier que « l'autorité absolue » et tout spécialement celle de la tradition, celle de toutes les instances ou institutions ecclésiastiques quelles qu'elles soient, sont radicalement critiquées, relativisées, ébranlées, subverties et éventuellement récusées.

Mais on dit parfois qu'une autre dimension figure aussi chez Spinoza : celle d'une religiosité trans-politique, non confessionnelle, extra-institutionnelle, et infra traditionnelle; quant à la personne de Spinoza, il aurait vécu semble-t-il cette religiosité de sorte que sa philosophie serait le produit de cette vie, de la vie d'un homme « ivre de Dieu ». L'idée qu'une religiosité soit possible en dehors de toute cristallisation concrète, historique et communautaire semble hautement sujette à caution. En vérité, un grand nombre, et sans doute la plupart des historiens s'y refuseraient, sans parler des sociologues et anthropologues des religions. Ce qui ne fait qu'accroître l'urgence qu'il y a à devoir comprendre en quel sens le reclus de *Paviliongradt* fait appel à un langage religieux. À supposer même que la religiosité ne puisse exister en dehors de toute cristallisation concrète, il n'en demeure pas moins légitime, semble-t-il, de parler d'un contenu interne, plus ou moins commun sinon à toutes, du moins à la plupart de ces cristallisations religieuses. Tenter ne fût-ce qu'une définition générale de la religiosité, ou même essayer de justifier l'usage de ce terme, de telles entreprises se situent complètement en dehors des limites de notre présent travail. Cependant il est possible d'indiquer de façon très générale quelles sont les orientations qui déterminent ce qui va suivre, en sollicitant l'aide de deux essais classiques qui se sont efforcés de définir ou plutôt de décrire la religiosité : il s'agit d'une part de l'essai de William James, *L'expérience religieuse* et d'autre part, de celui de Rudolf Otto, *Le Sacré.*

Le sous-titre de l'ouvrage de Rudolf Otto explique que *Le sacré* est une enquête sur « l'élément non rationnel dans l'idée du divin et sa relation avec le rationnel »[1]. Le livre s'ouvre sur un essai de définition de la catégorie du non-rationnel pour le différencier de ce qui est simplement irrationnel et il s'efforce de justifier non seulement son utilisation théorique mais aussi son application à un mode d'existence humaine que Otto tient

1. R. Otto, *Le Sacré*, trad. fr. A. Jundt, « Petite Bibliothèque Payot », Paris, Éditions Payot & Rivages, 2001.

pour valable et fondamentalement sensé. Il paraît parfaitement inutile de chercher quoi que ce soit de non rationnel auprès de Spinoza. Il n'est pas douteux que l'irrationalité est, selon lui, omniprésente, tandis que l'entreprise de la philosophie plaide la cause de la raison et de la rationalité. L'idée qu'il puisse y avoir une catégorie d'expériences humaines légitimes qui se trouveraient en dehors d'un possible continuum reliant rationnel et irrationnel lui aurait assurément paru totalement inacceptable – et tout spécialement l'idée que, sans être rationnelles, de telles expériences n'en seraient pas moins immunisées contre la critique que Spinoza dirige contre toutes les formes d'irrationalisme. En vérité, on peut fort bien interpréter sa critique de la religion – menée ouvertement dans le *TTP*, et plus subtilement dans les autres ouvrages – comme une façon de voir en elle le paradigme de l'irrationalité.

En outre, et pour le dire très brièvement, on aurait certainement tort de chercher dans la philosophie de Spinoza quoi que ce soit qui pourrait s'interpréter comme une expression authentique de ce que Otto appelle « la conscience du *Heilige* » (de ce qui est « sacré » ou « saint »). Il semble absurde de prétendre que la substance de Spinoza ou Dieu ou la Nature pourraient relever du « numineux » ; on pourrait dire que la crainte respectueuse que cet « objet numineux » suscite pour une conscience religieuse correspond – tout comme l'espoir – à ce que Spinoza analyse comme l'une des affections tristes les plus pernicieuses. En l'appelant « crainte » – et surtout, crainte de la mort – Spinoza, pourrait-on dire, refuse implicitement de reconnaître toute spécificité à l'expérience de ce prétendu « effroi » religieux. L'attitude du philosophe spinoziste envers ce qu'il appelle Dieu ne semble pas pouvoir être rapprochée, ni psychologiquement ni phénoménologiquement, de ce que Otto appelle le *mysterium tremendum* ; et l'infinité infinie du Dieu spinoziste, bien qu'elle ne puisse être connue par une âme finie, n'est cependant pas descriptible comme le « tout autre ».

Mais c'est peut-être du point de vue de la nature éthique de cette expérience du numineux (selon Otto) qu'on pourrait mieux évaluer la relation complexe que la pensée de Spinoza entretient avec la religion. Dans les dernières parties de notre présente étude, les notions de *valeur* et d'*évaluation* joueront un rôle central. Il faudra nous efforcer de montrer, entre autres choses, que dans son rejet radical de la légitimité des considérations déontologiques et dans son absolue critique du moralisme, la théorie éthique de Spinoza ne doit pas moins être interprétée comme ce qui repose sur une certaine conception de l'irréductible *valeur* de l'existence [1].

1. D. Bidney, *The Psychology and Ethics of Spinoza : A Study in the History and Logic of Ideas*, New Haven, Yale University Press, 1940. Voir le dernier chapitre.

Or un aspect important de la phénoménologie du « sacré » chez Otto est l'affirmation qu'un trait majeur de l'idée du « Divin » tient à ce qu'elle est, de façon immédiate et originaire, une « catégorie de la valeur ». Le titre du chapitre VIII est traduit en français : « Le *sanctum* en tant que valeur numineuse ». Si on accepte pour l'instant la légitimité par provision de la notion de valeur dans l'*Éthique,* il paraît très difficile de refuser que les notions éthico-religieuses de péché et d'expiation ne puissent en faire partie. Mais Otto va beaucoup plus loin. L'idée de péché, pense-t-il, est *sui generis*, exactement à la façon de l'idée du sacré en général. Il ne faut pas la confondre avec l'idée d'illégalité, de transgression de la loi morale ou de manquement à son devoir. Sa source se trouve dans l'expérience spécifiquement religieuse d'une radicale dépréciation de soi-même, d'une «*profanité* absolue» (p. 100), et il s'agit là du jugement qu'un individu religieux ne porte « pas seulement [sur] ses actes, mais [sur] son être même, en tant que créature face à ce qui est au-dessus de toute créature ». Cela advient lorsqu'on « apprécie en même temps ce dernier être au moyen d'une catégorie d'évaluation toute spéciale et qu'on lui attribue une valeur positive, directement opposée à la non-valeur du "profane" », celle que seul possède le *numen* et qu'il possède absolument : "*Tu solus sanctus*" » (*ibid.*)

Le «*Tu solus sanctus*» est une «louange» et c'est là que débute la *prière*. En dépit du fait que Spinoza utilise si souvent un langage religieux, il n'y a assurément aucune place pour ce genre de choses dans sa conception du monde et de l'homme. Mais d'un autre côté, il ne s'agit pas seulement de dire que la conception spinoziste du monde et de l'homme est authentiquement et essentiellement une éthique – ce sera le centre de l'hypothèse herméneutique du présent ouvrage – mais que la spécificité de cette éthique tient à ceci qu'elle est une doctrine, à quelque égard *sui generis*, de la valeur absolue de l'existence. Ce concept de valeur est métaphysique et il est, semble-t-il bien, irréductible aux façons plus conventionnelles de formuler une théorie des valeurs. Il est également très différent, pour ne pas dire opposé, à la valeur du numineux chez Otto. Il en est ainsi, en particulier, en vertu de son trait, sans doute le plus remarquable : Spinoza en effet, défend une doctrine de la valeur de l'existence en tant qu'unique et radical *hic et nunc* en ce que cet « ici et maintenant » est, de façon paradigmatique le *hic et nunc* du corps propre. Il va sans dire qu'il y a là une doctrine très paradoxale, et certains assurément la trouveront même oxymorique.

Spinoza comme philosophe du sérieux

On peut faire les mêmes remarques à propos de *L'expérience religieuse* de William James. La majorité des éléments que James attribue à cette expérience sont totalement étrangers au célèbre modèle de l'homme sage et libre selon Spinoza, c'est-à-dire au troisième genre de connaissance, l'amour intellectuel de Dieu, aboutissement final de l'entreprise philosophique, ce que Spinoza appelle « salut, béatitude et liberté » tel qu'il en fait l'exposé dans la seconde moitié de *É* V. Toutefois, ainsi que James le remarque dès sa Deuxième Conférence : « Il doit y avoir quelque chose de sérieux, de solennel et de tendre dans toute attitude que nous appelons religieuse. »[1].

Laissons de côté la tendresse dont certains courants religieux contemporains font montre. On trouve semble-t-il, fort peu de solennité et de tendresse, pour ne pas dire aucune, dans « l'attitude » de Spinoza (pour ainsi dire). Mieux vaudrait songer à quelque type de personnalité spinoziste imaginaire (à son *exemplar* de la nature humaine, ou encore aux innombrables portraits qu'en ont fait poètes, dramaturges et écrivains, pour ne rien dire des philosophes et de leurs commentateurs). Mais il y a chez Spinoza beaucoup de traits qu'il faut qualifier de « sérieux » ; il ne s'agit ni de sévérité, ni de gravité ou d'humeur sombre – rien de ce qui s'apparenterait à la *tristitia* ou à quelque affection mauvaise. Il s'agit plutôt de ce que l'hébreu exprime par ראש כובד, un terme qui veut dire littéralement « la tête pesante », c'est-à-dire le contraire de la frivolité.

James n'explique nulle part quelle est la signification exacte du sérieux. Cette notion est assez vague et ambiguë comme le sont beaucoup d'autres du même genre. Ses usages familiers sont souvent soit simplement factuels, soit péjoratifs. On dit de quelqu'un qu'il est « sérieusement » malade; on connaît le célèbre mot d'Oscar Wilde : « la vie est trop importante pour être prise au sérieux ». Umberto Eco, dans *Le Nom de la Rose,* tourne autour de l'idée du sérieux dans le Christianisme, voire peut-être dans la religion en général, et ce sérieux est en fait la peur du rire. Ce ne sont pas seulement les gens de lettres mais aussi les philosophes qui formulent les plus profondes réserves à l'endroit de ce qu'ils tiennent pour un excès

1. W. James, *The Varieties of Religious Experience. A study of Human Nature,* Digireads@yahoo.com, 2004, p. 44. Ce que William James appelle l'« acceptation » constitue un autre ingrédient de l'attitude religieuse qui ne manque pas de pertinence pour notre présente étude de Spinoza : « J'accepte l'univers » aurait été une phrase préférée de notre transcendantaliste de Nouvelle Angleterre, Margaret Fuller. Quand cette assertion fut répétée à Thomas Carlyle, il ne manqua pas de la commenter avec un sardonique : « Mon Dieu ! tant mieux pour elle ! » (p. 46-47).

de sérieux : Nietzsche ou Kierkegaard, par exemple, mais aussi Sartre pour qui le sérieux serait une forme de *mauvaise foi*[1] typique des matérialistes et des révolutionnaires.

Un lieu commun assure que « l'humour est chose sérieuse ». On peut également prétendre que le sérieux aussi est chose sérieuse. Pascal et Kant offrent deux exemples particulièrement remarquables de penseurs qui ont pris le sérieux au sérieux. Le pari de Pascal est l'expression bien connue, à juste titre, d'une doctrine du sérieux – une doctrine strictement religieuse. Les enjeux enveloppés dans la façon de conduire sa vie sont tellement élevés qu'il vaut la peine, qu'il est rationnel et même nécessaire de miser tout ce qu'on possède sur son choix. Pascal nous dit, au fond, que toute notre vie en dépend. Qu'on l'appelle « salut » ou « vie éternelle », ce qu'on peut gagner est tellement important que les risques ne sauraient être trop élevés. Spinoza dit quelque chose du même genre dans les paragraphes qui ouvrent le *TRE*. Pour lui aussi, en un sens, la vie en dépend. Dans le *TRE* il le nomme « joie durable » et dans l'*Éthique* la question deviendra celle de l'éternité de l'âme, du salut, de la béatitude et de la liberté. Son importance est si grande et il s'agit d'un bien tellement plus précieux que tout ce qu'on peut trouver, qu'il vaut en vérité la peine de risquer tout le reste pour la faible chance de l'atteindre. Il va sans dire qu'en ce qui touche au salut et à la vie éternelle, il est difficile de concevoir un fossé plus profond que celui qui sépare Pascal de Spinoza[2].

En dépit de quelques points de rapprochements, un fossé analogue sépare Spinoza de Kant. Leurs philosophies constituent des tentatives parallèles de libération philosophique, et dans les deux cas, c'est de la théologie et de la religion qu'il faut se libérer. Dans les deux cas, ce n'est pas du côté de la révélation qu'il faut chercher la justification ultime de la véracité et de la force obligatoire des préceptes et principes éthiques (les « impératifs » selon la terminologie kantienne) et cette justification ne doit pas se fonder sur un principe *extra-mondain*. Ce n'est pas la volonté de Dieu mais

1. En français dans le texte [NdT].

2. *Cf.* L. Bove, G. Bras, E. Méchoulan, *Pascal et Spinoza. Pensées du contraste : de la géométrie du hasard à la nécessité de la liberté,* Paris, Éditions Amsterdam, 2007. Cette étude résulte de ce qui a sans doute été la seule tentative de confrontation systématique entre Spinoza et Pascal. Les contributeurs font remarquer que le *TTP* et les *Pensées* firent leur apparition la même année, 1670. Ils citent Léon Brunschvicg, un fervent lecteur à la fois de Pascal et de Spinoza, qui nous rappelle que tous deux avaient sur leur bureau à la fois la Bible et le *Discours de la Méthode* (L. Brunschvicg, *Spinoza et ses contemporains*, Paris, P.U.F., 1951, p. 198-199). Les articles regroupés dans le volume cité envisagent différents aspects, fort limités, des œuvres des deux penseurs. Cependant, il est curieux de voir qu'aucun d'eux ne traite du « pari » chez les deux auteurs.

la raison qui est source de la moralité et qui garantit sa validité absolue. Le poids de l'exigence qu'impose la raison pratique ressemble toutefois au poids des commandements religieux. Le respect kantien de la loi relève du type de sérieux que James mettait en cause. Pour Kant, la fonction de ce respect consistait à donner de l'épaisseur, si on peut dire, à un devoir abstrait, en le lestant d'une affectivité concrète. Spinoza, lui aussi, situe la réalité de la raison dans sa dépendance à l'égard de l'affectivité. Toutefois, à la différence de Kant, la vérité théorique est selon lui tout aussi « catégorique » que l'est l'impératif moral chez Kant. On pourrait prendre le risque d'avancer que les deux théories éthiques les plus radicales des temps modernes sont celles de Spinoza et de Kant. Tous deux font de la raison l'arbitre suprême du jugement éthique et c'est elle qui confère à ce dernier une validité aussi absolue que celle de la vérité et une contrainte aussi absolue que celle de la moralité. C'est en ce sens que Spinoza et Kant peuvent tous deux être tenus pour des philosophes du sérieux, de ce sérieux qu'ils octroient à la conduite morale, et tous deux substituent au sérieux de l'attitude religieuse le sérieux de la philosophie.

Là s'arrêtent toutefois les ressemblances. La philosophie de Spinoza est totalement étrangère à toute théorie déontologique, de type kantien, pour ce qui touche à la définition du point de vue moral ou éthique. Dans la perspective d'une théorie complète de la raison, Spinoza rejette radicalement la pertinence-même de notions telles que celles de « devoir moral », d'« impératif », mais aussi de « bon et mauvais » pour ne rien dire du « mal », radical ou non, ni de la culpabilité ou même de la responsabilité morale – toutes ces notions expriment l'absoluité que Kant réserve aux exigences éthiques. Pourtant, il s'agit bien pour Spinoza d'une éthique *ordine geometrico demonstrata*, et par conséquent, absolue.

Si tous ceux qui ont écrit sur Spinoza sont bien sûr conscients de l'importance de la dimension morale de sa philosophie, ils sont fort peu à aller jusqu'à considérer que Spinoza est avant tout un éthicien, c'est-à-dire un théoricien de la morale[1]. Ce sont toutefois les profondes différences ainsi que les ressemblances entre par exemple Spinoza et Kant d'un côté, Pascal et Spinoza de l'autre, qui soulèvent la question de savoir quelle

1. Voir tout spécialement : R. A. Duff, *Spinoza's Political and Ethical Philosophy*, Glasgow, J. Maclehose and Sons, 1903 ; V. Delbos, *Le problème moral dans la philosophie de Spinoza et dans l'histoire du spinozisme*, Hildesheim, Olms, 1988 (éd. orig. : Paris, Félix Alcan, 1893); D. Bidney, *The Psychology and Ethics of Spinoza, op. cit.*; G. Deleuze, *Spinoza, Philosophie pratique*, Paris, Éditions de Minuit, 1981 ; et très récemment M. LeBuffe, *From Bondage to Freedom. Spinoza on Human Excellence*, Oxford and New York, OUP, 2010. Un volume des *Studia spinoziana* (7, 1991) qui a pour titre *L'éthique dans l'Éthique* contient beaucoup d'articles consacrés à la théorie éthique de Spinoza.

signification accorder au sérieux de l'*Éthique*. Avant de clarifier la portée de cette question, quelques mots d'explication sont requis. La théorie éthique de Spinoza est réellement anti-morale, dans la mesure où il refuse d'accorder un rôle premier aux concepts de devoir, d'obligation, de culpabilité, etc. Il s'agit néanmoins d'une théorie morale et sa nature très particulière en tant que telle est sans doute saisie au plus près si on la comprend comme une tentative de conceptualiser, systématiser et justifier une posture normative qui s'appuie sur la reconnaissance du caractère irréductiblement sérieux, important et précieux de l'existence même et de l'existence humaine. Ce qui veut dire que le sommet ultime et le plus élevé auquel parvient le voyage philosophique auquel Spinoza convie ses lecteurs, réside dans ce qu'il nomme « l'amour intellectuel de l'âme qui est l'amour duquel Dieu s'aime lui-même » (*É* V p36). Il ne s'agit pas seulement du bonheur ou de la joie que le Sage spinoziste posséderait comme ce qu'il chérit personnellement, mais il s'agit aussi et tout spécialement de l'accomplissement et de la réalisation de l'importance et de la valeur intrinsèques et objectives de l'Être.

Les notions de « valeur », de « normes », et de « normativité » ne sont pas absentes dans la littérature consacrée à Spinoza. Nous venons de rappeler le rejet de la pertinence de l'obéissance, du bon et du mauvais, du devoir, de sorte que les termes de valeur et de normativité ne peuvent avoir du sens dans l'*Éthique* si on leur conserve leur façon habituelle de subsumer toutes les conduites qui reviennent à faire ce qui « doit » être fait dans notre relation au monde, à nos semblables et même aussi à notre propre égard. La raison philosophique, nous venons de le voir, ni ne commande, ni n'impose obligations ou exigences. La philosophie en tant que théorie morale est le lieu de la vérité en ce qui concerne l'existence et l'existence humaine qui est partie de l'existence totale. Elle n'est pas la source de règles, encore moins de commandements destinés à inciter à se conduire bien, avec prudence ou à mener une vie « saine ».

Cette santé à laquelle il vient d'être fait allusion renvoie à l'omniprésence d'une métaphore médicale dans l'*Éthique :* le bien moral est utile et profitable à la façon dont la médecine l'est aussi et la philosophie est une sorte de *medicina mentis*. Gilles Deleuze fit grand cas de cette métaphore médicale. Ce philosophe et grand lecteur de Spinoza, pour défendre et illustrer le sens de son hypothèse majeure, utilisa la correspondance intéressante quoique relativement négligée, entre Spinoza et Blyenbergh. La controverse porte sur le sens à accorder au récit biblique du « fruit défendu » et la thèse de Deleuze est que la « philosophie pratique » de Spinoza est une « éthique » et non une « morale » parce que la *medicina mentis* de Spinoza est tout sauf « moralisme »[1]. L'interdiction divine de manger le fruit de l'arbre de la connaissance doit être interprétée, selon Spinoza, comme un avertissement ou une prescription : le fruit est empoisonné et dangereux. Un « pur » interdit, s'il était possible, n'aurait aucune signification rationnelle. L'interdiction de manger le fruit est une véritable connaissance du corps et de l'effet que l'absorption du fruit aurait sur lui. L'homme du commun l'appelle « loi divine », mais le philosophe sait qu'il s'agit d'une vérité éternelle. Un interdit absolu, au même titre que le péché, est une chimère. Le respect des interdits doit être compris en termes de connaissance et leur transgression, comme une ignorance.

LA QUESTION DE LA NORMATIVITÉ

Il est probable que ce à quoi fait écho la métaphore médicale rencontrée chez Deleuze, et qui explique en un sens la fascination avec laquelle il en fit usage, est le débat historico – philosophique fondamental qui s'est déroulé, surtout en France, en suivant les pas d'un travail qui fut initié par Georges Canguilhem et poursuivi par le premier Foucault. Sous des formes diverses, ce débat tournait autour de la question de la nature de la « normalité » et de la « normativité » : comment doit-on rendre compte, par exemple, de la distinction entre le normal et le pathologique, entre la santé et la maladie, entre la normalité et la folie ? Les questions dont s'occupaient ces deux penseurs continuent à se poser à leurs successeurs. Une relation plus explicite entre Canguilhem et Foucault d'une part, et Spinoza d'autre part, a été mise en évidence plus récemment par un autre chercheur français, Pierre Macherey[2].

Les recherches que Canguilhem a menées sur la nature de la normativité peuvent nous être d'une grande aide pour tenter de comprendre le « sérieux » de l'éthique spinoziste. Le centre de la théorie de la normativité

1. Voir Deleuze, *Spinoza, op. cit.* ; *Lettres* 18-24 et *TTP,* chap. IV.

2. P. Macherey, *De Canguilhem à Foucault. La force des normes*, Paris, La Fabrique, 2009. Dans une préface autobiographique qu'il a ajoutée à ce recueil d'articles, Macherey parle de son attachement à la fois à Canguilhem et à Foucault mais aussi des nombreuses années durant lesquelles il a travaillé sur Spinoza. Voir aussi G. Canguilhem, *Le normal et le pathologique,* Paris, P.U.F., 1966. Voir surtout M. Foucault, *Naissance de la Clinique. Une archéologie du regard médical*, Paris, P.U.F., 1963 ; M. Foucault, *Histoire de la folie à l'âge classique*, Paris, Gallimard, 1972. Un grand nombre de travaux ont été consacrés ces dernières années à Canguilhem, qui est bien moins connu dans le monde anglo-saxon que Foucault. La question de la normativité a acquis récemment un intérêt considérable dans le monde philosophique anglo-saxon aussi.

développée par Canguilhem réside dans l'idée que les êtres vivants produisent les normes selon lesquelles ils jugent de leur santé et de leur maladie – et avec eux, en un sens dérivé, les praticiens des professions médicales. La vie déploie une logique immanente et une dynamique propre qui relie le normal au pathologique et qui est, en un sens, constitutive de la vie elle-même. La polarité est la vie même, et ce mouvement entre ces deux pôles est le mouvement de l'organisme vivant lui-même qui, à cet égard, est subjectif, de sorte qu'on ne peut le comprendre et le concevoir qu'en tenant compte de l'expérience de la vie. C'est dans un tel mouvement qu'émerge ce que Canguilhem nomme diversement, en parlant soit de la « valeur biologique », soit d'une « norme immanente à la vie », ou d'une « normativité biologique » et d'autres formulations encore[1]. Les êtres vivants ont une préférence pour la vie et non pour la mort, et ils confèrent une valeur à la santé plutôt qu'à la maladie, au bien-être plutôt qu'à la souffrance. Il y a ainsi une auto-évaluation propre à la vie, sans qu'elle résulte du processus hasardeux d'une évolution aveugle, mais en tant que caractéristique fondamentale du phénomène *sui generis* de la vie[2].

Cette acception de la « normativité » peut être utilement appliquée, quoique partiellement, à la philosophie de Spinoza. Il y a en son fond, le sens du caractère *non-indifférencié* des choses, du *caractère sans prix* de ce qui est, de la validité et de la pertinence absolues des *préférences,* du besoin que des distinctions soient faites, de l'insistance sur l'idée que *les choses comptent*, bref que le genre de vie qu'on mène n'a rien d'indifférent et que

1. G. Canguilhem, *Le normal, op. cit.*, p. 148 *sq.*

2. Il n'y a, bien sûr, rien de vitaliste dans tout ceci et pas davantage une mystique de la vie ; Canguilhem souligne seulement que la vie n'est pas réductible à la biologie et, du point de vue du médecin qu'il fut, Canguilhem défend le caractère premier de la clinique par rapport aux vues objectivantes de la physiologie. Jean-François Braunstein montre que Canguilhem a toujours été animé par des motifs profondément moraux : ce sont de tels motifs qui meuvent la critique philosophico-scientifique qu'il a menée, sa vie durant, contre le behaviorisme, contre la psychologie scientifique, et plus tard contre les neurosciences. A elles, toutes ces critiques forment un tout cohérent, qui est anti-réductionniste, anti-mécaniste et pour cette raison, profondément moral. Les références que fit Canguilhem à Spinoza dans ses écrits consacrés à Jean Cavaillès sont remarquables ; Jean Cavaillès fut son ami, un spinoziste, un héros de la résistance au nazisme qui fut assassiné par la Gestapo. « C'est parce que la philosophie de Spinoza constitue l'essai le plus radical d'une philosophie sans cogito que cette philosophie était tellement proche de Cavaillès, tellement présente à sa pensée quand il s'attachait à expliquer soit l'idée de son combat de résistant, soit son idée de la construction des mathématiques. » Voir l'article de J.-F. Braunstein, « Psychologie et milieu. Éthique et histoire des sciences chez Georges Canguilhem », *in* J.-F. Braunstein (éd.), *Canguilhem. Histoire des sciences et politique du vivant*, Paris, P.U.F., 2007.

la vérité philosophique importe : tout cela justement est en vérité on ne peut plus sérieux.

Quelques distinctions fondamentales doivent cependant encore être faites. Le concept de normativité selon Canguilhem prend appui sur une pensée scientifique et médicale, ce qui le rend descriptif et, en quelque sorte, phénoménologique. La doctrine spinoziste de la normativité et du sérieux de l'être – pas seulement de la vie – est, quant à elle, métaphysique, ce qui signifie qu'elle n'est ni descriptive ni phénoménologique. Il s'ensuit que le caractère préférable de la vie philosophique selon Spinoza diffère de la normativité biologique du philosophe-médecin français. On peut dire de façon plus précise que la notion de normativité selon Canguilhem pourrait être utilement appliquée à ce qu'on peut appeler le « moment stoïcien-médical » de la philosophie de Spinoza; mais il y a toutefois un autre moment dans cette philosophie qui est son moment final [1] et, de ce point de vue, la notion de Canguilhem devient beaucoup moins pertinente. La raison en est que la normativité spinoziste repose sur une conception de la valeur qui est objective, ontologiquement positive. Disons un peu hâtivement que, les termes de normal et de pathologique, ceux de santé et de maladie qui ont du sens pour l'organisme vivant, n'en ont guère *sub specie aeternitatis.* Mais ils n'ont guère plus de sens du point de vue de l'ordre du vivant considéré comme un tout : la maladie pour un organisme peut très bien être la survie ou le bien-être d'un autre, les gros poissons mangent les petits, et la nature est indifférente à ce qui est désastre pour l'un et épanouissement pour l'autre. La décrépitude est la règle générale du domaine organique comme tel, c'est-à-dire qu'elle est, pour lui, le normal. À cet

1. L'expression « moment stoïcien » est empruntée à Alexandre Matheron bien qu'elle soit utilisée en un sens un peu différent du sien. Voir A. Matheron, « Le moment stoïcien de l'Éthique de Spinoza », dans P.-F. Moreau (éd.) *Le Stoïcisme aux XVIe et XVIIe siècles. Le retour des philosophies antiques à l'âge classique*, vol. I, Paris, Albin Michel, 1999, p. 302-316. On a désormais beaucoup écrit sur la relation de Spinoza à la philosophie stoïcienne et particulièrement à Sénèque. Voir par exemple J. Lagrée, *Spinoza et le débat...*, *op. cit.*, p. 82-95 ; S. James, *Spinoza and Philosophy...*, *op. cit.*, traite un peu longuement d'une influence possible de Cicéron sur Spinoza. Un ouvrage entier est consacré à ce sujet par F. Derabander, *Spinoza and the Stoïcs. Power, politic and the Passions*, New York, Continuum, 2007. Le terme de « moment final » renvoie à B. Rousset, *La perspective finale de l'Éthique et le problème de la cohérence du spinozisme. L'autonomie comme salut*, Paris, Vrin, 1968. Cet ouvrage fut écrit au moment où le « nouveau Spinoza » était devenu la figure majeure dans les études spinozistes en France (*cf.* W. Montag et T. Stolze, *The New Spinoza*, Minneapolis, University Of Minnesota Press, 1997). C'est une vraie désolation que ce livre ait été relativement laissé de côté parce qu'il ne suivait pas les chemins battus car il contient non seulement quantité d'aperçus de valeur, mais aussi et surtout il défend sans détour l'idée que le propos essentiel de Spinoza réside bien, après tout, dans la question de la béatitude.

égard, la notion de norme n'a guère de sens. La théorie spinoziste de la vie bonne, c'est-à-dire de la vie philosophique, est de part en part et d'un seul et même mouvement ontologique et normative. La vie philosophique, à la différence de la « santé », ne confond pas ce qui est valide *sub specie aeternitatis* avec ce qui l'est seulement du point de vue subjectif de l'organisme individuel. La maladie, la décrépitude et l'inévitable défaite de l'existence individuelle sont la règle aussi dans la théorie spinoziste de la vie selon la raison. Mais ce n'est pas du strict point de vue de l'individu qu'est saisie la valeur interne de ce type de vie, c'est-à-dire de la philosophie, car la normativité qu'implique la vision que Spinoza a de lui-même est à la fois plus personnelle et plus objective que celle que Canguilhem tenait de sa pratique médicale. Si on avait suggéré à Canguilhem d'appeler « éternité » l'état de santé ou de bien-être, il aurait cru avoir affaire à des rêveurs. C'est pourtant ce que fit Spinoza, et nous allons nous efforcer de montrer qu'il fut fort sérieux ce faisant.

La théorie spinoziste des affections, la description de la pathologie humaine (c'est-à-dire l'esclavage), la figure de l'homme sensé qui est maître de ses émotions, la doctrine de la sagesse constituent en vérité une sorte de moment médical, stoïcien, c'est-à-dire le moment eudémonique de sa philosophie. L'élaboration de sa théorie de l'homme, c'est-à-dire son anthropologie, au sens originaire de ce terme[1], occupe la partie centrale de l'*Éthique* – soit environ du scolie de *É*IIIp9 à *É*Vp13 et elle contient des traces évidentes d'influence stoïcienne. Bien que la théorie des affections elle-même fasse référence de façon majeure, sans doute plus importante encore, à Descartes et en particulier aux *Passions de l'âme*, le fait que cette théorie repose sur une doctrine radicalement anti-cartésienne du corps-esprit, légitime qu'on considère que cette partie centrale de *l'Éthique* obéit à une inspiration très explicitement stoïcienne.

Même dans cette partie « stoïco-médicale » de l'*Éthique,* le déontologique au sens de ce qui devrait être, ne fournit pas de sésame herméneutique, qu'on le prenne en un sens normatif ou axiologique. La perspective éthique sur la vie humaine étant fondée par Spinoza sur ce qu'il appelle le *conatus*, c'est-à-dire l'effort concret d'auto-persévérance dans l'être, elle revient à un rejet radical de tout discours abstrait, arrimé à un a priori

1. On trouve la première apparition du mot « anthropologie » en 1629 dans une traduction en français de l'ouvrage de Jean Riolan le fils, *Anthropographia.* Voir A. Bitbol-Hespériès, « La vie et les modèles mécaniques dans la médecine du Dix-septième siècle », *in* F. Monneyeur (éd.), *Questions vitales. Vie biologique, vie psychique,* Paris, Kimé, 2009, p. 47-81. Elle cite le passage suivant : « L'homme est composé de deux natures grandement différentes, de l'âme et du corps, la première jointe au corps est le principe de la vie et de toutes les actions et par là-même de la forme et de la perfection du corps. »

transcendantal. L'idée de ce qui devrait être, comme celle des valeurs qui trouveraient leur source ailleurs que dans l'être des choses est radicalement rejetée. D'un autre côté, la métaphore médicale est herméneutiquement utile pour véhiculer la notion d'une normativité immanente, mais aussi pour concevoir une sagesse de type stoïcien qui rende possible une vie éthique fondée sur une compréhension dépassionnée, rationnelle et même scientifique de tout ce qu'effectuent le moi, la société et le monde.

Spinoza paraît avoir pris conscience des limites de la métaphore médicale et donc aussi de la notion de « valeur biologique ». Le scolie qui suit *É* Vp20 récapitule tout ce qui l'a concernée jusqu'à ce point, et conclut avec l'affirmation : « J'ai réuni dans les propositions précédentes tous les remèdes aux affections (*affectum remedia)* ». Ce peut être considéré comme l'achèvement d'une étape dans le développement des thèses majeures de l'*Éthique* et comme l'annonce de la partie finale qui en constitue la conclusion (soit les propositions 21-40 de *É* V ; les propositions 41-42 étant quant à elles, une sorte de retour en arrière ; voir la discussion plus loin).

Cette brève incursion dans le domaine de la philosophie de la religion et dans la philosophie de la médecine ne prétend pas avoir effectué autre chose qu'un schéma préparatoire à l'étude de l'*Éthique* de Spinoza qui va suivre. Si un tel schéma a semblé requis, c'est que les quelques notions qui viennent de faire leur apparition (*normes* et *normativité*, *valeur* et *évaluation*, *sérieux*) paraissent fournir des moyens appropriés pour exprimer quelque chose d'important à propos de la nature globale de l'entreprise philosophique de Spinoza, sa nature « méta-philosophique » si l'on veut. L'entreprise spinoziste est une éthique radicale dont un élément essentiel et constitutif réside dans la négation radicale de la religion. Ce rejet affecte tout autant ce que Spinoza a sans doute considéré comme le cœur de la tradition religieuse et théologique – juive et chrétienne – dont il était un surgeon, surgeon rebelle mais surgeon tout de même. C'est avec la même radicalité qu'il rejette les aspects doctrinaux des religions, c'est-à-dire la théologie, la cosmogonie, la théosophie etc. mais même aussi la théorie morale théiste. Enfin, plus important encore, le rejet radical de Spinoza concerne aussi, et c'est très important, toute théorie politique qui prendrait appui sur l'autorité divine. Par là-même, toutes les théories éthiques déontologiques dont Spinoza aurait très probablement fait des avatars des religions se trouvent, elles aussi, rejetées.

Dans la philosophie de Spinoza, le versant polémique est intimement entrelacé avec le versant qui est positivement défendu. C'est surtout dans la doctrine du corps que se trouve le côté polémique parce que Spinoza cherche à faire la théorie du corps concret, du corps propre, ici et maintenant. Ainsi, pour ne prendre qu'un seul exemple, le tout dernier moment de l'*Éthique*, celui de la preuve de « l'éternité de l'âme » culmine avec l'affirmation de *É*Vp39 : « Qui a un corps possédant un très grand nombre d'aptitudes, la plus grande partie de son âme est éternelle ». C'est ce rôle que Spinoza fait jouer au corps dans sa doctrine éthico-métaphysique de l'existence humaine qui confère à sa théorie son caractère iconoclaste et son originalité. Bien que Spinoza la formule en termes de corps/esprit et que sa doctrine soit souvent lue de cette façon, elle ne relève en vérité pas de l'histoire habituelle des doctrines qu'on range sous cette rubrique. C'est qu'en son cœur, se tient l'affirmation, en premier lieu que l'esprit, ou plutôt l'âme est une idée (*É*IIp11); et en second lieu, que cette idée est l'idée du corps (*É*IIp13). La prochaine partie de notre présente étude consiste en une tentative destinée à comprendre cette doctrine et à en tirer quelques conséquences philosophiques. Nous nous appuierons sur une lecture précise des treize premières propositions de la deuxième partie de l'*Éthique.*

Il convient de souligner qu'après avoir élaboré une réponse à la question du corps-esprit dans la première partie de *É*II, Spinoza y revient de façon substantielle à deux reprises : au début de la théorie des affections (surtout en *É*IIIp2 et dans le scolie qui suit), et derechef dans la préface de *É*V. Il n'y a rien d'étonnant à ce que la théorie des affections soit déterminée par la doctrine de l'unicité de l'âme et du corps, mais c'est en ce point que Spinoza est le plus proche de ce qu'on peut raisonnablement appeler une théorie paralléliste[1]. Rien d'étonnant non plus à ce que les savants contemporains, les chercheurs en sciences cognitives ou en philosophie de l'esprit qui reviennent vers Spinoza pour y trouver éclaircissement et inspiration, se concentrent surtout sur ce chapitre de sa philosophie. Toutefois ce qui est bien moins patent et bien plus étrange, c'est que cette curieuse doctrine spinoziste du corps-esprit serve de fondement à la doctrine du *salus, sive beatitudo, sive libertas.* Cette dernière, qu'on tient pour énigmatique au point d'être inintelligible, constitue le moment ultime de la philosophie de Spinoza. Elle fait son apparition dans la dernière

1. Nombre de commentateurs de Spinoza sont récemment devenus fort réservés à l'endroit de l'utilité exégétique de la notion de parallélisme. Voir en particulier C. Jaquet, *L'unité du corps et de l'esprit. Affects, actions et passions chez Spinoza*. Paris, P.U.F., 2004. Jaquet ne libère pas totalement Spinoza du « paradigme » du parallélisme en dépit de la valeur indéniable et de l'audace de son ouvrage parce qu'elle se concentre presque exclusivement sur la théorie des affections. Bien qu'il conserve le terme, Deleuze en propose une interprétation bien plus adéquate que la plupart de celles qui ont cours. Macherey lui aussi a formulé des réserves quant à la pertinence de la thèse du parallélisme.

moitié de *É*V. Dans la dernière partie de notre étude, nous lirons de nouveau de près les propositions 21-40 de *É*V. C'est là que l'ultime signification de la théorie morale de Spinoza, de son *Éthique* en tant qu'éthique, doit pouvoir être fondée.

Dans ce qui va suivre, notre travail se centrera sur deux passages assez exigus : le début de la deuxième partie et la fin de la cinquième. Nous nous référerons au reste de l'*Éthique* dans la seule mesure où ce sera requis pour notre propos principal. La première partie de notre étude (Chapitres II à IV) conduit une interrogation sur la signification de la doctrine spinoziste de l'âme humaine et de son rapport au corps telle qu'elle se trouve dans les treize premières propositions de *É*II. Dans les chapitres VI et VII nous avons cherché à comprendre la doctrine spinoziste du salut, de la béatitude et de la liberté telle qu'on la trouve dans les propositions 21 à 40 de *É*V. Le chapitre V est une digression : ce qu'on appelle la doctrine spinoziste du corps-esprit a donné lieu à des « ramifications » que nous prenons en considération dans une perspective plus générale.

DEUXIÈME PARTIE

CHAPITRE II

L'ESPRIT ET LE CORPS I : INADÉQUATION DE LA THÈSE DU PARALLÉLISME

REMARQUES PRÉALABLES

La présente étude consacrée à l'*Éthique* commence par l'analyse des treize premières propositions de sa deuxième partie. Le scolie qui suit la dernière de ces propositions, *É*IIp13, récapitule l'essentiel de l'enseignement que ces propositions délivrent: « Par ce qui précède nous ne connaissons pas seulement *que* l'âme humaine est unie au corps, mais aussi *ce qu'il* faut entendre par l'union de l'âme et du corps ». L'unité de l'étendue et de la pensée en tant qu'ils sont deux attributs de la substance une a constitué une préoccupation majeure de *É*I. La nature de cette unité n'a toutefois pas été élucidée. Nous comprenons maintenant que c'est seulement le fait métaphysique selon lequel l'étendue et la pensée sont une seule et même chose qui a été établi dans la Première Partie, de façon seulement formelle et, pour ainsi dire, nominale. Cette unité abstraite est dépourvue de la détermination apte à lui octroyer un contenu concret; pourtant lorsqu'on conçoit une disparité de nature entre deux choses qui sont cependant affirmées comme ne faisant qu'une, la nature de cette unité a besoin d'être spécifiée, surtout quand il s'agit de ce qui nous concerne le plus, l'être humain, puisque c'est de l'unité du corps et de l'âme dont il est question. Le cours des treize premières propositions de *É* II rend intelligible la nature – le *quid* – de l'unité de la matière-pensée (ou de cette étendue-pensée) en thématisant cette unité comme unité concrète du corps-esprit. Ces formulations demeurent encore trop abstraites de sorte que Spinoza leur adjoint maintenant une thèse décisive. Le *contenu concret* dont est désormais doté le principe métaphysique nominal est gnoséologique : l'esprit *sait* le corps – ou plutôt l'esprit, ou l'âme *est* le savoir du corps[1]. C'est en un mouvement de pensée à plusieurs niveaux que cette thèse advient ; en ce mouvement se trouve en particulier la célèbre proposition 7 du parallélisme, mais aussi l'énigmatique assertion selon laquelle l'âme est une idée (proposition 11) et son « objet » est le corps, soit encore, l'âme est l'idée du corps (proposition 13). Ces propositions toutefois relèvent encore du domaine de *É* I. Nous parlerons désormais d'« ontologie » pour ce type d'assertions. Ainsi l'âme est-elle abordée dans les treize premières propositions de *É* II comme une sorte d'être, relevant d'approches théorétiques qui vont au-delà de la théorie de l'homme au sens strict. La théorie de l'homme ne fera son entrée qu'une fois formulée une doctrine de la nature de l'individualité corporelle – ce que contient le groupe de lemmes qui se trouvent au-delà de *É* IIp13.

L'Éthique enjoint le lecteur à suivre un certain ordre : commencer par la métaphysique générale (Première Partie), en poursuivant par la métaphysique spéciale de l'âme (contenue tout particulièrement dans les treize premières propositions de *É* II) ; de là parvenir à une théorie de la connaissance exposée par degrés dans le reste de *É* II ; puis avancer vers une théorie philosophique de l'homme dans les Troisième et Quatrième Parties, sans omettre le début de la Cinquième ; et clore enfin par une théorie de la béatitude. Il n'en est pas moins possible de légitimer une certaine inversion de l'ordre de lecture. La métaphysique générale de *É* I rend intelligible

1. Le corollaire de *É* IIp13 établit que « le Corps humain existe comme nous le sentons exister [*sentimus*] ». Certains interprètes donnent à ce « sentir » (de notre corps) son acception récente, non intellectualiste. L'ouvrage de Damasio consacré à Spinoza est à cet égard exemplaire : son approche est basée sur l'idée que l'esprit est le « sentir » ou l'« éprouvé » de la véritable condition de notre corps. Toutefois, le « sentire » latin qu'utilise Spinoza désigne souvent la *connaissance*, ou la *pensée*, en une acception beaucoup plus intellectualiste. Ainsi que Lorenzo Vinciguerra le souligne, le terme *sensatio* est fort rarement utilisé en latin classique et médiéval pas plus que dans la première modernité (*Spinoza et le signe. La genèse de l'imagination*, Paris, Vrin, 2005, p. 26-28). C'est une particularité de Spinoza de faire appel à ce terme, ce qui advient surtout dans son *TRE* et dans son *Éthique*. Dans cette dernière, *sensatio* renvoie surtout à la perception que l'âme a de son propre corps (tandis que *percipere* désigne le rapport aux corps extérieurs). Dans les deux cas, c'est d'une sorte de connaissance dont il s'agit. Au paragraphe 78 du *TRE* l'*idea* est déclarée n'être « rien d'autre qu'une *sensatio* ».

l'espèce d'ontologie spéciale exposée en *É*II parce qu'elle y conduit en fournissant le socle sur lequel reposent les développements que cette partie contient. En d'autres termes : la deuxième partie (ainsi que la suite) doit être lue à la lumière de la première. Il n'en est pas moins certain cependant que la métaphysique générale de *É*I doit être lue à la lumière de la Deuxième Partie et tout spécialement des propositions 1-13. Ce qui signifierait peut-être un autre commencement de l'*Éthique*, silencieux, celui-là. De même que *É*II sans les fondations effectuées en *É*I demeure inintelligible, de même la métaphysique générale demeure abstraite, et finalement inintelligible aussi bien, sans *É*II.

Ce « deuxième commencement » de l'*Éthique* ne réitère aucunement une activité réflexive de type cartésien, dans laquelle le *cogito* est posé comme l'incontournable commencement de la philosophie. La théorie de l'âme demeure une doctrine ontologique ; quant au « Je » sujet de la pensée et de la connaissance, il ne fera son apparition qu'au cours de développements ultérieurs. Cette théorie de l'âme n'en constitue pas moins un champ particulier, relevant d'une sorte de décision métaphysique et méthodologique que la première partie ne justifie pas entièrement : ce qui signifie qu'il y a, pour le métaphysicien certains intérêts théoriques que les considérations générales de *É*I ne peuvent élucider immédiatement, ni dériver de la théorie nécessitariste de l'unicité de la substance infinie.

Les treize premières propositions de *É*II constituent une sorte de pivot pour l'œuvre entière; elles permettent de passer d'une théorie de la substance à une théorie de l'existence modale des hommes. La question célèbre de la « particularisation », ainsi qu'on la nomme parfois, est souvent tenue pour la pierre d'achoppement du spinozisme. Spinoza est supposé être dépourvu des armes systématiques ou théorétiques pour savoir descendre de la doctrine de l'unicité de la substance infinie à une conception cohérente et positive du mode fini ou d'être à même de justifier la notion d'un individu fini. Qu'une sorte de dispositif conceptuel ou ontologique permette un réel « passage », une véritable « descente » de la théorie de la substance à celle de l'existence modale des hommes, voilà qui est généralement considéré comme une difficulté propre à la question de la particularisation. Ne serait-il pas bien plus fécond de chercher la solution en prenant la question du « passage » comme une question proprement textuelle – nommément celle qui concerne le passage de la Première à la Deuxième Partie de l'*Éthique* ? En ce sens, le passage de la Première Partie à tout le reste devient celui qui va de la position des principes théoriques généraux et abstraits, à la mise en œuvre effective et opératoire de ces principes dans une théorie du concret. Au lieu de chercher, en tout premier lieu, à reconstruire *in abstracto* le sens des principes métaphysiques de Spinoza, le fait de commencer pour ainsi dire au beau milieu, nous laisse l'espoir de saisir plus aisément comment ces principes « fonctionnent » *in concreto* et ainsi de comprendre, par là-même, leur signification métaphysique. Les exposés de la philosophie de Spinoza cherchent généralement à reproduire l'ordre systématique selon lequel l'*Éthique* fut composée. Tenter une approche tout autre pourrait avoir un effet libérateur et jeter quelque lumière sur certains des points les plus obscurs de sa philosophie.

Soit le cœur thématique de ce qui nous est apparu comme pivot du système, c'est-à-dire ce lieu systématique en lequel s'effectue véritablement le fameux passage de la métaphysique à la science – d'une théorie de la substance à une théorie de l'âme : quoi qu'il en soit des vocables utilisés, il est remarquable que ce n'est pas en termes de particularisation que ce passage est formulé, mais bien plutôt comme une doctrine qu'on nomme désormais la « question du corps-esprit ». Le mouvement qui va du niveau d'une métaphysique abstraite et générale à celui du concret s'effectue par des considérations souvent perçues comme s'il s'agissait d'une question cartésienne, ou encore comme un apport spécifique qui se tiendrait à l'intérieur du champ de réflexion philosophique et scientifique, déterminé par les deux dualismes cartésiens, celui de la pensée et de l'étendue, et celui de l'esprit et du corps. Une telle vue, nous allons le voir, est loin de raconter toute l'histoire, bien qu'il soit indubitable que le dualisme cartésien constitue le contexte immédiat et, pour ainsi dire, la cause occasionnelle de la réflexion spinoziste en ce qui concerne la question du corps-esprit.

Bien plus encore : le problème du « corps-esprit » constitue le pivot du système et cela, à la fois en un sens horizontal aussi bien que vertical. Il ne médiatise pas seulement le mouvement crucial qui va de la métaphysique générale à la théorie de l'homme, mais traverse aussi bien la totalité de l'*Éthique*, en jouant régulièrement un rôle essentiel dans la mise en œuvre de ses vues décisives. En partant de la Première Partie et de la théorie des attributs, pour passer à la théorie de l'âme et de son rapport au corps et au monde qui, dans la Deuxième Partie constitue le fondement de la théorie de la connaissance ; de là à la Troisième et Quatrième Parties avec la théorie des affects ; pour arriver à la Cinquième Partie et sa doctrine de la liberté et de la béatitude, Spinoza parvient toujours à ses vues décisives en élaborant le thème du corps-esprit. Ce n'est d'ailleurs certainement pas sans raison que la préface à la Cinquième Partie de l'*Éthique* se livre à une critique relativement longue et détaillée de la théorie cartésienne de la glande pinéale.

Le problème du corps-esprit paraît donc coextensif au champ de la réflexion philosophique de l'*Éthique*. On pourrait même dire, ainsi que cela fut de fait soutenu par quelques philosophes, que la question du corps-esprit est la question de la philosophie elle-même et qu'elle est aussi ancienne que la philosophie. Mais il faut derechef souligner qu'une telle question a subi de profondes transformations dans les temps modernes. Les façons spécifiquement modernes de poser la question, qu'elles soient cartésiennes ou postcartésiennes conduisent désormais à voir dans cette question celle de savoir quel genre de relation permettrait de comprendre ce qu'il en est de l'*influence* que le corps et l'esprit exercent, ou n'exercent pas, l'un sur l'autre; il ne s'agit plus, comme ce fut le cas à l'époque pré-moderne, de chercher soit ce qui *informe* le corps en rendant intelligible la différence entre matière inerte et matière vivante, ou de statuer sur le lieu qui détiendrait la part supérieure de l'être humain – spirituelle, ou rationnelle. La question, on le voit bien, exige d'être considérée historiquement. L'appréhender, comme c'est le cas dans la majeure partie de la littérature récente comme une question plutôt circonscrite, bien définie et délimitée, c'est prendre le risque de masquer le fait qu'à tout le moins pour le dix-septième siècle, derrière la question de ce que nous appelons celle du corps-esprit, se tient non pas une question simple, mais un champ complexe de problèmes divers qui doivent être saisis dans leurs différences à la fois historiques et thématiques. Il y a à la fois unité et continuité dans la réflexion philosophique sur la nature de la pensée, de l'esprit ou du « mental » comme aussi dans les voies selon lesquelles s'effectuent les rapports avec la matière, avec le corps et avec le monde en général. Mais il y a également une grande diversité de motivations philosophiques, théologiques, parfois idéologiques, ainsi que des raisons scientifiques qui s'expriment, en utilisant les mêmes vocables ou des termes équivalents. Ici se joue un jeu diachronique subtil de continuité et de diversité aussi bien, mais aussi un jeu synchronique d'imbrications et de différences. « Âme », « corps », « esprit » « matière » et autres vocables semblables, ne signifient pas les mêmes choses selon les époques et les contextes. L'élucidation de cette complexité dépend aussi, c'est certain, du propre point de vue de l'historien ou du commentateur. Nous pouvons toutefois à tout le moins dire que la continuité terminologique atteste peut-être de quelque unité sous-jacente, d'un horizon commun qui constitue autour d'un noyau sémantique, quel qu'il soit, l'unité et l'horizon d'une expérience muette fondamentale et universelle.

La très riche littérature consacrée à la philosophie de Spinoza s'attache largement à la question du corps-esprit. Il est vrai bien sûr, que, selon les époques et selon les centres d'intérêt, philosophique ou autres, de ceux qui écrivent sur Spinoza, exégèse et herméneutique ne font pas porter l'accent sur les mêmes choses On ne comprend pas toujours la même chose, il faut y insister, quand on parle de la « question du corps-esprit » au sens courant du terme. Toutefois, d'abord avec Leibniz, puis avec les *Lumières* et la lecture que les *Philosophes* français font de Spinoza en le tenant pour un « naturaliste » et un « matérialiste », le monisme spinoziste de l'étendue-pensée, comme celui du corps-esprit est devenu un thème majeur dans la tentative complexe et ininterrompue de saisir le sens de cette philosophie appréhendée comme un tout.

Bien qu'iconoclastes à plus d'un titre, et s'inspirant de sources diverses, le monisme spinoziste du corps-esprit et celui de la pensée-étendue furent toutefois conçus dans l'univers de pensée cartésien et surtout en immédiate réaction au dualisme de Descartes. La difficulté majeure qu'enveloppe le dualisme cartésien, selon sa présentation la plus courante, tiendrait à ce que ce dualisme serait une théorie qui porte sur la constitution fondamentale du monde, sur les entités constitutives de la réalité : il y aurait deux sortes de choses distinctes au monde, deux « matériaux distincts » ainsi qu'on les nomme parfois de façon plutôt paradoxale[1]. Il est difficile, voire impossible d'exposer de façon intelligible et théoriquement satisfaisante les voies selon lesquelles les dits « matériaux » sont présentés. La difficulté tient à deux exigences contradictoires qui s'imposent d'elles-mêmes au dualisme cartésien : il y a une radicale différence de nature entre ces deux matériaux, lesquels sont cependant en quelque façon en connexion ou en relation l'un avec l'autre. La première exigence est conceptuelle et, bien que fondée sur quelque expérience primordiale, elle est a priori en ce sens qu'aucune expérience ultérieure n'est à même de la réfuter. La seconde exigence est un fait que l'on connaît par indéniable expérience. Mais chaque relation – qu'elle soit causale ou autre – apte à faire le lien entre les deux matériaux présuppose quelque dénominateur commun ou des qualités partagées, condition que la première exigence rend impossible. Ainsi la métaphysique cartésienne – et c'est là la signification du *cogito* – revient à vouer toute tentative sérieuse s'efforçant de rendre compte de l'essence de l'homme[2] à l'obligation de

1. Paradoxal en ce sens que « matériau » est seulement un terme plus général et plus vague que « matière ».

2. Descartes pensait que là se trouvait son succès philosophique majeur ; c'est du moins ce qu'il écrivit dans la Lettre-dédicace et dans la préface aux *Méditations*.

recourir à des notions telles que « esprit », « pensée », ou « conscience » – que cette tentative soit scientifique ou philosophique. Cette métaphysique consiste à affirmer tant l'existence d'un contraire de la pensée, c'est-à-dire la matière ou étendue – que l'union en l'homme de la pensée et de l'étendue. Ainsi, la métaphysique cartésienne admet deux substances (créées) – l'esprit et la matière, ou la pensée et l'étendue – et la substantialité signifie bien qu'il s'agit d'entités réelles qui sont ontologiquement indépendantes l'une de l'autre autant que conceptuellement irréductibles l'une à l'autre ; mais ces deux substances sont aussi à quelque égard reliées entre elles et, de fait, unies en l'homme. En voilà assez pour ce qui touche à la présentation canonique du problème.

Il y a là une vue plutôt générale, schématique et simplificatrice ; elle permet cependant d'esquisser les contours de la question générale du corps-esprit. La thèse des deux « matériaux » semble ainsi soulever une difficulté exemplaire qui peut être présentée comme suit : il y aurait deux domaines d'être essentiellement différents, et par conséquent deux principes ou méthodes d'explication rationnelle fondamentalement différents qui s'excluent mutuellement. Soit encore, en termes sensiblement autres : le dualisme cartésien signifie qu'il y aurait deux chaînes causales différentes, chacune d'elles agissant selon ses lois propres, les deux séries de lois étant incommensurables. Une cause propre à l'un des enchaînements ne saurait devenir cause dans l'autre. On pourrait suggérer, de façon plus radicale, que l'existence de deux champs de rationalité indépendants fait signe vers la distinction courante qui distingue deux modes d'approche « culturellement » différents, de notre rapport au monde. À l'intérieur de chacun de ces domaines, la manifestation majeure de la rationalité et la condition de possibilité d'une science, qu'il s'agisse de celle de la matière ou de celle du psychique, demeure la recherche de relations ou d'explications causales. Elles expriment la prétendue structure ontologique de chacun de ces domaines et en vérité ce dont ils sont faits, si on peut dire. Selon chacun de ces résumés du dualisme cartésien, il est inintelligible de prétendre à quelque chose comme une interaction causale entre ces deux différents domaines comme c'est le cas si on accorde que la volonté puisse déterminer un mouvement corporel (ou physique). Mais il y a des relations entre l'esprit et le corps, ce qui semble relever d'une donnée indéniable de l'expérience immédiate. La théorie cartésienne du corps-esprit est ainsi, d'un seul et même mouvement, la formulation du problème et un essai pour sa résolution. On a là une façon exemplaire d'avouer qu'un tel fait demeure inexplicable pour la théorie physique de la mécanique moderne.

Ce qu'on appelle la théorie spinoziste du corps-esprit est habituellement tenu pour une contribution spécifique au très long débat que ce dualisme a suscité dans la postérité de Descartes, débat qui demeure toujours vivant à notre époque. Cette façon de présenter les choses n'est pas sans vérité. Il est incontestable que la métaphysique cartésienne, et tout particulièrement le dualisme de la pensée et de l'étendue, dessine le cadre à l'intérieur duquel se tient l'approche moderne de la question du corps-esprit. Ce fut déjà le cas dès la seconde moitié du dix-septième siècle et dans la mesure où les discussions cartésienne et moderne de ce problème sont, à beaucoup d'égards inséparables de ce qu'on appelle la « révolution scientifique », elles bénéficient d'un statut original, par rapport aux discussions prémodernes. À mesure que la science nouvelle accédait rapidement au rang de l'unique science vraie de la nature, la nature du corps devait être comprise dans les termes déterminés par la théorie mécaniste de la matière. C'est là également l'arrière-plan des discussions spinozistes concernant l'homme en général et le problème du corps-esprit en particulier. Mais avec cela, la totalité de l'histoire n'est pas dite. À beaucoup d'égards, et cela vaut pour Descartes également, et à coup sûr pour Spinoza, Malebranche, et Leibniz (pour se limiter à ces quelques noms) le véritable contexte de ces discussions est bien plus riche et complexe, bien plus diversement thématisé que ce qui a fini par être tenu pour le dualisme de Descartes et sa théorie de l'union de l'âme et du corps. Faute de prendre la pleine mesure du contexte de ces discussions de la première modernité, les façons contemporaines de présenter le dualisme cartésien ainsi que les débats à son propos demeurent souvent frappés d'exiguïté, voire même de distorsion. On peut supposer qu'il y a là également une des raisons pour lesquelles on a cru avec une telle unanimité que le parallélisme constituait une présentation adéquate de la supposée solution spinoziste au problème : l'interaction est impossible puisque aucune influence causale entre les attributs, comme entre l'âme et le corps n'est concevable. La relation qui est envisagée comme constitutive de l'unité de l'esprit avec le corps serait en réalité une relation de parallélisme entre deux séries indépendantes de causes et d'effets (des séries en vérité infinies). Quelques commentateurs font exception bien sûr, et certains tels Hallett, Gueroult, ou Deleuze et plus récemment Pierre Macherey, Geneviève Lloyd ou Chantal Jaquet ont défendu des positions plus raffinées et nuancées en formulant des doutes quant à la pertinence de la lecture « paralléliste » de Spinoza. Mais, à tout prendre, un accord quasi unanime domine pour faire de la doctrine spinoziste un parallélisme entre le corps-esprit et l'étendue-pensée.

Ce qui va suivre est une tentative relativement élaborée et détaillée destinée à réfuter cette thèse du parallélisme. En d'autres termes, il s'agit de montrer qu'en tant que clé interprétative pour la philosophie de Spinoza, sa valeur est au mieux limitée, et qu'en réalité elle laisse échapper ce qui importe le plus. Une telle réfutation est nécessaire afin d'ouvrir la voie à une autre compréhension de la doctrine spinoziste. Selon l'hypothèse de lecture qui vient d'être indiquée, cette doctrine n'est pas seulement originale et iconoclaste mais elle est hautement anti-intuitive. Bien qu'elle soit élaborée à l'intérieur de la tradition cartésienne et coulée dans cette terminologie, on peut dire qu'elle minimise la pertinence même des difficultés que le dualisme de Descartes était censé résoudre, dualisme qui est devenu, sous une forme ou une autre, le cadre conceptuel majeur à l'intérieur duquel la question du corps-esprit continue d'être pensée encore de nos jours dans une très large mesure. Toutefois, dans le même temps, Spinoza refuse les théories pré-cartésiennes de l'âme – qu'elles soient théologiques ou philosophiques – qui font de l'âme le siège du spirituel par opposition au charnel.

L'enjeu de la lecture proposée ne tient en outre pas seulement à donner l'espoir d'une interprétation bien plus adéquate de la doctrine spinoziste du corps-esprit; on espère surtout de cette lecture qu'elle fournisse une clé pour ce qui, dans la philosophie de Spinoza est le plus énigmatique et problématique, à savoir, la doctrine du salut, de la béatitude et de la liberté qui figure dans la deuxième partie de *É* V. Nous essaierons de montrer dans les derniers chapitres de cette étude que la cohérence fondamentale et l'intelligibilité de ce dernier chapitre de l'*Éthique* sont conditionnées par la cohérence et l'intelligibilité de la doctrine spinoziste du corps-esprit ; cette doctrine que Spinoza avance, notamment dans les treize premières propositions de *É* II est, croyons-nous, radicalement opposée au parallélisme.

Ainsi, ce qu'on peut appeler la longue carrière, dans les études spinozistes universitaires, du parallélisme entre l'esprit et le corps, a débuté très tôt et ce succès, bien entendu, ne doit rien au hasard. Bien qu'il signifie des choses différentes selon les auteurs et selon les époques, il détient une certaine cohérence thématique et conceptuelle. Il y a aussi de bonnes raisons pour qu'il se soit si profondément enraciné dans la littérature qui concerne Spinoza, au premier rang desquelles les termes de Spinoza lui-même. Dans l'*Éthique* il semble, en différents lieux, que Spinoza n'ait pas rompu avec le cadre conceptuel cartésien du problème du corps-esprit et qu'en vérité, sa solution serait une sorte de parallélisme. C'est le cas par exemple dans la Préface à *É* V : Spinoza y critique le dualisme de Descartes en des termes très proches de ceux évoqués ci-dessus, qui font leur apparition dans les exposés récents des difficultés que ce dualisme suscite. C'est également le cas au début de *É* III et tout spécialement avec la proposition 2 et le scolie qui la suit. Cette proposition énonce que le corps et l'esprit ne se peuvent déterminer l'un l'autre, de quelque manière que ce soit; le scolie redit ce qui est apparu en *É* II proposition 7, connue comme étant la proposition du parallélisme qui déclare, de façon célèbre, que l'ordre et la connexion des idées est le même que l'ordre et la connexion des choses. On peut largement trouver de quoi défendre une approche plus critique en rassemblant des éléments pris, tant au texte lui-même qu'au contexte. Le paradigme du parallélisme s'appuie sur une lecture plus ou moins courante de la proposition 7 de *É* II, proposition qui est censée défendre l'idée que l'union de l'esprit et du corps consisterait en une réelle relation d'isomorphisme. Avec cela, non seulement l'affaire n'est aucunement épuisée mais sa pleine signification philosophique en est même obscurcie.

L'ANACHRONISME DU PARALLÉLISME

Il est anachronique d'aborder la question du corps-esprit, aussi bien que toute question philosophique majeure de ce type, en dehors de son contexte historique. On laisse échapper par exemple le fait que cette question, telle qu'elle est saisie de nos jours et, le plus souvent projetée rétrospectivement sur le XVIIe siècle, est conditionnée par l'apparition de nouveaux champs de conceptualisation scientifique et de recherches positives (le domaine des lois causales ou encore celui des «champs nomologiques» ont été évoqués antérieurement), par l'institutionnalisation des pratiques scientifiques, médicales et sociales, par les diverses façons de prendre soin des êtres humains et leur professionnalisation, etc. En particulier, l'apparition de la psychologie et de la psychologie expérimentale ainsi que, plus récemment, celle des neurosciences et sciences cognitives pèsent sur les approches courantes qui sont tentées pour aborder les débats du XVIIe siècle à propos des relations de l'esprit avec le corps. Mais pèse tout autant la nécessité de trouver comment coordonner des disciplines scientifiques hétérogènes ainsi que les modes de théorisation qui les caractérisent. Dans les discussions contemporaines la question du corps-esprit est soulevée le plus souvent selon des voies qui prennent pour acquise l'existence d'une certaine culture scientifique en ne tenant pas compte de l'historicité de cette dernière. Or, c'est de façon relativement récente que le « mental » est devenu l'objet d'une théorisation et qu'une science de ce «mental» fut institutionnalisée. Tout en étant préfigurée chez Descartes et sa postérité, les termes mêmes de la question ont subi une profonde transformation : il ne s'agit plus d'essais philosophiques destinés à appréhender la nature fondamentale de l'homme, de l'homme comme être pensant, être de pensée et de raison, de l'homme en tant qu'agent moral et même en tant qu'agent *tout court*[1]. La question consiste désormais à trouver comment coordonner discours scientifiques, pratiques thérapeutiques, types d'institution scientifique, universitaire, médicale – toutes choses différentes, censées travailler de façon parallèle. L'approche anachronique de la philosophie classique masque les véritables enjeux des débats majeurs qui la traversent, tout en ignorant la portée réelle des changements qui se sont produits depuis. En particulier, l'anachronisme empêche de saisir dans la signification de la philosophie classique une préoccupation philosophique toujours vivante en tant qu'elle s'est constituée comme un corps entier de problèmes, comme le tout d'une « problématique » dotée de sa propre logique interne. En vérité, le centre de l'affaire réside dans les rapides changements qui sont advenus dans les rapports entre science et philosophie plutôt que dans la question des relations qu'entretiennent ou devraient entretenir différentes disciplines et pratiques scientifiques. L'apparition de la « science nouvelle », en tant que domaine autonome d'activité intellectuelle, soulève la question de la pertinence de plusieurs types différents de rationalité – philosophique et scientifique – parfois en compétition l'un avec l'autre, et, à tout le moins, incompatibles entre eux. Ce qui pose la question de la nature d'une connaissance philosophique *sui generis* comme aussi celle de la possibilité d'une théorisation spécifique à la philosophie. On peut même voir là une question encore plus vaste : Merleau-Ponty par exemple, dans ses conférences sur la théorie du corps-esprit de Malebranche affirme qu'il s'y agit du rapport entre l'être et la pensée, laquelle détient en fait la vraie portée de la question de la raison. Ainsi que dans beaucoup d'autres de ses travaux, Merleau-Ponty se montre, une fois de plus, comme l'un des lecteurs de la philosophie du XVIIe siècle dont la perception est la plus perspicace et la plus profonde.

L'approche généralement anachronique de Spinoza (comme aussi de la majeure partie des débats concernant ce que dit en général le XVIIe siècle du corps-esprit) constitue le cadre dans lequel la thèse du prétendu parallélisme devient prééminente chez les spécialistes. Le paradigme exégétique du parallélisme s'appuie (on l'a dit) sur la célèbre proposition 7 de *É* II, laquelle stipule que ce sont les mêmes ordre et connexion des idées qui se trouvent également dans les choses. On croit accéder ainsi à la résolution

1. En français dans le texte [NdT].

de la difficulté qui se présente si on suit le chemin du dualisme de Descartes et l'impossibilité invoquée d'expliquer rationnellement ou de penser philosophiquement de ce point de vue, ce que Descartes lui-même présente comme le *fait* de la relation qui tient ensemble les corps avec les esprits – ou plus précisément le fait de l'*union* de l'esprit avec le corps. Selon cette approche, la solution fournie par Spinoza serait donc la doctrine du parallélisme qui semble établir que cette unité serait une unité d'*ordre* (soit pour le dire de façon plus moderne, une identité de structure ou de forme, c'est-à-dire le genre de relation qu'on appelle « isomorphisme »).

Si nous en appelons à une lecture récente qui semble, de façon tout à fait exemplaire, accepter la valeur, supposée non problématique, de cette interprétation, la thèse du parallélisme signifierait

> que pour chaque chose, il y a une idée corrélative, et pour chaque idée, une chose corrélative [de sorte que] dans chaque cas, l'idée entre dans des relations causales avec d'autres idées, ce qui coïncide avec les relations causales dans lesquelles la chose correspondante entre avec les autres choses. Les réseaux des idées et des choses sont donc causalement isomorphes [1].

En dépit de sa présence quasi universelle dans la littérature consacrée à Spinoza, et en dépit de nombre d'assertions spinozistes qui paraissent accréditer cette interprétation, celle-ci cache en fait la pleine portée de la doctrine de Spinoza au lieu d'en rendre compte.

Spinoza n'utilise jamais le terme de *parallélisme*. Il est bien connu que ce terme fut l'œuvre de Leibniz; il importe davantage de rappeler que Leibniz fit usage de ce terme à l'occasion de sa critique du spinozisme. Leibniz toutefois ne l'a pas introduit pour désigner correctement la doctrine spinoziste de l'unité de l'esprit et du corps mais, bien au contraire,

1. M. Della Rocca, *Representation and the Mind-Body Problem in Spinoza*, Oxford, OUP, 1996, p. 18. Ce qui est le plus étrange dans cette présentation de Spinoza, réside dans sa façon de considérer comme allant de soi la notion de causalité, ou de « relations causales » censées lier les idées. Personne toutefois n'a jamais pu expliquer ce que peut bien être une « relation causale » entre des idées. On trouve une formulation de même genre chez J. Bennett, *A Study of Spinoza's Ethics* (Cambridge, CUP, 1984) qui est une autre étude classique sur Spinoza : la doctrine du parallélisme, écrit-il p. 127, « semble bien instaurer un rapport terme à terme entre des items mentaux et des items physiques, appliquant similitudes à similitudes et chaînes causales à chaînes causales. » Le terme « items mentaux » est désormais largement utilisé ; pourtant, une fois de plus, je ne suis pas sûr que quiconque ait jamais pu savoir ce que cela signifie au juste. En ce qui touche, selon moi, au cœur de la doctrine spinoziste, à savoir que la relation de l'esprit au corps est celle d'une idée à l'objet de cette idée, Bennett déclare « qu'il ne s'agit pas d'une doctrine mais d'une simple question de terminologie » (*ibid.*). La métaphore largement répandue de l'« application » est strictement leibnizienne.

comme vocable convenant à sa propre doctrine, opposée à celle de Spinoza[1]. Leibniz a en vérité forgé le terme de « parallélisme » pour désigner un principe radicalement opposé au spinozisme, à la fois du point de vue de l'ontologie comme de celui de la théorie de la rationalité. Le terme fait sa première apparition dans plusieurs écrits techniques – mathématiques ou logiques – mais du point de vue qui nous occupe ici, on le trouve dans une phrase célèbre prise aux *Considérations sur la doctrine d'un esprit universel unique* (1702). Dans cet écrit, Leibniz critique ce qui deviendra connu sous le nom de « panthéisme » c'est-à-dire plus exactement les diverses versions, ancienne et moderne d'un supposé averroïsme, consistant en la négation de l'existence d'âmes particulières, c'est-à-dire « séparées ». Il peint Spinoza comme si ce dernier appartenait à cette tradition averroïste, pour ensuite livrer sa propre opposition à de telles vues : « j'ai établi un parallélisme parfait entre ce qui advient à l'âme et ce qui advient à la matière ». Un tel parallélisme est simplement un autre nom pour le principe général de l'harmonie ; sa portée consiste à légitimer systématiquement la substantialité de l'âme particulière, c'est-à-dire individuelle – position diamétralement opposée à celle de Spinoza, du moins selon le portrait qu'en fait Leibniz.

Il y a d'autres occurrences, dirigées explicitement et exclusivement contre Spinoza au cours desquelles Leibniz exprime sa radicale opposition à ce propos :

> Spinoza dit (*É* IIIp2 scolie) que l'esprit et le corps sont la même chose, mais seulement exprimée de deux manières, et (*É* IIp7 scolie [*i.e.* la proposition du parallélisme]) que la substance pensante et la substance étendue sont une seule et même substance, que l'on conçoit tantôt sous l'attribut de la pensée, tantôt sous celui de l'étendue. (…) Je blâme tout ceci. L'esprit et le corps n'est pas même chose, pas plus que le principe d'action et celui de la passion.

Et, peu après, en affrontant le centre de l'affaire (comme nous allons le voir), l'assertion que « toute chose est animée » (*É* IIp13)[2] est étayée par l'étrange raison suivante :

> Mais il n'y a pas d'apparence de raison à dire que l'âme est une idée ; les idées sont quelque chose de purement abstrait, comme les nombres et les

1. Deleuze, Macherey et beaucoup d'autres sont bien conscients que ce terme fut forgé par Leibniz. Toutefois ils sont peu nombreux à souligner que Leibniz l'a utilisé comme une notion anti-spinoziste.

2. Ici Leibniz n'est pas vraiment juste envers Spinoza. Si on s'attache à la lettre de la phrase en question, ce qui est « doué d'âme » ne concerne pas seulement les hommes mais tous les autres *individus*. La nuance est mince mais significative.

figures, et ne peuvent agir. Les idées sont abstraites et universelles. L'idée d'un animal quelconque est une possibilité, et il est illusoire de dire que les âmes sont immortelles parce que les idées sont éternelles, comme si l'on disait que l'âme d'un globe est éternelle, parce que l'idée du corps sphérique l'est en effet. L'âme n'est point une idée, mais la source d'innombrables idées[1].

Il y a une véritable ironie de l'histoire dans le destin du parallélisme. Ce n'est pas seulement qu'un terme forgé par Leibniz pour exprimer une radicale opposition à Spinoza a fini par désigner la doctrine même de Spinoza mais c'est qu'en outre, l'usage de ce terme risque fort d'inverser complètement le sens du débat. Bien que lui aussi en effectue un dépassement, on peut tout de même dire de Leibniz qu'il continue de penser à l'intérieur de la problématique cartésienne et occasionnaliste : il essaie de montrer que l'*ordre* ou la *structure* seuls suffisent à établir rationnellement une relation entre ce qui est métaphysiquement distinct (une telle relation peut même être conçue comme une sorte d'unité). Une telle idée transcende la nature plus étroite du dualisme cartésien, et à plus forte raison ce que la littérature contemporaine sur le sujet en a fait, car elle est conçue par Leibniz comme un principe général de rationalité : ce principe s'applique aux relations entre corps et esprit, dans la mesure où elles forment un cas particulier d'entités ou de champs de réalité disparates comme les autres (théologiques, éthiques ou politiques) pour lesquels on peut parvenir à une élucidation rationnelle[2]. Pour Spinoza, la difficulté se pose en des termes tout autres : l'identité d'ordre ou de structure – le parallélisme – serait un facteur évident et trivial d'unité, voire d'unicité. De fait, Spinoza inverse l'argumentation. Il n'a pas cherché à proposer une meilleure solution à la difficulté que Descartes soulevait, il a voulu montrer qu'il s'agissait d'une pseudo-difficulté qui prenait appui sur des présupposés totalement erronés. Pour Descartes, l'union de l'âme avec le corps était un fait qu'il fallait expliquer; elle est devenue, pour Spinoza, le principe premier métaphysique. En outre, en tant que « summum » de toute explication

1. Leibniz, *Réfutation inédite de Spinoza*, p. 25 et 30 respectivement, dans l'édition de ce texte par M. de Gaudemar, Arles, Actes Sud, 1999.

2. Au sens strict, c'est entre des substances que le parallélisme existe réellement (monades ou substances simples); or les corps ne sont pas des substances Dans la mesure toutefois où les corps, ou la matière en général, sont des « phénomènes bien fondés » il y a toujours une relation d'ordre entre le fondement et ces phénomènes qui peut autoriser à voir en eux une sorte de parallélisme. En quelques occasions célèbres, ce qui est le cas avec la parabole des horloges, il arrive à Leibniz de s'exprimer comme si le principe général de l'harmonie-parallélisme permettait aussi de résoudre directement l'énigme de l'union du corps et de l'âme.

rationnelle, elle est également devenue l'ultime condition d'intelligibilité de tout le reste : l'absolue unité et unicité de la réalité, et par conséquent celle de l'esprit avec le corps. Pour Descartes, ce « summum » était le *cogito*, à savoir l'*expérience* métaphysique au cours de laquelle le « Je » comme substance pensante est découvert. L'union de l'âme et du corps était *un fait* que nous devions accepter et tenir pour vrai dans la mesure où il était garanti par la démonstration de la véracité de Dieu ; nous ne pouvions cependant comprendre pleinement sa nature ni accéder à sa pleine intelligibilité. Ainsi que Merleau-Ponty le souligne finement au début de ses conférences sur l'union de l'âme et du corps chez Malebranche, Descartes n'a jamais prétendu que cette union soit susceptible d'être intégralement comprise[1]. La nature de ce fait, l'expérience de l'union de l'esprit et du corps demeure opaque. L'expérience joue également un rôle important, nous allons le voir, dans la théorie de Spinoza mais le rôle qu'il lui octroie adopte, à beaucoup d'égards, des voies fondamentalement opposées à celles que Descartes prenait : l'expérience du corps, de son propre corps, est en dernière analyse une expérience métaphysique. En elle, l'être fait l'expérience de lui-même de sorte que la distance supposée entre l'acteur d'une expérience et son objet se trouve complètement évacuée. Cette expérience est par conséquent non seulement totalement transparente mais également rationnelle : elle est en vérité l'origine de la raison.

C'est l'usage des termes *ordo et connexio* qui paraît rendre applicable à *É* IIp7 la notion leibnizienne de parallélisme. Le concept d'ordre, et tout spécialement le rôle qu'il joue pour fonder la rationalité scientifique, n'est cependant pas moins leibnizien que la notion de parallélisme. En vérité Leibniz considère que celui-ci est une généralisation de celui-là. Spinoza, quant à lui, utilise souvent le terme d'ordre pour exprimer l'idée de la donation ou factualité contingente et plutôt arbitraire de choses naturelles qui relèveraient plutôt d'un point de vue philosophique, de la notion de désordre. Dans d'autres occurrences, il sous-estime la pertinence philosophique du concept d'ordre parce qu'il y soupçonne une invention anthropomorphiste que les hommes imposent à la réalité.

Le fondement de la doctrine leibnizienne de *l'expression* ou de *l'harmonie pré-établie* réside dans l'isomorphisme ou identité de structure entre deux entités ou domaines d'entités disparates. Il s'agit fondamentalement d'une tentative pour généraliser le rôle essentiel que *structure et ordre* jouent dans le travail de la raison. Il faut aussi voir cela dans le

1. M. Merleau-Ponty, *L'union de l'âme et du corps chez Malebranche, Maine de Biran et Bergson*, Paris, Vrin, 1978, p. 15.

contexte de sa conception formaliste générale de la logique et de la vérité. Spinoza, lui, n'éprouvait aucune prédilection comparable pour le formalisme; il considérait que l'ordre ne constituait ni un fondement ou une configuration de rationalité et qu'il n'était pas davantage une source d'intelligibilité. À beaucoup d'égards, la doctrine leibnizienne de l'expression se trouve en proximité avec les théories de la rationalité scientifique telles qu'elles ont évolué pendant l'époque moderne – et cela bien plus clairement que celle de Spinoza. Si des savants qui cherchent quelque inspiration ou confirmation philosophique de leurs théories faisaient leurs une conception de la rationalité de type leibnizien, ils seraient mieux inspirés qu'en partant « sur les traces de Spinoza » ainsi qu'il leur arrive fréquemment, de façon plus symbolique que réellement conceptualisée [1]. Le résultat fondamental qu'autorise l'isomorphisme, si on s'en tient à une métaphore fréquente chez Leibniz, consiste à permettre de passer de « la cartographie » d'un domaine de réalité (par exemple le corps) à un autre (par exemple l'esprit) selon une correspondance systématique et univoque. La carte d'une ville est ainsi sa représentation, de sorte qu'en étant soumis à des conditions correctement définies, l'acte de cartographier peut être considéré comme une activité qui satisfait aux exigences essentielles de la rationalité scientifique. La cartographie, ou encore selon le jargon contemporain habituel, la modélisation, détient une valeur de connaissance et d'explication. Il y a là en vérité un apport central de la théorie leibnizienne de la rationalité. Le parallélisme est bien une forme d'union, de sorte que si la relation entre la pensée et l'étendue, l'esprit et le corps est conçue comme un parallélisme, on peut dire de cette union qu'elle sera rationnellement comprise. D'un autre côté, pour Spinoza, un tel parallélisme ne peut satisfaire aux requisits de la raison philosophique. À supposer qu'on ne tienne pas compte de l'hypothèse de la disparité de nature entre la pensée et l'étendue, elle est tout de même présupposée implicitement, quoique nécessairement, dans la notion de parallélisme. Une théorie comme celle de Leibniz reviendrait inévitablement à le

1. « Looking for Spinoza » est le titre original de l'ouvrage célèbre de A. Damasio, qui témoigne de la quête d'un savant contemporain, partant à la recherche d'une inspiration et d'une confirmation philosophiques de son travail scientifique. Voir A. Damasio, *Looking for Spinoza. Joy, Sorrow and the Feeling Brain*, London, Vintage, 2003; trad. fr. J.-L. Fidel, *Spinoza avait raison. Joie et tristesse, le cerveau des émotions*, Paris, Odile Jacob, 2003. Damasio appartient à la longue liste de savants, tant modernes que contemporains qui voient en Spinoza l'incarnation de la rationalité scientifique. On trouve une tentative bien plus intéressante dans de nombreux ouvrages d'Henri Atlan : c'est pour contextualiser et mettre en perspective les fondations des présentes sciences de la vie que ce savant tente de faire appel à Spinoza.

reconnaître comme étant un fait – et par conséquent à admettre son incompréhensibilité. Dès lors, les rapports concrets entre la pensée et l'étendue, ou plus exactement entre l'esprit et le corps ne manqueront pas de ne pouvoir être pleinement compris. Les monades n'avaient pas de fenêtres et les deux horloges parallèles indiquant la même heure étaient aveugles l'une à l'autre, dépourvues de la transparence qu'exige l'idéal spinoziste de la connaissance intuitive. Évacuer l'incompatibilité des deux vues – celle de Leibniz et celle de Spinoza – aboutit à ces notions composites qu'on trouve dans la littérature secondaire : ainsi par exemple « le parallélisme de la représentation » qui serait à la fois transparent et parallèle, tandis que le parallélisme « tout court » serait forcément aveugle. Dans l'*Éthique* le rapport entre l'esprit et le corps n'a vraiment rien d'aveugle. Le corollaire de *É* IIp13 pose que : « l'homme consiste en âme et en corps, et le Corps humain existe conformément au sentiment que nous en avons [*sentimus*] » Il en est ainsi justement parce que Spinoza n'instaure aucun parallélisme, pas plus transparent qu'opaque. D'un point de vue spinoziste, si le parallélisme n'est pas un fait incompréhensible, il peut au mieux se ramener à la triviale remarque qu'une chose complexe est apte à détenir deux, ou même plusieurs côtés parallèles.

La façon dont le parallélisme est devenu une notion spinoziste n'est pas moins significative. Après sa première formulation par Leibniz, la notion réapparaît à la moitié du dix-neuvième siècle, pour désigner des sortes de théories de l'esprit-corps réputées spinozistes, puis très tôt, la théorie spinoziste elle-même. Elle commence par faire son apparition dans les écrits de Gustav Theodor Fechner (1801-1887) [1], celui qui inaugura plus ou moins, en plein milieu de ce siècle, la nouvelle discipline de la psychophysique [2]. En faire une science empirique, cela signifiait en gros pour

1. Fechner fut un écrivain très prolifique qui adopta des positions variées durant sa longue et riche carrière. Bien qu'il n'ait jamais renoncé à une certaine conception métaphysique de la réalité, il n'y a rien de métaphysique dans sa façon d'envisager la psychophysique, et dès lors pas davantage quand il s'agit de la nature d'éléments organiques. Il y a peu d'études consacrées au travail de Fechner. Parmi les études les plus récentes, citons les deux suivantes : celle de M. Heidelberger, *Die innere Seite der Natur : Gustav Theodor Fechners wissenschaftlich-philosophische Weltauffassung*, Frankfurt a. Main, Vittorio Klostermann, 1993 (trad. angl. : *Nature from Within. G. Th. Fechner and his Psychophysical Worldview*, Pittsburgh, University of Pittsburgh Press, 2004) ; et celle plus brève de I. Dupéron, *G.T. Fechner. Le parallélisme psychophysiologique*, Paris, P.U.F., 2000.

2. Exactement le 22 octobre 1850. Selon son propre témoignage, il eut brusquement ce jour-là une illumination et il vit comment mesurer l'intensité d'une sensation dans son rapport à l'intensité corrélative du stimulus. Ce qui est désigné sous le titre de « loi de Fechner » stipule qu'il y a une correspondance selon une fonction logarithmique entre les deux : quand

Fechner établir une théorie fondée sur l'expérimentation et apte à être mathématisée. C'est l'existence de relations systématiques entre les phénomènes physiques et les phénomènes mentaux, psychologiques, qui constitue le présupposé majeur de l'entreprise. C'est pour ce type de relations que Fechner renvoie à un parallélisme entre les sortes de phénomènes qu'il mesure. Fechner considère également que ces différents phénomènes sont la manifestation d'une seule et même entité une – à savoir, l'organisme individuel [1]. Il emprunte le terme de parallélisme à Leibniz en reconnaissant très explicitement sa dette; il pense cependant que ses propres présuppositions le rendent beaucoup plus proche de la philosophie de Spinoza de sorte que c'est en des termes spinozistes que le parallélisme qu'il cherche devient le plus aisément compréhensible. En renvoyant à la célèbre parabole leibnizienne des deux horloges [2], il précise que Leibniz n'a pas pris en compte, en dehors des trois possibilités qu'il avait imaginées, une quatrième, de fait, la plus simple et la plus raisonnable. Fechner propose ainsi d'adjoindre la doctrine de Spinoza aux trois théories envisagées par Leibniz, à savoir le dualisme de l'interaction causale (comme on dirait aujourd'hui) qu'il attribuait, non sans hâte, à Descartes; l'occasionnalisme; et sa propre harmonie préétablie. Si Fechner propose une solution spinoziste, c'est parce qu'ainsi les deux horloges ne feraient plus qu'une. Bien sûr, s'il n'y a plus qu'une horloge, il cesse d'être étonnant qu'elle/elles indique/indiquent toujours la même heure. On pourrait plus rigoureusement dire qu'elle indique toujours l'heure qu'elle indique.

La théorie spinoziste du corps-esprit, ainsi qu'on le voit ci-dessus, a pour fonction d'ébranler le fondement même sur lequel repose la conception cartésienne mise en jeu par Leibniz dans sa parabole. Fechner en vérité commet de nombreuses erreurs. L'une des plus manifestes consiste à faire entrer de force la théorie spinoziste du corps-esprit dans l'atelier de l'horloger leibnizien. Par ce déplacement, les significations propres et à la parabole et à la doctrine spinoziste se trouvent perdues. Bien qu'avec Leibniz il soit toujours difficile d'être sûr, on peut dans ce cas au moins affirmer qu'il a sincèrement pensé avoir de bonnes raisons

l'intensité du stimulus croît selon une progression géométrique, la sensation quant à elle s'accroît, parallèlement – selon une progression algébrique.

1. *Les Eléments de psychophysique* sont publiés, en deux volumes, à Leipzig en 1860. On dispose d'une traduction en anglais du premier volume (1966). *Cf.* également les ouvrages de Dupéron et Heidelberger déjà cités.

2. Pris au troisième *Eclaircissement* du *Système nouveau de la nature.* Cette référence se trouve au tout début des *Eléments de Psychophysique; cf.* Dupéron, *G.T. Fechner*, *op. cit.*, p. 29-30.

philosophiques d'exclure Spinoza de sa parabole. En vérité Spinoza n'a rien à voir ici, et c'est justement tout le sens de la critique que Leibniz oppose à Spinoza; nous venons de voir que c'est ce qu'il affirme précisément. Représenter la position de Spinoza par l'image des deux horloges est totalement exclu. Sa théorie de l'unité du corps et de l'esprit évince la coïncidence bien plutôt qu'elle ne l'explique. Or, le point majeur dans cette parabole tient à ceci que les deux horloges sont complètement distinctes et qu'une telle distinction symbolise la substantialité des âmes individuelles, défendue à la fois par Descartes, Malebranche et Leibniz, mais rejetée par Spinoza. Contrairement à ce que croient beaucoup de lecteurs modernes à propos des théories et de Spinoza et de Leibniz, ce dernier avait parfaitement compris que la théorie spinoziste du corps-esprit ne contribuait en rien, en dernière analyse, au genre de problème auquel il songeait avec sa parabole; ainsi que le firent Malebranche et d'autres occasionnalistes, Leibniz tenait sa parabole pour une façon de s'évader de la mystérieuse « union cartésienne du corps et de l'âme ». L'union et l'unité sont deux choses différentes. Là où l'union résulte d'un acte, l'unité est une propriété originale pré-donnée. La citation qui vient d'être faite montre que Leibniz était fort conscient que la difficulté de la doctrine spinoziste n'habite pas seulement le champ limité de l'ontologie abstraite, mais qu'elle ressortit plutôt au domaine de la métaphysique de la connaissance et de la pensée; mais de façon encore plus générale, la difficulté de la doctrine spinoziste gît dans une théorie éthico-théologique générale de l'homme, ce qui importe non pas moins, mais bien davantage.

En dépit de son évidente bévue, les suggestions de Fechner eurent un effet très puissant. Il semble que ce soit lui qui inaugura l'habitude de faire appel au terme de parallélisme pour la doctrine spinoziste du corps et de l'esprit. En introduisant la conception de Spinoza dans le cadre du leibnizianisme, il a favorisé la tendance à considérer les deux doctrines comme des doctrines rivales mais compatibles, qui pourraient même à quelque égard être combinées quand il s'agit de la correspondance entre le corps et l'esprit. C'est bien là aussi que débute l'erreur d'interprétation concernant Spinoza, si typique et répandue qu'il est devenu difficile d'y échapper. Il peut sembler que Fechner, ainsi qu'il le croyait lui-même, se serait davantage rapproché de Spinoza que de Leibniz. Tous deux sont censés avoir partagé l'idée d'une unité originaire qui serait la commune source des deux manifestations différentes que nous avons en vue quand nous parlons du corps et de l'esprit ou de l'esprit et la matière (les « attributs » en termes spinozistes, les « phénomènes » selon Fechner). On pourrait dès lors croire qu'une notion similaire de parallélisme serait à même de valoir à la fois pour Fechner et pour Spinoza : étude de la nature des corrélations censées exister entre des phénomènes physiques, physiologiques et psychologiques pour celui-là; et pour celui-ci, la théorie exprimée notamment en *É* IIp7 mais aussi sa théorie des affects, lesquels sont indéniablement des phénomènes psychologiques doublés de leurs phénomènes parallèles corporels. De nombreux psychologues expérimentaux à la suite de Fechner, mais aussi beaucoup de commentateurs de Spinoza ont cru à une telle similitude entre les deux auteurs.

Et cependant il n'en est rien. Les phénomènes de Fechner n'ont rien à voir avec les attributs de Spinoza (puisqu'ils sont d'irréductibles réalités « objectives ») et l'unité substantielle originaire selon Spinoza n'a rien à voir avec l'unité de l'organisme individuel selon Fechner. Il est évident que les termes d'« organisme » et, surtout, de « phénomènes » sont dépourvus de l'empreinte métaphysique propre à la « substance » et ses « attributs ». Fechner le savait bien mais il croyait aussi que sa psychophysique faisait descendre le parallélisme du corps-esprit de l'éther métaphysique sur le solide terrain de la science empirique et de la mesure. Son cas ne porte-t-il pas témoignage du fait que les rapports entre la science et la métaphysique ne sauraient être aussi simples ? Le cas de Fechner est particulièrement révélateur : il apporte une lumière crue sur la nature et les raisons de la facilité avec laquelle le terme leibnizien de « parallélisme » est devenu tellement courant dans la littérature spinoziste. D'un côté, Fechner fut le principal fondateur d'une nouvelle discipline scientifique, ou du moins comme on l'a dit, d'un important programme de recherches. Ce dernier n'a rien perdu de sa pertinence dans la recherche scientifique moderne qui est devenue infiniment plus riche et sophistiquée. Il n'est pas rare de lire sous la plume des commentateurs qu'il faut remonter à cette œuvre pionnière pour trouver les racines de la psychologie expérimentale et même celles de ses développements tout à fait récents en matière de sciences cognitives aussi bien que de neurosciences. Il n'est pas non plus rare de rencontrer désormais des psychologues, des neurologues ou des praticiens d'autres disciplines expérimentales ou thérapeutiques, qui trouvent en Spinoza, ainsi que le fit justement Fechner, à la fois un ancêtre et une source d'inspiration pour une réflexion apte, selon eux, à octroyer une signification à leur propre travail scientifique.

Fechner avait envisagé sa nouvelle science psychophysique comme un élément d'un plus vaste programme, de nature philosophique et éthique, peut-être religieuse à quelque égard, voire même proto-mystique. Dans sa jeunesse, il fut profondément marqué par la *Naturphilosophie* [1] allemande

1. En allemand dans le texte.

(notamment par celle de Schelling); il s'est ainsi toujours opposé à ce qu'il a plus tard baptisé une « Vision Nocturne » (par contrariété d'avec ce qu'il appelait sa « Vision Diurne ») et il voulait désigner par cette « Vision Nocturne » le déterminisme réductionniste et le matérialisme propres à la vision du monde de la plupart des scientifiques de son temps. C'est très significatif, en ce sens que la fascination qu'exerce Spinoza est souvent liée à quelque intérêt philosophique pour une science, ou inversement à un intérêt scientifique pour la philosophie, c'est-à-dire, plus précisément, à un certain désir de transcender les contraintes du travail expérimental au sens strict. Ainsi s'exprime fréquemment la reconnaissance qu'il y a des éléments dans la conception scientifique du monde qui ont besoin de trouver confirmation de leur validité et de leur solidité philosophiques, voire même éthique. Toutefois, et cela aussi est fort typique, en dernière analyse, Fechner a raté l'essentiel de la véritable intention de Spinoza, dans l'appel qu'il fait à ce philosophe. En attribuant la thèse du parallélisme à Spinoza, Fechner n'aura pas nécessairement gêné son propre travail scientifique, mais dès lors que cette attribution est devenue un lieu commun de la littérature spinoziste, la hâte et même une certaine maladresse philosophique qui caractérisent sa façon d'aborder cet auteur deviennent bien problématiques.

Il n'est pas question ici de se livrer à un exposé complet, fût-il même partiel, des travaux riches et complexes de Fechner. Il ne semble cependant pas mineur de souligner un point ou deux. Fechner envisagea les trois classes de phénomènes sur lesquels il fit porter ses recherches comme autant de manifestations différentes d'une seule et même unité sous-jacente. Il ne croyait pas que cette unité qui se tenait à l'arrière des manifestations phénoménales parallèles fût par elle-même quoi que ce soit d'inatteignable mais qu'il s'agissait d'une vraie réalité, scientifiquement saisissable : celle de l'organisme vivant et du monde naturel en général. Bien qu'on ait souvent avancé que plusieurs des aperçus majeurs de Spinoza pouvaient être interprétés à la lumière du concept d'organisme[1], il serait erroné de pousser trop avant le rapprochement avec Fechner. Avec Spinoza, il s'agit d'une théorie métaphysique de l'homme tandis que la psychophysique de Fechner est une théorie scientifique. Il est certes impossible de tracer une frontière qui délimiterait de façon claire et rigide la ligne de démarcation générale entre science et philosophie ; pour autant, les différences qui séparent Fechner de Spinoza sont profondes et irréductibles, à un point qui les rendent paradigmatiques ; ce qui confère aussi

1. C'est par exemple le cas de H. Jonas, « Spinoza et la théorie de l'organisme », in *Essais philosophiques*, Paris, Vrin, 2013, chap. X.

une signification paradigmatique aux erreurs d'interprétation commises par Fechner à l'encontre de Spinoza.

Ces différences ne concernent aucunement la question du caractère accessible ou non de l'unité originaire censée se tenir au fondement des phénomènes. Spinoza lui non plus ne songea jamais à des notions de type kantien telles que, par exemple, la distinction entre phénomènes et choses en soi. Selon lui, cette unité originaire n'est pas un principe heuristique, elle ne résulte pas davantage d'une recherche empirique ou expérimentale. Pour Spinoza, non seulement une telle unité est pleinement saisissable, mais c'est en sa pleine et entière intelligibilité que gît le fondement même et la condition de toute tentative rationnelle ultérieure. Dans la littérature contemporaine consacrée à la théorie du corps-esprit de Spinoza (et d'autres auteurs), on entend souvent par « ontologie » le fait de chercher en quoi consistent les entités en jeu (« la matière » ou « l'esprit ») ainsi que la nature des manifestations majeures de leur unité sous-jacente. En ce sens, ce n'est pas tant l'ontologie qui sépare Spinoza de Fechner mais ce sont bien plutôt les *modes* d'accès comme les types d'intelligibilité qu'ils détiennent. Les trois ordres de phénomènes selon Fechner ne sont pas des existants particuliers, mais trois domaines de légalité naturelle spécifique. À cet égard, ils peuvent sembler ne pas tellement différer des attributs spinozistes, mais même s'il en est ainsi, les différences sont en vérité beaucoup plus importantes que les similitudes. Un champ de légalité spécifique n'est pas la même chose que « ce que l'entendement perçoit de la substance comme constituant son essence » (*É* Idéf4). En outre, dans la philosophie rationaliste de Spinoza, « la pensée » est beaucoup plus proche de ce nous appellerions plutôt « raison » ou « rationalité » que de ce que Fechner envisage comme domaine de l'intériorité et de l'intimité, c'est-à-dire de ce qu'on nomme souvent le « mental ».

Fechner se livre à une détermination typiquement moderne et anti-métaphysique de l'esprit, ou âme, tenus essentiellement, en tant que phénomènes ou domaines spécifiques, pour « privés » et « intérieurs ». Pour Spinoza, ainsi que nous le verrons plus loin en détail, la pensée, en tant qu'elle est l'un des attributs infinis de la substance, constitue l'essence de toute âme singulière aussi bien que celle de « l'intellect infini » ; en tant que telle, elle n'est donc pas *essentiellement* intimité, de sorte que la distinction entre ce qui est intérieur et ce qui est extérieur, tellement centrale dans une conception cartésienne de la pensée ou du mental, devient, dans le meilleur des cas, une métaphore qui, loin de rendre justice à ce qu'est la réalité métaphysique du corps et de l'esprit, la dénature. À supposer qu'on accepte cette distinction entre intérieur et extérieur, il faudrait seulement l'appliquer aux relations entre les êtres humains considérés comme des touts (corps et esprit), avec ce qui est étranger à leur être personnel, à savoir, le monde et tout ce qu'il contient – ce que de fait Spinoza qualifie souvent d'« extérieur ». Mais selon notre présente interprétation de Spinoza, le corps comme tel, notre propre corps, n'est *pas* extérieur à l'âme.

L'importance accordée à l'« intime », à l'« intériorité » du mental ne caractérise pas seulement le travail de Fechner, mais en général la science naissante de la psychologie. Sa façon de définir l'âme n'a rien de commun avec l'absolue présence à soi du sujet cartésien. Mais cette théorie psychologique du psychisme défend autant son subjectivisme que son idéal de scientificité parce que c'est, en particulier, du point de vue de l'observateur et de l'expérimentateur scientifiques que le psychique est défini comme « intimité » et « intériorité ». On en dira plus dans quelques instants. Pour l'heure, il suffit de noter que c'est justement parce que l'esprit est défini par opposition à la façon dont la science se conçoit elle-même comme relevant de l'extériorité, que l'importance accordée à la sphère « intime et intérieure » exprime le fait que la science nouvelle est en quête de méthodes d'acceptabilité et de légitimation qu'on puisse tenir pour des méthodes d'observation, des démarches empiriques et non pas métaphysiques. C'est à partir de ce contexte qu'il faut considérer la méthode d'« introspection » de Wundt et le fait qu'elle soit devenue à sa suite, pendant une brève période, la voie d'accès privilégiée à la réalité psychologique, à ceci près qu'elle fut très vite rejetée pour laisser place au behaviorisme[1].

Fechner a conçu sa science nouvelle de la psychophysique sur le modèle de la physique mathématique (à la façon dont cette dernière se développait alors en particulier en France); il l'envisageait comme un programme de mathématisation de données expérimentalement rassemblées. En fait, évidemment, il n'en fit rien. Il mit en œuvre d'ingénieuses stratégies expérimentales ainsi que des méthodes de mesure et il formula – dans ce qui allait se faire connaître sous le nom de loi de Fechner

1. Voir, par ex., K. Danziger, *Constructing the Subject. Historical Origins of Psychological Research* [1990], Cambridge, CUP, 1993, chap. III; E. G. Boring, *A History of Experimental Psychology*, New Jersey, Prentice Hall, 1950, *passim*. Il n'est pas sans intérêt de souligner que Wilhelm Wundt, qui joua un rôle majeur dans l'apparition de la nouvelle discipline et son institutionnalisation, écrit dans un article programmatique de 1896 que la psychologie et les différentes sciences de la nature, sont irréductibles l'une à l'autre ; elles ont besoin de coordination « et leurs perspectives se complètent mutuellement de sorte que c'est seulement ensemble qu'elles viendront à bout de la connaissance empirique qui s'ouvre à nous » (cité par M. Kush, *Psychologism. A Case Study in the Sociology of Philosophical Knowledge*, London, Routledge, 1995, p. 133).

– ce qui est avant tout une règle heuristique, formalisée, définissant une stratégie de recherche basée sur l'idée selon laquelle, puisqu'il y a une correspondance entre l'esprit et le corps, il doit être possible d'établir une corrélation entre des phénomènes mesurables comme les stimuli externes, l'excitation de l'appareil sensoriel et la sensation [1].

Le présupposé d'une correspondance entre différents domaines d'existants est en même temps, et sans doute davantage encore, la présupposition qu'il doit être possible de mettre en corrélation différentes voies de recherche scientifique [2]; il semble y avoir là l'hypothèse majeure de la jeune science du psychique destinée à lui octroyer une garantie essentielle de scientificité. Ainsi que l'affirme Boring, déjà à la fin du XVIIIe et au début du XIXe siècles, les phrénologistes, fondateurs de cette pseudoscience ainsi qu'il fut mis en évidence, édifièrent leur théorie sur « le problème central des corrélations » – en l'occurrence, il s'agissait de la corrélation supposée de la forme du crâne avec la nature de l'esprit et son fonctionnement [3]. La corrélation est envisagée du point de vue d'un observateur scientifique « extérieur », entre ce qui lui est, d'un côté, caché, et ce qui, d'un autre côté, est visible et mesurable. C'est précisément ainsi qu'elle est censée répondre à un idéal de scientificité propre à la nouvelle science psychologique.

1. Fechner distinguait entre deux parallélismes, l'un « externe » et l'autre, « interne » : le premier porte sur la correspondance entre stimulus physique (par ex. l'intensité lumineuse) et excitation du système nerveux (dans la mesure où il était à même de le mesurer) – le second concerne la correspondance entre l'activité du système nerveux et le sentiment (conscient ou inconscient). Ainsi que Fechner l'affirme au début de ses *Eléments de Psychophysique*, cette science est « une science exacte des relations de dépendance fonctionnelle entre le corps et l'esprit, ou de façon plus générale, entre les univers mental et matériel, physique et psychologique » (cité par I. Dupéron, *G. T. Fechner, op. cit.*, p.46, qui fournit également un résumé concis mais très éclairant sur le sujet).

2. La question de savoir si une science est une sorte d'ontologie, une construction théorique de positivités, une méthode pragmatique destinée à des prévisions, ou encore s'il s'agit de stratégies de travail rationnel (de nombreuses autres possibilités ne manquent pas : sceptiques, relativistes ou non) telle n'est pas maintenant notre préoccupation. Il n'est toutefois pas sans intérêt de souligner que Fechner a également raté la véritable signification de la théorie leibnizienne de l'harmonie pré-établie. Celle-ci ne porte pas tant sur la constitution du monde, qu'elle ne conçoit la nature de la rationalité scientifique ; structure, ordre et régularités des relations sont les vraies sources d'intelligibilité et non la causalité de déterminismes imaginaires, pas plus que la supposition d'interventions supranaturelles supposées. Fechner, en un sens, travaille conformément à la conception Leibnizienne du travail rationnel (ou scientifique) beaucoup plus qu'en suivant celle de Spinoza : ce qui ne manque pas de sel.

3. Boring, *A History…*, *op. cit.*, p. 51.

La psychologie universitaire et scientifique est née de la philosophie. Les premiers psychologues, tout particulièrement Wundt, considéraient que leur recherche se situait dans le prolongement de la philosophie traditionnelle, ce qui était sans doute la vérité, dans la mesure où les aspects sociologiques et institutionnels de cette histoire sont concernés. S'il s'agit toutefois du contenu, l'affaire paraît un peu plus compliquée. Bien que l'âme, ou plutôt l'effort pour parvenir à une approche rationnelle de celle-ci ait été largement une préoccupation des philosophes, on ne saurait parler d'une simple continuité entre les approches philosophiques et la nouvelle science psychologique, et, pour notre sujet, la psychophysique. On prétend souvent que la science moderne, ou à tout le moins quelques-unes de ses disciplines majeures, prit naissance sur le sol de la philosophie et que cette science moderne en serait peu à peu devenue le légitime héritier en montrant sa capacité à rendre effectives les vues de son ancêtre. On avance ainsi fort souvent que « la science » seule serait à même de s'occuper rationnellement des objets de préoccupation de la philosophie et peut-être même, qu'elle seule serait à même de répondre aux questions qui furent toujours celles de la philosophie. Bacon et Comte, si nous nous bornons à évoquer ces deux cas déjà anciens, se sont livrés aux formulations systématiques, explicites et bien connues de cette vue largement répandue. Bien qu'une telle vue puisse certainement parfois être avérée, les voies de la pensée sont souvent plus compliquées. Il arrive que l'intention originaire se perde quand de nouvelles disciplines scientifiques font leur apparition ; il arrive aussi qu'une compréhension nouvelle et plus profonde de la signification irréductiblement philosophique de questions anciennes soit due à l'apparition d'une solution scientifique, ou du moins à la façon dont une science aborde à sa manière propre des aspects inaperçus de ces anciennes questions.

C'est dans l'Allemagne de la seconde moitié du XIXe siècle que la psychologie expérimentale, en tant que science autonome, fit son entrée en scène. Rien d'étonnant à ce que ce fut en ce lieu et en ce temps que la notion de parallélisme devint centrale pour toute une culture scientifique qui luttait pour être reconnue tandis qu'elle cherchait à délimiter son champ de recherche propre et à fournir des « lettres de créance » à l'objet qu'elle s'assignait, à savoir le sentiment et la sensation chez l'être humain. C'est cette notion qui était censée faire tenir ensemble divers champs de recherche et ainsi, comme nous l'avons suggéré, offrir une garantie de scientificité. Dans ce contexte, la bévue de Fechner (parlant d'un parallélisme de type spinoziste) n'est peut-être qu'une expression de la situation plus globale qui, d'une part, concerne la façon dont la psychologie expérimentale et la psychologie se voient elles-mêmes à mesure qu'elles deviennent des disciplines autonomes (ou plutôt une discipline autonome générale comportant quelques sous-sections), mais qui, d'autre part, est déterminée par le positivisme qui caractériserait, dit-on généralement, l'esprit de la science moderne autant que celui de la philosophie des sciences. Cette bévue marque ainsi une certaine tendance à perdre la capacité de saisir la nature *sui generis* des questions philosophiques. L'usage que fit Fechner du terme de « parallélisme » comme s'il s'agissait d'une représentation adéquate de la théorie spinoziste du corps-esprit est symptomatique de la difficulté générale qu'il y a à s'emparer vraiment de ce qui est en jeu dans la théorie du corps-esprit de Spinoza, d'un point de vue aussi bien philosophique, éthique, théologique ou même politique. La difficulté est aussi grande pour saisir quelle fut la contribution spécifique que Spinoza apporta aux discussions que la question du corps-esprit soulevait à son époque. C'est en ce point que le reproche d'une lecture « anachronique » de Spinoza devient pertinent[1].

Ainsi il semble bien que ce soit là le lieu de naissance qui octroya au « parallélisme » sa place centrale dans l'exégèse de Spinoza. C'est ici que l'ironie de l'histoire apparaît pleinement : non seulement un terme anti-spinoziste leibnizien a fini par devenir une représentation supposée adéquate de Spinoza, mais toute une tradition de spinozisme académique a commencé à se servir de la thèse du parallélisme sans douter un instant qu'on puisse ainsi fausser l'enseignement originaire et les intentions fondamentales de Spinoza, et sans se douter non plus des enjeux que comportaient les discussions au cours desquelles le terme apparut pour la première fois. Bien que l'usage d'un terme tel que celui de « parallélisme » ne porte pas forcément atteinte à la solidité et à la justesse d'une interprétation d'ensemble de la philosophie de Spinoza, le fait demeure : la bévue de Fechner aura pourvu des générations entières de spécialistes de Spinoza d'une prétendue clé qui permettrait de bien comprendre la théorie du corps-esprit, alors qu'en fait, elle perpétuait son erreur.

1. L'apparition de la psychologie a suscité une accusation générale de « psychologisme » qui constitue le contexte dans lequel les deux traditions majeures de la philosophie contemporaine sont nées, avec essentiellement le travail de Husserl et celui de Frege. Tous deux tentèrent de ressusciter et redéfinir la nature *sui generis* de la réflexion philosophique. Il y a là une dialectique intéressante : ces tentatives font suite à une perte – partielle mais véritable – de la capacité de voir la signification de la philosophie classique, perte dont l'usage fechnerien de la notion de parallélisme est un bel échantillon.

CHAPITRE III

L'ESPRIT ET LE CORPS II : LE CONTEXTE

« QUE VIRENT CERTAINS HÉBREUX COMME À TRAVERS UN NUAGE ? »

Tant anachronique et même fallacieuse qu'elle soit, la thèse du parallélisme n'en est pas moins parvenue à jouer un rôle central dans les études spinozistes. Nonobstant l'espèce de conformisme dont les universitaires font souvent preuve, et la façon dont des coutumes terminologiques et interprétatives se perpétuent dans la littérature académique, le rôle dévolu à cette thèse n'est cependant pas totalement dépourvu de raisons. La thèse du parallélisme laisse échapper les raisons philosophiques plus profondes de Spinoza – qu'il s'agisse de sa version simplificatrice (hostile) aux « deux matériaux », ou d'une forme plus subtile et plus souple. Ce n'est pas seulement parce qu'elle oblitère l'écart entre Spinoza et Leibniz que la thèse du parallélisme est anachronique, ce n'est pas non plus parce que la notion a subi de profonds changements depuis sa première apparition dans les écrits de Leibniz, de sorte que quasiment d'instinct nous comprenons désormais par « parallélisme » quelque chose qui diffère de ce que Leibniz avait en vue, mais c'est qu'on oblitère en quelque façon, ce qui a souvent été taxé de « traditionalisme » chez Spinoza. Il y a là un versant de la philosophie spinoziste qui est soit considéré sans le sérieux qu'il requiert, soit au contraire surévalué : ou bien Spinoza est abordé (et sa théorie du corps-esprit surtout) comme s'il était un de nos contemporains – ou bien il devient partie prenante de débats prémodernes, voire même médiévaux. Ces deux attitudes extrêmes doivent être dépassées.

On a souvent affirmé que Spinoza serait moins moderne que ses contemporains cartésiens, et que sa pensée relèverait bien plutôt de la philosophie prémoderne. Sous cette forme, cette vue est assurément erronée. Elle témoigne toutefois de la nature profondément iconoclaste de la philosophie spinoziste en général et de sa relation toute particulière à l'héritage cartésien. C'est à Wolfson qu'est le plus probablement imputable l'attribution classique d'un « traditionalisme » à Spinoza. L'ouvrage qu'il lui consacra constitue sans doute également l'essai le plus documenté pour défendre une telle vue. Selon ses termes, Spinoza, ou plutôt l'auteur caché, tapi derrière le texte explicite de l'*Éthique* aurait été « le dernier des médiévaux »; il avait surtout en vue par cette formulation les philosophes médiévaux Juifs[1]. Sous cette forme, la thèse paraît plutôt simpliste et même dogmatique. Il n'en demeure pas moins que l'ouvrage de Wolfson constitue un inventaire particulièrement riche et d'une valeur sans pareille en ce qui concerne toutes les analogies, toutes les similitudes, tous les rapprochements possibles entre Spinoza et les philosophes juifs médiévaux. Il est incontestable que Wolfson a relevé certaines sources de la philosophie spinoziste. Il ne fut pas le premier à le faire et beaucoup de savants, surtout parmi les spécialistes de la pensée juive, continuent à chercher des aperçus nouveaux et encore plus probants en la matière[2].

Une phrase célèbre figure dans le scolie qui suit *É* IIp7 (proposition du parallélisme) : en fonction de ce qui a déjà été démontré, dit ce scolie, il devrait être clair que « substance pensante et substance étendue c'est une seule et même substance comprise tantôt sous un attribut, tantôt sous l'autre. De même aussi, un mode de l'étendue et l'idée de ce mode c'est une seule et même chose, mais exprimée de deux manières; c'est ce que certains Hébreux semblent avoir vu comme à travers un nuage. Je veux dire ceux qui admettent que Dieu, l'entendement de Dieu, et les choses dont il forme l'idée sont une seule et même chose. » Wolfson juge que cette assertion renvoie à Maïmonide. Le chapitre 68 de la première partie du

1. H. Wolfson, *The Philosophy of Spinoza. Unfolding the Latent Processes of his Thought* (2 vol.), New York, Schocken Books, 1969, vol. I, p. VII.

2. Voir *infra* premier chapitre. Outre les auteurs auxquels on vient de se référer, on pourrait adjoindre le plus ancien Stanislaus von Dunin-Borkowski, *Der junge Spinoza*, 1912, ainsi que les plus récents : I. Dobbs-Weinstein, « Gersonides' radically modern understanding of the agent intellect » *in* S. F. Brown (ed.), *Meeting of the Minds : the Relations between Medieval and Classical Modern European Philosophy*, Turnhout, Brepols, 1998; C. Bolduc, *Spinoza et l'approche éthique du problème de la libération : critique du théologico-politique*, Hildesheim, Olms, 2009; H. Atlan, *Les Étincelles de hasard*, t. I : *Connaissance spermatique*, Paris, Seuil, 1999; t. II : *Athéisme de l'écriture*, Paris, Seuil, 2003; ainsi que d'autres (*cf.* » Bibliographie »).

More Nebukhim (*Le Guides des Egarés)* commence par faire allusion au « célèbre dire des philosophes à propos de Dieu, selon lequel Il est *l'intellectus,* l'*intelligens* et l'*intelligibile* »[1]. Ainsi que Wolfson le souligne (vol.2, p.24), on trouve de semblables assertions à la fois chez Maïmonide et chez Ibn Ezra; dans le grand texte Halakhite *Mishne Torah (Yesode ha-Torah, II, 10)* de celui-là, mais encore dans le *Ha'Kuzari* de Yehuda Ha'Levi. On trouve encore d'autres références à cette thèse dans les écrits des philosophes juifs médiévaux, dont certains, et c'est le cas de Maïmonide, mais plus encore de Gersonide, s'y montrent favorables, et d'autres au contraire critiques.

Les commentateurs de Spinoza ne manquent habituellement pas de citer cette phrase sur les Hébreux qui virent quelque chose comme à travers les nuages; ils savent que Spinoza renvoie à Maïmonide et connaissent les passages où figure cette référence à ce point de doctrine aristotélicienne. Certains s'adonnent à des commentaires abondants relatifs aux discussions auxquelles se livrèrent d'autres philosophes médiévaux juifs – c'est généralement le cas de ceux qui connaissent davantage la philosophie médiévale juive et qui, par le plus grand intérêt qu'ils lui portent, s'intéressent aux rapports que Spinoza a entretenus avec elle. Cependant, et plutôt plus que moins, ceux qui connaissent le mieux les sources juives de Spinoza, s'intéressent surtout aux questions théologico-politiques ou à l'ontologie et à la cosmologie; ils s'occupent aussi des différents aspects de la critique spinoziste du Judaïsme traditionnel et beaucoup moins de la question du corps-esprit. Il s'ensuit qu'ils ne prêtent guère attention, en général, au fait que cette remarque (sur les Hébreux) advient à l'intérieur de ce qui est censé constituer un commentaire ou une clarification de la thèse du parallélisme, à savoir qu'elle se trouve au cœur même de l'exposition ou déduction de la théorie du corps-esprit. Ce détail est moins innocent qu'il n'y paraît étant donné la façon dont on s'y réfère le plus souvent. La décision de se livrer ici, plutôt qu'à tout autre endroit, à une allusion à la thèse traditionnelle invite à quelque attention. C'est qu'en effet, peu de choses sont plus éloignées de la façon dont le lecteur contemporain entend forcément la notion de « parallélisme » que cette doctrine médiévale, possiblement aristotélicienne.

Wolfson n'aborde pas cette difficulté : ni il ne tente d'expliquer la décision qui conduit Spinoza à parler de cette doctrine hautement problématique justement en ce lieu, ni en quoi elle est liée à la théorie du corps-esprit. Il se contente de souligner quelques similitudes et quelques

1. Selon la traduction de Wolfson. Pines traduit : « Il est l'intellect aussi bien que le sujet qui connait intellectuellement ainsi que l'objet connu par l'intellect ».

divergences entre Spinoza et ses prédécesseurs médiévaux juifs en ce qui touche à l'usage des termes qui figurent en ce scolie, sans approfondir la portée philosophique que ces similitudes ou divergences peuvent avoir. Il souligne en particulier en la matière, un écart qu'il juge significatif entre Spinoza et Maïmonide : tandis que Maïmonide distingue entre quatre éléments – Dieu, l'intellect, l'intellect en acte et l'intelligible, Spinoza, lui, n'en relève que trois – Dieu, l'intellect divin, et les choses qui sont connues de Dieu[1]. On ne peut garantir qu'une telle différence soit significative, si peu que ce soit, dans la mesure où l'allusion à ces « Hébreux » paraît plutôt fortuite. Wolfson voit dans cette différence l'effet du « déplacement qu'effectue Spinoza en étendant la distinction entre *intellectus potentia* et *intellectus actu* non seulement à Dieu mais à tous les existants ». En cela, il a indubitablement raison. Il fait la même remarque en ce qui concerne l'usage que fait Spinoza « du terme *intellectus* au sens de *intelligens*, i.e. *intellectus actu* » (vol. 2, p. 25), et en cela, il a derechef raison. Il est cependant douteux que Spinoza ait cherché à poser quoi que ce soit de bien déterminé. Il a rappelé « *comme en passant* »[2] que quelque chose avait été vu comme en un nuage, au moment même où il tentait de formuler avec la plus grande précision une doctrine présentée *more geometrico* de ce qui aurait été vu de cette façon.

Mais la question que ne pose pas Wolfson, à l'instar de la majorité des commentateurs, mérite attention : en vérité, pour quelle raison, Spinoza, écrivain rigoureux s'il en fut, choisit-il d'insérer en ce lieu, en guise d'éclaircissement de la thèse du parallélisme, cette référence, étrangement positive, à Maïmonide ? Le fragment est assurément trop exigu pour autoriser une vraie réponse. Mais il semble montrer, ou du moins suggérer que l'enjeu de ce qu'on appelle la théorie spinoziste du corps-esprit ne coïncide pas pleinement avec ce qu'en général la notion de parallélisme véhicule. La remarque critique de Leibniz qui a été citée ci-dessus témoigne assurément, en dépit de son équivoque, d'une perspicacité philosophique plus aiguë que celle de la plupart des plus récents lecteurs de Spinoza. Il paraît donc valoir la peine d'envisager la possibilité que l'intérêt *philosophique* majeur (et même pour le dire de façon plus radicale et subversive, l'intérêt *théologique* majeur) qui meut les discussions à propos de la question du corps-esprit relève du champ et de la tradition philosophiques auxquels appartiennent les doctrines de Maïmonide et d'Averroès qui stipulent l'identité de l'intellect, de l'agent de l'intellection (le penseur) et de

1. *Quod quidam Hebraerorum quasi per nebulam videsse videntur, qui scilicet statuunt, Deum, Dei intellectum, resque ab ipso intellectas unum.*

2. En français dans le texte [NdT].

l'intelligé (ou le pensé). Si on met entre parenthèses ses ramifications théologiques, la thématique philosophique propre à cette tradition (ou du moins la partie qui nous importe maintenant) tourne autour de ce qui est parfois appelé *la noétique*[1], c'est-à-dire autour de deux millénaires d'interrogation philosophique sur l'être de la pensée, de l'entendement, de la raison et de la rationalité. En d'autres termes, il s'agit d'une ontologie de cette faculté, « lieu » de la pensée et du pensable, ou plus précisément de la pensée rationnelle. L'allusion que fait Spinoza à ces anciens Hébreux fournit une indication : peut-être bien que le centre, l'origine et le véritable enjeu philosophique de ce qu'on appelle généralement sa théorie du corps-esprit, tombent dans le domaine d'interrogations concernant la nature de *la noétique*. C'est cela, quoi qu'il en soit, qui va guider la suite de notre propos.

Ce qu'on appelle « l'invention » de la subjectivité par Descartes, c'est-à-dire sa « découverte » qu'il est, lui, le penseur du Je réfléchissant, une substance pensante (*res cogitans*) consiste en une thèse métaphysique et ontologique, et non en une doctrine psychologique, anthropologique ou phénoménologique. Grâce surtout aux travaux pionniers d'Étienne Gilson, prolongés et transformés à maints égards par de plus récentes recherches, il est désormais bien clair que la doctrine cartésienne de l'« ego » pensant puise ses racines dans la tradition théologico-philosophique de la scolastique et de la scolastique tardive. La substantialisation cartésienne du Soi pensant demeure toutefois plus augustinienne qu'averroïste, mais il est encore plus important de souligner qu'elle a ouvert la voie à une saisie transcendantale de la pensée. En ce sens, il est loisible de voir là le commencement de la fin de la *noétique* et de son rôle philosophique central. La notion traditionnelle de *noétique* offre la possibilité de dresser le vaste horizon thématique à l'intérieur duquel la doctrine spinoziste du corps-esprit doit être abordée : il s'agit d'un questionnement général, ontologique, portant sur la signification de la *pensée* en tant qu'un mode de l'être. Elle exprime aussi le cartésianisme profondément iconoclaste et critique de Spinoza (soit, son post-cartésianisme).

1. En français philosophique contemporain, le terme de *noétique* est un nom, tandis que l'anglais *noetic* est, en général, utilisé comme adjectif. Dans ce qui va suivre, il sera fait usage soit du français, soit de la forme substantivée de l'adjectif anglais.

Le contexte de la théorie spinoziste du corps-esprit

Le bref passage à propos de « quelques Hébreux » est la seule allusion explicite que fait Spinoza aux discussions médiévales qui portent sur l'unité de l'intellect et de l'intelligible. C'est dans sa tenace hostilité à l'encontre du monisme de Spinoza que Leibniz faisait appel au terme de « parallélisme » qu'il venait de forger (désignant, aussi bien par ce mot son propre apport au débat suscité par le dualisme cartésien et « l'interactionnisme »). En présentant la doctrine spinoziste comme un « panpsychisme » ainsi qu'il le faisait parfois, Leibniz inscrivait expressément son antispinozisme à l'intérieur des débats théologico-philosophiques toujours en vigueur, dirigés contre l'averroïsme[1]. Ainsi qu'il arrive souvent, il avait en un sens raison, et en un autre, il était de mauvaise foi. C'est un fait que la doctrine spinoziste portant sur la nature de l'âme humaine fait écho à des thèmes averroïstes. Bien que maintes assertions spinozistes puissent donner le sentiment de refuser à la fois l'unité et la séparation de l'intellect humain – c'est le cas par exemple de l'amour que Dieu se porte à lui-même à travers l'amour intellectuel que lui porte l'intellect humain – ou encore de ce qu'il dit de l'éternité de l'âme – Leibniz toutefois, en dernière analyse, se trompe. Il n'est pas invraisemblable qu'il l'ait su lui-même. On aurait en vérité bien tort de présenter la *noétique* spinoziste à la façon dont Leibniz le suggère, mais tout autant de se fier à quelques commentateurs contemporains comme s'il s'agissait encore d'une nouvelle version d'une supposée théorie averroïste de l'inexistence d'intellects séparés particuliers. Ou encore de ce qui est connu comme la « conjonction »[2] ou l'« union » de l'« intellect acquis » (humain) avec « l'intellect agent ». Toutefois, même si Leibniz manquait d'honnêteté envers Spinoza, même si amalgamer averroïsme et spinozisme répondait à des motifs politiques et polémiques au moins autant qu'à des raisons philosophiques, Leibniz avait tout de même raison dans la mesure où le contexte plus vaste de la théorie

1. Le 10 décembre 1270, Étienne Templier, Évêque de Paris, avait condamné dix propositions attribuées à Averroès; la première stipulait qu'il n'y a qu'un seul intellect, numériquement un, partagé par tous les hommes. Cet événement signe le commencement des grands débats contre l'averroïsme. L'étude classique que Renan a consacrée à l'averroïsme n'a rien perdu de sa valeur pour en comprendre la nature.

2. « Conjonction » traduit trivialement l'hébreu « dvekut »; il s'agit d'un concept religieux qui signifie, en gros, un attachement étroit à Dieu, à la fois en général ou pendant la prière ou les cérémonies religieuses. Voir par ex. I. Dobbs-Weinstein, « Gersonides' Radically Modern Understanding... », *op. cit.* et « Maïmonidean aspects in Spinoza's thoughts », *Graduate Faculty Philosophy Journal*, vol. 17, n° 1 et 2, 1994, p. 153-174, ainsi que les références qui y figurent.

spinoziste est engagé, un contexte qu'on doit expliciter pour en saisir la pleine signification.

Le supposé traditionalisme de Spinoza fut, certes, une sorte de modernité radicale, pour ne pas dire iconoclaste. Spinoza n'était pas un *panpsychiste*. Il y a un témoignage de sa modernité dans l'usage qu'il fait d'une terminologie « paralléliste », tout comme dans la tendance quasi universelle à le lire en ces termes, qu'il s'agisse de l'*Éthique* ou de sa philosophie en général. Disons de façon plus rigoureuse que, ce qui est attesté par là c'est le fait d'être perçu en termes cartésiens – donc, modernes. Qu'il y ait une substance et non deux, que l'étendue et la pensée soient des attributs et non des substances et tout spécialement qu'il y ait un monisme de l'étendue-pensée et une unité du corps-esprit, toutes ces doctrines sont saisies en termes cartésiens. Tout opposées qu'elles soient aux propres réponses de Descartes, il s'agit tout de même de réponses aux questions soulevées par ce dernier. Cependant, et que cela soit pleinement ou non, directement ou pas, explicitement ou implicitement assumé, l'horizon philosophique dans lequel ladite doctrine spinoziste du corps-esprit s'inscrit et doit être lue, n'a rien à voir avec ce que nous imaginons lorsque nous utilisons le terme de « parallélisme ». C'est vrai de Descartes et des cartésiens tout autant, mais dès lors qu'il s'agit de Spinoza, il est particulièrement important de le souligner, à cause de sa profonde opposition à Descartes et de son cartésianisme radicalement hétérodoxe.

Si vraiment Spinoza faisait allusion à quelque chose de précis à propos de ces Hébreux qui virent sans voir, ce serait une allusion à une discussion fondamentale et interminable dont Spinoza, assurément, n'avait qu'une connaissance fort partielle. Nonobstant la familiarité vraisemblablement assez partielle que Spinoza a entretenue avec la tradition, en dehors de la présence de celle-ci dans les écrits des philosophes juifs médiévaux, la remarque, en dépit de son exiguïté n'en est pas moins révélatrice. « Voir comme à travers un nuage » veut dire que quelque chose a été vu, quoique celui qui voyait n'ait pas pleinement ou plutôt, n'ait pas exactement su ce qu'il était en train de voir. En dépit du jugement rude qu'il porte habituellement sur les anciens Hébreux, (en particulier sur Maïmonide, sorte d'Hébreu emblématique selon lui) Spinoza semble impliquer qu'ils auraient détenu quelque compréhension rudimentaire de vérités philosophiques. Ainsi cette minuscule métaphore mérite davantage d'attention qu'elle n'en suscite le plus souvent; il peut valoir la peine de tenter plus sérieusement de comprendre ce qui est signifié, ou du moins suggéré, par cette phrase mi-badine, mi-ironique.

C'est de façon très générale et évasive que Spinoza parle de ces « Hébreux ». Il est fréquent – nous l'avons déjà rappelé – d'entendre par là une allusion à Maïmonide, alors qu'en fait nous n'avons aucun moyen de savoir à qui Spinoza songeait au juste. Spinoza ne fait que rarement allusion à des philosophes médiévaux non juifs. Il semble pourtant ne pas ignorer la scolastique, et surtout la scolastique tardive des Pays-Bas et il connaissait aussi, de façon moins directe, d'autres courants de la scolastique[1]. Il aurait pu avoir en tête d'autres philosophes juifs, puisque la doctrine de l'unité de l'intellect avec l'intelligible ne se trouve pas seulement chez Maïmonide mais aussi chez quelques averroïstes Juifs, tels Gersonide (nommé par Spinoza) ou Yitzhak Albalag (jamais nommé)[2].

Quoi que Spinoza ait pu penser du caractère tortueux et partiel des dires de Maïmonide ou de Gersonide, notre présent propos se satisfera de souligner qu'il ne s'agit pourtant pas de pures fictions de l'imagination : derrière les nuages, se tient un véritable objet philosophique. La brève et toute relative indulgence de Spinoza à l'égard de Maïmonide, marque la persistance de certains intérêts, de certains problèmes et interrogations philosophiques fondamentaux. Ils ont fait leur apparition tout au long d'une discussion théologico-philosophique à multiples développements, qui s'est étendue sur plusieurs siècles, a pris trente-six visages en enveloppant d'innombrables controverses et suscitant des trésors d'inventivité et d'ingéniosité philosophiques – ce qui a pu constituer un élément *thématique* essentiel au contexte dans lequel la pensée de Spinoza a pris

1. Bien que les rapports de Spinoza aux penseurs médiévaux Juifs aient fait l'objet de travaux approfondis, ses relations à la scolastique non juive ont été complètement négligées au XXe siècle. Cette lacune vient d'être récemment amplement comblée par le recueil d'études dans F. Manzini (éd.), *Spinoza et ses scolastiques. Retour aux sources et nouveaux enjeux*, Paris, Presses de l'Université Paris-Sorbonne, 2011.

2. La terminologie traditionnelle est ambiguë. Spinoza parle de la doctrine de l'unité de l'intellect, de l'intelligible et de l'intellectant (agent); il suit de là que l'intellect ne semble pas faire pleinement partie de l'âme humaine individuelle. Quand Thomas (voir plus loin) parle de « l'unité de l'âme », il argumente contre une telle vue pour défendre l'existence d'un intellect humain « séparé », en tant qu'élément de l'unité et unicité de l'âme humaine. Sur l'Averroïsme Juif, et particulièrement sur Gersonide, *cf.* H. A. Davidson, « Gersonides on the Material and Active Intellect », *in* G. Freudenthal (ed.), *Studies on Gersonides. A Fourteenth Century Jewish Philosopher Scientist*, Leiden, Brill, 1992, et I. Dobbs-Weinstein «Gersonides'...», *op. cit.* Averroès et Maïmonide (souvent considéré comme le plus important philosophe Juif, et codificateur de la Halakha) naquirent tous deux à Cordoue. Selon Shlomo Pines (par ex. dans son introduction à la traduction en anglais qu'il fit du *Guide*), Maïmonide ne connaissait pas les écrits d'Averroès quand il conçut ses propres doctrines philosophiques. En dépit d'importantes différences, on voit aussi, entre les deux philosophes, de profondes affinités portant sur des questions fondamentales ressortissant au domaine de la *noétique*.

naissance. Tout tourne autour de la question de la nature de la pensée – du « mental » en général, et de la pensée rationnelle tout spécialement, de la question de l'agent ou sujet de la pensée, de celle de l'objet de la pensée rationnelle, et autres choses semblables. En tant que *tradition* philosophique, ses sources se trouvent dans le *logos* propre à la doctrine platonicienne de l'*intelligible* et plus précisément, cette tradition provient de la théorie aristotélicienne de l'âme, et se perpétue par le genre du commentaire, sous la forme de débats interminables qui portent sur l'interprétation fidèle « du Philosophe ». À l'intérieur de cette tradition, l'averroïsme est doté d'un intérêt tout particulier. Spinoza ne fut ni panpsychiste ni averroïste. Toutefois, dans la mesure où l'averroïsme joue un rôle pivot, à la fois thématiquement et historiquement, aucun essai attaché à comprendre les motifs profonds de la philosophie spinoziste ne saurait négliger le rôle de l'averroïsme dans la persistante interrogation philosophique attachée à la nature de la raison, saisie d'un seul et même geste comme un fait ontologique et un mode de l'existence humaine.

Une remarque concernant Spinoza et la tradition averroïste

Vers l'époque durant laquelle Maïmonide s'attachait à formuler les idées auxquelles Spinoza faisait allusion, un autre enfant célèbre de Cordoue défendait des idées fort semblables : il s'agissait d'Averroès, Ibn Rushd de son nom arabe. Bien que le philosophe musulman précédât de quelques années Maïmonide, les spécialistes supposent fréquemment que celui-ci trouva ses idées indépendamment de celui-là. Tous deux appartiennent aux traditions médiévales néoplatonicienne et aristotélicienne, à la fois latine et arabe. En ce qui concerne le point qui nous occupe, la source se trouve dans de rares expressions, obscures mais fort célèbres du *De Anima.* Ce texte aristotélicien contient une interrogation compliquée qui porte sur la nature de la pensée rationnelle et de l'intellect, sur les rapports que le pouvoir le plus élevé de la pensée rationnelle entretient avec les autres pouvoirs de l'âme, et en particulier avec l'âme sensitive; sur les relations enfin de la connaissance rationnelle avec l'objet de cette connaissance, à savoir l'intelligible ou encore la forme. C'est en ce point que la notion problématique d'*intellect actif* (ou *intellect agent*) fait son apparition, ainsi que d'autres notions telles que l'*intellect passif* ou *en puissance* (livre 3 – chapitres IV et V respectivement). Ces notions sont toujours utilisées, ou plutôt mentionnées par Spinoza – nous allons y venir.

Soit encore plus précisément : la question du « panpsychisme », celle de l'union ou conjonction de l'âme rationnelle avec l'intellect-agent impersonnel trouve sa source dans les formulations énigmatiques du *De Anima* qu'on trouve au livre III, 4, 429b 30-31 ainsi qu'en 5, 430a 20. Aristote dans ces lignes soulève la possibilité que l'intellect-faculté de l'âme apte à la pensée rationnelle – ne fasse qu'un avec son objet dès lors qu'il n'est plus seulement en puissance mais qu'il est bien « en acte », actuellement pensant un objet (un intelligible).

Parmi les commentateurs d'Aristote, deux d'entre eux en particulier, Alexandre d'Aphrodise au deuxième siècle, et Thémistius au troisième, livrent de vastes interprétations de ces sujets qui, quoique divergentes, ont nourri la majorité des discussions ultérieures ressortissant au champ de la *noétique*[1]. Mais par-delà telle ou telle considération particulière, et quoi qu'il en soit de la complexité de la doctrine, la véritable importance de la théorie aristotélicienne de l'intellect tient au rôle qu'elle a joué dans l'histoire de la philosophie occidentale et de son incessante réflexion consacrée à la raison, à la pensée rationnelle, à elle-même en tant qu'activité rationnelle paradigmatique[2]. Une longue et multiforme tradition de commentaires et d'interprétations de ce passage s'en est suivie, qui a trouvé son apogée avec le scandale de l'averroïsme dû dans une large mesure, à la doctrine de la nature transcendante et impersonnelle de la pensée rationnelle.

Il existe nombre d'essais récents attachés à reconsidérer à nouveaux frais la question des rapports entre la modernité philosophique et la prémodernité, et la plupart de ceux qui sont engagés dans cette histoire proposent des chemins qui sont le plus souvent fort éclairants et pertinents. Parmi ces auteurs, l'œuvre du chercheur français Alain de Libera présente un intérêt majeur pour notre propos : son incontestable érudition, tout à fait magistrale, l'acuité d'analyse avec laquelle il dresse la physionomie d'un vaste panorama historique nous éclairent tout autant que ses présupposés méthodologiques et historico-philosophiques. C'est dans de nombreux livres et articles publiés tout au long des trente dernières années que Libera

1. Pour un tableau concis de cette histoire, *cf.* par ex. S. Feldman, « Gersonides on the possibility of conjunction with the Agent Intellect », *Association of Jewish Studies Review*, 3, 1978, p. 99-120 ; voir aussi I. Dobbs-Weinstein, «Gersonides'...», *op. cit.*; P. Merlan, *Monopsychism, Mysticism, Metaconciousness. Problems of the Soul in the Neoaristotelian and Neoplatonic Tradition*, The Hague, Martinus Nijhof, 1963 est particulièrement important.

2. C'est ce qu'affirme E. Barbotin dans son introduction au commentaire classique de O. Hamelin, *La théorie de l'intellect d'après Aristote et ses commentateurs*, Paris, Vrin, 1953. On trouve la même chose chez H. A. Davidson, *Alfarabi, Avicenna and Averroes on Intellect. Their cosmologies*, Oxford, OUP, 1992, p. 8 : « Les passages les plus intensément étudiés dans toute l'histoire de la philosophie sont probablement ceux dans lesquels Aristote entreprend dans le *De Anima* d'expliquer comment l'intellect humain passe de son état originaire, dans lequel il ne pense pas, à un état ultérieur en lequel il le fait. »

s'est attaché à décrire et analyser ce qu'il en est venu à appeler « l'archéologie du sujet ». C'est là le titre d'une série d'études annoncées, et au moment où ces lignes sont rédigées, seules la première et la deuxième ont fait leur apparition, intitulées respectivement *Naissance du sujet* et *La quête de l'identité*[1]. Nous n'avons pas l'intention d'entrer dans le détail de cet immense domaine d'érudition et de réflexion que constituent les nombreuses publications d'Alain de Libera, ni d'entrer dans les controverses que cette œuvre a déjà suscitées et qu'elle suscitera assurément encore dans les années à venir. Quelques brèves remarques paraissent cependant s'imposer.

Le travail de Libera est d'une érudition remarquable tout en entendant contribuer à quelques-uns des débats philosophiques contemporains. On voit bien par le titre général donné à son projet – *Archéologie du Sujet* – que son approche globale s'inspire de Foucault[2]. Il s'agit aussi de prendre un point de vue critique sur la thèse heideggérienne concernant l'origine cartésienne du « sujet moderne »[3]. Le(s) sujet(s) – ou plutôt les formes et pratiques discursives auxquelles renvoie ce vocable – serai(en)t né(s) (ou peut-être conçu(s)) selon Libera, lentement, laborieusement, plus ou moins silencieusement, de façon non linéaire et hasardeuse, parfois contradictoire, bien longtemps avant Descartes – de fait, tout au long de l'histoire de la philosophie et de la philosophie théologique européennes.

Cependant l'archéologie que Libera présente à ses lecteurs semble, en dernière analyse, ressusciter sinon la généalogie téléologique d'un concept, du moins une histoire relativement cohérente. On voit

1. A. de Libera, *Archéologie du sujet,* I : *Naissance du sujet;* II : *La quête de l'identité,* Paris, Vrin, respectivement 2007 et 2008.

2. Ainsi qu'il s'en explique dans une interview, il s'inspire également des historiens et historiens de la philosophie tels en particulier Gueroult, Hyppolite, ou Collingwood. La perspective méthodologique qu'ils partagent peut être appelée généalogico-structuraliste. Voir H. Monvallier, « Entretien avec Alain de Libera : autour de l'Archéologie du Sujet » sur le site www.actu-philosophia.com. Il a expliqué nombre de fois ce qu'il entend par « archéologie » : à la place de l'habituelle histoire des philosophies écrites par les philosophes, ce qu'il cherchait à établir porte sur la longue histoire des changements et des transformations qu'ont traversés, pendant la longue histoire de la philosophie européenne, nombre de notions et d'interrogations majeures.

3. Heidegger et les thèses de celui-ci sur « la théorie moderne du sujet » sont omniprésents dans les écrits de Libera. On ne court aucun danger en disant qu'à mesure que l'œuvre de Libera prenait forme ces dernières années, elle a consisté en une position critique interne à l'Heideggerianisme – en dépit du fait que ses motivations initiales furent celles d'un historien ; l'Heideggerianisme, cette *episteme* de toute première importance, si on ose dire, est partagée par la majorité de ceux qu'on appelle les philosophes continentaux de la seconde moitié du vingtième siècle – par les Français tout spécialement – mais aussi par des psychologues, sociologues, théoriciens de la politique ou de la littérature et ainsi de suite.

rétrospectivement émerger de la *longue durée*[1] une intelligibilité sans arbitraire – quoiqu'elle ne soit sans doute pas donnée a priori. Libera emprunte explicitement nombre de ses concepts à Foucault ; on ne sait pas toutefois dans quelle mesure il embrasse aussi le scepticisme radical de Foucault. Dans les *déplacements*[2] de sens, dans l'inventivité et la contingence des doctrines et des thèses étudiées, *une histoire* apparaît au bout du compte et non pas seulement une archéologie. Plusieurs interrogations philosophiques et théologiques se retrouvent continuellement en cours de route qui ne sont pas vraiment réductibles aux formes d'expression sous lesquelles elles apparaissent.

L'averroïsme joue un rôle central dans le vaste panorama que dessine Libera. Il a consacré beaucoup d'efforts à l'étude des débats dirigés contre l'averroïsme par des figures centrales telles que celle d'Albert le Grand (d'un point de vue plus théologique) ou celle de Thomas d'Aquin ; à la querelle anti-averroïste de ce dernier, Libera avait déjà consacré deux études indépendantes[3]. Il voit un lien direct entre Thomas d'Aquin et Leibniz : il prend appui pour ce faire sur l'usage que fait Leibniz du principe scolastique (qui remonte à Boèce) selon lequel *Actiones sunt suppositorum* – ce qui veut dire que les actions présupposent un substrat, un support (ontologique), soit, pour ainsi dire, un « transporteur », tout simplement, un agent[4]. Si on suppose que la pensée est une action ou une activité, le principe implique qu'en ce cas il doit y avoir un sujet, ou un agent au sens de quelque entité, de quelque chose ou quelqu'un qui serait source ou siège de la pensée, une réalité sous-jacente active et subsistante. Or, la prétendue inséparabilité de l'intellect paraît bien incompatible avec la revendication d'un substrat ou agent ; soit en termes plus généraux, avec l'idée du caractère individuel et substantiel de l'âme personnelle.

Il y a une autre perspective majeure qu'adopte Libera : elle lui fait tracer un fil continu qui irait du néoplatonisme augustinien à Franz Brentano, en passant par Ibn Rushd et les averroïstes juifs et latins. Le thème qui confère cohérence et unité à ce « continuum » qui irait d'Augustin à Brentano est celui de l'identité entre l'intellect, l'intelligible et l'acte de penser (ou « intellection »)[5]. Selon Libera, cette antique façon de prendre les choses a

1. En français dans le texte [NdT].

2. En français dans le texte [NdT].

3. Voir l'édition par A. de Libera de Thomas d'Aquin, *Contre Averroès*, Paris, GF-Flammarion, 1994, et *L'unité de l'intellect de Thomas d'Aquin*, Paris, Vrin, 2004.

4. Voir A. de Libera, *Archéologie du sujet, I : Naissance du sujet*, *op. cit.*, par ex., p. 72, 225, 445.

5. Comment nommer ce type d'action qui caractérise l'activité de l'intellect ou *noûs*, et quant à ce dernier, comment nommer ce qu'il « fait » avec l'*intelligible* – tout cela n'a rien

refait son apparition sous la forme du principe scolastique de l'*in-existence* (ou *inesse* ainsi que Leibniz le nomme). Brentano est connu pour l'avoir ressuscité et il est enfin devenu entre les mains de Husserl le principe de l'*intentionnalité* avec la fondation de la phénoménologie. On peut dès lors faire d'Averroès le centre – à la fois diachronique et thématique – d'une série de problèmes qui tourneraient, entre autres, autour de deux motivations majeures, l'une plutôt théologique et l'autre, davantage philosophique. De ce point de vue, une tension, voire une contradiction semble se faire jour. La doctrine théologique de l'immortalité de l'âme humaine, ne semble pas compatible avec la cristallisation de la théorie philosophique de la rationalité, définie par l'identité de l'intellect et de son objet. À maintes reprises Libera tente de donner des indications tant pour définir le centre des controverses que pour cerner la signification des questions qui furent débattues si longtemps (c'est pour ainsi dire toute l'histoire de la philosophie occidentale qui est en jeu). Il pense que là gît le lieu de naissance du « sujet » (ou « des sujets »), disons plutôt l'intersection contingente de lieux de naissance, de lignées, d'histoires et de traditions. Libera soulève nombre de questions qui, à elles toutes, délimiteraient le champ à l'intérieur duquel se déroulerait l'archéologie du sujet : Qu'est-ce que la pensée? Qui est le sujet de la pensée ? Soit encore : *Qui pense ? Quel est le sujet de la pensée ? Qui sommes-nous ? Qu'est-ce que l'homme*[1] ?

Cette longue digression est destinée à suggérer que la doctrine spinoziste du corps-esprit doit être contextualisée dans le champ historico-thématique étudié par l'archéologie d'Alain de Libera : il ne s'agit pas du parallélisme entre le corps et l'esprit, mais de la nature de la raison, de celle de la pensée et de son *locus*, de la nature de celui qui pense ou de ce qu'est ce qui pense. Un projet aussi ambitieux que celui de Libera ne peut échapper à certaines lacunes, bien sûr. Du point de vue de la place qu'occuperait Spinoza dans l'archéologie du sujet, deux de ces lacunes semblent particulièrement être en cause. L'une d'elles est de nature très générale : Libera conçoit son archéologie comme la généalogie interne de certains concepts, thèmes ou doctrines. Il rejette expressément toute influence « externe ». Si une telle vue est dans la plupart des cas acceptable, elle l'est beaucoup moins quand l'apparition de ce qu'on a appelé au XVIIe siècle la

d'une question simple. Le terme « penser » est trop vague et ne connote pas la spécificité de son agent, l'intellect; du coup, on se sert parfois du terme « intelliger ». En anglais, Merlan, dans *Monopsychism*… (*op. cit.*, p. 4) traduit *noûs* par « intelligence » et son acte, *noein* par « intelligizing ».

1. En français dans le texte [NdT].

« science nouvelle » est engagée. Notoirement absente[1] de l'œuvre de Libera, ce qu'on appelle la révolution scientifique doit être prise en compte, tout particulièrement dans toute évaluation de la doctrine cartésienne du sujet et de la subjectivité. De façon plus précise : l'apparition de la science nouvelle de la matière, mécaniste et mathématisée, à laquelle Descartes contribua de façon majeure, joua un double rôle dans l'histoire du sujet. De nouvelles formes de rationalité, élaborées par cette science, s'imposèrent. Elle fournit aussi un nouvel objet au sujet pensant et connaissant, à savoir cette matière, conçue ou imaginée par la science nouvelle. Pour parler comme Libera, il y a là un profond « déplacement » du sens de termes tels que « matière », « corps », « mouvement » et notoirement de celui de « causalité » de « cause », et ainsi de suite. Ce ne sont pas les termes qui sont en jeu, mais le rôle qu'ils jouent dans la formation de notions telles que celles du « soi » et de la « conscience » et, plus important encore, du « concept » et de « l'objet » de la connaissance.

La seconde lacune nous concerne plus directement, en ceci que Libera demeure plutôt silencieux à l'égard de Spinoza[2]. En dehors de Leibniz et de

1. Sans doute grâce à la critique de la modernité due à Heidegger et de sa critique de la place qu'y occupe la science, tout un pan de travaux académiques consacrés aux origines de la modernité s'est développé en laissant plus ou moins de côté la révolution scientifique et l'apparition de la science moderne. Ont sans doute également joué des modes philosophiques, théologico-philosophiques et même idéologiques. Inversement, le fait de s'occuper massivement de cette science nouvelle dans des entreprises de légitimation de la modernité, n'est pas moins typique. Le travail de Libera, tout autant que celui d'autres médiévistes ou d'études post-heideggeriennes sur la modernité, semble mû, entre autres, par la volonté de s'opposer à des idées telles que celle d'« invention » (du sujet, en l'occurrence); certainement aussi à des modes idéologiques que l'idée d'invention légitime. L'histoire intellectuelle comporte des moments « particulièrement heureux » : ce fut le cas avec l'apparition de la science nouvelle dans les travaux de Galilée, Descartes et quelques autres. Tenir compte de tels moments ne conduit pas nécessairement au réductionnisme, à l'historicisme ou autres considérations relativistes. On peut voir une vraie lacune dans le fait de les laisser de côté.

2. L'index de Libera (*Archéologie* I, *op. cit.*) contient deux entrées pour Spinoza (p. 113 et 429); la seconde renvoie à la bibliographie et la première concerne en fait Descartes plutôt que Spinoza. Dans le second volume (*Archéologie* II, *op. cit.*), Spinoza est mentionné quatre ou cinq fois mais de nouveau, il est seulement mentionné, jamais discuté. Il est manifestement trop tôt pour juger puisqu'au moment où ces lignes sont écrites, nous ne disposons que des deux premiers volumes de la série des quatre ou cinq prévus. Toutefois, dans la mesure où le premier volume contient l'esquisse de la totalité de l'affaire, il semble bien que Spinoza ne jouerait, au mieux, qu'un rôle tout à fait mineur. Ce silence à propos de Spinoza caractérise la phénoménologie en général et tout spécialement Heidegger ainsi qu'un grand nombre d'études philosophiques influencées par son ontologie. Dans un essai récent qui entretient quelque analogie avec les études post-heideggeriennes consacrées aux liens entre la modernité et l'ontologie médiévale, en prétendant « faire le récit » de l'ontologie des idées censée être présente dans la première modernité, Hight décide explicitement de ne pas prendre

Descartes, il traite largement de nombre de philosophes de la première modernité tels que Hobbes, Locke, Bayle et beaucoup d'autres. Avec cela, il n'a pour ainsi dire, rien à dire sur Spinoza. Cette absence (ou presque) de Spinoza n'est pas dépourvue de signification. Spinoza semble ne relever d'aucun lieu, en dépit du fait que le nombre de thèmes abordés entend être assez grand pour inclure ce qu'il appelle la tradition « anti-sujet », celle du *Es denkt* (ça ou ceci pense) de Nietzsche ou de Wittgenstein, parmi d'autres[1]. Spinoza demeure dépourvu de toute localisation, même dans la riche classification à laquelle Libera se livre. En tant qu'essentiellement moderne, et même post-moderne, la tradition anti-sujet est également anti-métaphysique. En ce sens, et justement en vertu de son supposé traditionalisme, Spinoza ne saurait être classé parmi les anti-sujet. Mais d'un autre côté, et c'est un lieu commun, il n'est pas davantage un théoricien du sujet comme substrat, substance ou comme condition et source d'action. Tout ontologique qu'elle soit, sa démystification du sujet est aussi radicale que celle des philosophes anti-sujet. En vérité Spinoza est inclassable de façon simple en se tenant à l'intérieur des schémas historico-conceptuels de Libera.

Deux enseignements majeurs peuvent être tirés de cette longue digression. D'une part, dès lors que la notion de parallélisme ne délimite aucunement le contexte requis pour comprendre la théorie spinoziste du corps-esprit, on aurait pu imaginer que le site archéologique de Libera le permettrait. D'autre part, l'inclassable Spinoza fait partie de cette histoire comme une sorte d'étranger qui adopte une attitude ironique et critique à l'endroit de toutes les traditions rivales qui la constituent. Ce que les « Hébreux » de Spinoza virent comme à travers un nuage, ce fut, selon toute vraisemblance, ce en quoi Libera voit le centre même autour duquel ses recherches ont tourné : à savoir un questionnement philosophique principiel qui porte sur la nature de la pensée, de la rationalité et de la raison, ainsi que sur la nature de l'agent humain de la pensée. Spinoza semble donc avoir supposé qu'une telle interrogation constitue l'objet véritable de la philosophie. Ce point toutefois exige d'être examiné plus avant, du point de vue d'une conception sensiblement différente de la nature de la rationalité et du travail scientifique.

Spinoza en considération (M. A. Hight, *Idea and Ontology. An Essay in Early Modern Metaphysics of Ideas*, University Park, The Pennsylvania State University Press, 2011). C'est plutôt en tant que symptôme que du point de vue philosophique que les justifications de cette décision, sont éclairantes.

1. Voir l'interview de H. Monvallier déjà citée.

L'averroïsme joue là un rôle majeur en ce sens qu'il désigne sinon une incompatibilité, du moins une tension très profonde entre théologie et philosophie. L'immortalité du point de vue théologique, diffère, et même, de quelque façon est l'opposé de l'éternité de l'âme rationnelle, saisie du point de vue de la théorie philosophique de la raison. Éternité de la raison – immortalité de l'âme personnelle : voilà deux thèmes décisifs pour l'élaboration spinoziste de la doctrine du *salus, seu beatitude seu libertas*. C'est de cette doctrine dont il s'agit dans la deuxième moitié de la Cinquième Partie de l'*Éthique* et, dans une large mesure, elle adopte la terminologie de la philosophie théologique médiévale. La doctrine de l'éternité de l'âme, celle de l'amour intellectuel de Dieu et même aussi le troisième genre de connaissance, sont autant de sources d'embarras pour les lecteurs de Spinoza, surtout pour ceux qui ne sont guère enclins à des interprétations religieuses ou semi mystiques de cette philosophie. Cette doctrine du salut et de la liberté sera examinée dans la dernière section de ce travail. Il faut toutefois, dès maintenant ajouter que cette seconde partie de *É* V est incompréhensible si on ne tient pas ensemble le traditionalisme iconoclaste de Spinoza et sa modernité profonde mais tout à fait personnelle. La théorie de l'esprit humain écrite comme une ontologie de la pensée, c'est-à-dire comme une *noétique* est un traditionalisme ; il est iconoclaste parce que ses raisons majeures sont anti-théologiques. La modernité de Spinoza en revanche éclate dans sa théorie du corps-esprit car elle est érigée sur des fondations cartésiennes, c'est-à-dire sur une conception pleinement moderne de la nature de la matière et des corps.

LE TRADITIONALISME NON TRADITIONNEL DE SPINOZA : LA NOÉTIQUE

Que l'on tienne ou non pour fécond de faire appel à la notion de *noétique* pour saisir les treize premières propositions de *É* II, ou que l'on considère que la théorie spinoziste du corps-esprit est une ontologie de la pensée, cette doctrine est, quoi qu'il en soit, profondément hétérodoxe. La toile de fond sur laquelle se détache, c'est certain, la *noétique* de Spinoza est celle de tout cartésien : Spinoza l'envisage, ou en tout cas, la présente comme l'effondrement général du modèle médiéval. Ce qui engage, entre autres choses, le rejet des causes finales et de toute tentative pour légitimer des considérations téléologiques. La célèbre version de ce rejet radical se trouve surtout dans l'Appendice du livre I. L'importance toute particulière de la critique de la téléologie tient aux profondes répercussions qu'elle provoque en ébranlant le sol sur lequel se tiennent les visions les plus répandues en matière de théologie et de morale. C'est exactement ce que visait Spinoza en rejetant les causes finales. Plus précisément, l'effondrement du modèle médiéval transformait profondément la représentation métaphysique de la structure du monde physique. Ainsi les notions de *causalité, de relations causales, lois causales*, et avec elles, celle de l'explication scientifique, tout cela se mit à différer profondément de leur mode d'être antérieur. Pour saisir la nature de ce contexte, il est particulièrement pertinent de rappeler la transformation des concepts de *matière* et de *corps* qu'implique la science nouvelle et qui fut notamment thématisée dans la doctrine cartésienne de *l'étendue.* L'étendue, selon Descartes, et selon Spinoza aussi bien, a cessé d'être matière informe et indéterminée pour devenir l'objet semi-idéel de la science mathématisée.

Avec l'apparition de la science moderne, la tradition a perdu la pertinence d'une de ses distinctions fondamentales, à savoir celle qui sépare ce qui est « en puissance » de ce qui est « en acte » ou « actuel ». Ce qui va de soi pour la physique c'est-à-dire pour la science de la matière et du mouvement, détient aussi son importance dans la doctrine de la pensée, dans la mesure où une bonne part de la conception médiévale de la pensée prend appui sur la distinction aristotélicienne majeure entre intellect en puissance et intellect en acte. Quelques remarques de Wolfson à ce propos peuvent constituer un bon point de départ pour nos considérations. Selon Wolfson, ainsi que nous l'avons déjà noté, si une chose sépare Spinoza de ses prédécesseurs médiévaux c'est bien de ne pas réserver à Dieu la distinction entre *intellectus potentia* et *intellectus actu* mais de l'étendre à tous les existants. Le terme *intellectus actu* se trouve dans les propositions 30 et 31 de E. I. Wolfson souligne que Spinoza en *É*I p31s précise que l'utilisation de cette terminologie ne signifie aucunement qu'il accepte l'existence de quelque intellect potentiel. Par cette remarque, Spinoza entend souligner de façon parfaitement explicite que sa pensée se démarque de la tradition médiévale.

En cohérence avec sa stratégie générale, qui revient à voir en Spinoza un contributeur aux débats médiévaux, Wolfson n'accorde à cette remarque qu'une importance relativement mineure, plus ou moins technique, qui en tout cas ne s'égare pas au-delà des confins de la philosophie médiévale. Cependant en vérité, le refus explicite de la vertu théorique du concept d'« intellect potentiel » engage bien plus que la seule perte d'intérêt d'une notion devenue presque obsolète. Il y a de bonnes raisons de supposer qu'en renonçant à l'intellect potentiel, *l'intellect en acte* perd, lui aussi, sa signification originaire. On peut même supposer qu'une façon fondamentale de considérer les relations entre l'être et la pensée a également perdu sa pertinence. Et cependant le fait que Spinoza ait continué à faire usage des termes d'*intellectus actu* et d'*intellectus potentia* ne peut être dépourvu de signification. La perte du sens originaire de ce qu'on avait l'habitude d'exprimer par ces termes ne veut pas forcément dire qu'ils sont sans incidence sur l'interprétation de la philosophie de Spinoza en général ainsi que sur sa théorie du corps-esprit en particulier. Avoir conservé la terminologie traditionnelle peut laisser entendre que la question des relations entre l'être et la pensée demeure fondamentale pour Spinoza. Cette question peut être formulée comme suit : « quel est l'être de la pensée ? » ou encore l'une ou l'autre des questions suivantes ou même toutes ensemble : « Qu'est-ce qu'une chose pensante ? » « Que signifie penser l'être ? » « Quel genre d'être est la pensée ? ». Spinoza soulève toutes ces questions en tant qu'elles ressortissent à un seul champ unifié sous le chef de l'unité de l'esprit avec le corps. On peut donc soutenir que la doctrine appelée doctrine du corps-esprit appartient au domaine de la *noétique*.

Il est nécessaire de lire très soigneusement les propositions 29-32 de *É* I si on veut mieux saisir la signification que Spinoza assigne au terme traditionnel d'*intellectus actu* et les enjeux théorétiques que sa propre doctrine lui octroie. On doit dire, de façon générale, que dans l'usage que Spinoza fait de ce terme, il adopte sa typique façon d'être à la fois conservateur et novateur. La notion d'« intellect en acte » fait son apparition dans les propositions 30 et 31 ; elles forment comme une parenthèse au milieu d'une vaste argumentation consacrée à la fois à l'inanité de l'idée de volonté libre et à la preuve de la validité du déterminisme nécessitant (respectivement *É* Ip32 et *É* Ip33). L'enseignement majeur du mouvement contenu dans ces passages devient vraiment clair avec le second corollaire de la proposition 32 qui stipule que « la volonté et l'entendement sont avec la nature de Dieu dans le même rapport que le mouvement et le repos ». L'intellect et la volonté sont donc entités « naturelles » qui ne bénéficient d'aucune prééminence ontologique sur toutes les autres choses naturelles.

Les propositions 30 et 31 ont surtout un rôle systématique : elles marquent le cadre *ontologique* auquel appartient l'intellect, et qui constitue la condition de la lecture « naturaliste » dont le concept d'intellect relève de plein droit. Disons plus précisément que l'« intellect », qu'il soit fini ou infini, appartient au monde, au même titre que toutes les autres choses, et est donc soumis, en tant que tel, à la nécessité des lois qui régissent le monde. Les propositions 30 et 31 se trouvent comme encadrées de deux scolies. Le premier suit la proposition 29 qui contient une des hardiesses majeures de Spinoza : « Dans la nature il n'y a donc rien de contingent ». Le scolie, sans rapport très clair avec ce refus de la contingence, introduit la (traditionnelle) distinction entre la *Natura naturata* et la *Natura naturans.* L'enjeu majeur de ces deux propositions réside dans l'idée que l'« intellect » appartient à la « nature naturée ».

La proposition 30 stipule que : « L'entendement en acte, qu'il soit fini ou infini, doit comprendre *(comprehendere)* les attributs de Dieu et les affections de Dieu, et nulle autre chose. » On peut voir là un geste de démystification : les conditions de possibilité de la pensée sont les mêmes que celles des choses naturelles en général, et l'intellect – fini ou infini – et donc le pouvoir de penser, de comprendre et de savoir ne dépasse en rien l'ordre naturel ou l'ordre de ce qui existe réellement. La proposition 31 ajoute que : « L'entendement en acte, qu'il soit fini ou infini, comme aussi la volonté, le désir, l'amour etc. doivent être rapportés à la Nature Naturée et non à la Nature Naturante. ». La démonstration de cette proposition ouvre par ces mots : « Par entendement nous entendons non la pensée absolue, mais seulement un certain mode *(certum)* du penser qui doit être conçu par le moyen de la pensée absolue; autrement dit (selon la proposition 15 et la définition 6) par le moyen d'un attribut de Dieu exprimant l'essence éternelle et infinie de la pensée, et cela de telle façon que sans cet attribut, il ne puisse ni être ni être conçu. ». L'intellect, fini ou infini, en tant que mode particulier de la pensée n'est pas un « absolu » ; il est donc à l'évidence être ou chose conditionné. Ce qu'on appelle « intellect divin » n'est pas davantage un absolu; il n'est dès lors ni *cause* ni *raison* ni *fondement de l'existence* et il ne jouit d'aucun surplus d'être par rapport à n'importe quelle chose existante[1].

L'attribut de la pensée constitue la condition de possibilité, à la fois ontologique et conceptuelle, de l'intellect. En d'autres termes, le concept d'*intellect* n'est envisageable que si on présuppose « la pensée absolue » ou l'attribut « pensée » en tant qu'« essence éternelle et infinie ». Toutefois, en

1. Selon la célèbre assertion du scolie de *É I* p. 17, ceux qui attribuent intellect et volonté à la nature de Dieu ne le peuvent faire que de façon homonyme : l'intellect divin diffère autant de l'intellect humain que « le chien, constellation céleste, diffère du chien animal aboyant ». La différence que marque ici Spinoza s'apparente beaucoup à l'injonction d'Averroès quand ce dernier assure que la connaissance humaine est causée par son objet, tandis que celle de Dieu cause le sien – position qui est rejetée par Spinoza. Voir par ex. A. de Libera, Introduction à Averroès, *Le livre du discours décisif,* trad. fr. M. Geoffroy, Paris, GF-Flammarion, 1996, p. 33. Voir également A. Koyré, « Le chien, constellation céleste, et le chien, animal aboyant », *Revue de Métaphysique et de Morale* 55/1, 1950, p. 50-59. Cette image se trouve déjà chez Philon ainsi que chez Maïmonide, ainsi que Wolfson le rappelle dans *The Philosophy of Spinoza, op. cit.*, p. 316-317.

tant qu'essence, il ne s'agit pas d'un *existant*[1]. En définissant l'attribut non par ce qu'il « est » (soit par soi soit par autre chose) mais comme « ce que l'intellect perçoit » Spinoza n'a en vue aucune interprétation idéaliste ou subjectiviste de celui-ci (en dépit de ce qu'affirment certaines interprétations). Il faut sans doute comprendre l'attribut à la fois comme une ultime condition d'*intelligibilité* et comme une possibilité fondamentale, ontologiquement *sui generis*. *Possibilité* n'est pas pris maintenant en son sens strict, modal (ou formel) – c'est-à-dire au sens de ce qui serait tout simplement non-impossible, de ce qui pourrait être ou ne pas être, mais au sens plus complexe de ce qui est *pensable*. Au royaume de la noétique qui est celui de l'ontologie de l'intellection, c'est-à-dire dans le contexte propre à l'acte de penser, l'absoluité appartient à l'essence éternelle, c'est-à-dire à l'attribut de la pensée. L'absolu acquiert ainsi une sorte de statut ontologique spécial : c'est un *principe* et non une chose ou un existant. Tandis que l'« intellect » peut être compris en se référant à quelque entité, aussi bien finie qu'infinie, la pensée, quant à elle, au sens fort du terme, c'est-à-dire en tant qu'un des attributs de la substance, ne désigne ni une entité, ni un existant mais quelque chose d'autre. La pensée conditionne l'intelligibilité du concept d'intellect, tant fini qu'infini ; ontologiquement et, en tant que condition-de-possibilité de l'intellect, fini ou infini, en tant que telle, la pensée est une possibilité générale et fondamentale de l'être, mais pas une entité, disons-le de nouveau[2]. La meilleure façon de statuer sur elle est peut-être bien d'en faire un principe. C'est sans doute à cela, ou à quelque chose de ce genre que songe Spinoza en parlant d'« essence infinie ».

La démystification, ou naturalisation à laquelle se livre Spinoza est biface : il définit la pensée comme un attribut et l'intellect comme une entité ressortissant à la *nature naturée*. L'intellect est ainsi une entité naturelle et la pensée, en tant qu'attribut devient aussi une partie de l'être ou nature. En tant qu'« essence éternelle » toutefois, la pensée est également totalement transparente, ce qui veut dire qu'elle n'a rien de mystérieux,

1. C'est de façon notoirement ambiguë et complexe que Spinoza se sert de la notion d'« essence ». Il est vrai que « *dei existentia, ejusque essentia unum et idem sunt* » (*É* Ip.20) mais il est également vrai que « *atqui praeter substantias et modos nil datur* » (*É* Ip.15 dém.). « Substance » et « modes » sont définis comme des modes d'être (en eux mêmes et non en autre chose) et modes d'être conçus (en eux mêmes et non en autre chose). L'« attribut » est défini comme ce que l'intellect perçoit de l'essence de la substance. Il est donc clair que, ce qu'on peut peut-être saisir d'un côté comme « espèce ou genre ontologique » propre aux modes et à la substance, n'est pas la même chose que celle qui est propre à l'attribut. En ce sens, on peut dire des attributs qu'ils ne sont pas des existants, mais quelque chose d'autre.

2. *É* Ip.15 dém. : « rien n'existe à l'exception des substances et des modes (Axiome 1). »

mais aussi que ce caractère « naturel » doit être entendu de façon toute spéciale. Dans la mesure où penser est une possibilité ontologique ou un principe fondamental et irréductible, c'est-à-dire un concept (ou essence), on ne saurait y voir un accident d'aucune façon, et pas davantage un fait purement donné. S'il n'y a rien là de miraculeux, la pensée ne peut cependant pas être imaginée comme une propriété qui serait, par exemple, apparue de façon bienheureuse, inattendue et inexplicable en émergeant d'un processus d'évolution plus ou moins aveugle. Ce qui ne signifie pas, bien entendu, qu'il faille en faire le produit d'un dessein intelligent quel qu'il soit – ou qu'on puisse l'expliquer par finalisme ou comme l'œuvre de quelque intelligence *supramondaine*. On accepte de voir quelque chose de « naturel » dans la matière comme dans l'existence physique, ce qui ne suscite pas le sentiment qu'on devrait recourir à une explication spéciale quant à leur existence[1], ni qu'elle enveloppe un quelconque mystère. Pour Spinoza en effet, il en va de même quand il s'agit de la pensée et du penser en ce qu'ils appartiennent à la complexion originaire de l'être. Or, ainsi que Spinoza l'a posé de façon célèbre, personne jusqu'ici ne sait ce que le corps (ou la matière) peut; si donc quelque émerveillement est justifié, il ne l'est pas moins quand il s'agit de la matière que lorsque nous parlons de la pensée. Tous deux, pensée et étendue sont en ce sens des principes : ils sont les possibles fondamentaux de l'être, soit, dit plus précisément, les attributs de la substance une et infinie. Nul miracle dans le fait que, quel que soit ce qui est, cela est également *pensable* – ce n'est à tout le moins pas plus étonnant que le fait qu'il y ait quelque chose.

Le scolie qui suit *É*Ip31 exprime des réserves quant à l'utilisation du vocable traditionnel d'*intellectus actu* auquel se réfère Wolfson. Spinoza y expose les raisons pour lesquelles il a tout de même décidé de se servir de cette notion. Son explication est très éclairante :

> La raison pour laquelle je parle ici d'un entendement en acte n'est pas que j'accorde l'existence d'aucun entendement en puissance; mais désirant éviter toute confusion, *je n'ai voulu parler que de la chose la plus clairement perçue par nous, à savoir l'action même de connaître* (ipsa scilicet intellectione) qui est ce que nous percevons le plus clairement. Car nous ne pouvons rien connaître qui ne conduise à une connaissance (*cognitionem*) plus grande de l'action de connaître [*Nihil enim intelligere possumus, quod ad perfectionem intellectionis cognitionem non conducat*].

1. De tels sentiments sont parfois suscités par le « *design* », l'ordre ou la structure que nous trouvons dans la nature – qu'il s'agisse de physique ou de biologie. Mais cela conduit souvent au concept de la pensée, sous une forme ou une autre.

L'intellection elle-même, l'acte de penser un objet, concevoir un contenu intelligible, comprendre quelque chose, est ce que « nous percevons le plus clairement ». Spinoza avait déjà dit quelque chose d'analogue, de façon bien plus détaillée dans son *TRE*. C'est sans doute parce qu'il avait renoncé à son projet de rédiger un traité consacré à la conduite de l'esprit dans sa recherche de la vérité, que Spinoza a ramassé dans l'*Éthique* en quelques lignes très denses les considérations longuement élaborées auxquelles son travail antérieur s'était adonné. Le *TRE* fut conçu en prenant modèle sur *Le Discours de la Méthode*. Dès cette œuvre, on sent combien le projet de commencer par la recherche de la « bonne méthode » demeure ambigu pour Spinoza; on sent aussi combien il est conscient des difficultés inhérentes à l'idée d'une science « spéciale » de la méthode ou théorie de la connaissance. Les mêmes remarques valent pour les autres œuvres des débuts. Comprendre en quoi consiste au juste la compréhension, la pensée, l'intellection et édifier une conception normative de la vérité en prenant appui sur cette compréhension, une telle tâche est suspendue au fait d'avoir déjà trouvé ce qui caractérise la vérité, c'est-à-dire d'avoir déjà trouvé en quoi consiste penser et connaître. Si on veut montrer de quelle façon il faut se mettre à la recherche de la vérité, ou parvenir à une théorie de la véritable connaissance, il faut commencer par avoir une connaissance adéquate de ce en quoi quelque chose – par exemple un théorème mathématique, est vrai. Il ne saurait y avoir une connaissance systématique qui précéderait une connaissance actuelle et effective. L'idée d'une science *sui generis* de la « méthode », ou plus généralement, celle d'une théorie de la connaissance est donc inadéquate.

La « méthode » cartésienne avait aussi consisté en une entreprise réflexive. Les *Regulae*, œuvre inachevée et demeurée non publiée, prenait appui sur les inventions mathématiques antérieures de Descartes. Quant au *Discours de la méthode*, il avait été adjoint, en guise de préface, aux trois essais scientifiques antérieurement conçus et rédigés, à savoir *La géométrie, La dioptrique* et *Les météores*. Dans une langue bien moins technique, *Le Discours* ramène à quelques principes le travail antérieur, beaucoup plus riche et élaboré; il prétend mettre en évidence quel genre de méthode s'est montré fécond pour ces travaux scientifiques, mais en outre Descartes prétend en tirer une méthode universelle. À la façon de la lumière qui éclaire également et indifféremment toute chose, la méthode devrait pareillement pouvoir être mise en œuvre dans tous les champs de la connaissance, et être indifférente au genre d'objets auxquels elle s'applique. La lumière et la méthode, en étant universelles et indifférentes aux choses particulières qu'elles éclairent et qu'elles permettent de connaître, sont d'une étoffe autre, si on ose dire, que celle dont ces choses sont faites. *La Méthode* est donc tenue par Descartes, pour une forme de connaissance à la fois indépendante et antérieure à ce qui peut être positivement connu. Mais elle est également conçue comme une sorte de connaissance normative dont les principes seraient autant de règles destinées à être suivies dès lors qu'on cherche à mener à bien une vraie connaissance[1].

Spinoza abandonna ce qu'il aurait d'abord envisagé comme une « méthode » à la manière cartésienne. Il vit désormais qu'il est chimérique d'établir des règles normatives en proclamant qu'elles précèdent toute connaissance, alors qu'elles sont issues par abstraction d'une connaissance actuelle. *Habemus ideam veram* – nous avons une idée vraie – voilà la remarquable et problématique ouverture du paragraphe 33 du *TRE*[2]. Et quelques lignes plus tard, advient une autre assertion extraordinaire : la méthode n'est rien que *idea ideae*, idée réflexive. Ce qui revient, en premier lieu, à faire de l'expérience humaine le nécessaire point de départ de la « méthode »[3] : il se trouve seulement que l'« expérience » en question est d'un genre très spécial puisqu'il s'agit de l'expérience de la pensée véritable. Mais il s'agit aussi de rejeter l'idée cartésienne d'une *méthode* qui constituerait une sorte de savoir indépendant. Déjà selon le *TRE* c'est grâce à la connaissance réelle et à toute la démarche requise pour y parvenir que l'entendement est « réformé ». C'est à mesure que nous avançons dans la connaissance que notre capacité de compréhension et de connaissance se perfectionne. Dans le *TRE*, ce qui cesse d'être le cas dans *l'Éthique* – Spinoza semble encore accepter que le travail de la pensée puisse subir une pause, s'abstraire de ce que nous sommes en train de comprendre et connaître actuellement pour formuler une théorie relativement autonome à propos de la manière d'« amender l'entendement ». Une divergence majeure par rapport à Descartes n'en est pas moins patente : réflexion de soi et méthodologie ne bénéficient ni de quelque privilège épistémologique

1. Voir E. R. Grosholz : *Cartesian Method and the Problem of Reduction*, Oxford, Clarendon Press, 1991, p. 2 : Descartes conçoit sa méthode comme un « canon » qui précède même la logique. Il y a là un « intuitionisme » ; intuitionisme est compris de façon fort générale et le terme est appliqué à nombre de philosophes (par exemple à Épicure comme à Kant). Ainsi en va-t-il pour ceux qui, prenant appui sur une critique systématique de la métaphysique dogmatique, élaborent des « procédures canoniques » qui permettent de construire une représentation.

2. Voir *infra* la discussion sur ce point.

3. Pour une analyse du rôle de *l'expérience* selon Spinoza : voir P.-F. Moreau, *Spinoza. L'expérience et l'éternité*, *op. cit.*, un ouvrage qui va à l'encontre de nombre d'habitudes d'interprétation bien enracinées.

ni d'autonomie. En eux ne réside aucun commencement. On améliore l'entendement de la même manière qu'on perfectionne des outils. L'humanité a entamé sa longue marche vers des savoir-faire techniques en utilisant des moyens naturels à l'aide desquels elle a construit des outils artificiels simples qui, à leur tour, ont permis de produire des choses de plus en plus compliquées (*ibid* § 26). La véritable connaissance rationnelle ne dépend pas d'un ensemble de règles qu'on aurait posées en préalable, ni d'un instrument infaillible de la connaissance. Dire que la « méthode » n'est rien d'autre que « l'idée réflexive », c'est dire que la connaissance et la vérité en acte – « l'idée » – constituent la véritable « méthode » c'est-à-dire le moment de la théorisation qui porte sur la façon dont on peut faire progresser la vérité, et il ne s'agit pas de se livrer à une abstraction à partir de laquelle un ensemble indépendant de règles normatives pourraient en être tirées. En cela même s'effectue une rupture radicale avec Descartes.

Toutefois, la rupture avec Descartes touche à beaucoup plus profond encore qu'au rejet de l'idée de méthode. Ce rejet engage celui de l'idée même d'une théorie de la connaissance en tant qu'elle serait une entreprise indépendante, point de départ d'une science rationnelle de l'être, de l'homme et du monde. C'est le rejet de tout ce qui conduisit Descartes à consacrer la première partie de ses *Principes de la philosophie* à l'exposition « Des principes de la connaissance humaine »[1]. Ce qui va encore plus loin et finit par le rejet de l'idéal cartésien d'une *prima philosophia.* Une intime solidarité tient ensemble tous ces rejets : avec l'abandon du projet de la « méthode », la primauté d'une théorie de la connaissance est rejetée tout autant, tandis que le *Cogito* ne constitue désormais plus le commencement de la philosophie. On dirait que Spinoza a abandonné l'idéal d'un commencement absolu de la philosophie qui pourrait être dépourvu de toute présupposition comme de toute connaissance acquise antérieurement; comme si un tel commencement pouvait aussi être fondateur de la science. Nous venons de rappeler que dans le *TRE* « nous avons une idée vraie »; dans l'*Éthique* « l'homme pense » fait son apparition (dans le second axiome de *É* II – voir *infra*) comme affirmation absolue d'un simple fait. Une certaine rationalité originaire, déjà efficace n'est pas seulement le point de départ concret de la recherche de la vérité (ce qu'un cartésien pourrait admettre), mais elle est aussi tout particulièrement un élément théorique qui entre dans l'élaboration d'une théorie adéquate de la raison. Le scolie de *É* Ip31 affirme que : « ... Nous ne pouvons en effet, rien connaître qui ne conduise à une connaissance (*cognitionem)* plus grande de l'action de connaître (*intellectionis*)». Par conséquent, la « méthode » ne saurait

1. E. R. Grosholz, *Cartesian Method*, *op. cit.*, p. 1.

consister en rien d'autre que dans l'élaboration de types de rationalité toujours plus achevée : une telle gradation va de l'élaboration d'une véritable connaissance à la compréhension de ce que « connaître » veut dire – et de là, par la suite, à la mise en œuvre de cette connaissance de la connaissance, afin de la porter toujours plus haut et plus affermie, c'est-à-dire philosopher. Selon le mot de Pascal, dit dans un tout autre contexte : *nous sommes embarqués.* Et en effet, nous sommes toujours déjà *en route*[1].

Cependant le véritable sens du scolie qui suit *É* Ip31 n'est pas épuisé par ces considérations. On peut avancer que la reprise du vieux terme *d'intellectu actu* engage encore plus important. Soutenir que ce que nous percevons de la façon la plus claire de toutes, réside dans l'intellection elle-même, n'a rien de trivial. Dans l'interprétation de cette expérience, Spinoza aperçoit quelque chose qui va au-delà d'une phénoménologie de la pensée. Une telle expérience montre que penser et comprendre reposent sur des fondements métaphysiques. L'immédiateté et la supériorité de la pensée par évidence recèle des causes profondes. Ce type de pensée témoigne de la nature métaphysique de l'âme humaine. L'expérience de la pensée, le fait que « nous avons une idée vraie » ne définit pas le *nec plus ultra* spinoziste. Par-delà la théorie de la vérité et de la connaissance, la doctrine de la méthode conduit à une théorie de l'être, c'est-à-dire, plus précisément, à une ontologie de la pensée. Le *TRE* conduit à l'*Éthique*. Ainsi que Léon Brunschvicg l'avait formulé, dans les mains de Spinoza la méthode s'est trouvée accrochée à l'être. On ne peut séparer la logique de la métaphysique qu'à la condition que la «pensée» soit, en elle-même dépourvue de profondeur et d'«épaisseur» ontologique : il faut alors que la pensée se contente de réfléchir la réalité à la manière de la lumière selon Descartes, en se rendant transparente à toutes les sortes de réalité[2].

La théorie spinoziste de la pensée est, quant à elle, une ontologie. Ce n'est pas seulement la présence de la notion traditionnelle de *l'intellectus actu* qui légitime cette thèse, mais c'est que celle de *l'intellect en puissance* n'a pas complètement disparu. De façon assez étrange, on la voit réapparaître aussitôt après la proposition du parallélisme en *É* II. La proposition *É* IIp8, son corollaire et son scolie introduisent une notion bizarre, celle des « idées des modes non existants ». Cette demi-page qui constitue une sorte de parenthèse, entretient, par les formulations utilisées, un débat complexe avec les ontologies médiévales de la pensée. En dépit de sa radicalité iconoclaste, Spinoza fait écho à la question qui fut, selon un historien de la philosophie médiévale juive, la question par excellence à laquelle une

1. Les deux formulations sont en français dans le texte [NdT].

2. L. Brunschvicg, *Spinoza et ses contemporains, op. cit.*, p. 3.

tradition entière s'était consacrée, à savoir, comment rendre compte de la différence qui sépare l'intellect quand il connaît, de son état quand il ne connaît pas (ou ne pense pas)[1] ? Il est évident que Spinoza ne peut pas rendre raison de la différence entre les deux états de l'intellect – la connaissance et l'absence de connaissance – comme s'il s'agissait de passer d'une connaissance potentielle à une connaissance actuelle ou, en termes traditionnels, de l'intellect « matériel » à l'intellect « actuel » (ou encore dans un style psychologisant, des dispositions à leur réalisation). Spinoza, lui, inverse les termes de la question : au lieu qu'elle porte sur l'agent, le sujet ou le « lieu » de la pensée et de la connaissance, il s'agit selon lui du statut de la vérité quand elle n'est pas actuellement conçue ou connue. Spinoza entretient tout de même un dialogue critique avec les Hébreux (ainsi qu'avec la tradition averroïste prise comme un tout) auxquels il fait allusion dans le scolie antérieur. La « non-existence » dont parle Spinoza est toute relative, comme on le voit avec l'exemple donné dans le scolie : il s'agit de la non-existence de modes qui *en vérité* existent si certaines conditions sont réunies. Spinoza ne saurait soulever la question des idées de ce qui serait dépourvu de toute forme d'existence car son nécessitarisme exclut qu'on puisse en dire quoi que ce soit. L'impossibilité logique est co-extensive avec la non-existence, et une contradiction interne, parce qu'elle n'est ni concevable ni pensable, est forcément dépourvue d'être. L'idée de modes qui n'existent jamais, pour ainsi dire, ou qui ne le peuvent revient à proférer une contradiction; pour dire la chose autrement, ces non-modes seraient dépourvus d'idées. Ce que Spinoza a réellement en tête, si on en juge par les apparitions ultérieures de ces considérations dans l'*Éthique* (presque uniquement au livre V), porte beaucoup moins sur le mode d'être de propriétés géométriques déductibles ou constructibles que sur la question de l'immortalité de l'âme : d'un côté, il la rejette radicalement en ce sens que l'âme cesse d'exister à la mort du corps mais d'un autre côté, il accorde une signification positive à la question de son éternité (voir notre chapitre VII).

La discussion à laquelle se livre Spinoza étant menée dans une perspective ontologique, la *noétique* médiévale offre les clés d'une compréhension beaucoup plus pertinente que les théories modernes ou contemporaines du corps-esprit. La pleine signification de tout ceci devrait apparaître de plus en plus nettement à mesure que nous avançons. Toutefois la proposition *É* IIp8, son corollaire et son scolie suffisent à montrer que ce dont il s'agit au début du livre II s'inscrit dans un champ qui diffère grandement de celui qu'on a généralement en vue sous le nom de « parallélisme du corps avec

1. H. A. Davidson, *Alfarabi, op. cit.*, p. 7-8.

l'esprit » ; il y a là une preuve supplémentaire si besoin était. C'est là, dans le scolie qui suit *É*IIp7, que se trouve l'allusion aux anciens Hébreux qui virent quelque chose d'apparemment important comme à travers les nuages ; à la lumière des remarques qui viennent d'être faites, il est souhaitable que leur présence soudaine en ce lieu ne soit pas considérée comme hors de propos.

Il est important de rappeler par quel exemple Spinoza illustre la réelle signification de ce qui fut vu par les Hébreux comme à travers un nuage : « un cercle existant dans la Nature et l'idée du cercle existant – laquelle est aussi en Dieu – c'est une seule et même chose, qui s'explique par le moyen d'attributs différents » (*É*IIp7S) S'il s'agit d'illustrer le parallélisme du corps et de l'esprit, conformément à la compréhension habituelle, l'exemple est plutôt bizarrement choisi. S'agit-il de dire que notre esprit et notre corps seraient « parallèles » à la façon dont le cercle et son concept éternel le sont ? Pourtant cet exemple est pertinent si la question en cause ne porte pas sur les relations entre le « mental » et le « corporel » ou « physiologique ; il s'agit de ce qui se passe entre d'un côté, la pensée, au sens strict et littéral du terme, c'est-à-dire en une acception intellectualiste, et l'étendue, d'un autre côté. Celle-ci ne doit pas être vue comme une matière « sourde et muette » ; elle est cela même que pense la pensée, ce dont l'intellect a l'intellection, nommément ce qui est donné à l'intellect pour être intelligé par lui. Dit plus simplement, la question en jeu est celle des relations entre les *idées* et leurs *idéats* qui sont les objets intelligibles des idées. Il ne s'agit ni de la conscience ni du cerveau : mais les réponses apportées à la question des rapports entre les idées et leurs idéats détiennent le fondement des réponses à apporter à la question ultérieure des rapports entre l'esprit et le corps.

CHAPITRE IV

L'ESPRIT ET LE CORPS III : *ÉTHIQUE* II, PROPOSITIONS 1-13

LA CENTRALITÉ DES PROPOSITIONS 11 ET 13

La question du corps-esprit est d'une grande complexité, comme on le voit manifestement dans les considérations qui occupent les treize premières propositions de *É*II. En témoignent les incessantes mises en garde, les incessantes réserves que Spinoza ne cesse d'avancer à propos de l'adéquation, de la clarté, de la suffisance tant des arguments que des exemples choisis. Ainsi Spinoza attire-t-il souvent l'attention sur ses arguments et ses déductions. Dans la première partie de l'*Éthique,* là où quelques-unes des doctrines les plus difficiles sont exposées, il souligne justement aux points les plus difficiles qu'il y a là « ce qu'il est aisé » de voir – ou que ce qu'il vient de dire est « évident » et clair comme le plus beau jour et qu'il en a dit assez pour rendre la chose suffisamment compréhensible et ainsi de suite[1]. Il est donc remarquable que le début du livre II comporte quantité de réserves diverses. Spinoza reconnaît que tel exemple ne suffit pas à clarifier tel point – il alerte concernant la difficulté qui entoure ce dont il va être question – il supplie le lecteur de se montrer patient en expliquant que l'argumentation ne saurait être aussitôt comprise au moment présent. Un exemple qui nous concerne spécialement se trouve

1. Ainsi quand Spinoza aborde l'indivisibilité de l'étendue en prenant appui sur sa théorie de l'infini dans le scolie de *É* Ip15, sans doute l'un des passages les plus difficiles de l'*Éthique* (voir aussi la Lettre 12), il assure à de nombreuses reprises que ce qu'il dit suffit à résoudre la question de sorte qu'il suffit d'être débarrassé de ses préjugés pour le voir. *É I* contient de nombreux exemples du même ordre.

dans le scolie de *É* IIp7 : Spinoza le clôt par la modeste concession qu'il ne saurait pour l'instant mieux expliquer de tels sujets. Pourtant, beaucoup de lecteurs de Spinoza ne trouvent pas que la notion de parallélisme soit particulièrement difficile.

Il n'est pas sans intérêt de rappeler que c'est là l'un des rares endroits où Spinoza rompt catégoriquement avec ses œuvres antérieures, tout particulièrement avec le *TRE*. Il est bien connu, et c'est abondamment commenté, qu'il y a de grandes différences entre les premiers écrits et l'*Éthique*. Un total renversement demeure toutefois fort rare. Les paragraphes 33 et 34 du *TRE* offrent un cas de ce genre de façon très nette : mêmes questions, mêmes exemples conduisent à des conclusions diamétralement opposées dans ces paragraphes et dans l'*Éthique* (scolie de *É* IIp7, et proposition du parallélisme elle-même). Nous allons nous y arrêter dans quelques instants, mais disons dès maintenant qu'il y a certainement là l'indice que Spinoza ne cessait de délibérer à propos d'une question qui devait lui paraître à la fois très difficile et très importante.

L'une des doctrines les plus énigmatiques de l'*Éthique* se trouve en *É* IIp8, corollaire et scolie inclus. Cette doctrine ne joue presque aucun rôle dans l'argumentation avant la Partie V – ce qui confirme son caractère énigmatique. Il y est donc question « des idées des modes non-existants », notion que Spinoza tente de clarifier en se servant d'un de ses exemples géométriques. Spinoza avertit le lecteur qu'en ce cas, à tout le moins, l'exemple « à l'évidence » ne pourra pleinement élucider « ce seul objet ». Le bref scolie de *É* IIp11 n'est qu'une supplique dans laquelle Spinoza prie le lecteur de patienter et suspendre son jugement jusqu'à ce que l'occasion se présente de pouvoir parachever l'argumentation. Le scolie de *É* IIp13 contient lui aussi de semblables réserves. Tout cela témoigne que quelque chose de particulier est entrain d'advenir en ces lieux, de sorte qu'on devrait se défier d'aborder ces treize propositions autrement qu'avec le plus grand soin et l'attention la plus vigilante.

Il se trouve en ce début de *É* II quelque chose d'autre qui est également exceptionnel : c'est qu'au delà des treize premières propositions, le cours de la déduction s'interrompt brutalement pour laisser place à une étrange « petite physique » (ainsi qu'elle sera désignée), ou plutôt de biologie physique. Il s'agit, bien sûr, du groupe de définitions, axiomes et lemmes qui, succédant à la proposition 13, traite de la question de savoir à quoi tient l'unicité d'un corps complexe. C'est la seule occurrence d'interruption de l'ordre systématique d'exposition et, de surcroît, le lien avec les préoccupations métaphysiques qui précèdent demeure plutôt lâche. Les notions fondamentales de mouvement et repos, de degrés de vitesse et même de causalité physique sont *sui generis*. Spinoza ne les définit pas mais il introduit, en quelque façon *ex nihilo,* nombre d'axiomes censés être évidents de soi, ce qui donne le sentiment qu'un nouvel « ordre des raisons » est en train d'être établi. Plus étrange encore : à chaque fois qu'on s'attend à ce que soit abordées « la nature et l'origine de l'âme », il est question de la nature et de l'origine de l'individualité corporelle.

Avant cette « petite physique », Spinoza s'est occupé soit de métaphysique générale, soit de métaphysique spéciale. La première est une théorie du réel comme tel et de ce qui le définit fondamentalement, et ses conclusions majeures sont censées valoir pour toutes les formes de réalité c'est à dire, selon le vocable de l'*Éthique*, pour tous les « attributs » (première partie). La seconde est une théorie générale de la nature des choses ou modes, considérés sous l'attribut de la pensée. On peut en vérité dire, comme nous l'avons suggéré à maintes reprises, que les premières propositions de *É* II constituent une théorie générale, ou plus exactement une ontologie de la pensée, de l'intellect. Après cela, Spinoza parlera surtout de l' « âme » humaine, en se consacrant aux questions propres à ce type d'existant, en particulier à la question de la vérité et de l'erreur, à celle de la connaissance rationnelle comme à celle de la nature de la volonté. Il s'occupera ensuite des affections et fera le tableau de ce qu'est un homme libre et sage. Il est vrai que la question de l'*homme* est expressément introduite en *É* IIp10 (elle intervient aussi dans la brève remarque d'introduction qui ouvre *É* II ainsi que dans les axiomes, mais sans entretenir de rapport direct avec les développements que contiennent les treize premières propositions). Cette proposition 10 stipule que l'homme n'est pas substance mais, jusqu'à la proposition 14 et au delà de la « petite physique » le propos demeure essentiellement métaphysique, c'est-à-dire fondamental et général – ce qu'affirme le scolie de *É* IIp13 : « ce que nous avons montré jusqu'ici est tout à fait général (*communia)* et n'appartient pas plus aux hommes qu'aux autres individus ».

É IIp7 se tient au centre des développements auxquels se livre le début de *É* II. Son prétendu parallélisme est généralement considéré comme le cœur même de la doctrine spinoziste du corps-esprit. Mais la pleine signification de cette proposition ne peut être saisie qu'à la condition de prendre en compte son contexte, à la fois historique et thématique. Historiquement, et pour résumer brièvement ce qui a été vu précédemment, il s'agit d'une interrogation constante sur la nature de la raison, sur la *noétique*, sur une ontologie de ce que nous appelons « penser » en général, et « pensée rationnelle » en particulier. L'interrogation a donc longtemps porté sur l'ontologie de l'entendement, soit encore sur le statut métaphysique de la pensée, c'est-à-dire de la complexion propre à la pensée humaine, qu'on la conçoive âme ou esprit. Une lecture précise des treize premières propositions de *É*II montrera, pensons-nous, que ce que Spinoza y défend partage avec les penseurs prémodernes, juifs ou non, un intérêt philosophique général pour ce genre de questions. En ce sens, sa théorie du corps-esprit relève du même questionnement fondamental. Cependant, c'est de façon intégralement non orthodoxe et originale que Spinoza procède : il est à espérer qu'on voie très vite combien Spinoza s'y montre à la fois radicalement séculier (et à ce titre, moderne) et profondément anticartésien. Spinoza catapulte en quelque sorte la noétique vers le corps, en faisant de ce dernier le fondement de la pensée rationnelle : c'est bien en cela que gît la plus iconoclaste des significations de la doctrine spinoziste. Cette décision détermine la philosophie de Spinoza comme une entreprise de part en part iconoclaste, tant à l'égard des traditions pré-cartésiennes qu'à l'égard de la doctrine cartésienne.

Le scolie de *É*IIp13 récapitule l'ontologie « spéciale » des treize premières propositions en conduisant à la « petite physique » ainsi qu'aux passages « anthropologiques » de l'*Éthique*, c'est-à-dire à la théorie de l'homme concret. Selon les propositions antérieures, ce scolie affirme que « nous ne connaissons pas seulement que l'âme humaine est unie au corps, mais aussi ce qu'il faut entendre par l'union de l'âme et du corps ». Ce qui précède est donc censé avoir démontré non seulement que ce qui peut sembler disparate, à savoir le corps et l'âme, est en vérité uni – mais aussi ce qu'il en est de la nature de cette union. Il y a un intérêt particulier à affirmer que le corps et l'âme ne font qu'un, mais on peut sans doute défendre l'idée que la signification de cette assertion, c'est-à-dire la nature véritable de l'union du corps et de l'âme, serait élucidée dans les propositions 11 et 13 de façon bien meilleure que dans la proposition 7.

Prétendre, ainsi que le fait la proposition 11 que l'âme est fondamentalement[1] une idée, c'est-à-dire, en vérité un *concept,* cela veut dire que l'agent de l'action de penser, l'acte de penser lui-même et la pensée sont ontologiquement homogènes. Il n'y a ni différence ontologique, ni hiérarchie entre l'âme (ou esprit) l'acte de penser et son contenu. L'agent pensant et ses actes, à savoir les concepts, idées, pensées particuliers ou autres termes semblables, relèvent d'une entité qui les englobe tous, ainsi que les objets intentionnels de ces actes : c'est là ce que Spinoza forge par sa notion d'*idea*. L'âme est un mode et non une substance; mais c'est un mode de même rang que ce que nous appelons pensées « particulières » ou

1. Proposition 11 : « Ce qui constitue, en premier l'être actuel de l'âme humaine n'est rien d'autre que l'idée d'une chose singulière existant en acte ».

« singulières », et plus significatif encore, nous imputons comme siennes de telles pensées à cette âme-idée[1]. Le rejet d'un *substrat*, d'un sujet au sens ontologique du terme, de l'acte de penser, est solidaire du rejet spinoziste de la conception téléologique de l'intellect – c'est-à-dire de la distinction entre intellect actuel et intellect en puissance. De manière générale Spinoza refuse de distinguer entre le *lieu* de la pensée et la pensée elle-même. L'âme ne saurait être vue comme, en quelque sorte, le *support* de ses prédicats ; elle ne constitue pas un espace d'intériorité dans lequel l'acte de penser adviendrait, et elle n'est pas non plus l'agent qui se trouverait à la source de son action (penser) ; enfin, elle ne transcende ni l'acte de penser lui-même, ni son contenu, en quelque façon que ce soit.

Avec cela, il ne s'agit que du premier moment de l'élucidation de l'identité qu'il faut poser entre l'intellect, l'intellection et le contenu de la pensée – cette identité même que quelques Hébreux avaient vue comme à travers un nuage. Le second temps est encore plus frappant et constitue, du moins selon la lecture de l'*Éthique* qui est proposée ici, le cœur de la doctrine spinoziste du corps-esprit et ce cœur détient une signification difficile à mettre en lumière. C'est que l'« objet » de l'âme est le corps, ainsi que *É* IIp13 l'affirme. Si on prend les choses à la lettre, le paradoxe spinoziste atteint un point d'inintelligibilité : il signifie que le corps est le contenu de l'âme et que l'unité, ou l'union du corps-esprit est l'unité dans laquelle un contenu intelligé est uni à l'acte de son intellection et à l'intellect qui en « forme » l'intellection. Dès lors, ce serait l'unité noétique fondamentale qui serait le véritable sens de ce qui est conçu comme union du corps-esprit. La relation de l'âme avec le corps est une relation de l'idée avec l'objet de cette idée. Il n'y a donc aucunement « union » entre le corps et l'esprit selon Spinoza puisque, quoi qu'il en soit, « unir » veut dire mettre ensemble, jointer, juxtaposer mécaniquement ce qui, originellement n'est pas un.

Il y a donc des difficultés manifestes à tenter de délimiter un champ théorique spécifique qui permettrait d'octroyer sa signification et sa cohérence à la première partie de *É* II. Spinoza, comme nous l'avons vu, n'était pas sans s'en être aperçu. Les hésitations qui affleurent au début de cette deuxième partie de l'*Éthique* témoignent selon toute vraisemblance que plusieurs difficultés, loin d'être simplement exégétiques, sont de vraies difficultés fondamentales liées à des questions proprement philosophiques. Ainsi qu'il fut esquissé précédemment, c'est une métaphysique spéciale dont il s'agit dans ces treize premières propositions. En d'autres termes, il s'agit du premier pas – essentiel assurément – pour en venir à un

1. En vocables contemporains, on parlerait d'« items mentaux ».

essai systématique destiné à conférer une signification concrète aux principes métaphysiques généraux de *É* I qui, eux, demeuraient plus ou moins formels. Il s'agit donc de trouver une médiation en vue d'une théorie de l'homme concret. On peut voir en cette dernière une « anthropologie philosophique » ou même une psychologie. Dans la mesure où les débuts de *É* II s'attachent à fonder une telle théorie, il ne s'agit pas avant tout d'en justifier la vérité mais d'esquisser le contexte, de marquer l'horizon conceptuel seul à même d'en permettre l'intelligence. Si on aborde la première partie de l'*Éthique* (ainsi que la cinquième aussi bien) du point de vue de cette deuxième partie, alors on comprend que la question de l'homme ne saurait relever seulement de considérations positives. La pleine signification des théories anthropologiques, psychologiques, socio-politiques et même éthiques ne saurait être saisie en dehors de la métaphysique. Plus précisément : l'activité proprement humaine réside en la pensée et c'est par une ontologie de celle-ci que la question métaphysique trouve à se « concrétiser » dans les débuts de *É* II. Il s'agit donc d'une tentative destinée à situer dans une économie générale de l'être, ce que sont *penser, comprendre, intelliger et savoir*. Dans la mesure où *intelliger et intellect*, ou *penser* et même « esprit » sont, comme nous l'avons rappelé, des notions équivalentes selon Spinoza, on peut dire que cette partie de l'*Éthique* constitue en fait une noétique, une théorie (ontologique) du *noûs* ou intellect. Il est remarquable, répétons-le, qu'une telle théorie prenne la forme d'une théorie du corps-esprit.

Il serait vain autant que présomptueux d'essayer de résumer *É* I en quelques lignes. Quelques rappels généraux semblent néanmoins requis maintenant. *De Deo*, première partie de l'*Éthique* ne contient pas seulement une métaphysique ou ontologie générale mais également une théorie de Dieu, tellement polémique qu'on peut y voir une antithéologie plutôt qu'une théologie. *É* I constitue également une introduction à la fois conceptuelle et méthodologique à l'ensemble de l'œuvre.

É I est polémique de part en part. Spinoza s'y livre à une mise en cause systématique de ce qu'il a sans doute tenu pour le cœur-même de la théologie chrétienne (ainsi que celui de la théologie juive jusqu'à un certain point), mais la justification idéologique de toute religion positive se trouve tout autant ébranlée. Téléologie, libre volonté, libre choix, bien et mal qui figurent parmi les notions majeures de la théologie philosophique traditionnelle, font l'objet d'un rejet sans reste. L'antithéologie de Spinoza s'adonne en outre à une déconstruction radicale de concepts fondamentaux tels que ceux de création, providence, révélation, liberté de Dieu ainsi que de quelques autres. L'ontothéologie de Spinoza est paradoxalement une antithéologie édifiée sur la considération de la nature de Dieu, un concept qu'il définit principalement par l'infinité, l'unité et l'unicité d'un seul être. *É* I comporte également le refus de toute transcendance; l'affirmation de la totale homogénéité régnant dans la nature (c'est-à-dire que les mêmes lois de la nature et les mêmes normes de rationalité régissent tous les ordres de réalité); la conviction que ces lois de la nature et, avec elles, les relations causales qui régissent toute chose relèvent d'un déterminisme sans failles; la démonstration que c'est seulement dans ce strict déterminisme que le concept de « liberté » a un sens.

Un second aspect majeur de la polémique qu'engage *É* I est dirigé contre Descartes. En ce qui touche à notre présent propos, c'est le rejet de l'ontologie cartésienne du cogito qui nous importe tout particulièrement. Selon Spinoza, l'homme est un mode, comme tout autre entité concevable, et non une substance. Dès lors, en tant qu'expérience de la certitude du « Je pense, je suis », le Cogito n'est pas la découverte d'un mode d'être substantiel, absolu ou primordial. La substantialité, la véritable consistance, c'est-à-dire l'indépendance et l'autosuffisance ontologique et conceptuelle ne peuvent, au sens strict, appartenir qu'à l'être un et infini. La première partie de *É* II est encore plus nette : quoiqu'implicitement mais sans erreur possible, c'est le conflit avec Descartes qui reçoit là sa pleine signification. Ces deux polémiques déterminent de façon majeure l'arrière-plan des treize premières propositions de *É* II.

On l'a dit, *É* IIp7 est généralement tenue pour le centre de la solution spinoziste de la question du corps-esprit. La présente étude défend une perspective autre. *É* IIp7 pose que « L'ordre et la connexion (*ordo et connexio*) des idées sont les mêmes que l'ordre et la connexion des choses ». Il semble en vérité que la relation entre la pensée et l'étendue en général, comme entre l'esprit humain et le corps en particulier, soit une relation entre des relations, c'est-à-dire un isomorphisme entre les voies selon lesquelles des choses différentes se comportent en tant qu'elles sont des modes, conçus « sous » différents attributs. Tel est le *locus classicus* qui confère à la thèse du parallélisme son éminence exégétique. Pensée et étendue, dit-on, n'interagissent pas causalement mais sont des manifestations parallèles d'une seule et même réalité (inaccessible?). Par conséquent, elles s'expriment mutuellement l'une l'autre. La même chose vaut pour l'esprit et pour le corps, moyennant quelques ajustements.

Les considérations générales auxquelles nous nous sommes déjà livrés dans les chapitres II et III aboutissent à une réfutation partielle de la thèse du parallélisme. Une totale réfutation cependant tire sa force de la pertinence de l'alternative que nous allons défendre dans ce qui suit. Sa thèse principale est que *É* IIp7 n'est vraiment compréhensible qu'à la condition de la considérer seulement comme le premier pas qu'effectue Spinoza vers ce qui va devenir la clé de voûte de sa théorie complexe du corps-esprit. Spinoza en premier lieu va poser que l'âme est une idée (prop. 11), puis il soutiendra qu'elle est l'idée du corps (prop. 13). *É* IIp7, c'est certain, effectue un pas décisif mais ne saurait tenir debout toute seule : l'appréhender en l'isolant de tout le contexte thématique du début de *É* II, c'est être inévitablement voué à des erreurs.

Homo cogitat, second axiome de *É* II, est une affirmation de fait. Selon Spinoza, ainsi que nous l'avons déjà souligné, reconnaître à l'homme une rationalité originaire est un présupposé de la philosophie. Sans qu'on le stipule expressément, la certitude que cet axiome est vrai n'a pas d'autre source que l'expérience. Il s'agit assurément d'un genre très spécial d'expérience, mais l'expérience de penser est, elle aussi, une expérience. Disons plus précisément que cette expérience consiste dans le fait de s'expérimenter soi-même comme pensant. Le texte latin dit cela de façon presque nonchalante. L'homme pense. On devrait peut-être lire : « il est évident que l'homme pense ». Dans *NS,* il ajoute : « Pour le dire différemment : nous savons que nous pensons ». Ce moment de la connaissance ne requiert aucune démonstration, et bien qu'il ne soit ni conceptuel ni a priori, nous savons déjà qu'il est vrai. Pourtant cette connaissance est bien loin d'être triviale – nous allons le voir sous peu. Savoir que nous pensons est une « idée réflexive » c'est-à-dire « idée de l'idée ». Il ne s'agit de rien d'autre que de la « conscience de soi » et, plus étonnant que tout, de la « méthode ».

La première proposition de *É* II, en posant que « la pensée est un attribut de Dieu », concerne la nature, ou origine métaphysique de ce que nous appelons penser. La pensée en tant qu'attribut devrait être comprise comme un *principe* plutôt qu'une entité – nous l'avons déjà indiqué précédemment. Il est maintenant explicitement dit que le « principe » sur lequel reposent toutes les activités de l'esprit a une signification ontologique, c'est-à-dire « divine ». En d'autres termes, il ne s'agit pas du simple point de vue de la subjectivité humaine sur la réalité. Un attribut, en tant que principe, consiste en une *possibilité* fondamentale et irréductible de l'être (Spinoza parle en termes d'« essence »). La pensée est donc une de ces possibilités et penser (activité propre aux intellects) devient une manifestation concrète d'une des possibilités fondamentales de l'être[1]. Il s'ensuit que l'activité de penser n'est pas réductible à des catégories

1. Il ne faut pas comprendre ici « possibilité » en une acception modale (ce qui pourrait exister ou non), mais comme un concept *ontologique*.

psychologiques ou psychiques, et qu'elle ne saurait être épuisée par des connaissances positives. Dans la mesure où elle manifeste un principe ontologique et par là-même une face irréductible de l'être, la pensée ne saurait être considérée comme un *donné* (résultat accidentel de l'évolution par exemple; ou encore propriétés émergentes de systèmes nerveux hautement complexes et autres considérations semblables). Le donné en tant que tel est forcément opaque et arbitraire. Or, ce qui fait de l'expérience de penser une expérience toute spéciale tient au caractère radicalement non accidentel de l'expérience de la pensée comme au fait de savoir qu'on pense. Ce dont nous faisons l'expérience comme d'une transparence de la conscience à elle-même, manifeste concrètement une réalité ontologique, irréductible à sa factualité. Penser, être conscient qu'on pense n'est tout simplement pas un *fait*.

Le nécessitarisme spinoziste comporte, de façon décisive, le refus que le *donné*, la pure *factualité* puissent jouer le rôle de concepts *métaphysiques* pertinents. Un tel refus constitue une exigence majeure de sa conception éthique de l'existence humaine. Ainsi que nous allons le voir plus tard (chapitre VII) il y a là, également, un moment fondateur de la doctrine de l'âme. C'est en outre en un tel refus que se trouve un des liens importants entre *É* II et *É* I. Les notions de « donné », de « factualité » enveloppent contingence, opacité et arbitraire – toutes choses qui jettent l'existence hors de la juridiction du principe de raison. Bien qu'il soit devenu habituel d'utiliser ce concept leibnizien comme si Spinoza le faisait également sien, et en dépit du fait qu'il y a quelque affinité fondamentale à ce sujet entre Leibniz et Spinoza, de profondes divergences séparent les deux philosophes. La différence majeure de ce point de vue, est la suivante : tandis que Leibniz distingue entre le principe de raison et le principe d'identité-contradiction, Spinoza, lui, fait tomber les deux dans un seul principe de la rationalité totale et de la nécessité qui régissent l'univers entier. Là où Leibniz tente, selon ses termes, de sauver la contingence, Spinoza en refuse toute pertinence et il tente d'instaurer un nécessitarisme radical.

Ce que partagent cependant leurs rationalismes n'est pas tant une opposition à l'empirisme en ce qui concerne le rôle de l'expérience pour l'acquisition des connaissances, qu'un refus analogue de la pertinence ontologique et morale de la pure et simple factualité et du donné. L'expérience est un moment nécessaire à l'entreprise philosophique, pour Spinoza lui aussi[1]. Cependant selon lui, l'expérience doit être fondée métaphysiquement. Ce qui signifie non pas tant que Spinoza en ferait une source

1. *Cf.* P.-F. Moreau, *Spinoza, L'expérience et l'éternité*, *op. cit.*

valide de la vérité ou de la connaissance rationnelle, mais plutôt qu'il voit en elle un moyen de vaincre *théoriquement* sa prétendue opacité et sa supposée contingence. Il ne s'agit pas de croire que Spinoza ait jamais pensé que le but de la science, par exemple, ou même celui de la philosophie, pourrait consister à déchiffrer l'origine de l'être de toutes les choses existantes. La majorité de celles-ci demeurent, bien entendu, opaques et comprises de façon seulement très partielle. Mais cela ne signifie surtout pas qu'on ne puisse pas parvenir à la compréhension de la nature métaphysiquement non-accidentelle de l'être comme tel, et même, plus important encore, qu'il y a un cas privilégié – celui du savoir de soi – où cette compréhension peut devenir réellement concrète et en vérité, rédemptrice. Le nécessitarisme, par-delà ses implications manifestement déterministes, veut dire que Spinoza refuse que le mouvement de la pensée s'en tienne à la surface des choses et s'arrête à ce qui, du point de vue de l'expérience, apparaît comme une irréductible opacité, et une contingence du donné.

Le nécessitarisme se différencie du simple déterminisme en ce qu'il est une théorie de la pleine intelligibilité et rationalité de l'être. Il ne faut pas y voir un optimisme gnoséologique naïf, quel qu'il soit. C'est que même le philosophe spinoziste n'est pas censé tout connaître; et j'oserais ajouter qu'un Dieu spinoziste omniscient est une fable philosophique bien plus qu'un véritable concept. Cependant il n'en est pas moins certain qu'il y a une chose que le philosophe spinoziste comprend pleinement : l'intelligibilité – mais non la connaissabilité effective – constitue une détermination *ontologique* originaire et fondamentale de la réalité et en particulier, de sa propre existence personnelle *hic et nunc*. C'est dans le fait de rendre identiques cet *hic et nunc* avec l'existence corporelle que réside le geste le plus audacieux, autant que paradoxal de Spinoza. Comment une telle identité est apte à valoir spécifiquement pour la réalité humaine, c'est là ce qui est exposé au début de *É* II. Il est du ressort de la métaphysique de définir la vie de l'intellect en tant que mode fondamental de l'être humain, mais aussi de définir l'âme comme idée du corps. L'un et l'autre ne sauraient être simplement donnés, mais ressortissent à la nécessité.

É IIp1 stipule toutefois beaucoup plus que cela. Elle dit que la pensée est un attribut de Dieu, ce qui veut dire que Dieu est une chose pensante[1]. Utiliser ici le vocable de *res cogitans* prend une coloration polémique anti-cartésienne. Le second axiome de *É* II pose que l'homme pense. Mais, au sens strict, c'est Dieu qui est une chose pensante. Dans la définition du concept d'« idea » en *É* IIdéf.3, l'âme (*Mens*) est dite être une « chose

1. *Cogitatio attributum Dei est, sive Deus est res cogitans.*

pensante». Or, il n'y a là nul *cogito* et la *res* dont il s'agit n'est pas une substance dont la pensée serait un attribut. C'est seulement en un sens dérivé que l'âme peut être dite *res cogitans*: au sens strict, la pensée n'est pas son attribut. Elle est *res cogitans,* au sens où elle est un certain mode singulier ou particulier de la pensée (en tant qu'attribut). La totalité du texte est ainsi traversée par un dialogue critique avec Descartes, comme par un *leitmotiv* en semi continuo. Il est clair qu'en fait, Spinoza s'efforce d'échapper à Descartes. À strictement parler, il n'y a que Dieu qui puisse être « chose qui pense » alors que l'homme n'est qu'une particularité de la pensée. Nous venons de voir qu'en *É* IIp1 *res cogitans* fait encore son apparition pour être cette fois appliquée à Dieu. Dans la démonstration de cette proposition, encore une fois, pour dire que la pensée est un attribut de Dieu. Puis, de nouveau dans le scolie qui suit, cette fois en tant qu' « *ens cogitans infinitum* », chose pensante infinie. Tout cela ressemble à une tentative destinée à faire entrer la théorie de l'âme, ou de l'homme comme chose qui pense, dans une métaphysique générale qui pourrait circonvenir la *res cogitans* de Descartes.

Cette proposition – *É* IIp1 – est démontrée deux fois. Une première fois bien sûr, en bonne et due forme, mais le scolie qui la suit est lui aussi une démonstration, autre et complémentaire. La première établit que la pensée est un attribut de Dieu dès lors que « les pensées singulières, c'est-à-dire telle ou telle pensée, sont des modes qui expriment sous une certaine forme déterminée la nature de Dieu ». Cet argument détient un *a posteriori* implicite. *Prima facie* il est formulé comme s'il s'agissait d'analyser sémantiquement la notion de « pensées singulières » (*singulares cogitationes).* Mais son centre même consiste à prétendre que ce concept *enveloppe*[1], présuppose ou contient à l'état implicite le concept de la pensée en tant qu'attribut infini. C'est ce que nous avons appelé ci-dessus un « principe », c'est-à-dire une possibilité de l'être irréductible et inanalysable et, plus spécifiquement, de cet être qu'est la pensée. Celui-ci est donc conçu comme une condition (nécessaire) d'intelligibilité de n'importe quelle pensée particulière – soit encore de la possibilité sémantique ou ontologique du concept même de pensée particulière. La validité de la démonstration dépend toutefois de ce que nous détenons, préalablement à toute réflexion. Ainsi, nous savons que nous pensons, mais afin de « savoir » que nous pensons, il ne suffit pas que nous pensions. Nous devons aussi être capables de dire « nous pensons », mais afin d'être à même de le faire, nous devons comprendre ce que c'est que « penser ». Il y a là incontestablement

1. *Competit ergo Deo attributum, cujus conceptum singulares omnes cogitationes involvit, per quod etiam concipiuntur.*

un genre de compréhension qui est la moins triviale qui se puisse concevoir.

La seconde démonstration, celle du scolie, est *a priori*, et au moins quant à sa forme, elle est implicitement hypothétique. Elle prend appui sur la possibilité de concevoir ou penser un concept – à savoir le concept d'un être pensant infini ou d'une pensée infinie [1]. Son dessein majeur est de tirer l'inévitable conclusion à laquelle conduit cette possibilité, et elle consiste nommément à faire de la *pensée* l'un des attributs infinis de Dieu : *la pensée* est une possibilité infinie et primordiale de l'être, si toutefois, ou, dans la mesure où nous sommes aptes à formuler un concept cohérent d'un être infini pensant. Dès lors, la possibilité même, la cohérence du concept de « pensée infinie » suffit à prouver que la *pensée* est un versant majeur de la réalité.

Le début de *É* II peut donc être compris comme un geste de déplacement herméneutique : l'expérience de soi-même comme pensant, qui aurait pu sinon être appréhendée comme pur fait ou pur donné, est maintenant convertie en une réflexion ontologique fondamentale. Ce début de *É* II, de façon plus déterminante (et iconoclaste), rendra peu à peu tout à fait clair qu'il ne s'agit pas davantage, avec les relations du corps-esprit, de pure et simple factualité. Du point de vue du dualisme cartésien, les relations de l'esprit avec le corps ne peuvent pas être autre chose qu'un *fait*. C'est un fait dont on ne peut rendre compte en partant du concept de *la pensée :* inintelligible du point de vue du *cogito*, il l'est encore davantage du point de vue du corps. À condition du moins qu'on prenne au sérieux les propositions contenues au début de *É* II, on voit que le monisme spinoziste du corps-esprit, ainsi qu'on l'appelle souvent, constitue d'emblée un essai destiné à circonvenir le caractère factuel et opaque de la présence de notre corps selon le dualisme cartésien puisque ce dernier impliquait que l'immédiateté de sa présence soit originairement inintelligible.

La seconde proposition de *É* II stipule, en concordance entière avec la première, que « l'étendue est un attribut de Dieu, autrement dit Dieu est chose étendue. » La démonstration – et il y a là aussi une sorte d'anomalie – affirme que le fait que l'être de Dieu est chose étendue est démontré de façon identique à celle de la proposition précédente. Ce qui pouvait paraître ouvrir la voie à la doctrine du parallélisme. Toutefois, il importe de souligner que l'axiome 2 ne donne lieu à aucun axiome « parallèle » qui concernerait le corps. Il n'est dit nulle part, simplement et sans ambages

1. La formulation de ce scolie ne doit pas nous égarer : quand il est dit que « *nos possumus ens cogitans infinitum concipere* », il ne s'agit pas d'une expérience de la pensée mais de la seule possibilité logique, de la possibilité en pensée, d'un certain concept (un *noème*).

que « l'homme est chose étendue ». Nous avons, à la place, l'axiome 4 ; il affirme que « nous sentons qu'un (*NS* notre) corps est affecté de beaucoup de façons ». Nous allons voir que cet axiome est de la plus grande importance. Mais le « parallélisme » ou plutôt l'équivalence entre le statut ontologique de la pensée et celui de l'étendue est ici bien sûr, encore plus décisif. Si les interprétations proposées antérieurement sont justes, il faut conclure que l'étendue n'est pas moins que la pensée dépourvue de tout arbitraire et qu'elle bénéficie au même titre qu'elle d'une transparence rationnelle.

Les trois propositions suivantes ne jouent pas de rôle direct dans la déduction de *É*IIp7 ; elles fournissent toutefois le contexte dans lequel cette proposition doit être lue et comprise. Le corollaire de *É*IIp6 précède la proposition du parallélisme, laquelle est aussitôt suivie d'un autre corollaire. La proposition 6 affirme que Dieu est cause des modes d'un attribut « quel qu'il soit » seulement dans la mesure où il est considéré sous ce même attribut. Le corollaire ajoute que : « l'être formel des choses qui ne sont pas des modes du penser, ne suit pas de la nature divine par la raison qu'elle a d'abord connu les choses ; mais les choses qui sont les objets des idées (*res ideatae*) suivent et sont conclues de leurs attributs propres de la même manière et avec la même nécessité que nous avons montré que les idées suivent de l'attribut de la Pensée. ».

Le corollaire de *É*IIp7, sa conséquence directe, est le complément du corollaire qui précède. Il stipule que

> la puissance [*potentia*] de penser de Dieu est égale à sa puissance actuelle d'agir, c'est-à-dire que tout ce qui suit formellement de la nature infinie de Dieu, suit aussi en Dieu objectivement dans le même ordre et avec la même connexion de l'idée de Dieu [1].

Sans creuser plus avant dans ces textes difficiles, on peut dire qu'ils semblent bien fournir une justification à l'observation suivante : il n'est pas accidentel que ces textes fassent leur apparition à cette articulation-là, de sorte que leur présence en ce point permet d'évaluer le questionnement philosophique général dont la proposition du parallélisme fait partie. Clairement, dans les deux cas, l'enjeu est ontologique. Il s'agit dans le premier corollaire, du rejet de l'idéalisme, c'est-à-dire de la précédence ontologique de la pensée sur l'être. Dire que Dieu est cause des modes

1. Chantal Jaquet, dans son ouvrage de 2004, consacre une discussion assez étendue à la question du sens à accorder à cet *aequalis* que Spinoza utilise ici pour désigner le rapport entre puissance de penser et puissance d'agir. Dans ce bref ouvrage, Jaquet entend avec raison dépasser l'utilisation habituelle de la notion de parallélisme ; son interprétation toutefois diffère grandement de celle que je propose maintenant.

considérés sous un certain attribut, à la condition qu'il soit considéré sous cet attribut, cela signifie que les choses ni n'existent ni ne sont ce qu'elles sont en vertu du fait de la pensée que Dieu aurait formé d'elles, c'est-à-dire en vertu des *ideae* qui se trouvent dans l'intellect de Dieu. En d'autres termes, l'être des choses n'est pas précédé de leurs idées, ni du fait qu'elles soient pensables. L'essence des choses ne réside pas dans leur concept mais bien plutôt, ainsi que Spinoza va le montrer clairement en *É* III, dans leur *conatus*, c'est-à-dire dans leur être actuel en tant qu'effort dynamique pour persévérer dans leur être. Le second corollaire stipule que penser et exister sont coextensifs : la puissance de penser est égale à celle d'agir – laquelle, selon la métaphysique dynamique de Spinoza, désigne l'existence elle-même. Ce qui aboutit à refuser la priorité de l'existence sur la pensée, refus symétrique du rejet effectué dans le corollaire précédent, de la priorité de la pensée sur l'être. Il n'y a rien dans la réalité physique qui puisse par principe échapper à l'intelligibilité, à la conceptualisation ou à la compréhension. Mais inversement, la pensée ne détient aucune autorité au-delà de ce qui est actuel.

Rien dans ce qui précède ou dans ce qui suit la proposition du parallélisme ne suggère qu'il faudrait voir dans le monisme spinoziste de l'étendue-pensée « deux matériaux » ; pas davantage ne peut-on y trouver un refus de l'« interactionnisme » causal entre le corps et l'esprit. La thèse du parallélisme fait partie du refus systématique de deux ontologies symétriques inverses et de leurs stratégies réductionnistes : l'idéalisme platonicien (intellectualiste voire intuitionniste) et inversement, le matérialisme (physique voire même existentialiste).

É IIp7 elle-même qui suit directement à ce qu'il semble à première vue, du corollaire précédent, n'est pas seulement étonnamment bref : en ne prenant appui que sur un seul axiome, *É* I a4, sa démonstration est fort étrange. Cette démonstration consiste en effet à dire que « Cela est évident d'après l'axiome 4 de la première partie. Car l'idée de chaque chose causée dépend de la connaissance de la cause dont elle est l'effet. ». Si on laisse de côté le sens précis de l'axiome en question, une première remarque va de soi : une proposition qui est démontrée ainsi que l'est celle-ci, comme une conséquence directe d'un axiome, ne saurait bien entendu apporter grand-chose de nouveau comparativement à l'évidence de soi et à la transparence qu'on escompte d'un axiome – une telle démonstration ne saurait, contrairement à ce qu'on dit parfois, apporter des informations neuves. Elle ne fait au mieux qu'expliquer, ou tirer des conséquences de sorte qu'elle ne peut guère faire mieux que rendre explicite ce que l'axiome contenait déjà originairement à l'état implicite.

É Ia4 pose que : « La connaissance de l'effet dépend de la connaissance de la cause et l'enveloppe ». Ainsi l'axiome formule l'idée du caractère central de l'explication causale, ou plus généralement de la causalité pour la théorie de la connaissance rationnelle. C'est l'idée que Spinoza va exprimer un peu plus loin dans l'*Éthique* en faisant sienne la célèbre formulation cartésienne de la *causa sive ratio*. Si les termes eux-mêmes n'apparaissent que sous la plume de Descartes, l'idée en revanche est bien antérieure et elle est, à vrai dire, un lieu commun[1]. Aristote avait déjà clairement montré que la science ne peut être étayée que par la connaissance des causes. La proposition 7, telle qu'elle est démontrée, n'est pas censée être davantage qu'une explication ou une inférence directe de ce principe. Il est toutefois remarquable que la proposition ne parle ni de « connaissance » ni de « causes » mais d'« idées » et d'« ordre et connexion des choses ». Dès lors, avoir une idée revient à connaître, et il est vrai que Spinoza se sert des deux termes comme autant d'équivalents. Ainsi en va-t-il par exemple en *É* IIp20 qui affirme qu'il y a en Dieu « *idea sive cognitio* » de l'âme humaine.

Étant donné la façon presque désinvolte avec laquelle Spinoza l'introduit ici, cette *idea sive cognitio* pourrait paraître plus inoffensive qu'elle n'est. Elle signifie l'identification proprement spinoziste de la gnoséologie avec l'ontologie. Dès le tout début de l'*Éthique* et tout au long de l'œuvre, un constant va et vient se produit entre l'être et la pensée[2]. Le même va et vient entre l'existence et son intelligibilité s'explique et se justifie par le monisme de l'étendue-pensée – autant d'ailleurs que, inversement il y conduit. Au lieu d'affirmer un monisme de la matière avec la conscience, *É* IIp7 effectue une avancée décisive vers l'octroi d'une signification concrète à l'idée que l'être ne fait qu'un avec son intelligibilité.

Ce sont des déclarations parallélistes qui suivent immédiatement la proposition 7. Ainsi par exemple « substance pensante et substance étendue c'est une seule et même substance comprise tantôt sous un attribut tantôt sous l'autre », et encore, « le mode de l'étendue et l'idée de ce mode

1. *Cf.* V. Carraud, *Causa sive ratio : La raison de la cause, de Suarez à Leibniz*, Paris, P.U.F., 2002 *passim*. Carraud retrace l'historique de cette idée en partant de Suarez jusqu'à Leibniz, période durant laquelle, soutient-il, la « cause » en est venue à désigner surtout « la cause efficiente ». Spinoza utilise cette formulation en *É I*p11, deuxième démonstration, ou encore dans la préface de *É IV*.

2. La toute première définition en *É I* pose que : « Par cause de soi, j'entends ce dont l'essence enveloppe l'existence, autrement dit ce dont la nature ne peut être conçue sinon comme existante. » Il faut souligner que Spinoza, dès ce début se sert de la notion « d'enveloppement » sans jamais la définir; mais aussi que c'est à propos de *l'essentia* d'une chose que cette notion entre en jeu.

c'est une seule et même chose mais exprimée en deux manières » (*É* IIp7s). De telles assertions s'insèrent manifestement dans la discussion avec Descartes et ne devraient pas être appréhendées en dehors du radical anti-cartésianisme de Spinoza. Moyennant quelques efforts – bien qu'ils soient, accordons-le, un peu forcés –, de telles assertions peuvent être interprétées en se fiant à l'unité de l'âme-idée avec son corps-objet telle qu'elle est stipulée dans les propositions 11 et 13. La proposition 13 peut, certes, comme on le fait souvent, entrer dans une lecture « paralléliste ». En ce cas on prend le risque de laisser échapper l'originalité radicale de la doctrine que contient la première partie de *É* II. L'indétermination et l'ambiguïté du texte contraint le commentateur à prendre une décision « stratégique ».

En nous centrant sur une des possibilités herméneutiques que le texte autorise, nous n'avons pas cherché à faire entrer à toute force l'ensemble dans un seul schéma censément cohérent : nous serions sans doute conduits à ne pas tenir compte de ce qui paraît l'infirmer. Nous défendons donc l'idée que, même si cette décision ne correspond pas à ce que Spinoza avait en tête – mais qui le sait vraiment ? – elle correspond à ce qui est le plus fascinant, le plus original et le plus intéressant chez ce philosophe.

Cependant, même si on voyait en *É* IIp7 le « paradigme » paralléliste, il s'agirait de bien plus que d'un isomorphisme, ou même de fonder un schème de réciprocité entre deux séries indépendantes d'événements ou de choses. La proposition 7 stipule l'identité d'un ordre. *Causa sive ratio* et *idea sive cognitio* signifie que la causalité est coextensive à l'intelligibilité, et en vérité qu'elles sont le même. Souder l'une à l'autre causalité et explicabilité est un lieu commun philosophique. L'identification traditionnelle des causes avec les raisons va toutefois plus loin que l'idée plus répandue selon laquelle c'est dans la recherche des causes que réside le moyen majeur de l'explication. Or, expliquer c'est fondamentalement expliquer par les causes. L'équivalence sémantique qu'implique *causa sive ratio* veut dire que la connaissance des causes ne permet pas seulement de fournir une explication, elle permet également de comprendre et de rendre intelligible ce qui s'offre à nous.

Le parallélisme de Spinoza est un parallélisme entre l'ordre des choses et l'ordre des raisons. La pensée, l'attribut « pensée », n'est pas un « matériau » ou un autre type de matière : c'est le principe même de la compréhension et de l'intelligibilité. « Le même ordre et connexion » de la proposition 7 est une métaphore qui généralise l'axiome 4 de *É* I et cet axiome signifie que l'ordre en question est un ordre causal, et donc une structure identifiable. *É* Ia4 implique une équivalence entre dépendre de, et envelopper. Tandis que « dépendre de » est plutôt vague, le verbe

« envelopper » semble bien désigner quelque chose de plus précis : Spinoza par ce terme désigne cette sorte de dépendance dont la nature épistémique ou conceptuelle (ou encore, en vérité, sémantique) se conçoit plus aisément. La démonstration de *É* IIp7 prend « dépendance » au sens épistémique qui est celui de l'axiome [1]. La généralisation que contient la proposition elle-même, ne manque en revanche pas d'ambiguïté. En ne tenant pas compte du sens plus précis que prend « dépendance » dans la démonstration, il est dès lors devenu loisible de parler de deux sortes de causalité, physique ou matérielle d'un côté, psychique, psychologique, mentale et autres termes d'un autre côté ; et en outre, de prendre la causalité physique comme un modèle pour la relation de dépendance entre les raisons. Quand l'ordre des idées est compris non comme un ordre des raisons, mais comme un ordre psychologique, ou encore, de façon bien plus ambiguë comme un ordre « mental », il devient plus facile d'en parler comme d'un « ordre causal ». Il arrive fréquemment que cette obscure causalité mentale soit imaginée comme une sorte de causalité mécanique – ou à tout le moins qu'elle joue tacitement ce rôle. Bien que cela ne soit pas toujours parfaitement clair, Spinoza semblait penser exactement le contraire : les relations causales doivent prendre modèle sur les rapports entre les pensées, c'est-à-dire en termes plus précis, sur l'ordre des raisons ou ordre d'intelligibilité.

La relation causale mécanique, qui présuppose l'extériorité de la cause et de l'effet, ne saurait servir de paradigme ou de modèle pour les relations que le verbe *involvere* rend concevables. Entre les notions de « cause » et de « raison », l'équivalence impliquée dans le célèbre *causa sive ratio* devrait conduire à favoriser le point de vue des raisons, plutôt que celui des causes. Un seul et même ordre entre les idées comme entre les choses, telle est la structure de la réalité selon Spinoza : il semble qu'il s'agisse bien plus d'un ordre d'intelligibilité que d'un ordre de causalité mécanique. Il faut chercher la configuration de la structure, de l'ordre propre à la réalité, du côté de la relation *conceptuelle* (ou sémantique et quasi formelle) que le latin indique par *involvere*. Le « ciment de la réalité » prend la forme d'une relation sémantique repérable parmi les concepts plutôt que celle de la causalité au sens habituel – même si on accepte qu'il y ait quelque chose de tel. Il faut comprendre une telle relation sémantique comme étant *sui generis*, et c'est elle qui devrait servir de fondement ou en vérité de modèle à toute théorie de la causalité en général. Spinoza ne dit pas cela avec ces mots-là. Ce qui toutefois en dernière analyse, confère une cohérence à la discussion contenue au début de *É* II c'est bien la conception sous-jacente,

1. *É* IIp7dem : « *cujuscunque causati idea a cognitione causae, cujus est effectus, dependent* ».

voire même tacite, de l'ordre comme d'un ordre des concepts et c'est le terme d'« enveloppement » qui exprime au mieux ce type d'ordre et de relation.

ORDO ET *CONNEXIO* DES IDÉES

Dans le *TRE*, ce qui concerne la question de la définition parfaite devrait nous éclairer davantage sur la façon dont Spinoza conçoit ce qu'il nomme « la nature de l'ordre et de la connexion des idées » (ce que nous désignons plus volontiers par « concepts »). La doctrine de la définition parfaite peut, de façon générale, être comprise comme un essai destiné à mettre en œuvre l'idée de vérité « immanente » ou « intrinsèque », et à lui conférer sa portée. Spinoza marque la nature particulière de cette sorte de vérité par le terme d'adéquation, de préférence à celui de vérité. Il définit la « vérité » comme un rapport extrinsèque et l'adéquation comme une propriété intrinsèque aux idées. Par implication, l'adéquation vaut aussi pour les propositions et même aussi pour les théories (voir chap. VI). Les passages dans lesquels Spinoza traite de la définition « génétique » (§ 71-72), de la « bonne » définition et de la définition « parfaite » (§ 94-98) sont à cet égard de la plus grande importance.

Dans le *TRE* l'argumentation demeure encore déterminée par la thèse qu'un objet (par exemple le cercle) et son idée sont choses distinctes. Spinoza est donc, au début de ses réflexions, conduit à formuler la doctrine selon laquelle la vérité de l'idée vraie est intrinsèque, en supposant qu'elle est distincte de son objet ou *ideatum* – supposition intuitivement acceptable, mais la « tentation idéaliste » demeure en ce point tout à fait claire et ne sera vraiment surmontée que dans l'*Éthique* [1]. Celle-ci ne s'attache pas expressément à la question de la nature des définitions ni à l'art de définir. Pourtant une bonne part de ce qui fut défendu dans le *TRE* est, semble-t-il, investi dans l'œuvre tardive, comme il appert manifestement (entre autres

1. Dans son commentaire du paragraphe 71, Rousset dit qu'« il est difficile d'exprimer plus clairement et plus vigoureusement que la vérité de l'idée vraie tient à une détermination complètement intrinsèque : rares sont les philosophes idéalistes à s'avancer aussi loin » (*La perspective finale…*, *op. cit.*, p. 325). L'ambiguïté endémique dans l'utilisation spinoziste de la terminologie de l'« être objectif » est parfaitement visible à la fois au début et à la fin de ce paragraphe : soit, respectivement « la forme de la pensée vraie doit résider dans cette pensée même sans faire appel à d'autres pensées » – et à la fin « Aussi, la forme de la pensée vraie doit – elle être cherchée dans cette pensée même et déduite de la nature de l'entendement » (trad. fr. R. Caillois, éd. de la Pléiade, p. 126-127) Ce qui montre une fois de plus, que la « forme » d'une cognition, ou « essence ou être formel » d'une idée est un point de vue sur un contenu idéatif et un acte effectué par un agent, un sujet ou une conscience.

considérations) du rôle que Spinoza attribue aux définitions dans cette œuvre. Or, Spinoza ne s'y occupe pas de la nature des définitions et, plus important encore, alors que le *TRE* en faisait le couronnement de l'acquisition d'une connaissance adéquate, les définitions constituent les commencements de l'*Éthique*. En tant que tels, elles ne sauraient détenir une véritable connaissance mais seulement indiquer comment certains concepts centraux seront utilisés ultérieurement. Cependant les définitions de l'*Éthique* contiennent implicitement une connaissance. Quoi qu'il en soit, la doctrine de la définition adéquate ou « parfaite » telle qu'exposée dans le *TRE* éclaire d'une vive lumière la conception spinoziste de la nature de la raison, conçue dans son immanence à l'être; il y a là le moteur fondamental et constant de la philosophie de Spinoza, du début à la fin de son œuvre. Bien que Spinoza ne fasse guère appel à la notion d'« enveloppement » dans le *TRE*, la logique de ce rapport joue dans l'œuvre entière, et c'est dans la doctrine de la définition parfaite qu'on le voit le plus nettement.

« Pour être dite parfaite, la définition devra rendre explicite l'essence intime de la chose [*intimam essentiam rei explicare*] » (§ 95). En d'autres termes, définir revient à accéder à la vérité intrinsèque des choses. L'utilisation que fait Spinoza du concept d'*essence* est connue pour être complexe, parfois ambiguë voire même sans suffisante consistance[1]. Dans le contexte de la doctrine de la définition parfaite, ainsi que dans nombre de contextes différents, on peut considérer que « essence » signifie plus ou moins le véritable concept, objectivement vrai, d'une chose – c'est-à-dire d'une chose considérée *sub specie aeternitatis*. « Concept » et « idée » sont des termes plus ou moins équivalents. La troisième définition de *É* II établit explicitement une synonymie entre les deux. « Par idée, j'entends un concept de l'esprit que l'esprit forme parce qu'il est une chose pensante ». Dans l'*explicatio* qui suit, Spinoza ajoute qu'il préfère concept à perception « parce que le mot perception semble indiquer que l'Esprit est passif à l'égard de l'objet tandis que concept exprime plutôt une action de l'Esprit. »[2]. Bien que les termes tels que « idée », « concept », « perception », sensation » souffrent généralement d'ambiguïté dans l'utilisation qu'en fait Spinoza, on peut cependant soutenir qu'il avait en vue quelque chose de très proche de ce que tout lecteur contemporain est enclin

1. A. Rivaud, *Les notions d'essence et d'existence dans la philosophie de Spinoza*, Paris, Alcan, 1906 : une étude ancienne mais toujours fort utile consacrée à la notion d'essence (et d'existence) chez Spinoza.

2. Trad. de l'éd. de la Pléiade, p. 355.

à comprendre intuitivement par le concept de « concept », à savoir un acte de l'intellect.

La doctrine de la définition parfaite est donc une doctrine de l'activité de l'esprit. Dans la mesure où l'essence intrinsèque du *definiendum* est en vérité la même chose que son véritable concept ou idée adéquate, une telle essence peut être saisie comme « l'intelligibilité inhérente » à la chose même. Elle ressortit à la chose même et non à un espace intérieur de la subjectivité, à ce qu'un sujet transcendantal accomplit ou quoi que ce soit de ce genre.

Une approche, plus opératoire qu'ontologique, dans laquelle Spinoza s'efforce de préciser le genre de définition qu'il appelle parfaite, consiste à lui attribuer une supériorité gnoséologique sur tous les autres types de définitions : contrairement à ces dernières, elle nous permet de déduire toutes les propriétés de l'objet défini. Toutefois le cœur de cette doctrine spinoziste tient à ceci que la « définition parfaite » est ce qu'on appelle une « définition génétique ». On dira donc que la définition du cercle comme ce qui est engendré par le mouvement d'une des extrémités d'un segment de droite dont l'autre extrémité est immobile, est plus efficace ou plus féconde que d'autres définitions possibles du cercle – ainsi de la définition selon laquelle le cercle est la figure équidistante d'un même point appelé centre – ou la figure construite par l'addition d'un nombre infini de rectangles d'une petitesse infinitésimale[1]. Ainsi que la remarque en fut fréquemment faite, ce n'est pas très éclairant d'un point de vue mathématique. Il en va tout autrement du point de vue de la conception spinoziste de la vérité rationnelle.

Le terme de « définition génétique » n'est pas utilisé par Spinoza; cependant ce qu'il dit de la valeur gnoséologique qu'il y a à imaginer l'engendrement d'un objet géométrique est très proche de ce que Hobbes avait déjà écrit à propos des définitions. En s'inspirant de Hobbes, Spinoza, tout comme ce dernier, s'inspirait aussi d'Euclide[2]. Le cercle engendré de la sorte peut être considéré comme un objet idéel. (Spinoza sur ce point écrit *alicujus rei abstractae* § 95). Bien que l'idée de cet objet soit vraie, l'idéalité de l'objet n'a rien de platonicien. Non sans quelque anachronisme, on pourrait dire autrement qu'une forme de constructivisme gît dans les mots de Spinoza : le cercle, nous venons de le voir, est « abstrait » et le mouvement par lequel un demi-cercle engendre une sphère est

1. Voir aussi Lettre 60 à Tschirnhaus.

2. Voir Hobbes *De Corpore*, IV, 13, éd. K. Schumann, Paris, Vrin, 2000; et Y.-C. Zarka, « First Philosophy and the Foundation of knowledge » *in* T. Sorell (ed.), *The Cambridge Companion to Hobbes*, Cambridge, CUP, 1996.

imaginaire. « Pour former le concept de sphère, j'invente une cause à volonté [*fingo ad libitum*], soit un demi-cercle qui tourne autour de son centre » (§ 72).

Ce paragraphe 72 contient une argumentation particulièrement intéressante à propos de la capacité des « idées feintes » à détenir une vérité. S'exprimant en termes de « concepts », Spinoza y défend de façon exceptionnellement explicite une conception « intentionnelle » de ceux-ci ; celle-là même qui sera implicitement à l'œuvre dans la notion d'*involvere*. Dans le *TRE*, il parle d'un concept comme « contenu » dans un autre (*continetur*) et ce que Spinoza développe à ce propos mérite commentaire. « Pour former le concept d'une sphère – un concept vrai, adéquat, rationnel ou encore intelligible – nous inventons une cause, à savoir un demi-cercle tournant autour de son diamètre. Bien que nous sachions qu'aucune sphère n'ait jamais été ainsi engendrée dans la nature, nous savons aussi que le concept ou l'idée de sphère, formé de cette façon, est vrai. ». La question que pose en ce point Spinoza n'est aucunement triviale ; comment en effet, ou encore, en quel sens la rotation imaginaire, voire fausse, d'un demi-cercle serait-elle cependant apte à être l'origine d'une idée vraie du cercle, soit encore du cercle lui-même en tant qu'il est un véritable objet ? Spinoza explique que l'affirmation de la rotation du demi-cercle « serait fausse si on n'y joignait (*juncta*) pas le concept de sphère ou de la cause qui détermine ce mouvement, c'est-à-dire, absolument parlant, si cette affirmation était isolée (*nuda*). Car l'esprit (*mens*) se bornerait alors à affirmer le mouvement du demi-cercle *qui n'est pas contenu dans le concept* de demi-cercle et ne vient pas non plus du concept de la cause déterminant le mouvement. La fausseté consiste donc en cela seul que d'un certain objet on affirme *quelque chose qui n'est pas contenu* (*continetur*) dans le concept que nous en avons formé. » (§ 72 ; c'est nous qui soulignons)[1].

Le texte n'est pas totalement clair mais son objectif principal, semble-t-il, n'en est pas moins net : l'idée d'un demi-cercle en rotation serait fausse si on comprenait qu'il s'agit d'un demi-cercle réellement existant en rotation. Mais elle est « vraie » si on l'exprime comme un simple contenu intelligible de pensée, sans affirmer l'existence de quoi que ce soit. Si maintenant on lui joint le concept de cause – par exemple si nous affirmons de cette rotation qu'elle est une cause originaire, alors derechef, cette pensée est cohérente. Il est cependant encore plus décisif de voir que si cette rotation est « contenue » (*continetur*) dans le concept de sphère au titre de l'origine ou du fondement de sa génération, alors l'idée est, une fois

1. Nous ajoutons les italiques [NdT].

encore, « vraie » et elle a du sens en tant que concept rationnel, c'est-à-dire pensable de façon cohérente et complètement transparente.

Spinoza parle ici de la rotation du demi-cercle comme d'une « cause efficiente » et dans la Lettre 60 à Tschirnhaus de manière encore plus insistante. Bien que la rotation fictive de la sphère évoque probablement l'image d'une causalité physique, de type mécaniste, il n'est cependant pas question d'une explication causale au sens physique du terme. Le « rapport » qui relie le concept de sphère à celui d'un demi-cercle en rotation est le rapport de « contenant à contenu ». Dans ce paragraphe 72, « être contenu dans » demeure encore assez vague. Dans *l'Éthique*, tout particulièrement en *É*IIp8s, son corollaire et son scolie, c'est beaucoup moins le cas, ainsi que nous allons le voir sous peu. L'objectif de Spinoza est toutefois déjà parfaitement clair dans ce texte antérieur. Bien qu'elle soit imaginée comme un processus causal, la genèse de la sphère n'a aucun rapport au temps. En tant que résultat, ou effet, la sphère ne se substitue pas à la rotation du demi-cercle comme à sa cause. Or, et Hume n'est pas le premier à l'avoir saisi, on voit habituellement et intuitivement une structure temporelle dans les relations de causalité : ce qui veut en particulier dire que les causes disparaissent dans leurs effets. Ce n'est à l'évidence aucunement le cas quand il s'agit de la sphère comme résultant de la rotation du demi-cercle comme de sa cause car il y a simultanéité. La chose même (la sphère), sa « cause » (le demi-cercle en mouvement), et sa genèse (la rotation du demi-cercle) coïncident. Sémantiquement ou conceptuellement, ils se conditionnent l'un l'autre réciproquement, ce qui aboutit à un contenu de pensée qui est « vrai ». On peut raisonnablement supposer que Spinoza voulait dire quelque chose de ce genre quand il écrivait que le concept du demi-cercle en rotation est « contenu » dans celui d'une sphère. Dès lors que la vérité de l'un dépend du lien qui le lie à l'autre, il devient loisible d'affirmer qu'ils se conditionnent l'un l'autre réciproquement.

Au paragraphe 95, Spinoza explique qu'il a choisi « une chose abstraite » telle que le cercle, pour illustrer sa conception de la définition parfaite, afin de ne pas se « donner l'air de vouloir déterrer les erreurs des autres ». Spinoza ajoute que la situation est fort différente quand il s'agit de « réelles entités physiques », car en ce cas il importe que les définitions suivent l'ordre véritable en montrant que les essences précèdent les propriétés[1]. La définition d'une « chose abstraite » pourrait tout de même nous aider à voir ce qui demeure obscur quand il s'agit des définitions de choses réellement existantes. Le conditionnement réciproque de la cause

1. Dans la Lettre 60, même cette réserve va disparaître ; seule la définition génétique de la sphère rend possible la déduction de ses propriétés.

(le demi-cercle en rotation), de l'effet (le cercle), et de la genèse (la rotation), relève d'un seul et même tout théorique. En se conditionnant l'un l'autre, ces différents « côtés » du même tout, confèrent intelligibilité à chacun d'eux et au tout lui-même. Si la rotation du cercle est une notion parfaitement cohérente et si elle se justifie conceptuellement, si en d'autres termes cette notion est un contenu pensable légitime et transparent, c'est uniquement du point de vue de son rôle pour définir la sphère, car c'est là ce qui lui confère son sens. Le concept de sphère, à son tour, n'est formulable, constructible et rationnellement pensable qu'en s'appuyant sur la notion de cercle en rotation. En imaginant une genèse idéelle du cercle, on parvient à une clarté spécifique, à une compréhension de la nature du cercle qu'aucune autre sorte de définition ne permet de gagner – ce qui devient explicite dans la Lettre 60.

Dans l'univers mathématique, la définition génétique ne jouit d'aucune supériorité sur les autres types de définitions ; c'est la raison pour laquelle on peut supposer que la prétendue fécondité extra-mathématique de la définition génétique revient à un essai quelque peu maladroit, destiné à conférer de la rigueur à une thèse philosophique. Accéder à l'intelligibilité immanente aux choses, tel est le souci ultime de l'effort scientifique – ou du moins ce qui lui confère son plus haut intérêt. Il y a en vérité différents niveaux d'intelligibilité qui peuvent être conçus en termes de *plus ou de moins*. Ce qui est ici en jeu réside dans l'idée qu'on accède à une certaine forme de rationalité par l'invention de la façon dont un objet géométrique se constitue. La question qui se pose porte beaucoup moins sur la solidité mathématique de la théorie spinoziste des définitions génétiques et parfaites que sur la question de savoir pourquoi nous croyons qu'en étant à même d'imaginer la façon dont une chose est produite, nous la comprendrons beaucoup mieux que par tout autre mode d'approche. Pourquoi en est-il ainsi, pourquoi Spinoza pense-t-il que nous le croyons et que signifie une telle conviction ?

La doctrine spinoziste de la définition parfaite concerne *la nature* de la connaissance rationnelle et beaucoup moins la question de savoir comment la connaissance mathématique et rationnelle en général effectue ses avancées, ou comment de telles avancées s'acquièrent. Il s'agit plutôt d'une sorte de phénoménologie de la connaissance. Elle conduit à l'idée que la connaissance n'est véritable qu'à la condition d'évacuer tout arbitraire, en montrant expressément qu'il n'y a rien d'accidentel dans la façon dont ses propriétés « appartiennent » à la chose considérée. Une telle vue est censée être exemplifiée de façon paradigmatique par les objets mathématiques. Il y a là une forme de *compréhension* pleine et adéquate qui porte sur la nature intrinsèque des choses, et il y a là quelque chose qui diffère grandement de l'efficace épistémologique, celle-là même qui permettrait à l'homme de devenir « maître et possesseur de la Nature », ainsi que le souhaitait la méthode cartésienne. La doctrine spinoziste est tout autant éloignée d'une efficience gnoséologique qui se mesurerait à la prédictibilité ou la fécondité pragmatique d'une théorie.

Nous n'allons pas prendre en considération la question de savoir si les vues spinozistes sont ou non applicables à la science réelle, ou même à la connaissance mathématique. Comme il arrive souvent, l'erreur de Spinoza à propos de la prétendue supériorité mathématique de la définition génétique est un symptôme. Elle atteste que Spinoza est à la recherche de clarification rationnelle sans avoir déjà mis la main sur les moyens d'y parvenir pleinement. Ce qui cherche ainsi à trouver son expression va, croyons-nous, en effet au-delà d'une phénoménologie de l'entendement et de la compréhension. On peut supposer qu'il s'agit d'une interrogation essentielle qui porte sur les fondements ontologiques du fait qu'il y a au monde des significations et que l'homme pense, conçoit et comprend. Il est plus précis, semble-t-il, d'avancer que la théorie spinoziste de la définition parfaite tente de donner un sens au concept problématique *d'intelligibilité*.

En ce point toutefois, le caractère inclassable de la pensée de Spinoza devient manifeste. L'intelligibilité est fondamentalement une notion platonicienne. Elle se dit originairement de ces objets dont le mode d'existence tient seulement au fait qu'ils sont concevables ou pensables. Conçue généralement de façon plus ou moins intuitive, sur le modèle de l'idéalité mathématique, leur idéalité définit leur être. L'idéalité devient ainsi co-extensive à l'intelligibilité. Le caractère central de la notion d'intelligibilité dans l'œuvre de Spinoza le situe nettement à l'intérieur de ce qu'on nomme parfois la tradition « intellectualiste », et parfois la tradition « idéaliste ». Dans cette tradition toutefois, la place qu'occupe Spinoza est très particulière au point qu'en vérité, il n'en relève pas. Bien qu'il soit certainement l'objet d'une constante tentation idéaliste, il fait de son mieux pour ne pas y succomber. C'est ainsi qu'il octroie au corps un rôle tout particulier dans sa doctrine de l'intelligibilité. Paradoxalement, Spinoza va attribuer, moyennant quelques ajustements, le rapport de conditionnement réciproque qui vaut pour les sphères et leurs causes aux relations entre les âmes et les corps. Il est toutefois nécessaire d'effectuer encore quelques pas avant de bien voir ce point.

La logique de l'enveloppement

Le terme d'*involvere* est omniprésent dans l'*Éthique* et plus encore dans sa deuxième partie que dans les autres. Spinoza toutefois ne tente jamais ni de l'expliquer ni de justifier le fait qu'il l'utilise abondamment[1]. En dépit de quelques usages autres, ce terme renvoie habituellement à une relation rationnelle entre les concepts (ou idées), relation que Spinoza aura assurément conçue comme paradigmatique. La proposition 8, son corollaire et le scolie qui suit le montrent bien. Le rôle que Spinoza a attribué expressément à cette proposition consiste à préparer le terrain pour deux doctrines qui peuvent paraître incompatibles et qui seront envisagées seulement en *É*5 : il s'agit d'un côté de l'affirmation que l'âme ne survit pas à la mort du corps, ce qui n'empêche pas moins d'affirmer de l'autre, qu'elle est éternelle.

Cette proposition 8, son corollaire et le scolie enseignent encore bien d'autres choses. Le premier point à souligner est de nature formelle : dans cette proposition et ses annexes la démarche constitue une anomalie. La proposition renvoie de façon problématique à ce qui la précède sans que par ailleurs, il soit question de cette proposition avant la Cinquième partie. Sa démonstration tient en une courte assertion qui prétend que son contenu serait tout simplement « évident d'après la proposition précédente ». Or il s'agit de l'assertion la plus énigmatique de toute l'*Éthique* et la proposition précédente, rappelons-le, est celle du parallélisme. Il est délicat de voir là une démonstration. En outre, comme si cela ne suffisait pas, Spinoza ajoute que la proposition « se comprend plus clairement d'après le scolie antérieur ». Là encore, la façon de faire semble inusitée pour une rigoureuse démarche déductive.

É IIp8cor se consacre à la différence entre les idées – ou l'être objectif – des modes existants et non existants. Ce corollaire enseigne surtout que l'existence « actuelle » des choses singulières doit faire partie de, ou être enveloppée dans les idées de ces choses (*existentiam...involvent*). Ce dont il s'agit dans cette proposition, son corollaire et son scolie est compliqué : il s'agit du mode d'être, ou pour ainsi dire de la question de savoir où donc

1. Si le terme fait parfois son apparition dans le *TRE*, c'est en général sans la connotation bien plus théorique dont il est pourvu dans l'*Éthique*. Spinoza utilise des termes tels que *comprehendere* quand il est question de la relation de cause à effet analysée comme support essentiel à la rationalité scientifique – à titre de paradigme surtout dans le contexte de ses réflexions sur la pensée mathématique, et de façon seulement mineure quand c'est de la connaissance du monde physique qu'il s'agit. *Comprehendere* apparaît encore, quoique rarement (par ex. *É* IIp8cor et scolie) dans l'*Éthique*, tandis que, s'il s'agit de la relation de la cause à l'effet, *involvere* se substitue à *comprehendere* (*É* Iax4).

est passée la vérité lorsqu'elle n'est pas actuellement en train d'être pensée. Le corollaire commence par répéter en quelque façon la proposition 8; puis il ajoute que, puisque les choses singulières existent seulement dans la mesure où elles sont comprises dans les attributs de Dieu leur *esse objectivum* ou (*sive*) idées existent seulement dans la mesure où une idée infinie de Dieu existe. Il conclut en stipulant que si ces choses singulières existent également au sens où elles durent et perdurent (*durare)* alors « leurs idées aussi enveloppent une existence par où elles sont dites durer »[1].

La relation entre les idées et leurs objets est envisagée dans la proposition et son corollaire pour le cas particulier des choses singulières non-existantes. Or comment ce qu'on dit de choses non-existantes pourrait-il être autre chose que simple bruit vide de sens? Telle est à l'évidence la question soulevée. Formulée en termes spinozistes, la question devient de savoir quelle sorte d'être peut être dévolu à la fois à des modes non existants et à leurs idées. Le corollaire rend explicite ce qui ne l'est pas dans la proposition : les modes non-existants sont des êtres, et cela, en un sens positif. Dès lors qu'ils ne sont pas contradictoires, ils ne sont pas non plus impossibles – ce qui veut dire qu'ils ne sont pas non plus de simples non entités. Mais ils ne sont pour autant pas tout bonnement des possibles, au sens de ce qui est non contradictoire. Puisque les modes non-existants ne sont pas des non êtres, les assertions à leur sujet ne sont aucunement vides, et leurs idées ne sont ni des fictions ni des non-sens. Les idées des modes non-existants ont le même genre d'être que leurs objets : elles sont « comprises dans l'idée éternelle de Dieu » de la même façon que les essences formelles de ces choses sont contenues (*continentur)* dans les attributs de Dieu.

À propos du rejet parallèle du matérialisme comme de l'idéalisme, une troisième remarque s'impose. Les idées ainsi que leurs objets sont, de façon analogue ou parallèle, contenus ou compris dans l'idée de Dieu et dans ses attributs. Il n'est cependant pas question de pure pensée ni de pure possibilité parce que les modes non-existants et leurs idées ne sont pas des non-entités. Il faut donc faire une différence entre existence et non existence sans ramener celle-ci à la différence qui sépare non-être et simple impossibilité. Lorsque la question de l'éternité de l'âme va être soulevée dans la Cinquième partie, ces relations complexes entre « être et non-être », et « existence et non existence » vont acquérir la plus haute importance.

1. Ce qui voudrait dire qu'il y a une vraie différence entre le concept des cent thalers auxquels Kant ne fait que songer et le concept des cent thalers qu'il détient réellement. En d'autres termes, l'existence serait un véritable prédicat, et non le simple fait de poser dans l'espace et le temps ce à quoi un concept réfère.

Les choses existantes existent en ce sens qu'elles durent, persistent, subsistent. Les choses non-existantes en revanche se « contentent » d'être comprises dans l'idée infinie de Dieu ou d'être contenues dans ses attributs. Il y a là le sol sur lequel va s'édifier dans la Cinquième partie la doctrine du mode d'être propre à « ce qu'il y a d'éternel dans l'âme humaine ». Il ne s'agit plus de l'existence en tant qu'elle dure, mais pas davantage d'un être d'imagination ni d'un pur et simple néant.

Cette fois encore, Spinoza s'efforce d'élucider ce point en faisant appel à un exemple géométrique mais une fois de plus, son exemple accroît l'embarras. (*É* IIp8s) L'exemple est censé fournir illustration et éclaircissement quant à la question de savoir ce que signifie « être compris dans l'idée de Dieu » ou « contenu dans ses attributs » ce qui doit, en dernière instance, permettre de saisir la doctrine de l'éternité de l'âme. La question que tout lecteur doit se poser est donc celle de savoir ce qu'on veut dire quand on dit d'un objet géométrique qu'il est « contenu » dans un autre objet géométrique – soit plus précisément : comment une propriété du cercle est-elle « contenue » dans le cercle ? De façon analogue, ou parallèle : en quel sens peut-on dire d'une idée qu'elle est comprise dans une autre idée ? Il faut distinguer, dit Spinoza, entre d'un côté telle propriété qui est tout simplement déductible ou démontrable en partant du concept de cercle, et ce cercle, qui, bien que non existant en acte, est réel et non pas être d'imagination. Ce n'est pas la même chose, d'un autre côté, que cette même propriété quand elle est exemplifiée et existe en acte comme c'est le cas si on la trace sur du papier ou sur un tableau.

La lecture qui tient ensemble *É* IIp7 et *É* IIp8 renforce le sentiment que c'est en prenant modèle sur des contenus (ou pensées) rationnels et intelligibles que Spinoza a conçu cet *ordo et connexio* qui régit à la fois le royaume des idées et le monde des choses. C'est de cela qu'il s'agit, plutôt que d'un parallélisme entre deux ordres de causes, interprétées selon un modèle, d'ailleurs plus ou moins imaginaire, de causalité mécanique. Il y a une logique spinoziste dans l'utilisation du terme *involvere* et il est étonnant que ce qui est censé être tiré directement de la proposition du parallélisme prenne entièrement appui sur cette logique même.

En *É* IIp8, corollaire et scolie, trois termes font leur apparition qui ont l'air de désigner plus ou moins la même chose : *involvere* (utilisé une seule fois, à la fin du corollaire) *comprehendere* et *continere*. S'il semble y avoir quelque consistance à faire usage de l'un ou l'autre, surtout des deux derniers, les trois termes n'en désignent pas moins, en général, des rapports sémantiques très proches. L'exemple que Spinoza prend dans le scolie (bien qu'il soit insuffisant ainsi qu'il le souligne) mérite d'être lu très attentivement. Le cercle *comprend* un nombre infini de lignes dotées d'une certaine propriété. De la même manière (ou parallèlement, si on préfère) l'idée (ou le concept) de cercle *contient* un nombre infini d'idées de telles lignes. Une construction déterminée peut être faite selon des versions infiniment diverses (un caractère typographique donné peut être reproduit en une infinité d'exemplaires); tous ces possibles sont réels, bien que non-existants aussi longtemps qu'une matérialisation en acte n'en a pas été réalisée qui en donne une présentification concrète, comme c'est le cas dans les démonstrations d'un manuel de géométrie ou dans les tracés que fait au tableau noir un professeur. Aussi longtemps qu'une telle concrétisation n'est pas effective, l'infinité de lignes est seulement comprise dans le cercle. De façon plus simple, on peut dire qu'elle est une partie de ce que le concept de cercle veut dire. En tant que telle, on peut dire qu'elle est « comprise dans » ou « enveloppée dans » le concept de cercle.

Le nombre infini de couples de lignes d'intersection conformes à cette règle est, pour user d'un mot différent, impliqué par le concept de cercle. *Comprehendere, continere* sont des termes qui marquent la nature ontologique de toute l'affaire[1]. Le nombre infini de constructions possibles contenues dans le cercle ne s'y trouvent pas à la façon dont des pommes sont contenues dans un panier; pas davantage ne sont-elles « potentiellement » là, à la façon du chêne dans le gland, dont l'existence effective dépend de la germination réussie, quoique contingente, de ce gland. Elles sont là, pour ainsi dire, de façon pleinement nécessaire – et donc pleinement réelle – en tant que constituants immédiats du concept de cercle, c'est-à-dire en vérité en tant que condition de sa pleine signification, de son entière compréhensibilité et intelligibilité.

Abstraction faite de leur spécificité et étrangeté, *É* IIp8, son corollaire et son scolie éclairent l'une des principales stratégies argumentatives de Spinoza. Ils permettent d'accorder un sens rationnel, ou du moins de le

1. Voir Deleuze, *Spinoza*, *op. cit.*, et E. Yakira, *Contrainte, nécessité, choix. La métaphysique de la liberté chez Spinoza et chez Leibniz*, Zurich, Éditions du Grand Midi, 1989, pour trouver ce qui semble constituer sans doute les seules considérations consacrées pleinement à ce sujet dans toute la littérature secondaire. Il n'y a aucun hasard dans le fait que cela se produise dans le contexte d'une lecture de Spinoza effectuée dans un constant rapport à Leibniz. Deleuze considère ce sujet comme une certaine conception de la relation réciproque – soit encore du « pliage » et « dépliage » considéré en tant qu'intuition ultime à la fois par Leibniz et Spinoza dans leurs visions ou images de la réalité. Je pense que Deleuze a eu raison d'insister sur l'intérêt qu'il y a à relier Spinoza et Leibniz ainsi qu'à l'importance, à cet égard, de ce que j'ai baptisé la « logique de l'enveloppement ». Mais plutôt qu'à l'image vague, plus ou moins plastique, du pliage et dépliage, il y a ici, je le crois, une théorie de la raison, rigoureusement analysée par Leibniz, et un peu moins par Spinoza.

faire à quelque égard, aux notions telles que *principe, possibilité d'être, condition d'intelligibilité* que nous avons utilisées jusqu'ici dans cette étude, de façon plutôt intuitive. C'est là en vérité que la formulation la plus complète et la plus explicite fait son apparition en ce qui concerne cette stratégie. En dehors de la brève considération qui se trouve en *É* IIp8, cette stratégie donne forme, de façon plutôt implicite et jamais complètement développée, à l'*Éthique* entière. Sans en prendre vraiment conscience, semble-t-il, Spinoza fait apercevoir concrètement à l'œuvre une conception *intensionnelle* (« en compréhension ») qui vaudrait à la fois pour la structure apophantique des propositions, le discours en général et même aussi pour la pensée rationnelle et la rationalité. Par le biais du « parallélisme », la même chose vaut pour la structure de la réalité.

La distinction entre « extension » et « compréhension » (ou « intension ») des concepts était, pour ainsi dire, dans l'air. Bien que connue depuis Aristote, cette distinction fit pour la première fois explicitement l'objet d'un exposé systématique dans la *Logique ou l'art de penser* d'Arnauld et Nicole, appelée communément *Logique de Port Royal.* Elle constitue l'épicentre de la philosophie de la Logique chez Leibniz, et de ce point de vue, Spinoza est très proche de ce dernier. Ce qui est demeuré implicite chez Spinoza a acquis un caractère pleinement explicite chez Leibniz. Lui aussi fit un usage fréquent de la notion d'*involvere* et ses différentes utilisations de ce terme sont fort semblables à celles de Spinoza. Le principe de raison suffisante selon Leibniz repose sur le célèbre principe de l'*inesse* (en particulier dans *Le Discours de métaphysique*, § 8 et 13 ; *Generales inquisitiones, passim,* et beaucoup d'autres écrits de la même période, aux alentours de 1686). Ce principe s'efforce de donner une formulation plus théorique – et dans les traités de logique, formelle et technique – à l'idée même ou groupe d'idées dont on peut soutenir que Spinoza les exprimait par des termes tels que celui d'*involvere*. Selon sa formulation canonique dans le *Discours de Métaphysique*, dans chaque proposition vraie[1], le sujet inclut ou enveloppe le prédicat. Le principe de Leibniz est devenu pour Kant *analytique* et, depuis lors, il est demeuré une part importante de l'héritage kantien. Dans cet épisode, la pénétration personnelle de Leibniz et avec elle, quelques-uns des plus profonds aperçus de la tradition rationaliste du XVIIe siècle ont été perdus. La vérité des « propositions analytiques » en est venue à reposer sur la signification de leurs constituants et à être parfois considérée comme

1. Ou « idée » car ni pour Leibniz ou pour Spinoza n'y a-t-il une distinction irréductible entre une proposition et ses termes constitutifs.

simple tautologie « vide d'informations ». La vérité des « propositions synthétiques » en revanche repose sur ce qui se tient en dehors d'elles.

À la fois pour Leibniz et pour Spinoza la vérité de toutes les propositions est « analytique », la distinction kantienne dépourvue de sens et la suspicion générale à l'égard des vérités analytiques, absurde. Ce qui tient, entre autres raisons, d'abord au fait que Kant a psychologisé l'*inesse* de Leibniz en introduisant, de façon parfaitement étrangère au mode de penser de ses prédécesseurs, la distinction canonique entre propositions analytiques et propositions synthétiques, mais aussi à ceci que Kant a décrit la proposition analytique comme celle dans laquelle le prédicat « est pensé dans » le sujet. Pour Kant, comme pour la majeure partie de sa postérité, penser est l'œuvre du sujet, transcendantal ou non. Ainsi, si « l'inclusion » du prédicat dans le sujet n'est pas explicite, elle sera censée être « pensée » sous la surface. On peut dire que, chacun à sa manière, Leibniz et Spinoza rejettent la conception psychologique ou transcendantale de la pensée, cette conception qui tient son acte de naissance du *Cogito* de Descartes et qui est parvenue à maturité avec Kant et sa postérité. La pensée, selon Spinoza, est un mode de l'être, ontologiquement fondamental, et non un fait, psychologique ou transcendantal.

Spinoza et Leibniz ont encore en commun, quand il s'agit des concepts, d'avoir préféré un point de vue « intensif » plutôt qu'« extensif », et il y a là une importante caractéristique de la philosophie leibnizienne de la logique. Le simple fait de cette préférence importe beaucoup plus que les aspects techniques, ou quasi techniques, de la distinction entre extension et intension. Ce qui se joue là relève d'une décision métaphysique, et non de positions dans un débat interne à la philosophie de la logique. L'attitude commune à Leibniz et à Spinoza constitue sans doute un trait propre au rationalisme philosophique en général et, à coup sûr il caractérise les rationalismes classiques – tout particulièrement ceux du XVIIe siècle et du début du XVIIIe siècle. Or, la décision métaphysique en cause peut être prise en étant inégalement au fait des enjeux qu'elle implique, c'est-à-dire qu'elle a pu être prise soit de façon consciente, soit de façon plus ou moins instinctive. Tandis que Leibniz a consacré beaucoup de temps et d'énergie aux enjeux philosophiques et techniques de l'affaire, Spinoza s'est satisfait de peu et seulement de façon oblique. Le fait de concevoir la nature du discours rationnel comme fondamentalement intensionnel témoigne d'une orientation tout à fait essentielle qui leur est commune : celle-ci revient à faire du concept d'*intelligibilité* le fondement d'une doctrine de la raison et de la rationalité, tandis que l'intelligibilité, pour être telle, doit se soumettre à certaines conditions formulables[1].

La relation logique, sémantique, à laquelle renvoient des termes tels que celui d'*involvere,* devient le modèle spinoziste de la structure fondamentale de l'être. À ce titre, ce terme joue le rôle d'une sorte de pont conceptuel entre la sémantique (ou théorie de la signification) et l'ontologie. Ce rapport remplit une fonction théorique fondamentale à la fois quant à la théorie de l'être, et quant à la théorisation de la pensée et de la rationalité. Plus important encore : il confère un contenu à l'affirmation abstraite du parallélisme en ce sens que l'ordre et la connexion qui règne parallèlement entre les idées et les choses est, de la façon la plus claire, un ordre d'inclusion conceptuelle.

LES ÂMES ET LES CORPS

De Natura et Origine Mentis commence donc par une double affirmation : la *non-priorité* de la pensée sur l'existence, et la *non-priorité* de l'existence sur la pensée. Possibilité, concepts ou idées ; le pouvoir de penser, concevoir, conceptualiser, percevoir, sentir ou imaginer – rien de tout cela n'est fondement ou origine de l'existence, ni n'excède celle-ci. Ce qui est vrai aussi bien inversement : il n'y a rien au monde tel qu'il existe actuellement, qui soit inconcevable ou inintelligible, et l'existence n'est ni la cause ni la source de la pensée. La proposition 7 et son corollaire ajoutent que la théorie de l'intellect ou pensée doit être élaborée comme une théorie des *idées.* La majeure partie de la pensée philosophique du XVIIe siècle s'exprime en termes d'idées. La grande originalité de Spinoza tient au rôle qu'il assigne au *corps* dans sa théorie des idées. C'est là qu'il se sépare à la fois de Descartes, des occasionnalistes, comme de Leibniz mais aussi des empiristes. La doctrine de la nature métaphysique des idées, telle qu'elle est exposée dans la première partie de *É* II est censée préciser les principes métaphysiques généraux en en fournissant une version qui les concrétise. À ce titre, elle effectue un premier pas dans le sens d'une théorie de l'homme comme être connaissant : un être sentant, ressentant et désirant qui est apte à la sagesse et à la liberté. Au moins jusque-là rien n'indique que le souci majeur de Spinoza aurait consisté à vouloir expliquer comment ce qui se passe dans notre corps trouve une correspondance avec

1. Voir E. R. Grosholz and E. Yakira, *Leibniz's Science of the Rational,* Stuttgart, Franz Steiner Verlag, 1998 (« Studia Leibniziana Sonderheft » 26) pour un essai plus complet destiné à élucider la doctrine de Leibniz de ce qui y est appelé « conditions d'intelligibilité ».

ce que nous ressentons et ce dont nous prenons conscience. C'est toutefois seulement dans le mouvement qui suit la proposition du parallélisme que le véritable sens de la théorie spinoziste du corps-esprit vient au jour. Deux assertions se tiennent en son centre qui vont à l'encontre de toute intuition, voire même qui paraissent peut-être absurdes : 1) l'âme n'est pas vraiment une *âme*, c'est-à-dire une sorte d'être *sui generis*, un principe premier ontologique ou une substance; elle est une idée; 2) l'objet de cette idée n'est rien d'autre que *le* corps, c'est-à-dire ce même « certain corps » que chacun sent être affecté de multiples façons et que chacun conçoit, ou sait bien être « son propre corps ». Ce qu'on suppose généralement comme à la fois *sui generis* et primordial, à savoir ce que nous nommons « *notre* » ou « *mon* » apparaît là aussi comme conceptuellement et ontologiquement dérivé, voire même imaginaire : l'âme ne possède pas un corps. Il n'y a pas un Je qui contemple le corps. Il y a en tout premier lieu une unité du corps et de son idée. Quand il s'agit de la question du corps-esprit, la véritable signification de l'étrange ontologie spinoziste des idées ne peut donc se trouver en *É* IIp7 et son supposé parallélisme, mais bien plutôt dans les arguments qui suivent, et surtout en *É* IIp11 et *É* IIp13.

Le centre de la doctrine spinoziste du corps-esprit réside dans les propositions 7, 11 et 13. Si on prend au sérieux les deux dernières, 11 et 13, et si la proposition 7 est tenue, ainsi qu'on devrait le faire, pour un premier pas vers ce qui s'explicite seulement en 11 et 13, alors le parallélisme devrait perdre sa centralité et même peut-être être rejeté une fois pour toutes. L'argumentation qui va suivre prend appui sur la supposition qu'une compréhension sérieuse de la théorie spinoziste engage les deux points suivants : en premier lieu, selon la proposition 11, l'âme humaine est, au fond de son être, une idée. Ce qui ne veut pas seulement dire qu'elle est mode et non substance, mais qu'elle n'a rien d'une entité plus ou moins mystérieuse telle que la « conscience » ou « l'esprit ». Elle est, précisément, une *idée*. En second lieu, à chaque fois que nous appelons un corps « le nôtre »[1], le véritable sens d'une telle appropriation est gnoséologique. Ce corps particulier est « nôtre » ou « mien » à la façon dont un objet est l'objet *de* telle idée (Proposition 13). L'âme-idée est le « sentiment » du corps tel qu'il existe actuellement (*É* IIp13 cor.) Toutefois, si on prend au sérieux, et non comme une simple métaphore intéressante, la conviction que l'âme est une idée et le corps, l'objet de cette idée, alors une question s'impose aussitôt : que peut-on au juste concevoir dans la relation entre les idées et

1. La version *NS* de *É* IIa4 dit explicitement ce qui demeure quelque peu implicite dans les propositions 11 et 13 : ce « certain corps » que nous sentons être affecté de multiples façons, est « notre » corps.

leurs objets susceptible d'être transféré à une théorie philosophique qui cernerait avec fécondité l'union du corps et de l'esprit, ou plutôt leur unité ? Ainsi la façon habituelle d'envisager ce que désigne *de* quand on parle de l'idée *de* X, est de dire que l'idée est idée à *propos de* X. En vérité, il n'y a rien de clair à supposer qu'on puisse dire que l'âme est « à propos de » son corps, et la question de savoir comment on pourrait dire une chose pareille n'a rien de clair non plus.

Pour tenter de saisir ce que Spinoza aurait pu répondre à une telle question, il ne s'agit pas de suivre l'ordre des raisons, mais de commencer plutôt par une question implicitement présente dans la proposition 13 comme une question fondamentale que Spinoza n'aborde jamais de front : en quoi consiste la relation d'une idée à son objet ? Spinoza s'occupe de façon un peu détaillée d'une question proche : qu'est-ce que qualifier des idées comme « adéquates » ? en quoi consiste l'« adéquation » ? Alors que le scolie qui suit *É*IIp13 aborde ces points, la question de savoir en quoi consiste, en général, la nature du rapport de l'idée à son objet (ou en effet leur unité) n'est jamais pleinement traitée. Toutefois, il nous faut essayer de commencer par comprendre ce que signifie au juste le fait d'être l'idée d'un objet, et inversement, d'être l'objet d'une idée, si on veut ensuite pouvoir octroyer une signification à l'affirmation que l'âme est l'idée du corps et le corps est l'objet de l'âme.

Quelques remarques préalables pour esquisser notre tentative. En premier lieu, rappelons que Spinoza parle souvent du rapport des idées à leurs objets comme d'une relation entre les idées et leurs *ideata*. Bien qu'ils se recoupent, les couples idée/objet et idée/*ideatum* supposent autre chose qu'une simple différence terminologique. Dire un objet « en idée », de préférence à un « objet » tout court, semble permettre d'éviter de faire de cet objet quelque chose de radicalement autre que son idée et extérieur à elle. Dire « idée/ *ideatum* » confère, au sens fort, une unité de même type que celle qui relie un concept et son contenu. Tout en ne proposant rien qui s'apparenterait à une théorie de cette unité, Spinoza ne s'en sert pas moins comme d'un modèle explicatif pour le genre d'unité qui joue entre les âmes et les corps. En second lieu, Spinoza fait de l'unité entre l'idée et son idéat, une unité originaire. Ce qui signifie qu'une telle unité requiert d'être pensée pour elle-même, sans présupposer quoi que ce soit qui s'apparenterait à un sujet pensant, ou une entité préalablement donnée telle que l'entendement, la personnalité ou la conscience.

Si ces deux assertions ne manquent pas d'audace, elles virent à l'énigme dès qu'on les applique aux choses réellement existantes, ainsi que Spinoza appelle les choses du monde, et, en particulier, si on les applique aux esprits et aux corps. Dans ce cas, l'unité originaire qui prévaut entre l'idée et son *ideatum* est également unique en son genre. Une pensée d'un corps particulier, une pensée, un concept ou une idée – cette idée même qui est « la première chose en quoi consiste l'être actuel d'un esprit humain » existe seulement sous la forme de l'unité actuelle et unique de l'idée avec son *ideatum*. Elle ne peut jamais être réitérée dans un esprit-idée différent, et en particulier, pas même dans l'esprit-idée de Dieu. A la prendre à la lettre, la doctrine qui vient d'être formulée, à savoir que l'esprit est une idée, et le corps son idéat, devrait frapper tout lecteur attentif par son étrangeté.

Enfin, et sans étayer pour le moment le propos par des arguments qui viendront plus tard, il convient d'ajouter, qu'en dépit des apparences, l'unité originaire de l'idée avec son *ideatum* ne doit pas être interprétée comme une théorie réductionniste de la subjectivité. Il n'y a là aucune théorie du *es denkt*; dans l'*Éthique* de Spinoza, la personnalité, l'individualité, et surtout la qualité d'agent moral ne disparaissent pas dans la nuit noire de la raison universelle et de ses sphères intellectuelles plus élevées, là où toutes les vaches singulières sont noires.

L'*ideatum* est le corps concret, *hic et nunc*, et le rapport primordial de l'idée à son *ideatum* est censé conférer un sens à l'expérience concrète de l'union du corps et de l'âme; il y a là incontestablement une façon de s'exprimer inhabituelle et anti-intuitive. Il n'est guère surprenant que cette doctrine ait embarrassé nombre de commentateurs. Le fait est que beaucoup d'exposés valables de la théorie spinoziste des idées n'évitent cependant pas une ou deux erreurs. Ou bien ils renoncent à l'espoir de surmonter les incohérences et l'étrangeté du texte, ou bien dans leur hâte à faire appel au principe de charité, ils se livrent à une forme ou une autre de réaménagement du texte sans épingler ses véritables difficultés et sa nature paradoxale. Ou bien la théorie est censée être indéfendable, ou bien ses difficultés sont laissées de côté à la faveur de subterfuges tels que l'usage des guillemets – comme si le fait d'écrire que l'esprit est l'« idée du corps » pouvait résoudre le problème et nous autoriser à continuer à faire usage de cette terminologie. Il est toutefois certain qu'il y a là un sujet très problématique. De nombreuses questions peuvent – et même doivent – être soulevées. Il n'est pas dit qu'on puisse tenir ensemble tout ce que Spinoza dit à ce sujet pour en faire un tout cohérent et intelligible, mais sa théorie n'en est pas moins dotée de sens. Elle contient aussi nombre d'idées qui ont non seulement un intérêt historique et exégétique, même si Spinoza n'a pas toujours pensé jusqu'au bout la totalité des conséquences auxquelles elles conduisent, mais aussi un intérêt authentiquement philosophique. Quoi qu'il en soit, la doctrine de l'unité originaire de l'idée-*ideatum* et du corps-esprit mérite d'être lue de près.

Les idées et leurs idéats :
une identité originaire et numériquement une

Une des raisons principales pour laquelle la doctrine spinoziste est embarrassante – ou en tout cas devrait paraître telle – tient à ceci que Spinoza fait de la relation de l'idée à son *ideatum* une relation originaire. Il est déjà fort extraordinaire de dire que l'union du corps-esprit est le rapport de l'idée à son objet. Mais poser que cette relation est originaire va totalement à l'encontre de toute intuition. En effet, supposer qu'une relation ou une unité est originaire revient à la déclarer pensable, abstraction faite de tout présupposé. Disons plus précisément que toute présupposition gnoséologique, psychologique ou transcendantale doit être exclue. C'est donc indépendamment du concept d'un agent connaissant, percevant, conceptualisant ou même pensant, qu'il soit fini ou infini, que la relation idée/objet, soit encore celle de l'idée/*ideatum* doit être analysée et comprise. Il ne reste donc qu'une seule supposition apte à rendre concevable cette relation : il faut que la pensée soit un principe métaphysique fondamental et qu'il en aille de même pour son objet, l'étendue.

Ce n'est ni la première ni la dernière fois qu'apparaît, dans l'histoire de la philosophie, une doctrine qui défende le caractère originaire des idées. On peut soutenir que la relation d'un concept à son objet est considérée abstraction faite de l'idée d'un sujet pensant, par exemple, dans la logique formelle ou dans des théories formalisées de la vérité. L'idée du sujet transcendantal connaissant refait surface, de façon plus ou moins implicite, même dans ces cas là, et cela plus fréquemment qu'on le croirait. Si ce n'est pas le cas dans les théories formalisées, ce l'est du moins en philosophie de la logique. On pourrait invoquer aussi la théorie platonicienne des Idées. La théorie de Spinoza ne s'apparente toutefois à aucune École. La relation de l'idée à son idéat n'est assurément pas une théorie formelle du concept. Elle n'est pas davantage « panpsychique », ni platonicienne – et ce n'est pas seulement pour les raisons qui viennent d'être invoquées. Selon lui, pour le dire avec davantage de précision, ce ne sont pas simplement les idées (ou l'intellect) qui seraient originaires, mais c'est de l'unité complexe de l'idée à son idéat dont il s'agit. Or, les idées ont, par définition, un contenu : la formulation idée/*ideatum* exprime la distinction entre l'idée et son contenu. Il y a une unité originaire et irréductible – en vérité une unicité – entre l'idée et son idéat parce que la notion d'un agent pensant ne précède pas celle de l'idée/*ideatum*. Une idée ne peut donc pas être dite idée

« à propos » de son idéat, ni se « référer » à celui-ci, pas davantage elle ne l'exprime ni ne le représente : telle est la conséquence immédiate de cette radicale unité. Si Spinoza semble parfois parler en ces termes plus accessibles, la logique de sa position semble cependant bien leur ôter toute pertinence.

Un second élément, intimement lié au précédent, va également à l'encontre de ce qui paraît aller de soi, et c'est le caractère numériquement un de cette unité originaire de l'idée avec son idéat. S'il n'est pas difficile de dire que la relation complexe d'un concept à son objet est unique, en revanche, que l'idée elle-même soit unique est beaucoup plus malaisé à saisir – surtout quand on fait appel à la notion d'intellect divin et qu'on relève, à la façon de Spinoza, de l'orbe général de l'intellectualisme. La vérité, l'adéquation, la rationalité, l'intelligibilité sont habituellement tenues, dans la tradition intellectualiste pour des formes du « général ». Dans la tradition aristotélicienne, si le corps est un principe d'individuation, sa « forme » relève du « général ». Spinoza lui aussi définit l'individuation du point de vue d'une théorie du corps (dans la petite physique qui suit *É*IIp13); mais contrairement à ce que disent la plupart des philosophes rationalistes, toute pensée est aussi pour lui numériquement une. Ce point sera analysé en détail plus tard mais il était nécessaire de le souligner dès à présent : l'âme individuelle est aussi, en son fond, l'idée vraie – ou adéquate – du corps, et sa vérité est en Dieu. Spinoza exprime cette idée en faisant appel, comme à son accoutumée, à l'assertion, aussi étrange soit-elle, selon laquelle l'idée du corps, c'est-à-dire l'âme, est en Dieu en tant qu'elle en constitue l'âme, *quatenus Mentem constitueret*.

Dire que la vérité est en Dieu, soit encore, que les idées de Dieu sont les paradigmes des idées vraies constitue une façon typiquement rationaliste d'exprimer le caractère absolu de la vérité. Mais c'est une tout autre affaire de dire, comme le fait Spinoza, que l'ultime vérité d'un corps donné, c'est-à-dire l'idée en Dieu de ce corps, constitue le fondement de l'être actuel de l'âme humaine. Le cœur de cette thèse est que l'idée d'une unité donnée idée-idéat est unique précisément en ce que son idéat est unique.

La radicale unité de l'entité individuelle idée-idéat pourrait peut-être être formulée en recourant à une métaphore temporelle. Une unité corps-idée donnée est une « certaine » entité au sens où elle est une unique entité existante totalement déterminée, qui n'existe, pourrait-on dire, qu'une seule fois. Elle n'est pas réitérable[1], c'est-à-dire qu'elle est strictement la

1. Il y a là une idée qu'on pourrait exprimer par la formulation « *one timeliness* » qui traduit une expression typiquement hébraïque ; ce qui ne se produit qu'une seule fois – n'a pas d'équivalent direct ni en anglais ni en français.

seule de son espèce. Selon cette version spinoziste du principe de l'identité des indiscernables, l'unité numériquement une ne vaut pas seulement pour les choses mais aussi pour leurs idées vraies. L'élément idéatif d'une unité individuelle idée-idéat ne peut se répéter, pas même dans l'intellect divin. Dire qu'il y a une seule idée telle, c'est dire que cette idée unique, qui n'existe qu'une seule fois, à un seul exemplaire, est l'idée en Dieu de l'idéat en question, lequel lui aussi n'existe qu'une fois en étant le seul de son espèce. Le caractère unique de l'unité de l'idée-idéat signifie que l'existence de cette idée unique coïncide pleinement avec celle de son *ideatum*. En ce qui concerne la doctrine de la vie après la mort, il suit évidemment de ces assertions qu'une telle doctrine est intenable.

Mais il suit également que la notion d'intellect de Dieu devient problématique. Spinoza fait appel à cette notion en lieu et place de celle de Vérité et comme pour justifier qu'il se serve du concept de « vérité ». Il se range ainsi, certes, problématiquement, dans la tradition platonicienne, au sens large. Les archétypes platoniciens, tout comme les pensées de Dieu dans le platonisme chrétien, sont conçus comme vérité objective ultime et pleinement adéquate des choses. Dans le cas dont nous nous occupons, les « choses » sont ce corps particulier, ce « certain » corps et la vérité le concernant ne consiste en rien d'autre que son âme-idée. Ce genre de vérité relevait traditionnellement de la connaissance privilégiée que Dieu a de ce corps. Or, celle-ci ne se contente pas de redoubler la connaissance humaine (ou inversement) mais elle vaut comme norme de vérité, mesure et critère de l'adéquation. En ce sens, elle se situe dans un domaine platonicien d'idées ou essences éternelles, dans un arrière-monde de type platonicien, c'est-à-dire comme un idéal d'objectivité. Spinoza ne renonce pas, comme le feraient d'autres philosophes modernes (et post-modernes) aux notions d'intellect divin et de vérités éternelles précisément parce qu'il conserve sa pertinence à l'idée de vérité absolue comme d'un summum, non de connaissance, mais d'intelligibilité. Ce qui ne veut pas dire qu'on puisse parvenir à une telle compréhension ou à une pleine rationalité. Cela veut dire que la notion d'intelligibilité est à prendre en une acception objective, comme un constituant originaire des choses elles-mêmes. Des concepts tels que celui de « vérité absolue », « intelligibilité » sont totalement pertinents, et même indispensables pour élaborer une théorie adéquate de l'homme. Il n'est pas question de l'homme dans la perspective d'un idéal transcendant, ni dans la représentation de connaissances toujours en progrès vers un horizon hors d'atteinte. Il s'agit d'une condition fondamentale de possibilité requise pour pouvoir parler rationnellement de l'homme comme d'un être qui pense, comprend et connaît.

Spinoza toutefois se livre à une relecture de ces notions d'une façon qui modifie radicalement le sens de la rationalité. En lieu et place d'une idéalité, il en fait un mode d'être du corps. L'idée absolument unique de cet *ideatum* particulier qu'est notre corps, l'idée dont l'existence coïncide avec l'existence (temporaire et même vraiment éphémère) du corps, cette idée n'en est pas moins celle-là même par laquelle Dieu pense ce corps. En tant qu'idée de Dieu on peut dire d'elle qu'elle est le siège de la raison, ou plutôt la raison elle-même. Mais cette idée est l'âme particulière dont le corps est l'idéat. Il semble qu'il n'y ait aucune supériorité de l'une par rapport à l'autre, qu'elle soit ontologique, normative ou axiologique. Donc, aussi paradoxal que cela puisse sembler, le corps est le siège de la raison, non, il est raison, au même titre que l'âme, et pas moins que celle-ci.

Le résultat de tout ceci est sans appel, quoique tout à fait inédit et, bien sûr, subversif: sous la plume de Spinoza, «l'intellect de Dieu» devient bien plus une métaphore philosophique qu'un concept. L'idée (l'âme) d'un certain corps est numériquement (comme disent les scolastiques) une avec l'idée de ce corps en Dieu[1]. Cela veut dire que de ce corps/objet, il n'y aucune autre idée complète, aucune autre idée/connaissance adéquate si ce n'est son âme. De cette idée-âme singulière, il n'y a aucune réplique, aucun archétype idéel ni dans d'autres esprits, ni tout particulièrement dans l'intellect divin. Qu'il n'y ait pour Spinoza aucun intellect divin extra-mondain, ne requiert aucun commentaire particulier. Il n'y a pas davantage matière à débat dans le fait que Spinoza en appelle à l'intellect divin en tant qu'il ne s'ajoute aucunement aux âmes-idées de toutes les choses naturelles. En revanche il semble bien moins clair de saisir comment la pensée en Dieu d'un corps donné ne comporte aucune connaissance de plus que la pensée humaine de ce même corps, c'est-à-dire rien de plus que son âme-idée. Le fait que Spinoza en appelle à la notion apparemment traditionnelle de «l'intellect divin» masque souvent le caractère radicalement iconoclaste de ses positions. La logique du *quatenus Mentem constitueret* signifie la chose suivante : il n'y a pas de vérité ultime du corps dont il s'agit si ce n'est son âme-idée, une et unique, laquelle est aussi l'idée par laquelle Dieu est dit le penser et le connaître.

1. *Cf.* par ex. M. Della Rocca, *Representation…*, *op. cit.*, p. 119 et *passim.*

Idea corporis : *le texte*

Nous n'avons pas cherché à présenter les choses comme si elles constituaient un tout cohérent, dépourvu de difficultés, ni même de contradictions. Nous sommes toutefois persuadés avoir exprimé fidèlement la signification profonde, les authentiques motivations philosophiques de la tentative de Spinoza. Nous n'avons guère fait plus que quelques rapides références au texte sans prétendre y trouver confirmation de notre interprétation de la doctrine du corps-esprit. Nous proposons de nous livrer maintenant à une brève analyse de texte afin de montrer qu'en vérité, le texte confirme la façon de voir qui a été proposée. Le paragraphe suivant ne comportera guère autre chose que ce qui a déjà été dit mais il s'agit surtout de regarder le texte de ce point de vue. L'*Éthique* mais également d'autres écrits de Spinoza apportent ample justification à notre façon de comprendre mais une grande partie se trouve dispersée en différents passages. Les constituants essentiels de la doctrine du corps-esprit sont formulés dans les propositions 7, 11 et 13 de *É* II sur lesquelles l'analyse sera centrée. On les lit comme suit :

> *Ordo et connexio idearum idem est, ac ordo et connexio rerum* (É Iip7).
>
> *Primum, quod actuale Mentis humanae esse constituit, nihil aliud est, quam idea rei alicujus singularis actu existensis* (É Iip11).
>
> *Objectum ideae, humanam Mentis constituentis, est Corpus, sive certus extensionis modus actu existens, et nihil aliud* (É IIp13).

La démonstration de *É* IIp13 est très curieuse. On lit dans sa première partie :

> Si en effet le corps n'était pas l'objet de l'âme humaine, les idées des affections du Corps ne seraient pas en Dieu [selon p9c] en tant qu'il constitue notre âme, mais en tant qu'il constitue l'âme d'une autre chose; c'est-à-dire [selon p11c] que les idées des affections du Corps ne seraient pas dans notre âme; or, [selon a4] nous avons les idées des affections du Corps. Donc l'objet de l'idée constituant l'âme humaine est le Corps tel qu'il existe en acte [selon p11].

C'est le détour par Dieu qu'il faut, en premier lieu, expliquer parce que, à première vue, la proposition n'avance rien qui ne puisse être directement tiré de la proposition du parallélisme, prise en son sens courant : si chaque idée, en tant qu'elle est un mode à appréhender sous l'attribut de la pensée, a un corps correspondant qui est un mode – le même mode en vérité – sous l'attribut de l'étendue, alors ce qui est ici avancé ne fait que préciser que le corps qui « correspond » à cette idée particulière qu'est notre âme, est l'objet de cette dernière. En d'autres termes, la correspondance abstraite de l'âme et du corps, soit encore le parallélisme est essentiellement une relation épistémique. Selon l'usage que fait constamment Spinoza de ce terme, l'idée a toujours implicitement, en vertu de sa nature, un objet. Ainsi qu'on l'a dit parfois, les idées sont des « intentionnalités ». Une idée est toujours idée d'un objet. La définition de l'âme comme idée (prop. 11) rendait nécessaire de préciser seulement quel est son objet. Cet objet est le corps, selon la proposition 13. Pourquoi dès lors Dieu ?

Un autre trait particulier de cette démonstration – répétons-le, quant à sa référence à Dieu – tient à ce qu'elle s'appuie sur l'expérience. « Nous avons les idées des affections du Corps » suit de l'axiome IV, qui pose que « Nous *sentons* qu'un corps est affecté de beaucoup de façons » (je souligne). Une certaine ambiguïté peut avoir résulté de l'utilisation du verbe *sentire* (voir les considérations antérieures) car la nature de l'acte qui est ainsi désigné n'est pas totalement claire. Toutefois, les idées des affections du corps ne sont rien d'autre que le fait que nous « sentons » ce corps ; dire que ces idées sont « en Dieu » indique qu'il n'y a rien de relatif dans ce « sentir », qu'il est pleinement adéquat et en vérité, qu'il est l'ultime connaissance du corps.

La démonstration de *É* IIp13, en particulier dans sa première partie qui démontre que l'objet de l'âme-idée est *le* (notre) corps, prend appui sur un étrange énoncé contrefactuel. Cette démonstration peut être restituée comme suit : si le (mon) corps n'avait pas été l'objet de l'(mon) âme, il aurait été l'objet d'une autre idée qui, à son tour, aurait été (le fondement) d'une autre âme. Cette autre âme aurait été l'idée du (de mon) corps ce qui veut dire la mienne ; l'idéat-idée c'est-à-dire le corps/objet-âme en question serait donc moi-même. L'argument repose sur la nécessité de l'identité – toute chose est de toute nécessité ce qu'elle est. Qu'il s'agisse d'une chose ou de quelqu'un. On peut formuler cela de multiples façons – soit par exemple dans la sémantique des mondes possibles – soit en termes de l'identité *de re* et non *de dicto*. Spinoza ne fait rien de la sorte : il est connu pour ne pas apprécier la formalisation. La référence constante à Dieu est une sorte de métaphore pour conférer le sens de la nécessité – lequel aurait pu être donné autrement, par des considérations formelles. C'est là le premier élément à avancer pour conférer une signification au détour par Dieu effectué dans la démonstration de *É* IIp13.

L'élément essentiel, quoiqu'implicite, auquel recourt Spinoza dans l'argumentation de cette démonstration, tient à un renversement typique de l'ordre. C'est le factuel ou le concret de *l'existant* qui devient la condition de son identité en tant qu'entité idéat-idée. Le corps fait un avec son idée ou âme (son eccéité, entité, ou encore son être) : il y a là une thèse ontologique majeure et irréductible. Le corps est un certain corps, existant « en acte ». Son idée, ou son âme, est son idée quoi qu'il en soit (dans chaque monde possible). Et le « je » pourrait-on suggérer, est l'entité une, consistant en ce corps-ci et son idée. Une conséquence de la nécessité de l'identité qui lie ensemble le corps avec son idée est que la relation d'un certain corps à une certaine idée est *unique*, en une acception particulièrement forte de ce terme. L'idée en Dieu d'un certain corps est la seule idée propre à ce corps et elle ne fait qu'un avec l'âme qui sent ce corps tel qu'il existe – le corps étant l'idéat d'une certaine unité donnée idéat-idée. Ce qu'on appelle l'idée en Dieu d'un certain objet donné est l'ultime et seule vérité complète, ou adéquate, de cet objet; il s'ensuit que l'âme humaine est la seule idée – *sive* connaissance – du corps, pleinement vraie et adéquate.

La nécessité de l'identité de l'idéat-idée conduit à des conséquences encore plus radicales. Si l'idée et son idéat sont un – ce à quoi conduit la supposition imaginée dans la démonstration – au sens où l'étoile du matin et l'étoile du soir sont une, il s'ensuit quand il s'agit du corps et de l'âme, que Spinoza conçoit une unité, une unicité au sens le plus fort du terme, là où Descartes avait vu une *union*. Par conséquent l'âme ne bénéficie d'aucune identité propre qui serait indépendante de son rapport au corps.

L'argument pourrait paraître simplement hypothétique dans la mesure où il est suspendu à la supposition antérieure. En d'autres termes, il se peut qu'une résurgence possible de l'argument cartésien du rêve ne soit pas prise en compte. Qu'arriverait-il si toutes ces idées des affections du corps étaient de pures fictions, ou peut-être seulement des rêves ? Si on peut imaginer, contre toute évidence, leur migration en d'autres âmes, peut-être supposera-t-on également qu'il n'y a pas de corps du tout, que nous imaginons leur existence ou que nous sommes conduits par quelque cause à croire que ce que nous sentons est un corps réellement existant[1] ? Mais Spinoza commence sa démonstration en disant que si le corps n'était pas l'objet de l'âme, les idées de ses affections seraient de toute façon en Dieu dans la mesure où Dieu constitue une autre âme. On pourrait dire que cette référence à Dieu est la version spinoziste de l'argument cartésien de la véracité divine. La réalité des affections du corps et la pertinence de leurs idées ne sont ainsi jamais mises en doute.

1. P. Macherey, *Introduction à l'Éthique de Spinoza*, Paris, P.U.F., 5 vol. : I : *La nature des choses* (1998) – II : *La réalité mentale* (1997) – III : *La vie affective* (1995) – IV : *La condition humaine* (1997) – V : *Les voies de la libération* (1994). Dans le t. II, p. 116-122, il relève lui aussi la tournure anticartésienne de ces arguments – ce qui est l'évidence même – sans en dire davantage.

La proposition et sa démonstration comprennent deux parties, et la deuxième partie, qui n'a pas été citée ci-dessus, stipule que « le » corps (de l'âme) est le *seul* objet de cette âme-idée. Cela veut dire que les autres, les autres corps, et même le monde ne sont pas considérés comme un « objet » pour l'âme : ce qui peut paraître étrange au vu de ce qu'on appelle le « rationalisme » de Spinoza et de la nature prétendument « dogmatique » de sa philosophie. La démonstration prend appui sur la proposition 12, qui stipule que de tout ce qui advient dans ou à notre corps, il y a une idée dans l'âme. Et aussi sur l'axiome 5 qui pose que nous ne sentons ou ne percevons rien d'autre que des corps ou des pensées. D'une façon qui n'est pas vraiment inhabituelle chez Spinoza ces propositions et l'axiome cités ne semblent guère étayer la conclusion. Que nous ne concevions rien qui ne soit ou bien corps ou bien pensée n'entraîne pas la conséquence que nous ne percevrions pas d'autres corps que le nôtre. À moins que *percipere* ne soit pris au sens de *sentire :* en ce cas il s'agirait de la relation particulière que l'âme entretient avec son propre corps personnel. Cependant Spinoza tire bien la conséquence que *le* corps est le seul objet de l'âme. Spinoza n'est pas solipsiste même quand il affirme peu après, que nous concevons surtout nos propres corps, même quand ils (c'est-à-dire nous) sont affectés par d'autres corps. Il est évident que, outre notre propre corps, nous connaissons d'autres choses ; il se trouve seulement que cette connaissance est toujours médiatisée par notre corps.

Une thèse majeure fait ici son apparition, que cette démonstration soit valide ou non. Le corps est seulement objet de l'âme-idée, et l'âme est seulement idée du corps. L'âme-corps est chose complexe, dotée toutefois à la fois d'unité et d'unicité. Il faut également la dire unique en son genre, à l'exclusion de tout autre chose. Bien que cela ne soit pas dit explicitement, l'argument basé sur un contrefactuel qu'on applique à la singularité de l'objet de l'idée fonctionne de la même manière dans l'autre sens : si l'idée de mon corps avait été autre chose que mon âme, cette autre idée aurait été l'âme de mon corps et cette unité de l'idéat-idée, c'est-à-dire de l'âme-corps, aurait été moi-même. En d'autres termes, l'identité est une relation symétrique.

Il importe maintenant de souligner ce qui pourrait dissiper en quelque façon l'étrangeté de toute cette affaire en fournissant de quoi mieux expliquer le recours fait à Dieu dans la démonstration. L'argument utilisé par Spinoza conduit à une thèse double en ce qui concerne le caractère absolument original et originaire de la relation idéat-idée. Le corps déterminé que telle âme-idée déterminée ressent comme existant actuellement, est le seul et unique corps que celle-ci ressent, sent, connaît, au sens métaphysique de ces termes. Inversement, c'est la seule et unique âme de ce corps, sa seule et unique idée, qui ne dérive de rien d'autre, et c'est en cette idée seulement que réside ce qu'on peut appeler « le savoir absolu » de ce corps. Il en est ainsi parce que la toute première relation concevable est celle de l'idéat à son idée, c'est-à-dire en vérité la relation du corps à l'âme ; cette relation est, en un sens métaphysique, tout à fait fondamentale en ce qu'elle n'est pas médiatisée par une conscience, un sujet, un intellect, ou un agent, qu'il soit fini ou infini.

Le scolie qui suit *É* IIp7 prétend expliquer l'unité de l'intellect avec l'objet de l'intellection. Il prend comme exemple un « cercle existant dans la nature » et l'idée de ce cercle qui est en Dieu. Cet exemple arrive juste après la proposition du parallélisme et juste avant les propositions 11-13. Il semble donc bien indiquer que la relation entre un cercle existant dans la nature – quoi qu'on puisse entendre par là – et l'idée de ce cercle en Dieu est exemplaire pour la relation du corps à l'âme. De fait, on peut dire que la relation entre le cercle et son idée et, par implication celle de l'âme au corps est une relation primordiale.

Il y a dans l'introduction parallèle de la « nature » et de « Dieu » une équivoque gênante : le cercle existe dans la nature et son idée est en Dieu. Dans la mesure où cet exemple du cercle et de son idée est censé illustrer, fût-ce insuffisamment, la thèse du parallélisme, on doit pouvoir en conclure que le cercle qui est dans la nature vaut pour le corps, et son idée en Dieu, pour l'âme. Le parallélisme serait dès lors un parallélisme entre Dieu et la nature. Or Dieu *est* nature – *Deus sive natura* est une des expressions les plus célèbres de Spinoza – et si nous remplaçons « Dieu » par « nature » à chaque fois que Spinoza dit « Dieu », le tableau change considérablement. Il nous faudra tenter de montrer plus tard que le fait pour Spinoza de parler en termes de Dieu n'a rien de gratuit et qu'il souligne par là la dimension normative et axiologique de sa philosophie. En tout cas, pour l'exemple dont il s'agit, si nous disons que l'idée du cercle qui est dans la nature est de la même façon en Dieu, l'intention de Spinoza devient moins énigmatique.

Contrairement aux apparences, la référence à Dieu souligne dès lors le caractère primordial de l'unité de l'idée-idéat. Le Dieu de Spinoza n'est pas un sujet, ni un agent de la pensée. Les considérations antérieures, et surtout la thèse de l'originarité de l'unité de l'idée-idéat, conduisent à la conclusion que le Dieu de Spinoza est une métaphore commode. Outre son caractère polémique, il permet à Spinoza d'introduire certaines thèses telles que celle qui porte sur le caractère primordial de la relation idée-idéat. La relation du cercle à son idée, ou son concept, doit être considérée en elle-même et sans en appeler essentiellement à un être ou une chose qui pense ou qui a cette idée. Ce qui est premier est la relation idée-idéat parce que ni la pensée ne précède l'existence, ni inversement l'existence, ne précède la pensée.

En dernière analyse, il n'y a, selon Spinoza, aucun royaume éternel des idées vraies. Il n'y a pas d'intellect divin par delà la pensée concrète de ce corps à quoi tient l'individualité de l'individu, qui s'élèverait au-dessus d'elle ; rien qui soit au-dessus du *hic et nunc* et de la radicale originalité de l'idée-idéat. La relation idée-idéat est première et cette entité concrète est unique de son espèce. Si on accorde que l'âme est une idée, et que l'identité du corps-âme est l'identité de l'idée avec son idéat, on se trouve confronté au véritable sérieux de la question suivante : comment serait-il possible de trouver une acception fidèle à Spinoza pour des formulations telles que : « l'âme *sent, saisit, perçoit* ou *connaît* le corps » ? Comment serait-il possible d'analyser la relation entre l'idée-âme et l'objet-corps sans en venir à une simple réduction ou même à une suppression des notions *d'âme, d'esprit et de sujet* ? En d'autres termes, comment ne pas en venir à faire abstraction de l'expérience et de la vie, de l'esprit et du corps sans perdre le gain théorique que procurent ces notions ? Il n'est pas certain que ces questions trouvent une réponse satisfaisante dans l'*Éthique*. Il convient toutefois de tenter, dans ce qui suit, de poursuivre dans la même voie qui tire les conséquences de la primordialité de l'unité de l'idéat avec son idée afin de reconstruire la théorie spinoziste du corps-esprit qui prend appui sur cette identité primordiale.

Si l'âme est l'idée du corps et le corps l'objet de l'âme, si le primat du sujet ou agent pensant est rejeté, qu'on l'ait conçu de façon cartésienne ou tout autrement, il s'ensuit que nous nous retrouvons en présence d'un problème fondamental soulevé par l'ontologie spinoziste de l'homme. La question porte sur la signification qu'on peut accorder à la notion de pensée. Si on se réfère à notre expérience véritable de la pensée, le problème vient de ce qu'elle trouve sa condition dans le caractère premier de la relation de l'objet à l'idée, c'est-à-dire de l'idéat à l'idée. En d'autres termes la question qui se pose maintenant est la suivante : comment concevoir la nature de la pensée, du raisonnement, de la compréhension et autres choses semblables en la concevant comme préalable à, et indépendante de, la position d'un sujet qui serait au fondement de tous ces actes ou le substrat de ceux-ci – c'est-à-dire qui serait première non seulement par rapport à toute théorie physiologique, psychologique, morale ou politique, mais qui précéderait également toute théorie de la perception autant que toute théorie de la connaissance. Et tout cela advient, ne l'oublions jamais, dans une éthique, c'est-à-dire dans une philosophie qui s'assigne de découvrir comment bien conduire sa vie ainsi que la voie qui permettrait à l'individu singulier de parvenir à la vraie félicité. En dépit du fait que nous n'avons pas commencé notre essai avec la prise en compte de *Éthique* I, c'est-à-dire avec Dieu et la substance, et cela pour des raisons qui vont, espérons-le, apparaître à mesure que nous avançons, c'est un fait que nous voilà confrontés maintenant aux vues métaphysiques fondamentales de Spinoza.

QUID SIT IDEA, QUID SIT CORPORIS

Spinoza présente fréquemment ses idées les plus radicales en usant de vocables traditionnels. Venus de la scolastique ou de la scolastique tardive, ce sont souvent les termes-mêmes dont Descartes se servait déjà, en les adaptant à ses propres besoins, qui furent une fois de plus transformés par Spinoza. On a un exemple intéressant d'une telle transformation double, avec l'ensemble à la fois terminologique et conceptuel qui entoure la distinction entre *esse objectivum* et *esse formale*. L'usage que fait Descartes (et aussi les cartésiens) de cette distinction n'a rien d'univoque, ce qui est une source constante d'embarras pour les commentateurs. Il en va de même dans la plus grande partie de la littérature secondaire consacrée à Spinoza car l'usage que fait ce dernier de cette terminologie ne manque pas non plus d'ambiguïté.

La distinction *esse objectivum/esse formalis* (on dit parfois, non pas *esse* mais *realitas*) ne débute pas avec Descartes[1]. Son histoire longue et intéressante a sollicité l'attention de nombre de commentateurs et d'historiens de la pensée prémoderne et de la première modernité. Ses racines renvoient toujours à la philosophie antique et médiévale. On peut dire, de manière très générale, que cette distinction apparaît dans le cadre d'une ontologie de la pensée et de la connaissance[2]. L'arrière-plan le plus proche auquel renvoie la doctrine de Descartes réside en une tradition qui remonte, selon certains de ses historiens, à Duns Scot. La terminologie

1. Pour des raisons de brièveté, la référence à cet ensemble terminologique et conceptuel fort complexe sera faite en écrivant seulement « être objectif ».

2. Pour une vue sur cette histoire : voir C. Normore, « Meaning and Objective Being : Descartes and His Sources », *in* A. Rorty, *Essays on Descartes' Meditations*, Berkeley, University of California Press, 1986, p. 223-241. *Cf.* aussi R. Dalbiez, « Les sources scolastiques de la théorie Cartésienne de l'être objectif », *Revue d'histoire de la philosophie*, 3, 1929, p. 464-472 ; et T. J. Cronin, *Objective Being in Descartes and Suarez* (« Analecta Gregoriana » 154, Roma, Gregorian University Press, 1966), qui contient une bibliographie étendue. Voir les notes suivantes pour davantage de références.

elle-même, du moins selon Normore (*ibid.* p. 233) apparaît pour la première fois dans les écrits d'un disciple de Scot, William d'Alnwick (1275-1333). Les discussions d'un grand nombre de questions formulées dans cette terminologie se sont poursuivies dans les écrits de penseurs tels que Pierre Auriol, puis Ockham et d'autres, dans ceux des scolastiques tardifs – ainsi des grands maîtres de la théologie jésuite et de la scolastique tardive, Suarez et Vasquez, qui furent abondamment étudiés par Descartes à La Flèche.

Bien qu'il l'ait sans doute empruntée à Descartes, la distinction entre être objectif et formel est utilisée par Spinoza de façon non cartésienne, voire anticartésienne. Abstraction faite de son contexte textuel immédiat, cet usage spinoziste fait partie de la critique radicale dirigée contre la théorie cartésienne du sujet et, on pourrait ajouter, non sans quelque anachronisme, qu'elle attaque, par anticipation, toute la tradition des théories transcendantales du sujet, du sujet comme source ultime et siège de la rationalité, mais aussi présupposition de toute théorie de la raison. Il semble toutefois qu une certaine ressemblance relie la façon dont Spinoza se sert du terme *être objectif* avec l'usage qu'en firent quelques philosophes pré-cartésiens. Les théories scolastiques de la connaissance n'ont jamais véritablement accédé à une *théorie de la connaissance* – en un sens que seul rendit possible ce qu'on nomme souvent « l'invention » du sujet par Descartes. Même quand elles se sont, à quelque égard, considérablement rapprochées de modes de pensée modernes ou même postcartésiens, les théories scolastiques ont toujours conservé en un sens très fort la primauté de la question de l'être. Le terme *d'être objectif* détient de fortes connotations ontologiques dans leurs écrits puisqu'il concerne un aspect réel de la *res*[1]. Avec Descartes, l'être objectif devient une modification de la *mens*, ou encore une idée, en tant que contenu cognitif, de sorte que le rapport à la chose, à l'objet, devient une question qui est résolue par une théorie de la représentation. Spinoza, lui, à la façon des penseurs pré-cartésiens, conçoit *l'esse objectivum* comme un mode d'être de la chose elle-même plutôt que comme la représentation d'un objet, qui serait sise en l'esprit, l'intellect ou la conscience de celui qui connaît.

On pourrait voir dans l'utilisation de la distinction *esse objectivum/esse formalis* et ses inévitables équivoques, une sorte d'échelle wittgensteinienne : on s'en sert tant que l'on ne dispose pas de meilleures ressources

1. *Cf.* J.-F. Courtine, *Suarez et le système de la métaphysique*, Paris, P.U.F., 1990, p. 182 : pour Suarez, « le concept objectif, ce n'est pas la chose même, avec cette dénomination de « connue » qui lui demeurerait purement extrinsèque ; c'est, si l'on veut, la chose même, mais pour autant qu'elle a été *cogitativement réduite à son objectivité* ».

théoriques plus précises, mais on finit par s'en débarrasser une fois que l'on est parvenu à une certaine clarification conceptuelle de ce qui est en jeu. Il est remarquable que cette distinction continue d'être présente dans l'immédiat post-cartésianisme pour disparaître presque complètement aussitôt après. Spinoza bien sûr l'utilise, et elle figure en effet dans quelques débats importants. C'est le cas en particulier de la controverse qui a opposé deux des plus importants cartésiens, Malebranche et Arnauld sur la question des idées *vraies* et *fausses*, controverse qui suscita une grande attention au point de devenir l'une des plus importantes de l'époque[1]. Toutefois, l'objet majeur de cette controverse relève de la question épistémologique *de la représentation*, la question étant de savoir comment on peut dire d'une idée qu'elle représente quelque chose qui se trouve en dehors de l'esprit. Leibniz abandonne pour ainsi dire la distinction et ses successeurs semblent lui avoir fait perdre toute vitalité philosophique. Sans avoir la moindre ambition d'épuiser ce sujet en quelque façon, j'aimerais toutefois suggérer que se débarrasser de l'échelle peut être considéré comme le couronnement d'un processus qui a conduit à faire advenir sur le devant de la scène philosophique la problématique moderne de la vérité et de la connaissance, en lui octroyant une formulation explicite. Cette problématique a résulté de la conjonction de plusieurs questions

1. Les enjeux de ce débat dépassaient grandement la question qui se tenait en son centre, à savoir celle de la nature des idées. (Arnauld dont l'essai *Des vraies et des fausses idées* a déclenché la controverse à cause de sa féroce critique de Malebranche, présente ce travail polémique comme un simple *préambule;* il signifie par là que les véritables intérêts étaient théologiques beaucoup plus que philosophiques). Si cette controverse n'a pas été oubliée c'est toutefois en vertu de ce qui se tient en son centre –la nature des idées – plutôt que pour ce qui touche à la théodicée et à la question de la « nature et de la grâce ». Voir D. Moreau. *Deux cartésiens. La polémique Arnauld Malebranche,* Paris, Vrin, 1999. Ainsi que Moreau le fait, à juste titre, remarquer, la longue tradition de l'intérêt que la philosophie anglaise porte à la question des idées, est une des voies majeure qui a maintenu vivante la préoccupation du dix-septième siècle pour les « ways of ideas », et la controverse entre Malebranche et Arnauld constitue un épisode important de cette histoire. Elle débute avec Locke, qui porte un profond intérêt personnel notamment à Arnauld, et en particulier avec Reid, qui considérait ce dernier comme un précurseur de son propre réalisme. La littérature de langue anglaise qui porte sur la théorie des idées dans la philosophie de la première modernité, l'aborde à l'intérieur des débats entre réalistes et idéalistes. Citons, de façon très partielle quelques auteurs récents sur le sujet : N. Jolley, *The Light of the Soul, Theories of Ideas in Leibniz, Malebranche, and Descartes*, Oxford, Clarendon Press, 1990; S. M. Nadler, *Arnauld and the Cartesian Philosophy of Ideas*, Manchester, Manchester UP, 1989, et *Malebranche and Ideas*, Oxford, OUP, 1992; R. A. Watson, *Representational Ideas, From Plato to Patricia Churchland*, Dordrecht, Kluwer Academic Publishers, 1995; et W. J. Yolton, *Perception and Reality, A History from Descartes to Kant*, Ithaca and London, Cornell. UP, 1996.

qui, en se conjuguant, ont permis de faire parvenir à maturité un aspect central de la modernité philosophique[1].

L'utilisation de la terminologie de l'être objectif indique, à soi seul, que la question de l'être a déterminé l'horizon sous lequel se sont déroulées les multiples discussions, tant théologiques que philosophiques, qui ont permis à la conception moderne de la théorie de la connaissance d'émerger peu à peu. Cette dernière désigne le fait que l'investigation qui se consacre à la question de la connaissance et de la vérité devient primordiale et indépendante de la question de l'être. Une telle conception fait cependant son apparition dans le sillage de ces penseurs de la scolastique tardive qui considèrent la connaissance et mieux encore, la pensée, la pensée de la *mens* individuelle, comme une question ontologique. Le cadre conceptuel de leurs multiples débats ressortit à la question du *mode d'être* de l'acte de penser, du mode d'être des idées, de celui de l'intelligible et de l'intelligibilité. Ils n'en ont pas moins préparé la voie et accompli des pas décisifs en direction de la façon dont on allait concevoir ce qu'il en est de la connaissance. En vérité, déjà pour des penseurs tels que Pierre Auriol (1280-1322), le statut ontologique de la pensée est, à quelque égard, relativisé : pour ce théologien franciscain, la pensée, ou encore la connaissance, confère aux objets connus, en tant que tels, un type d'existence qu'il appelle *esse apparent*[2]. La relativisation de l'être objectif a fait une apparition

1. Voir J.-F. Courtine, *Suarez, op. cit.*, p.169 : la doctrine de l'être objectif a introduit « un virage décisif dans l'essence de la vérité ». L'étude de Courtine se consacre aux changements qui sont intervenus dans la conception de la métaphysique ; ils parviennent, selon lui, à maturité, au seuil de la modernité avec Suarez. Entre autres choses, Courtine situe dans la scolastique tardive l'apparition de la notion de *mens* humaine conçue comme « terrain d'activité » irréductible et *sui generis* pour la connaissance. A titre de simple exemple, Pierre Auriol, après Duns Scot mais bien avant Ockham, réduit à rien « la présence de la chose qui apparaît, à seule fin de jeter une lumière plus vive sur le privilège de l'esprit et l'omnipotence d'un Dieu qui peut se dispenser de ce détour contingent par *l'existentia et praesentia rei* ». Il y a là une avancée décisive sur le chemin qui conduit à poser de façon vraiment explicite le problème de la connaissance du sujet, de sa légitimation et de son fondement, ainsi que ce sera le cas avec Descartes.

2. Pour une présentation de Pierre Auriol et pour une bibliographie récente, voir *l'Encyclopédie de Philosophie Stanford* ainsi que le site web « Accueil Pierre Auriol ». Courtine, *Suarez, op. cit.*, p. 165-167 dit à propos d'Auriol : « les actes de connaissance s'adressent directement à *l'esse apparens ou intentionale* que reçoit chaque objet du fait même qu'il est connu et ob-jecté, et indépendamment de son existence réelle ou de sa non-existence (…). On peut dire que, quand la *specie* a cessé d'être *ce en grâce de quoi, ce dans quoi, ou ce par quoi* (*id quod*) les choses sont connues et se manifestent, pour devenir cela même qui s'objecte (*id quod*) à l'esprit, *l'esse objectivum et apparens* tient lieu de l'*eidos* platonico-aristotélicien, à ceci près que l'être objectif loin de tendre à s'effacer à titre de médiation transparente, fait plutôt obstacle ou écran dans son apparence propre. » Voilà le célèbre « voile des idées » qui

progressive dans la scolastique tardive, puis chez Descartes. Bien qu'elle puisse conduire à une position sceptique au titre d'élément ou de possibilité majeurs de la théorie de la connaissance et de la vérité, ce n'était initialement pas son enjeu majeur. Le résultat le plus important de toutes les discussions soulevées par la doctrine de l'être objectif tient à la question de savoir comment relier la sphère « intérieure », subjective, de la représentation, avec le monde « extérieur » et objectif. Vus rétrospectivement, tous les débats concernant le sens à accorder à l'être objectif des choses du monde, peuvent être saisis comme autant d'efforts qui ont cherché à théoriser, en les différenciant les uns des autres, les différents constituants de l'espace intérieur de la pensée, plus ou moins clos sur lui-même. En un sens, la reconnaissance d'un tel espace intérieur est plus radicale encore que tout scepticisme. Ce que Descartes et sa postérité ont appelé « la pensée » et ce que les penseurs prémodernes appellent « intellect » ou *noûs* engage un intérêt philosophique fondamental. L'utilisation d'une terminologie traditionnelle met en évidence deux points : le premier tient au caractère non-réductible, c'est-à-dire *sui generis* de la pensée ou intellection. Le second concerne la nature ontologique de l'intérêt que la tradition porte à la pensée, à la connaissance et à la compréhension.

Par conséquent, cette échelle qu'était la notion de l'être objectif a subi un changement graduel, un mouvement dialectique vers la position d'un espace intérieur de la pensée, conçu comme *conscience et subjectivité* (en particulier, bien sûr, avec Descartes). Spinoza aurait donc utilisé cette terminologie pour rendre problématiques les avancées majeures de Descartes. Leibniz, qui avait déjà renoncé à la vieille terminologie aurait fait de même, quoique d'une façon différente et beaucoup moins radicale. Et finalement, l'idéalisme transcendantal de Kant aura conduit à son apogée la dé-ontologisation de la pensée (comme celle du devoir moral). L'histoire de la doctrine de l'être objectif peut ainsi, en vérité, être envisagée comme l'histoire, ou plutôt la préhistoire d'une préfiguration de la théorie de la connaissance dans ses versions modernes, kantienne et post-kantienne. Spinoza ne figure pas dans la majorité des études consacrées à cette histoire. Il y tient pourtant une place qu'il importe de prendre en considération, si ce n'est pour parvenir à un tableau plus précis et plus nuancé de celle-ci, c'est du moins pour accroître notre compréhension de sa pensée. Les sources de ses usages de la terminologie de l'être objectif sont à la fois scolastique et cartésienne. Afin d'évaluer sa rupture radicale

fait son apparition aux côtés de ce qui s'apparente à une conception proto-moderne du « mental » comme phénomène *sui generis*.

avec l'une comme avec l'autre, il nous faut maintenant consacrer quelques mots à la doctrine cartésienne de l'être objectif.

Être formel et être objectif : le moment cartésien

Il y a eu, ces derniers temps, un grand nombre de recherches consacrées à l'usage cartésien de la distinction entre être objectif/être formel[1]. Descartes tire de la scolastique tardive une bonne partie de son vocabulaire, et aussi à quelque égard de ses idées : beaucoup de spécialistes l'ont montré avec pertinence – hommage soit rendu ici au travail pionnier de Gilson. Il n'en demeure pas moins, et en particulier en vertu de l'influence exercée par la « science nouvelle », que la doctrine de l'être objectif subit une profonde transformation dans ses écrits[2]. L'utilisation qu'il fait de la distinction traditionnelle entre les deux sortes d'être – formel et objectif – constitue un exemple de la façon dont un contenu théorique nouveau est introduit dans une thématique ancienne.

Le corpus cartésien contient de nombreuses versions de la distinction entre l'être objectif et l'être formel. On la trouve déjà dans les *Regulae*, dans la *Correspondance*, dans les *Méditations*, dans les *Objections et Réponses*, les *Principia Philosophiae*[3] ainsi que dans *l'Entretien avec*

1. Pour une vue détaillée sur la question voir N. Naman-Zauderer, *Descartes' Deontological Turn. Reason, Will, and Virtue in the Later Writings*, Cambridge, CUP, 2010, p. 19-28. Je n'ai pris connaissance du travail de Naaman-Zauderer qu'après avoir déjà rédigé et je dois rendre hommage à ce qu'elle fait. Si ses perspectives sont différentes des miennes, son écrit comporte beaucoup d'idées semblables à celles que j'ai avancées ici. Voir son ouvrage de 2010 en particulier. J'ai pu disposer du manuscrit de cet ouvrage, avant publication et y ai trouvé un grand profit.

2. C'est en laissant de côté le rôle de la « Science Nouvelle » qu'une grande part de la littérature se consacre à retrouver comment la doctrine de l'être objectif a ouvert la voie à la modernité – comme le fait aussi celle qui simplement s'attache aux utilisations que Descartes en fait. La « naissance du sujet moderne » est présentée comme un mouvement qui serait advenu uniquement aux confins de la théologie et de la philosophie. Étant accordé qu'une telle « naissance » advint avec Descartes, on peut avancer qu'elle trouva sa condition d'apparition dans la Science Nouvelle naissante – celle de Galilée en premier lieu – et cela non pas moins, mais bien plus que dans les philosophies traditionnelles. La doctrine de l'être objectif avait permis d'articuler l'un à l'autre un concept sui generis de la pensée avec la fermeture ontologique de la conscience sur elle-même ; la Science Nouvelle a fourni, de façon symétrique, une image fort utile de l'homologue à la pensée. Ce qui désormais semblait constituer une théorie pleinement rationnelle de l'objet de la pensée revenait à faire de cet objet quelque chose qui diffère totalement de la pensée elle-même.

3. Dans la version en français, la même idée est présente en termes plus simples qui laissent de côté une terminologie traditionnelle plus technique : il n'y a guère de différence entre nos idées « en tant que nous les considérons simplement comme les dépendances de

Burman. Il est à vrai dire très difficile de parvenir à présenter de façon ramassée et cohérente ce que pourrait être « la » doctrine cartésienne sur la question. Les hésitations et les retournements thématiques et terminologiques que l'on voit dans les textes cartésiens s'expliquent amplement par la complexité des questions qu'enveloppe la distinction entre *esse objectivum* et *esse formalis,* mais aussi par la grande ambiguïté et la grande indétermination dont fait montre l'usage de ces notions. Si l'*être objectif* jouit d'une certaine constance dans tout le corpus cartésien, il est en revanche, à de multiples occasions, entouré de termes divers qui aggravent les difficultés que ce vocable suscitait déjà chez les devanciers de Descartes.

La première preuve de l'existence de Dieu dans la *Méditation III* (qui est la deuxième preuve, bien moins élaborée dans les *Principes de la Philosophie*) offre l'occurrence la plus significative de la terminologie de l'être objectif. Pour le rappeler de façon schématique, cette première preuve s'appuie d'un côté, sur l'« axiome de la causalité », lequel stipule qu'une cause doit contenir « formellement et éminemment » autant de réalité que son effet (voir chapitre VI), et de l'autre, elle prend appui sur la possibilité d'octroyer une valeur, un statut et pour ainsi dire une grandeur ontologique aux pures idées, en tant que contenus de pensée. Le nerf de la preuve tient à l'affirmation que moi, ou tout esprit humain en général, ne saurait être origine de l'idée de Dieu. En un sens, et selon une certaine optique, cette dernière, à savoir l'idée d'un être infini, d'une infinie perfection, ou tout simplement l'idée de l'infini est une idée semblable à toutes les autres que nous avons ou que nous pensons. Ce que toutes les idées ont en commun est précisément ceci : nous (ou plutôt *je*) les pensons, ou encore nous les « avons » et en tant que modes de la pensée, acte de penser, en tant que pensée par un esprit humain, l'idée de l'infini n'est pas différente des autres idées et n'a pas plus de réalité ou perfection que n'en a l'esprit qui la pense. Il s'agit toutefois aussi d'une idée d'un genre particulier : si on considère sa *réalité objective* on ne saurait concevoir que cette dernière puisse être « causée » – forgée ou inventée – par un intellect fini comme l'est l'esprit humain. Elle détient davantage de réalité ou perfection que n'en détient l'esprit humain ; or un effet ne peut avoir plus de réalité ou perfection que sa cause. Il faut donc conclure que l'existence de l'idée d'*infini* en notre pensée est de toute nécessité la marque d'une cause ou source infinie. (AT, VII, p. 41 ; IX, p. 32-33). La nature double de l'idée d'infini s'explique par la différence entre les deux sortes de « réalité » que les idées

notre âme ou de notre pensée », « mais elles diffèrent grandement quant à ce qu'elles représentent » (§ 17, AT, IX, p. 32).

détiennent. La *réalité formelle* de l'infini est sa réalité considérée matériellement (ainsi que Descartes l'écrit parfois) : elle est comparable à n'importe quelle autre idée de l'esprit humain ou encore à toute autre pensée qu'il pense, mais d'un autre côté, sa *réalité objective* exige nécessairement une cause infinie.

Connu pour les difficultés qu'il enveloppe, cet argument n'a jamais cessé de soulever les critiques des lecteurs, commentateurs et critiques, depuis que le théologien hollandais, Caterus, fit parvenir à Descartes les *Premières Objections*. Caterus soulève une question qui lui semble comporter une difficulté majeure : que signifie, demande-t-il « être objectivement dans l'entendement » ? S'il s'agit de « terminer l'acte de l'intellect à la façon d'un objet » (*i.e.* qui trouve son origine dans l'intellect) alors l'être objectif est une « dénomination extrinsèque » (*extrinseca denominatio)* et, en tant que tel, il n'ajoute rien à la chose elle-même, et il n'est rien lui-même[1]. S'il n'est rien, aucun principe de causalité ne peut lui être appliqué de sorte que l'existence d'aucune cause réelle ne peut être conclue de la réalité objective d'une idée. Bien que toute l'argumentation de Caterus revête des atours scolastiques, et même ceux de la scolastique tardive, elle n'en comporte pas moins une ouverture vers la position cartésienne, en effet moderne du problème de l'*origine* de la connaissance : elle suppose un dualisme entre le domaine intérieur de la pensée et de la connaissance, et celui de la causalité effective du monde extérieur.

La réponse de Descartes est longue et recherchée. Il tente de montrer que les idées ne sont pas de « purs non-êtres » mais qu'elles détiennent une réalité – en fait, une double réalité : être objectivement dans l'intellect ou la pensée est bien une sorte de réalité. En tant que telle, les explications causales qu'on en peut donner sont pertinentes. Il est vrai, dit-il, que le soleil diffère de l'idée du soleil que j'ai, et le fait que je conçoive le soleil ou que je pense à lui, ou encore plus précisément, le fait qu'il soit *objectivement* dans l'entendement n'ajoute rien au soleil tel qu'il est en dehors de mon intellect. Il s'agit donc d'une dénomination externe qui signifie qu'il « *est dans l'intellect à la façon dont les objets y sont habituellement* » (AT, VII, p.102 ; IX, p.82 ; les italiques sont ajoutés). Cependant, si nous considérons les idées elles-mêmes, « *être objectivement dans l'intellect* ne signifie pas terminer son acte à la manière d'un objet, mais plutôt être dans l'intellect à la façon dont ses objets y sont habituellement »[2], ce qui est une

1. Il y a de légères différences entre le latin (AT, VII, p. 92) et le français (AT, IX, p. 74).

2. Traduction de : « neque ibi, *objective esse in intellectu,* in intellectu, significabit ejus operationem per modum objecti terminare, sed in intellectu eo modo esse quo solens ejus objecta, adeo ut idea solis fit sol ipse in intellectu existens. » AT, VII, p. 103 ; en français IX,

sorte de réalité. Aussi énigmatique que cela soit, nous ne nous arrêterons pas à la distinction entre « être objectivement dans l'intellect », « terminer son acte à la façon d'un objet », « être dans l'intellect à la façon dont ses objets s'y trouvent habituellement ». Ce qui nous importe dans tout ceci est surtout le point suivant : Descartes, pour défendre sa preuve, doit éviter de tomber dans le piège de l'opposition entre réalisme et idéalisme. Pour le dire de façon plus précise, il lui faut contourner la conception qui verrait dans la vérité un rapport entre ce qui est intérieur à la pensée avec ce qui lui est extérieur. La question fondamentale qu'il entend poser est celle des idées, comme telles, et le centre de sa réponse consiste en une tentative pour considérer les idées, ou la pensée, en elles-mêmes. Réalité objective, réalité formelle sont deux côtés – ou deux réalités – des idées *par soi* quand on les considère avant tout, abstraction faite de toute relation à ce qui se tient en dehors d'elles. En considérant que la question des idées est une question théorique par elle-même, ces vocables expriment deux modes d'approche différents des idées.

Dans la preuve de l'existence de Dieu, la réalité formelle de l'idée de l'infini qu'on trouve en sa pensée c'est-à-dire dont on s'aperçoit qu'elle est présente tacitement en nous, est une réalité en tant que l'idée est pensée par l'intellect. Comprendre que nous sommes finis – la mise en œuvre du doute repose sur la possibilité de l'erreur – présuppose le concept d'infini (cf. *Entretien avec Burman*). Être présupposé, c'est-à-dire être présent implicitement, n'est pas être rien : c'*est* une sorte de réalité. Elle n'est pour autant dotée d'aucune supériorité ontologique, ni d'un surcroît de perfection relativement à la réalité et perfection de celui qui pense ou présuppose l'infini à chaque fois qu'il se considère comme fini. La réalité objective de cette même idée est toutefois quelque chose de très différent. Elle *est* l'infini, en un sens : disons plus précisément que sa réalité ou perfection – en tant qu'objet, ou contenu de pensée, ou encore concept, est telle que sa cause ne saurait consister en une chose finie (dès lors que le fini ne peut donner lieu à l'infini). En d'autres termes, la réalité objective de l'idée d'infini ne saurait être forgée par un entendement fini.

Y a-t-il une équivoque insurmontable dans le fait de *faire* coïncider ce qui est d'ordre ontologique – effectivement causé et contenant de la perfection – avec la puissance de la pensée ? Descartes se propose

p. 82. L'expression technique *modum objecti terminari* signifie à peu près que cet « être objectif » est subjectif, au sens où il appartient à un ordre qui diffère de celui auquel appartiennent les objets. Cette formulation renvoie aussi à l'idée que l'objet dans l'intellect est résultat d'un acte intentionnel – penser un objet c'est effectuer une opération dont la nature est intentionnelle.

d'expliquer ce qui est réellement infini dans l'idée d'infini de façon inhérente à une telle idée en faisant appel à la notion de complexité, telle qu'elle caractérise par exemple la richesse interne d'un contenu de pensée. Supposons par analogie la grande complexité du plan d'un édifice, ou celle d'un mécanisme artificiel fort compliqué : si on disait que cette complexité est « perfection » et que le concept de l'*infini* est le concept de ce qui est parfait, il faut comprendre qu'il contient une complexité qui se situe au-delà de tout ce qu'une machine artificielle ou de ce qu'une invention peut détenir.

La distinction *esse objectivum/esse formalis* joue un rôle dans un autre aspect fondamental de la dualité inhérente à la pensée et dans la façon dont cette dualité s'articule, et il s'agit de la conception d'un espace propre à la conscience. Dans l'exposé *more geometrico* qui se trouve à la fin des *Secondes Réponses*[1], l'idée est définie comme « cette forme de chacune de nos pensées par la perception immédiate de laquelle nous avons connaissance de ces mêmes pensées ». La version en latin écrit, à la place de « connaissance » « être conscient de » (*conscious sum).* Ce qui mérite attention. Nos pensées sont dotées, chacune d'entre elles, d'une certaine forme. Nous percevons ces formes, ce qui veut dire, semble-t-il, que nous ne « percevons » pas directement nos pensées mais que c'est à travers ces perceptions que nous parvenons à la connaissance de *nos pensées*, ou encore en devenons conscients. Parler d'une part, de la « connaissance (ou cognition) des pensées, comme si l'*objet* de cette connaissance était « nos pensées », et de l'autre, rendre équivalents « connaître » avec « être conscient », c'est dire que « penser » et « être conscient » ne sont pas synonymes. D'une façon en quelque sorte non précisée, la pensée précède, elle est en droit première par rapport aux pensées dotées de forme dont nous sommes conscients. On peut même faire un pas de plus et supposer que c'est cette dualité qui donne une signification concrète à la distinction métaphysique fondamentale entre la *substance et les modes* quand on l'applique à la *res cogitans.* La pensée est condition des occurrences conscientes des actes de pensée, mais les pensées ne prennent forme et ne deviennent connues comme des objets de conscience qu'au cours de tels actes de pensée.

Soit le caractère radicalement personnel de la façon dont l'entendement et la pensée sont engagés dans l'acte même du doute. Soit encore le fait de poser le principe de causalité comme essentiel à la théorie des idées. Soit enfin l'émergence de la notion de *conscience* : dans tout cela gît à l'état

1. AT, VII, p. 160-170 pour le latin, et XI, p. 124-132 pour le français. Les définitions en question se trouvent respectivement p. 160-161 et 124.

implicite ou semi-implicite ce qui va devenir pleinement explicite dans les conséquences qui vont en être tirées. D'un côté, poser que la question de la vérité est première, mais, de l'autre, concevoir la vérité comme une relation entre ce qui est intérieur à la pensée avec ce qui lui est extérieur. Dans une Lettre à un correspondant inconnu, Descartes tente d'accorder à la vieille distinction entre *essence et existence* une signification conforme à sa philosophie. La source majeure des difficultés en la matière, explique-t-il, tient à ceci que « nous ne distinguons pas suffisamment entre les choses qui existent en dehors de notre pensée [*nostra cogitatione*] et les idées des choses qui sont en notre pensée ». Il précise alors ce qu'il veut dire en faisant appel à deux exemples. Dans le premier exemple mathématique : si on considère « objectivement » l'essence et l'existence du triangle, elles sont distinctes en tant que « modes » ; en revanche, si on considère l'existence du triangle *extra cogitationem* alors essence et existence ne sont plus distinctes. Il en va de même avec tout ce qui est universel. Ainsi quand je dis « Pierre est homme », la pensée par laquelle je pense Pierre diffère modalement de celle par laquelle je pense « homme », mais le fait pour Pierre d'être homme n'est rien d'autre que d'être Pierre. Ainsi, derechef, si par « essence » nous comprenons une chose telle qu'elle est objectivement dans l'entendement, et par « existence », la même chose telle qu'elle est en dehors de l'intellect, il est manifeste que les deux sont réellement distincts »[1].

Si j'ai cité des fragments un peu longs de cette Lettre, relativement tardive, c'est qu'elle porte un témoignage assez clair du changement qu'apporte « le moment cartésien » : la *transformation* qui va conduire à la théorie moderne de la connaissance va être effectuée en se servant de la distinction entre *esse objective/esse formalis.* « L'essence » devient être objectif, et de fait, concept ; quant à « l'existence » elle est maintenant comprise comme une existence extérieure et plutôt *indépendante de la pensée.* Ce qui veut également dire que la pensée, quant à elle, est conçue comme une affaire exclusivement subjective, tandis que la vérité devient une relation entre l'intérieur et l'extérieur, soit encore entre ce qui est subjectif et ce qui se tient hors du sujet. On voit ici, pour ainsi dire à l'état naissant, comment un champ dans lequel la question de l'être est première se métamorphose en un autre : celui qui se constitue en partant du caractère premier de *la vérité et de la connaissance* de sorte que celle-ci est censée

1. En partie citée par N. Naaman-Zaudrer, *Descartes' Deontological Turn, op. cit.*, qui expose largement ce qu'il en est de cette question dans le corpus cartésien (dans AT on suppose que le correspondant devait être soit le Père Mesland, soit le Père Vatier, AT, IV, p. 348-350).

relever d'un espace qu'on définit en vérité par son *intériorité* (immédiateté de la présence à soi, clôture ontologique, privauté, intimité etc.). De surcroît, les deux questions de la vérité et de la connaissance deviennent inséparables et elles sont toutes deux vues comme autant de relations entre ce qui est mental et ce qui est extra-mental, entre un domaine *immatériel,* propre à la pensée, et des êtres extérieurs *matériels*. Le fait que Descartes prenne un exemple géométrique est hautement significatif : un triangle n'est, bien entendu, pas une chose matérielle. Mais en tant qu'existant, il est chose étendue et pour ainsi dire, fragment d'étendue[1]. Si on garde à l'esprit la réduction cartésienne de la matière à l'étendue – qui n'est rendue concevable que dans le cadre de la révolution scientifique galiléenne et cartésienne – la transformation qui est en train de se produire devient évidente : l'objet de la pensée va devenir, de façon paradigmatique, chose matérielle, et en tant que tel, tout à fait autre que la pensée non-matérielle. La *réalité objective*, c'est-à-dire un aspect de la pensée, devient un pur oxymore. L'ironie de l'histoire – et il s'agit là de bien davantage que d'un petit grain d'ironie – c'est que objet et objectivité vont cesser d'être saisis comme des modes d'être des objets-de-pensée, comme le genre d'être que détiennent les contenus ou concepts de la pensée. Ils vont devenir le mode d'être de ce qui existe en dehors de et indépendamment de celle-ci de sorte que ce sont des lois autres que les lois de la pensée qui les gouvernent, à savoir les lois mécaniques de la nature matérielle. On ne parlera plus de la pensée en termes d'être objectif : elle est désormais conçue comme sujet et subjectivité.

Dans la *Praefatio ad Lectorem* de l'édition en latin des *Méditations* (AT, VII, p. 8) la double nature des idées est une fois de plus affirmée, quoique dans une terminologie quelque peu différente. Ce texte est certainement postérieur aux considérations contenues dans les *Objections* et *Réponses*. Descartes y formule les conclusions auxquelles l'a fait parvenir une méditation ultérieure consacrée aux questions qui furent soulevées dans cette correspondance. L'*idée,* écrit Descartes, est un terme équivoque : on peut le comprendre au sens « matériel » c'est-à-dire comme une « action de mon esprit », ou en un sens « objectif », comme cela-même qui est *représenté par cet acte*. Prendre les idées « matériellement » semble bien se substituer à *l'être formel* des idées. On a pourtant parfois cru que Descartes introduisait là quelque chose de neuf. La présence de la notion d'acte a conduit certains lecteurs à croire à une notion mineure qui laisserait de côté la signification rigoureusement éidétique de l'idée.

1. Cet aspect de la pensée de Descartes sera pleinement développé avec la notion d'étendue intelligible de Malebranche.

Ce n'est toutefois probablement pas le cas, et à tout le moins, certainement pas de façon univoque. On peut supposer que les deux termes – être formel ou réalité et matérialité – ont conservé le sens selon lequel les idées sont des contenus de pensée, concrètement ou actuellement conçus.

Ce qui est posé ici de la façon la plus explicite, c'est que ces « actes » ou « formes » de notre pensée, c'est-à-dire de nos idées, prises « matériellement » *représentent* l'être objectif de ces mêmes idées, c'est-à-dire ces idées prises « objectivement ». « Les idées prises objectivement », cela signifie ici pour Descartes, les *choses représentées* et non, comme certains le croient, les *représentations* des choses. L'être matériel d'une idée, c'est-à-dire la forme que la pensée octroie, en vertu d'un acte de pensée, cela *représente* son être objectif. Ce qui peut sembler étrange. Mais il est certain que Descartes a eu en vue la fonction stratégique de tout ceci. Ainsi qu'il le souligne aussitôt, il est en train d'ouvrir le chemin en vue de sa preuve de l'existence de Dieu : bien que nous ne considérions pas la chose représentée comme existant en dehors de l'intellect, ou de l'âme, on peut néanmoins dire que selon son essence (*ratione suae essentiae*) elle est plus parfaite que l'agent pensant qui la pense. Le rôle stratégique de cette assertion semble parfaitement net : dans le cas de l'idée d'infini, qui nous donne connaissance de l'existence d'une entité infinie, sans nous donner connaissance, ou pleine compréhension de l'infini (de sa nature, précisément de son essence), la distinction est fondamentale. L'idée de l'infini, à savoir l'idée de l'infini en tant que nous avons conscience qu'elle est déjà implicitement la condition de l'idée du fini, cette idée de l'infini représente son être objectif mais non comme ce qu'il est vraiment. L'essence de l'infini, de l'objet infini, demeure pour un entendement humain hors d'atteinte. Cependant cet infini est présent dans son idée, « à la façon dont les objets sont présents en elle » ainsi que Descartes le répète en de nombreuses occasions. Il y est en tant que représenté ou plutôt, en fait, *présenté* sous une forme imputable à ma pensée – un moment de contenu conscient, un contenu concret, un « événement mental ». Plus précisément, l'infini est représenté par ce que je comprends quand je découvre que je me trompe parfois et que, dès lors, je suis chose finie. Alors je découvre que le concept d'une intelligibilité finie, la possibilité même de concevoir une telle chose dépend du concept de l'infini, c'est-à-dire le présuppose. En d'autres termes je découvre que, tout du long, j'ai implicitement supposé l'infini et que ce dernier est ainsi en vérité coextensif à mon propre entendement. On pourrait dire de façon métaphorique, que le concept d'infini a toujours (et implicitement) été présent en toute âme : il s'agit donc vraiment d'une « idée innée ».

Dans l'exposition *more geometrico* rappelée ci-dessus, Descartes définit (troisième définition) l'être (ou *réalité*) objectif(ve) de l'idée comme suit: « par réalité objective d'une idée, j'entends l'entité ou l'être de la chose représentée par l'idée, en tant que cette entité est dans l'idée ». Puis (quatrième définition): « les mêmes choses sont dites être *formellement* dans les objets de ces idées quand elles sont en eux telles que nous les concevons ». Si on suit ces définitions, dans tous les cas autres que celui de l'idée d'infini – la forme de la pensée que nous avons d'un objet représenté, le représente tel qu'il est. Alors, et seulement alors, on peut dire que l'entité, ou essence de la chose, est *formellement* dans l'idée.

En d'autres termes, il y aurait là de quoi attribuer le titre d'idée vraie – c'est-à-dire (parfaitement) claire et distincte. Un élément majeur, enfin, fait son apparition dans l'espace qui s'ouvre, pourrait-on dire, entre les deux « réalités » qui appartiennent à une seule et même idée: il s'agit par conséquent de ce qui peut les unir en une entité une. Ce que Descartes appelle *représentation* occupe la fonction de médiation entre les deux « réalités ». L'histoire de cette notion, à la fois philosophique, scientifique et semi-scientifique est une très longue histoire qui à la fois précède Descartes et lui succède. Il semble que ce soit, dans une large mesure, dans le sillage de Descartes que la notion de *représentation* soit devenue une notion moderne. Il se pourrait même qu'elle soit devenue, à maints égards, centrale dans l'approche moderne de la connaissance, de la perception et de la vérité. Ce qui vaut à la fois pour la tradition de langue anglaise et pour la tradition dite « continentale ». La question de la représentation constitue un objet central dans la célèbre controverse entre Malebranche et Arnaud, comme aussi dans la doctrine du « voile des idées » chez Locke ou dans la critique que fait Reid de la théorie des idées chez Locke, et plus tard encore avec Kant. Dans la philosophie de l'esprit contemporaine, dans la phénoménologie, dans les disciplines récentes, scientifiques ou semi-scientifiques telles que les sciences cognitives, la linguistique et les neurosciences, la notion n'a pas cessé d'occuper une place encore plus décisive.

C'est un lieu commun de souligner combien cette notion de *représentation* est ambiguë et multiforme – ce qui ne prévient pourtant pas les confusions. Dans les utilisations habituelles de cette notion, on peut distinguer deux ordres de significations: pour user de brièveté, nous pourrions parler des fonctions *sémantique* (de présentation) et *sémiotique* de la représentation. La fonction sémantique désigne cette propriété que possède la « représentation mentale » d'être porteuse de signification, et aussi de vérité et d'erreur, de compréhension, de capacité de concevoir et de raisonner, ce que l'on confond souvent avec l'intentionnalité, c'est-à-dire avec la présence à la conscience d'un contenu idéatif, conceptuel et, plus généralement la présence à la conscience de quelque contenu « mental ». Au sens sémiotique, la représentation renvoie à la fonction qu'ont les idées de représenter une chose *en en tenant lieu*. On est là bien plus près de la façon dont le discours familier se sert de la notion de représentation – ce qui permet aussi un usage extralinguistique de la notion, en particulier dans le domaine politique.

Nous n'allons pas maintenant proposer une lecture cohérente de l'usage que fait Descartes de la notion de représentation. Pas davantage n'allons-nous entrer dans un historique tant des usages complexes et souvent confus de cette notion que de ses usages courants. Dans le chapitre suivant, il nous faudra revenir sur cette question et sur la façon peu orthodoxe dont Spinoza évite cette notion. En attendant, remarquons seulement la chose suivante : on peut dire que les écrits de Descartes annoncent vraiment la grande centralité qui va être dévolue au concept de représentation dans la théorie moderne de la connaissance, étant donné l'usage qu'il fait de cette notion en lui attribuant le rôle d'une relation intra-idéative d'un côté, et de l'autre, celui d'une relation entre l'intérieur et l'extérieur. Dans le cadre de notre étude consacrée au prétendu monisme de Spinoza, il importe tout spécialement de souligner que la *représentation* est presque toujours pensée en tant que relation apte à combler un fossé ou une différence ontologique et/ou conceptuel entre le sujet/la conscience et ses objets intentionnels, l'intérieur et l'extérieur, la conscience et le monde, le mental et l'extra-mental, ou encore la connaissance et son objet. Il en va ainsi quelle que soit la vue qu'on prenne sur la *représentation* : qu'on la conçoive comme une correspondance « aveugle », relation fonctionnelle d'un certain genre ou isomorphisme, entre les « choses » ou « objets » et les pensées ou idées singulières – qu'on appellerait dans un jargon contemporain des « événements mentaux » (avec tout le respect dû à Leibniz, la métaphore qui vient spontanément est celle du *mapping*) – ou qu'on la conçoive comme une présence intentionnelle propre à la conscience. La doctrine spinoziste de l'âme se livre à une relativisation radicale du problème de la représentation quant à chacun de ses aspects. Pour ce faire, Spinoza de façon remarquable prend appui sur un vieux jargon, en particulier celui de la distinction entre être formel-être objectif, distinction qu'il va mettre sens dessus dessous.

Nous nous sommes arrêtés un peu longuement sur la doctrine cartésienne de l'être objectif en premier lieu parce qu'elle permet de mieux saisir la véritable signification du dualisme cartésien de la pensée et de l'étendue dont l'originalité est souvent masquée par la question des rapports entre l'esprit et le corps. Mais la doctrine cartésienne délimite aussi le cadre historique et thématique à l'intérieur duquel fut conçue la théorie spinoziste du corps-esprit, c'est-à-dire son monisme, à seule fin de s'opposer à elle radicalement.

Être objectif et être formel chez Spinoza

La terminologie de l'être objectif/être formel se trouve dans la majorité des écrits de Spinoza. Elle ne figure pas dans les *Cogitata metaphysica* ni dans les deux traités politiques. Il y est fait une référence oblique à une ou deux reprises dans les Lettres, mais elle se trouve dans tous les autres écrits et généralement de façon non triviale. L'utilisation de cette terminologie subit une évolution intéressante dans la suite des écrits de Spinoza et une telle évolution marque le trajet qu'a suivi sa pensée dans la quête d'une voie qui lui soit propre. Bien que *Les Principes de la philosophie de Descartes* ait été rédigé après le *TRE* et le *Court traité*, à une époque où Spinoza était déjà en possession de l'essentiel de la philosophie de sa maturité, il nous paraît préférable de commencer par la considération de cet ouvrage. Ainsi que Ludwig Meyer l'explique dans sa « Lettre au lecteur », qui à coup sûr répond à une demande de Spinoza, l'auteur n'adhère pas à la philosophie qu'il a décidé de présenter. Nous savons aussi que c'est dans une certaine hâte que Spinoza rédigea la première partie de son exposition des *Principes* parce qu'il était déjà tout occupé à formuler sa propre philosophie[1]. Il y a là, parmi d'autres, une raison passablement circonstancielle de prendre en considération ce texte négligé parce qu'il constitue un pont essentiel entre Descartes et Spinoza[2].

Ce qui toutefois importe au plus haut point à notre travail tient à ceci que dans tout le corpus spinoziste, c'est dans *Les principes de la philosophie de Descartes* que figure le seul et unique passage qui contienne une

1. Ainsi que Spinoza l'écrit à Ludwig Meier en Août 1663 (Lettre 15), il avait rédigé la première partie des *Principes* en deux semaines, en vue, surtout, de la publication de ce petit ouvrage. La deuxième partie et ce qu'il en est de la troisième furent écrits antérieurement dans l'idée, entre autres choses, d'instruire le jeune homme qui « habite sous le même toit » (Lettres 8 et 9). La première partie du texte de Spinoza ne constitue pas une exposition exacte des *Principes* de Descartes, comme Meier l'explique clairement dans sa préface – Spinoza laisse des choses de côté et aussi bien, il se sert des *Méditations*.

2. La relation complexe qu'entretiennent cet essai et son appendice, *Cogitata Metaphysica* avec d'un côté, Descartes et les penseurs scolastiques qu'il avait lus, et de l'autre, avec sa propre philosophie, a fait l'objet de plusieurs recherches, surtout à la fin du dix-neuvième siècle et au début du vingtième, en particulier chez les savants de langue allemande (Juifs surtout) tout particulièrement chez Joel, Freidlander, et Kuno Fisher. Il y a également des travaux plus récents sur ce sujet, de Guéroult, Curley et de quelques autres.

définition, en vérité une élucidation des notions de *réalité objective et réalité formelle.* Au début de sa présentation *more geometrico* des *Principes de la Philosophie* de Descartes (de la première partie), Spinoza transcrit les dix définitions que Descartes avait proposées au commencement de l'exposé géométrique qu'il fit de ses propres positions, à la fin des *Secondes Réponses,* exposition qu'il appelle « synthétique ». Les troisième et quatrième définitions, tant dans l'exposé synthétique de Descartes que dans la transcription qu'en fait Spinoza, portent respectivement sur la réalité objective et sur la réalité formelle. Puisqu'on ne trouve nulle part ailleurs chez Spinoza d'autres définitions ou élucidations de ces notions, on peut croire que Spinoza suppose que ses lecteurs comprennent le sens de ces termes, et on peut également supposer que le sens qu'il leur attribue dans son exposition de Descartes sera, plus ou moins, conservé par la suite. La troisième définition pose que : « Par réalité objective d'une idée [*realitatem objectivam ideae*] j'entends l'entité [*entitatem*] de la chose représentée par l'idée, *en tant que cette entité est dans l'idée.* » (nous soulignons). Et on peut de la même façon, ajoute Spinoza, dire « une perfection objective ou un artifice objectif etc. Car tout ce que nous percevons dans les objets des idées est objectivement dans ces idées mêmes. ». La quatrième définition pose que « Les mêmes choses sont dites être *formellement* dans les objets des idées quand elles sont en eux telles que nous les percevons; et *éminemment* quand elles n'y sont pas telles, à la vérité, mais si grandes qu'elles puissent tenir lieu de celles qui seraient telles. » Il est loisible d'apercevoir dans ces définitions une modification de l'utilisation proprement cartésienne de l'être objectif et de l'être formel. Au lieu d'une distinction entre deux réalités appartenant aux idées comme telles, les définitions de l'exposé *more geometrico* semblent indiquer une distinction essentielle entre les idées et leurs objets. Spinoza va se servir de la distinction traditionnelle pour lui faire dire son exact opposé.

En fait, Spinoza va continuer à faire largement appel à la distinction, mais il faut cependant souligner qu'elle disparaît complètement dans la preuve de l'existence nécessaire de Dieu dans *l'Éthique.* La preuve spinoziste telle qu'elle est progressivement mise en œuvre dans les onze premières propositions de *É* I (et à vrai dire, dans les quinze premières) ne s'appuie ni sur une théorie des idées ni sur un principe de causalité mais sur le concept de *l'infini.* Descartes, lui aussi, dans sa première preuve de l'existence de Dieu, prenait appui sur le concept de l'infini. Mais à la différence de Descartes, Spinoza a jugé qu'il pouvait formuler un concept pleinement positif de l'infini et non se contenter de saisir sa présence en tant que condition de son discours philosophique. Ainsi Spinoza pensait-il qu'il lui était possible de déduire la nécessité de l'existence infinie en s'appuyant uniquement sur sa théorie de l'infini, sans qu'il soit requis de présupposer un principe indépendant de causalité qui précéderait la théorie des idées.

La disparition de la distinction traditionnelle est toutefois seulement temporaire. Ce sera surtout pour sa doctrine plutôt non cartésienne du corps-esprit, comme pour sa théorie des idées, que Spinoza va faire appel à la doctrine de l'être objectif. On peut quand même trouver un sentier, au moins en partie praticable, qui conduise de l'usage cartésien de la distinction entre être formel/être objectif, à l'usage qu'en fait Spinoza. Dans la Lettre 40 à Jarig Jelles en date du 25 mars 1665, Spinoza rappelle avec approbation la preuve cartésienne de l'existence de Dieu et fait mention du quatrième axiome, l'axiome de la causalité, dans l'exposé *more geometrico* de Descartes. Ce quatrième axiome stipule que « toute la réalité ou perfection qui est dans une chose se rencontre formellement ou éminemment dans sa cause première et totale ». Spinoza considère toutefois que cet axiome est « quelque peu obscur » et qu'on le pourrait mieux formuler de la façon suivante : « la puissance dont la pensée dispose pour penser n'est pas plus grande que la puissance dont dispose la nature pour exister et pour agir » [1]. De cet « axiome clair et vrai » ajoute Spinoza, « il suit que l'existence de Dieu découle très clairement et très efficacement de l'idée de Dieu ». La question de savoir comment on peut déduire l'existence de Dieu de l'axiome ainsi nouvellement formulé n'apparaît pas en pleine clarté. Aussi bien, dans l'*Éthique,* Spinoza ne le fait-il pas entrer en jeu. Mais il va cependant refaire surface dans le corollaire de *É* IIp7 c'est-à-dire au cœur même du développement des treize premières propositions de *É* II et précisément dans le passage qui voit la réapparition de la distinction entre être objectif/être réel.

Un auteur anonyme avait essayé de réfuter les preuves cartésiennes de l'existence de Dieu et les commentaires qu'en fit Jelles lancèrent la discussion dont il est question dans cette Lettre 40. La réfutation s'appuyait sur l'idée que l'axiome cartésien de causalité se trouverait contredit par le fait que toute explication causale est susceptible d'une régression *ad infinitum.* Spinoza répond que s'il s'agit de l'explication causale de mouvements physiques, l'explication qui régresse d'une cause à une autre aboutit bien à la cause éternelle et totale dont il s'agit dans l'axiome. Mais s'empresse-t-il d'ajouter, il en va tout différemment dans le cas d'une causalité « idéative ». Avoir copié un livre de philosophie qui lui-même

1. *Quod cogitandi potentia ad cogitandum non major est, quam naturae potentia ad existendum et operandum.*

avait été copié sur une autre copie du même livre lui-même copié et ainsi de suite *ad infinitum*, ne fournit aucune réponse à la question de savoir d'où on tient un tel livre. Quand il s'agit des idées, expliquer n'a pas le même sens que lorsqu'il est question de l'explication mécanique d'un mouvement, car la question ne portait pas sur la forme des lettres sur le papier, mais sur les idées et ce qu'elles signifient. On voit tout ceci facilement, conclut Spinoza, d'après l'axiome neuf de son exposé *more geometrico* des P*rincipes* de Descartes (qui diffère de l'axiome formulé par Descartes). Cet axiome pose que : « La réalité objective de nos idées requiert une cause dans laquelle cette même réalité soit contenue non pas seulement objectivement, mais formellement ou éminemment ». Spinoza fait suivre cet axiome d'une explication dans laquelle il prend à peu près le même exemple que dans la Lettre à Jelles. Cet axiome, lui non plus, ne va pas complètement disparaître, mais on le voit resurgir, non plus en tant qu'axiome, mais précisément dans le corollaire de *É* IIp7.

Comment comprendre ce déplacement compliqué de Descartes à Spinoza? En ce qui concerne la formulation améliorée que propose Spinoza pour l'axiome cartésien dans la Lettre 40, Deleuze par exemple a cru y trouver attestée la recherche d'un axiome de « puissance » destiné à remplacer l'axiome cartésien de la « quantité de réalité »[1]. La centralité du thème de la puissance est manifeste dans l'*Éthique* et Deleuze n'est assurément pas le seul commentateur à s'en être aperçu[2]. Toutefois c'est un second point aussi que recherche Spinoza, et Deleuze l'a laissé de côté. Le corollaire de *É* IIp7 porte témoignage de façon fort caractéristique d'une position qui à la fois emprunte et transforme. Il cristallise la façon dont Spinoza retravaille à la fois la signification et le rôle systématique de deux ingrédients de la preuve cartésienne de l'existence de Dieu : la causalité et l'être objectif.

Il faut souligner que Spinoza utilise ce que Deleuze baptise « axiome de la puissance » mais qu'il fait aussi usage de la distinction être formel/être objectif, non pas dans le cadre de la métaphysique générale de *É* I mais dans le cours des formulations auxquelles il se livre pour fonder conceptuellement et ontologiquement sa théorie du corps-esprit. *Potentia* est un concept de métaphysique générale pour Spinoza et il faut cependant souligner qu'il n'y a pas de hasard dans le fait que sa présence dans la Lettre

1. *Cf.* Deleuze, *Spinoza*, *op. cit.*, p. 77. En vérité la notion de « perfection » ou « quantité de réalité » joue un rôle très important dans la philosophie de Spinoza. Je vais y venir plus tard.

2. Une fois encore je voudrais ici signaler en particulier le travail de H. F. Hallett sur Spinoza, et tout spécialement, *Creation, Emanation and Salvation*, The Hague, Martinus Nijhoff, 1962.

à Jelles soit accompagnée de l'exemple du livre recopié. C'est que Spinoza ne manque jamais d'insister sur la spécificité de la causalité/puissance des idées quand il interprète la causalité en termes de puissance.

Le corollaire de *É* IIp7 contient un double rejet symétrique, ainsi qu'il a été signalé antérieurement : à la fois celui de l'« idéalisme » et celui du « matérialisme ». Un tel rejet engage aussi celui de deux formes classiques de réductionnisme. Dans l'axiome tout comme dans sa répétition dans le corollaire, cette double polémique, ce rejet parallèle à la fois de l'idéalisme et du matérialisme doivent être compris à la lumière de l'insistance que met Spinoza, à la fois dans l'explication de l'axiome 9 des *Principes* ainsi que dans la Lettre 40, à souligner la spécificité des explications qui portent sur les idées. L'affirmation que la causalité « idéative » est structurellement différente de la causalité physique est explicite dans la Lettre et moins nette dans l'*Éthique* – quoiqu'on puisse l'y trouver. Or, à suivre Deleuze, la causalité propre aux idées serait un pouvoir – ou plutôt une puissance ainsi que Hallett propose de la nommer. Si les deux types de causalité sont différents, le fameux parallélisme entre la pensée et l'étendue ne devrait plus être compris comme un pur et simple isomorphisme.

Le principe de causalité, entendu comme une puissance, est un principe de métaphysique générale qui n'est guère conciliable avec celui de la spécificité et de l'irréductibilité de la pensée à la causalité physique – ce qui sans doute explique une autre volte-face de Spinoza. *É* IIp9 semble en effet reculer à propos de la spécificité de la causalité propre aux idées telle qu'elle était présente dans la lettre. En adoptant une attitude plus proche du parallélisme, Spinoza maintenant la présente d'une façon très proche de celle avec laquelle il parlait de la causalité physique dans la lettre :

> L'idée d'une chose singulière existant en acte a pour cause Dieu non en tant qu'il est infini, mais en tant qu'on le considère comme affecté de l'idée d'une autre chose singulière existant en acte, idée de laquelle Dieu est cause pareillement en tant qu'il est affecté d'une troisième, et ainsi à l'infini.

La nature spécifique de la causalité propre aux idées sera toutefois maintenue un peu plus loin en *É* II. Nous allons y revenir au chapitre VI. L'ordre des raisons – tel celui qui est à l'origine de l'ouvrage de philosophie mentionné ci-dessus – est habituellement et intuitivement envisagé comme tout autre que celui qui vaut pour une force physique. L'incompatibilité des deux structures devient particulièrement aiguë quand il s'agit du monisme du corps-esprit que Spinoza a défendu dans la première partie de *É* II. La proposition 9 illustre une fois de plus comment Spinoza change d'avis, et combien il est difficile de surmonter l'incompatibilité dont nous parlons. La terminologie de l'être objectif est un des instruments majeurs dont Spinoza se sert pour donner forme à sa conception non réductionniste de la pensée en tant qu'élément de la doctrine de l'unicité de l'âme et du corps.

Il y a fort à gagner à suivre la façon dont Spinoza a évolué dans sa façon d'utiliser la distinction entre être formel et être objectif dans ses premiers écrits. On a là le fort sentiment d'assister à une pensée philosophique en train de se constituer. Le langage de l'être objectif est utilisé, dans le *Court Traité* à deux reprises majeures, à son tout début ainsi qu'à son ultime fin, dans l'appendice. On dit généralement que cet appendice aurait été rédigé plus tard que le reste de l'ouvrage[1]. Il est vrai que les usages de cette terminologie diffèrent grandement d'une partie à l'autre de cette œuvre. Dans le chapitre premier de la première partie[2], elle vient étayer la preuve de l'existence de Dieu, selon une démarche qui relève totalement de l'héritage cartésien. Ce sont deux preuves de ce genre par lesquelles l'ouvrage débute – une preuve *a priori* et l'autre *a posteriori* ainsi que Spinoza les nomme. La première consiste en une version formalisée (de façon étrange à vrai dire) de la preuve ontologique. La seconde reprend la première preuve de Descartes, en n'ayant rien oublié de la façon dont Spinoza l'avait exposée dans ses *Principes*.

Dans la seconde section de l'appendice, intitulée « De l'âme humaine », la terminologie de l'être objectif réapparaît. Cette fois, la portée théorique qui lui est dévolue diffère radicalement des usages antérieurs. La compréhension majeure de toute cette affaire a subi une profonde transformation et désormais la doctrine de l'être objectif sera coextensive à celle du corps-esprit, c'est-à-dire depuis l'appendice du *Court Traité* en passant par le *TRE* et enfin dans *l'Éthique*. Elle va cesser de jouer le moindre rôle dans les preuves de l'existence nécessaire de Dieu, ou la Nature. Mais, plus important encore, il ne sera plus question de cet échafaudage terminologique qui fut adopté pour une théorie des idées censées abriter les

1. On trouve deux autres occurrences de *l'être formel* dans le second chapitre qui répond à la question : « Ce que Dieu est ». Elles ne font guère plus que prolonger ce que contient déjà le premier chapitre.

2. Il existe une ancienne controverse à propos de la datation des différentes parties du *Court Traité* comme aussi quant à la question de savoir lequel des premiers écrits, *Court Traité* et *TRE*, antidate l'autre. Dans leurs travaux exhaustifs de traduction et commentaire qui font autorité, Mignini pour le *Court Traité* et Bernard Rousset pour le *TRE* croient tous deux que le *TRE* est plus proche de *l'Éthique* que le *Court Traité* – en s'opposant par là à l'hypothèse antérieure que fit Gebhardt selon laquelle *le Court Traité* serait une première version de l'*Éthique*. J'ai tiré grand profit de l'exposé des débats plus anciens soulevés par cette question par feu Yosef Ben Shlomo dans la longue introduction à sa traduction en hébreu du *Court Traité* ainsi que dans le commentaire qu'il en rédigea. Voir Bibliographie.

représentations – adéquates ou non – d'une réalité indépendante, c'est-à-dire extérieure à elles. La doctrine de l'être objectif va désormais servir à ce que le rapport entre l'esprit et le corps cesse d'être considéré comme une union pour devenir l'identité des deux, et elle sert également à conférer sa signification à la doctrine selon laquelle les idées peuvent être tenues pour des âmes.

La modification n'est pas parachevée avant l'*Éthique* et même là, les équivoques subsistent, mais le chemin qui va aboutir à la théorie iconoclaste de l'âme comme idée du corps est déjà esquissé dans l'appendice du *Court Traité* comme dans le *TRE*. Les considérations de l'appendice commencent en posant que l'âme humaine – tout comme l'est le corps, relativement à l'étendue – est une modification de l'attribut appelé « pensée ». La portée polémique est immédiatement visible : l'âme va périr dès que cette modification de la pensée périra tandis que l'attribut lui-même demeurera inchangé. Bien que la chose ne soit pas déjà pleinement explicite ainsi que ce sera le cas avec la future proposition 11 de l'*Éthique*, qui stipule que l'âme est une idée, on peut voir facilement ici comment cette thèse commence à prendre forme.

Dans le troisième paragraphe de la deuxième partie de l'appendice, on trouve une assertion qui est généralement tenue comme la preuve de la date précoce de son apparition : Spinoza y affirme que ce qu'on appelle « âme » trouve son origine dans le corps de sorte que les changements qui lui adviennent dépendent uniquement du corps. On peut avancer cependant qu'on trouve presque la même chose dans l'*Éthique :* ce qui compte ici c'est que la réalité de la pensée, et même sa nature *sui generis*, a cessé d'être considérée comme un absolu métaphysique, ou, pour parler à la façon de Descartes, un absolu substantiel. La clôture ontologique de ce qui est « mental » s'en trouve donc sérieusement attaquée. La progression de l'argumentation entière est en vérité très proche de la doctrine de l'*Éthique*. Plus importante encore est l'identification qui est explicitement formulée entre d'un côté, *l'être objectif et les idées,* et de l'autre, entre *l'être formel et les objets*. Spinoza le redit plusieurs fois : l'idée *est* un être objectif et son objet *est* un être formel, soit un corps. Dans le paragraphe 7, il écrit : « puisque pour l'existence d'une Idée (ou d'une essence objective) nulle autre chose n'est requise que l'attribut de la pensée et l'objet (ou essence formelle) l'Idée ou essence objective est la modification la plus immédiate de l'attribut de la pensée » ; et au paragraphe 9 : « L'essence de l'âme consiste donc uniquement en ce qu'elle est dans l'attribut pensant une idée ou une essence objective… » ; et en particulier dans le paragraphe 15 : « L'essence objective qui dans l'attribut pensant correspond à cette proportion [de mouvement et de repos, c'est-à-dire le corps] est, dirons-nous, l'âme de ce corps ». Il en ira de même dans l'*Éthique* en dehors d'un point très important à savoir qu'être formel et être objectif seront strictement les deux êtres d'une seule et même chose.

Le langage de l'être objectif fait quelquefois son apparition dans le *TRE.* Dans ce traité inachevé, Spinoza s'en sert pour formuler quelques-unes de ses vues les plus originales et les plus iconoclastes. L'utilisation la plus significative à cet égard se trouve dans les paragraphes 33-41. L'objet de ces paragraphes est « l'idée vraie ». Après qu'il ait énuméré les quatre degrés (§ 19-24), qui sont en vérité des genres de connaissance (trois dans l'*Éthique* comme dans le *Court traité*) et après avoir demandé lequel conviendrait le mieux à notre but éthico-philosophique (§ 25), la question majeure qui vient ensuite est celle de savoir « quelle est la Voie et la méthode par où nous arriverons à connaître ainsi véritablement les choses que nous avons à connaître » (§ 26). Mais la « méthode » en tant que connaissance de la connaissance est elle-même connaissance, de sorte que la première chose à faire est de trouver comment éviter l'impasse de la régression à l'infini. Ce qui est accompli à l'aide de l'exemple des instruments matériels déjà évoqué (§ 26-32) : nous commençons avec ceux que nous possédons déjà naturellement, puis, à mesure que nous avançons, nous en forgeons de meilleurs.

De la même manière, l'intellect possède une « puissance native » par laquelle il peut s'élever à une connaissance et une compréhension toujours meilleures. Toutefois, afin de savoir en quoi consistent ces instruments natifs de l'intellect, nous avons besoin de nous interroger sur la nature de l'« idée vraie », car la vérité et les idées vraies sont justement ces instruments natifs dont l'intellect fait usage dans la recherche de sa propre réforme. C'est ainsi que les paragraphes 33-43 proposent une théorie de l'idée vraie. C'est en à peine deux pages, denses et parfois obscures, que Spinoza annonce quelques-unes de ses doctrines les plus audacieuses, tout particulièrement que la vérité est *index sui* de sorte qu'aucune marque externe ne permet de distinguer l'idée vraie de la fausse. La certitude n'est rien d'autre que l'essence objective c'est-à-dire l'idée (adéquate) elle-même. La méthode est la réflexion sur l'idée vraie, et par conséquent rien d'autre que l'idée réfléchie ou idée de l'idée, et enfin, bien que ce ne soit pas explicitement formulé ici – l'idée de l'idée est la conscience de ce que nous concevons – soit encore ce que Leibniz aurait appelé « aperception » c'est-à-dire en vérité, la conscience.

Il convient de souligner que toute l'argumentation qui se déroule dans ces onze paragraphes s'effectue dans la terminologie de l'être objectif (Spinoza parle *d'essentia objective*)[1]. Cette notion obscure médiatise les identifications auxquelles se livre Spinoza, lesquelles, à leur tour, loin d'être évidentes, paraissent même aller à l'encontre de toute évidence. Il s'agit de l'identité entre l'idée et son essence objective, de l'identité entre l'idée et l'idée de l'idée et ainsi du reste. On doit également souligner que le seul écart le plus net entre le *TRE* et *l'Éthique* fait ici son apparition, et il est lié à l'utilisation d'une telle terminologie. Soient les paragraphes 33-34.

> § 33 – L'idée vraie (car nous avons une idée vraie) est quelque chose de distinct de son objet. En effet, le cercle est une chose, l'idée du cercle en est une autre. Car l'idée du cercle n'est pas quelque chose qui a une périphérie, un centre, comme le cercle, et l'idée du corps n'est pas le corps lui-même : et comme elle est différente de son objet elle sera aussi, par elle-même, quelque chose d'intelligible : c'est-à-dire que l'idée, en tant qu'*essence formelle* de l'objet peut être l'objet d'une autre *essence objective*, et, à son tour, cette autre *essence objective* considérée en soi sera également quelque chose de réel et d'intelligible, et ainsi à l'infini.
>
> § 34 – Exemple : Pierre est quelque chose de réel, or l'idée vraie de Pierre est l'essence objective de Pierre, et en soi, elle est quelque chose de réel et tout à fait différent de Pierre. Mais si l'idée de Pierre est quelque chose de réel, et qui a son essence particulière, elle sera aussi quelque chose d'intelligible, c'est-à-dire l'objet d'une autre idée; idée qui aura en elle objectivement tout ce que l'idée de Pierre a formellement.

Dans l'*Éthique* d'un autre côté, nous avons en *É* IIp7s :

> Tout ce qui peut être perçu par un entendement infini comme constituant une essence de substance, appartient à une substance unique, et en conséquence que substance pensante et substance étendue, c'est une seule et même substance comprise tantôt sous un attribut, tantôt sous l'autre. De même aussi un mode de l'étendue et l'idée de ce mode, c'est une seule et même chose, mais exprimée en deux manières; c'est ce que quelques Hébreux semblent avoir vu comme à travers un nuage. Je veux dire ceux qui admettent que Dieu, l'entendement de Dieu et les choses dont il forme l'idée [*ab ipso intellectas*], sont une seule et même chose. Par exemple, un *cercle existant dans la nature et l'idée du cercle existant, laquelle est aussi en Dieu, c'est une seule et même chose* qui s'explique [*explicatur*] par le moyen d'attributs différents; et ainsi, que nous concevions la Nature sous

1. Feu Bernard Rousset est sans doute le seul commentateur à avoir vu dans l'usage spinoziste de la langue un objet qui mérite d'être sérieusement pris en considération. Bien que nous ne le suivions pas toujours, il a quantité de choses fort intéressantes à dire sur la question.

> l'attribut de l'Étendue ou sous l'attribut de la Pensée ou sous un autre quelconque, nous trouverons un seul et même ordre ou une seule et même connexion de causes, c'est-à-dire les mêmes choses suivant les unes des autres. Et si j'ai dit que Dieu est cause d'une idée, de celle d'un cercle par exemple, en tant seulement qu'il est chose pensante, comme du cercle en tant seulement qu'il est chose étendue, mon seul motif pour tenir ce langage a été qu'on ne peut percevoir l'être formel de l'idée du cercle que par le moyen d'un autre mode de pensée, qui en est comme la cause prochaine, qu'on ne peut percevoir cet autre à son tour que par le moyen d'un autre encore et ainsi à l'infini (nous soulignons).

Quelques pages plus loin, dans un autre scolie qui porte sur la connaissance du monde « extérieur », le lecteur est averti que :

> Nous connaissons clairement quelle différence il y a entre l'idée de Pierre, par exemple, qui constitue l'essence de l'âme de Pierre lui-même et l'idée du même Pierre qui est dans un autre homme, disons Paul. La première en effet, exprime directement l'essence du Corps de Pierre et elle n'enveloppe l'existence qu'aussi longtemps que Pierre existe ; la seconde indique plutôt l'état du Corps de Paul que la nature de Pierre, et, par suite, tant que dure cet état du corps de Paul, l'âme de Paul considère Pierre comme s'il lui était présent, même s'il n'existe plus (*É* IIp17s).

Chacun sait bien que la pensée de Spinoza a subi des changements significatifs entre ses premiers écrits et son *Éthique ;* nulle part, semble-t-il, on ne trouve un renversement aussi manifeste qu'entre ce qui a été dit dans le *TRE* et ces deux scolies. Le changement est d'autant plus clair que Spinoza illustre avec les mêmes exemples des positions opposées. Dans le *TRE,* le cercle et l'idée du cercle, ou encore Pierre et l'idée de Pierre, sont des choses différentes ; dans l'*Éthique* « un cercle qui existe dans la nature et l'idée de ce cercle existant sont une seule et même chose » (*É* IIp17s). De la même façon, l'idée du corps de Pierre qui est l'âme de Pierre, constitue la connaissance directe du corps de Pierre, tandis que l'idée de Pierre en Paul est quelque chose de différent.

En dehors du fait que Spinoza prenne exactement les mêmes exemples dans les deux écrits pour en tirer des conclusions opposées, il convient aussi de souligner que ces exemples n'apparaissent pas dans les mêmes contextes ; dans l'écrit antérieur, les deux exemples d'une seule et même chose – la différence, vaguement ontologique entre les idées et leurs objets – se présentent dans *l'Éthique* à l'intérieur de deux domaines de préoccupation différents : l'unicité entre le cercle et l'idée du cercle apparaît quand il est question du contexte nettement ontologique de la proposition 7 du parallélisme ; alors que la relation privilégiée entre le corps de Pierre et l'idée qui constitue une connaissance directe de celui-ci se situe dans le contexte précisément gnoséologique des propositions qui suivent la petite physique.

Le fait que Spinoza ait pris dans le *TRE* deux exemples destinés à illustrer la même chose indique que la relation entre le cercle et son idée est, en quelque façon la même que la relation entre Pierre et son âme. L'utilisation des mêmes exemples indique que Spinoza persiste à concevoir ensemble les deux relations. La doctrine ontologique de l'unité de l'idée avec son idéat est le fondement, sans équivoque, de la théorie de la connaissance. La relation de l'idée à son idéat permet à l'ontologie de constituer avec la gnoséologie une totalité théorique cohérente. Spinoza serait, entre son œuvre de jeunesse et son *Éthique*, devenu plus prudent et plus hésitant en la matière, ainsi que le montrent les nombreuses mises en garde dispersées dans la première partie de *É* II. Il persiste cependant à penser qu'il est pertinent d'illustrer la relation, c'est-à-dire l'unité de l'âme avec le corps, en en appelant à la relation – c'est-à-dire à l'unité, du cercle avec son idée. Il continue donc à concevoir sa doctrine du corps-esprit, celle qui affirme que l'âme est l'idée du corps, dans les termes mêmes de ce qu'il envisage au titre de la relation des objets géométriques à leurs idées ; en d'autres termes sa terminologie et ses thématiques sont celles-là mêmes qu'il engage à propos de l'être formel et de l'être objectif des cercles et des triangles.

Ce n'est pas le lieu pour tenter de tirer des écrits de Spinoza une philosophie systématique des mathématiques. On peut cependant prétendre sans grand risque qu'il est partisan d'une certaine forme de réalisme mathématique. Ce réalisme, toutefois, ne saurait être vu comme un pur platonisme, si on entend par là l'existence d'une région transcendante d'idéalités éternelles et immuables et d'objets intelligibles. Ce qui l'éloigne de ce platonisme-là est d'une part, le fait que les définitions génétiques sont tenues comme celles qui procurent la « vraie » nature des objets géométriques ; d'autre part son affirmation que l'engendrement ou construction des objets mathématiques enveloppe des éléments imaginaires[1].

1. Il pourrait paraître tentant d'interpréter tout cela comme une sorte de constructivisme embryonnaire ; mais il n'y a certainement ni subjectivisme, ni aucune forme de relativisation ontologique ou épistémologique dans la valeur accordée à la pensée mathématique. Sur la définition génétique voir *TRE* § 94-97 ; sur la nature imaginaire des objets mathématiques, voir *TRE* § 72. Voir aussi le très important article d'A. Matheron, « Spinoza and the Euclidean Arithmetic : the example of the fourth proportional » *in* M. Greene et D. Nails (eds.), *Spinoza and the sciences,* Berlin, Springer, 1986, p. 125 149 ; E. Yakira, « What is a mathematical truth ? » *in* E. Curley, A. Heinekamp et M. Walther (eds.), *Studia Spinoziana* 6, 1990 :

Si elle n'est ni un archétype éternel et immuable situé dans une « région des idées » platonicienne (ou leibnizienne) ou un « troisième monde » ; si elle n'est pas davantage une représentation sise en un entendement humain (ou même divin) – que peut bien dès lors être l'*idée* du cercle[1] ? Un cercle, engendré de façon imaginaire, est un objet idéel. En quel sens, à supposer qu'on le puisse, peut-il être dit différer de son idée (c'est-à-dire en vérité de son concept), ou ne faire qu'un avec elle ? Spinoza commence par dire que le cercle et son idée font deux – le cercle a une circonférence et un centre – son idée, non. Ensuite il se rétracte et dit que le cercle et son idée ne font plus qu'une seule et même chose. Dans l'*Éthique*, la circonférence et le centre ont disparu ; la distinction, qui est interne à leur unité, entre le cercle et son concept est construite comme une distinction interne à l'unité de l'« existence » avec l'« idée » (« *un cercle existant dans la nature et l'idée du cercle existant*, qui est aussi en Dieu sont une seule et même chose. »)

Ce qui était équivoque dans le *TRE* est devenu univoque dans l'*Éthique*. Ce qui avait d'abord été rédigé du point de vue d'une compréhension plus ou moins intuitive et « naturelle » des rapports que les idées entretiennent avec leurs objets, a mûri pour devenir dans l'œuvre tardive, la doctrine de l'unité de l'âme/idée avec le corps/objet. Dans le *TRE*, les idées – celle du cercle comme celle de Pierre – semblent encore être contenues dans, ou pensées par quelque intellect vaguement présupposé ; elles semblent être possédées par un agent, ou un connaissant abstrait et paradigmatique – elles semblent, d'une façon sans doute essentielle, autres que leur objet. Le cercle ou Pierre sont « idéatifs », idéels, compris, conçus ou pensés d'une façon qui semble être la manière « normale » dont de telles choses sont pensées, conçues, perçues ou connues, c'est-à-dire qu'elles le sont par un pensant, concevant, percevant ou connaissant – ce qui est semblable à la façon dont un géomètre, dirons-nous, comprend ce qu'est un cercle, ou à la façon dont un médecin sait ce qu'il en est du corps de Pierre.

Le genre de connaissance que le médecin a du corps de Pierre est une connaissance en troisième personne qui diffère radicalement de la connaissance, perception et sensation que Pierre a de son propre corps. Que notre

« Spinoza and Leibniz », p. 73-101. Ce qui rappelle une célèbre et astucieuse définition des mathématiques proposée par Leibniz quand il en fait « la logique de l'imagination » (la métaphysique étant « logique de la réalité »).

1. Spinoza ne dit pas s'il s'agit d'un cercle, ou « du » cercle. La question n'est pas claire de savoir s'il parle du concept abstrait du cercle comme tel, d'un concept générique d'un cercle d'une espèce déterminée, ou d'un cercle matériellement et concrètement donné. Du coup ses arguments souffrent d'une ambiguïté insurmontable. Toutefois, puisque la fonction de l'exemple est d'expliquer ce qu'il en est de la nature de l'unité de l'âme et du corps, il convient de ne pas insister outre mesure sur son ambiguïté.

corps « existe comme nous le sentons » (*É*IIp13cor) cela signifie, en premier lieu, du point de vue d'une théorie de la connaissance, que c'est en une acception toute particulière que nous pouvons dire avoir une connaissance adéquate de notre corps, à vrai dire la seule connaissance adéquate. Mais cela veut dire également que l'idée que Paul a de Pierre ne peut jamais devenir une pleine connaissance adéquate du corps de Pierre. En d'autres termes, du point de vue d'une théorie de la connaissance rationnelle, il y a une priorité évidente de la perspective en première personne sur son propre soi et sur son propre corps par rapport à la perspective en troisième personne, censée constituer le point de vue objectif, scientifique, (médical), sur ce même « soi » ou « corps »[1].

Il est fort difficile d'appliquer à la connaissance du cercle qu'a le géomètre la distinction entre vue en première personne et vue en troisième personne. Inversement, l'unité idéat/idée est plus aisée à concevoir quand on l'applique au cercle et à son idée, que lorsqu'on l'assigne au corps et à son âme. Il est hors de question d'entrer ici dans la question des significations possibles des réflexions de Spinoza en ce qui concerne la relation d'un cercle à son idée, qu'il s'agisse du *TRE* ou de l'*Éthique*. Toutefois la seule affirmation d'une analogie entre l'idée du cercle et l'âme humaine, comme entre le cercle et le corps, est hautement significative, si ce n'est pour la philosophie des mathématiques, du moins pour comprendre sa théorie de l'âme. Prétendre que les concepts et les objets constituent deux ordres de choses séparés, voilà un présupposé quasi universel des théories de la vérité mathématique. Quand on affirme que la vérité relève exemplairement du domaine de la pensée, dès lors elle dépend du rapport qu'entretient la pensée avec les objets, on ne peut nécessairement le dire qu'en prenant, implicitement ou non, un point de vue qui ne soit ni celui des objets ni celui des concepts. Un tel point de vue peut être appelé celui d'un métalangage, d'une métathéorie ou quelque chose du genre et il pose toujours, fût-ce de façon minimale, un espace de rationalité qui transcende à la fois le champ des objets et celui des concepts. Il y a bien eu des tentatives destinées à éviter toute transcendance – c'est le cas parmi d'autres, de l'intuitionnisme et du constructivisme comme de la phénoménologie de Husserl – mais même dans ces cas, la dualité entre la pensée et ses objets est maintenue.

À supposer que l'immanentisme de Spinoza ait du sens en tant que théorie de la rationalité mathématique, son essai pour dépasser la dualité du concept et de l'objet peine à prendre forme, dans la mesure où il s'agit toujours du cercle et de son idée. Il est évident – et la répétition des mêmes

1. Voir chap. V.

exemples pour en tirer des enseignements opposés le montre – que Spinoza s'attachait à penser, et peut-être à penser profondément la nature de la relation entre les objets mathématiques et leurs concepts (c'est à dessein que le terme de « représentation » est évité), mais ce qu'il avait en tête n'a rien de clair. Cependant les choses deviennent bien plus intéressantes et pertinentes aussi, si on prend conscience de ce qu'il cherchait réellement. En se servant d'un cas exemplairement rationnel, il cherchait à illustrer sa thèse concernant l'unité de l'idéat/idée afin qu'elle puisse valoir pour l'unité de l'esprit avec le corps.

Spinoza, en pensant le cercle et son idée, s'efforçait de façon assez peu réussie de dépasser le besoin d'une instance métathéorique. On peut défendre l'idée que cette dernière serait l'équivalent d'une vue en troisième personne, à laquelle il serait compréhensible de faire appel quand on a affaire à une théorie de l'homme centrée sur la thèse que l'âme est l'idée du corps. Quand on soulève la question de la connaissance de soi dont il s'agit maintenant, la vue en troisième personne prétend détenir une objectivité paradigmatique. Entre le cercle et son idée, d'un côté, le corps et son âme-idée, de l'autre, Spinoza instaure une analogie qui revient à rejeter la prétention de la saisie en troisième personne à détenir l'ultime objectivité de la saisie du corps. Ce qui ne signifie pas nécessairement un rejet pur et simple, mais plutôt une relativisation. Cette vue en troisième personne est dérivée et seconde. Ce qui importe au plus haut point est la raison pour laquelle il est, à tout le moins, en partie inadéquat d'attribuer une entière objectivité à la saisie en troisième personne du corps de quelqu'un d'autre et cette raison tient à ceci que la conception de l'objectivité en jeu relève d'une conception erronée, à savoir celle de la clôture ontologique de la pensée, et donc, de l'extériorité de son objet. En affirmant l'unicité du cercle avec son idée, Spinoza vise le présupposé de la dualité entre la pensée et ses objets.

Les deux scolies dans lesquels les deux exemples figurent, de façon séparée cette fois, ont été cités un peu longuement ci-dessus : l'exemple du cercle et de son idée, et celui de Pierre et de l'idée qui est connaissance directe du corps de Pierre. Le premier exemple – celui du cercle et de son idée – arrive après le prétendu parallélisme entre le corps-esprit et l'étendue-pensée en *É*IIp7, et juste après la conclusion que Spinoza formule immédiatement dans le corollaire de cette proposition. Ainsi que nous venons de le voir, le corollaire reprend la formulation améliorée de l'axiome cartésien tel qu'il se trouve dans la Lettre 40 ainsi que la reformulation du second axiome que Spinoza y mentionnait :

> La puissance de penser de Dieu est égale à sa puissance d'agir, c'est-à-dire tout ce qui suit formellement de la nature infinie de Dieu suit aussi en Dieu objectivement dans le même ordre et avec la même connexion de l'idée de Dieu.

Ce corollaire compose ainsi deux thèses que Descartes avait conçues comme deux vérités premières séparées et évidentes par soi[1]. Quelque chose en demeure dans le texte spinoziste. En dépit du fait de leur présence dans un corollaire, elles ne sont pas démontrées – ce qui est une façon inhabituelle de procéder. Il semble qu'on doive les accepter en tant que dérivant directement de *É*IIp7. Mais cette dernière, elle non plus, n'est pas démontrée en bonne et due forme. Elle est dite suivre directement de l'axiome 4 de *É*I, lequel stipule, rappelons-le, que la connaissance de l'effet dépend de la connaissance de la cause et enveloppe cette dernière. Le corollaire cependant ne se borne pas à juxtaposer les deux axiomes : il les présente comme des formulations totalement équivalentes de la même thèse. Il affirme que l'égalité de la puissance de penser avec la puissance d'agir revient à dire que ce qui suit formellement de la nature infinie de Dieu suit objectivement en Dieu de ses idées dans le même ordre et avec la même connexion.

La proposition 9 apporte encore une autre clarification à la doctrine du parallélisme :

> L'idée d'une chose singulière existant en acte a pour cause Dieu non en tant qu'il est infini, mais en tant qu'on le considère comme affecté de l'idée d'une autre chose singulière existant en acte, idée de laquelle Dieu est cause pareillement en tant qu'il est affecté d'une troisième, et ainsi à l'infini.

Cette proposition semble renvoyer à la Lettre 40 : l'ordre des idées – ou pensées et conceptions – est, contrairement à ce que la Lettre paraissait dire, un ordre capable d'une régression à l'infini. Exactement comme dans le cas d'un ordre mécanique de causes, la série infinie de causes et d'effets *est* « la cause infinie » : Dieu *quatenus rei singularis affectus*.

À première vue, rien dans tout cela ne va au-delà de l'idée générale du parallélisme : même ordre des idées et des choses – égalité de puissance de la pensée et de l'acte – nécessité avec laquelle toute chose suit (*sequitur*) d'une autre-nature *causale* de l'ordre, soit qu'il s'applique aux choses soit qu'il s'applique à leurs idées. La question qui se pose par conséquent est celle de savoir pourquoi avoir conservé le vocabulaire de l'être objectif. Ajoute-t-il quoi que ce soit qui n'ait pas déjà été dit sous d'autres formes ?

1. Ainsi que nous l'avons déjà souligné ci-dessus, le second axiome n'est pas la reproduction exacte de celui de Descartes.

Car c'est dans ce passage dense et difficile de l'*Éthique* qui va du corollaire de *É*IIp7 au corollaire de *É*II p8, que se trouve l'utilisation la plus systématique de tout l'ouvrage du vocable de l'« être objectif ». C'est particulièrement le cas en *É*IIp8 corollaire et scolie, là où sont prises en considération les énigmatiques « idées des choses singulières ou modes qui n'existent pas » (quoique la perspective soit différente de celle dont il a été question dans le scolie de *É*IIp17 déjà cité).

À ce que l'on a déjà dit sur *É*IIp8, son corollaire et son scolie, il faut ajouter la remarque suivante. La question des objets-non existants est pourvue d'une longue histoire, et comme la plupart des questions ontologico-sémantiques, elle est réapparue dans les temps modernes. Dans sa longue histoire, la distinction être formel/être objectif a subi des usages divers, mais on peut dire qu'en général, la distinction servait à faire ressortir la nature *sui generis* de la pensée à l'intérieur d'une théorie générale de l'être et de la nature de la rationalité. *É*IIp8, ses corollaire et scolie font écho à cette histoire. Toutefois, Spinoza renverse le rôle tenu par les objets non-existants. De Platon à Leibniz puis Meinong et même au-delà, le concept d'objets non-existants qui sont des objets légitimes de pensée et de discours, était utilisé pour justifier l'indépendance ontologique de la pensée, des significations, de l'intelligibilité, c'est-à-dire dans la terminologie du XVIIe siècle, l'indépendance des idées. Ce qui veut également dire que la pensée s'étend au-delà de l'existence. Ainsi qu'il a été suggéré ci-dessus, Spinoza refuse d'accorder que la pensée aurait une portée plus vaste que l'existence, il refuse d'accorder qu'elle détiendrait le moindre surplus d'être sur ce qui existe. L'être des idées de modes non-existants, dit-il en *É*IIp8, est le même que celui des modes non-existants eux-mêmes.

> Les idées des choses singulières, ou modes, n'existant pas, doivent être comprises dans l'idée infinie de Dieu de la même façon que les essences formelles des choses singulières ou modes, sont contenues dans les attributs de Dieu.
> De là suit qu'aussi longtemps que des choses singulières n'existent pas, si ce n'est en tant que comprises dans les attributs de Dieu, leur être objectif, c'est-à-dire leurs idées n'existent pas, si ce n'est en tant qu'existe l'idée infinie de Dieu (respectivement *É*IIp8 et Corollaire).

Ces questions multiformes qui entourent le thème du parallélisme appartiennent à un long et tortueux travail de conceptualisation qui a débuté avec les premiers écrits, et bien que leur formulation ait gagné en plénitude et en explicitation dans l'*Éthique*, cette dernière n'apporte pour autant pas forcément le dernier mot. Au lieu de partir à la recherche d'une doctrine cohérente à jamais insaisissable, dans laquelle tous les

« ingrédients » formeraient tranquillement un ensemble, mieux vaut s'efforcer de comprendre à quels efforts se livre la pensée sous-jacente de Spinoza, et tout spécialement quelles raisons et quelles motivations philosophiques l'ont conduit à conserver le vieux langage de l'être objectif, qui allait devenir obsolète. L'utilisation de cette terminologie traditionnelle, y compris avec sa façon de la construire avec ambiguïté, permet à Spinoza dans le cadre de son parallélisme, de maintenir d'un côté, la nature *sui generis* de la pensée, et ce qui importe encore davantage, l'unicité du corps et de l'âme : c'est là, semble-t-il bien, que se tiennent le cœur de sa théorie du corps-esprit et la véritable signification de son parallélisme.

L'histoire de la distinction traditionnelle était nécessaire pour être à même d'évaluer avec sérieux la fonction systématique que Spinoza lui accorde dans sa philosophie. Elle peut être récapitulée en trois points : chacun d'eux met en évidence une rupture majeure tant à l'égard de la scolastique qu'à l'égard de la façon dont Descartes en fit usage – rupture avec les deux en vérité :

1) Cette rupture consiste à ramener complètement l'être objectif à l'idée. Ce qui est expressément et manifestement écrit en toutes lettres dans le corollaire de *É* IIp8 où on peut lire « *esse objectivum* sive *idea* ». Le latin « *sive* » désigne généralement pour Spinoza la totale équivalence ou synonymie des termes. L'être formel devient l'objet de l'idée.

2) Mais l'idée ne relève pas d'un espace intérieur de la pensée et son objet ne fait pas partie d'un monde physique extérieur. Comme il appert le plus visiblement avec le cas du cercle, la pensée, l'idée soit encore l'être objectif d'un objet (mathématique, idéel) tel qu'il est en Dieu (et non dans la pensée d'un géomètre individuel) est une seule et même chose que son objet.

3) Ce n'est cependant pas le cas seulement des objets idéels (lesquels, à quelque égard sont œuvre de l'imagination dans la mesure où ils sont construits) mais, c'est le cas, avant tout, et tout particulièrement pour le corps concret et l'âme : l'âme est une idée (c'est-à-dire un être objectif) et elle est l'idée du corps, lequel est son objet (c'est-à-dire son être formel ou idéat).

Tout ceci ouvre la voie au « geste décisif », celui qui se trouve dans les propositions 11 et 13 en lesquelles l'unicité du corps avec l'âme trouve sa pleine signification. Le corps et l'âme n'ont rien de deux items qui appartiendraient à deux séries isomorphes. C'est à la façon de l'idée et de son idéat, de l'être formel et de l'être objectif que corps et âme sont un.

L'INTELLIGIBILITÉ IMMANENTE

S'il est vrai, d'une part, que l'arrière-plan de *É* II tient à l'ontologie de la pensée et si, d'autre part, le centre de cette Deuxième partie réside bien dans les propositions 11 à 13, il s'ensuit que l'histoire de la doctrine de l'être objectif constitue une approche pertinente pour saisir véritablement le sens de la doctrine spinoziste du corps-esprit. On voit tout d'abord, à travers les changements de signification et d'usage qui se succèdent entre la scolastique tardive et Descartes, combien cette doctrine traditionnelle de l'être objectif est inséparable de l'interrogation qui porte sur la notion d'*idée* et sur son caractère représentatif. En outre, la notion de *représentation* est devenue un instrument théorique crucial pour délimiter un espace intérieur, propre à la pensée, considéré comme le lieu de la connaissance, de la vérité et de l'entendement. On peut considérer enfin, même si c'est un peu schématique, que l'apport cartésien majeur a conduit à poser un *sujet connaissant* au fondement de la théorie de la connaissance, sujet dont on fait la condition de possibilité des *concepts* de connaissance, vérité, intelligibilité, pensée, conscience et ainsi d'autres termes semblables : pour toutes ces raisons, la façon dont Spinoza utilise la terminologie de l'être objectif est en vérité tout à fait originale.

C'est sur un point important que Spinoza rejoint l'utilisation précartésienne de la distinction être objectif/être formel : les deux « réalités » sont censées qualifier une seule et même chose et non, comme ce sera le cas dans la philosophie postcartésienne, relever de deux domaines séparés. Or, avec Spinoza, l'être objectif n'est plus une propriété des idées, ni un mode de leur être ou quelque modalité de la pensée – soit encore, en vocables plus récents, quelque aspect du « mental ». On le voit bien avec le fait que « idée » et « être objectif » sont synonymes, comme avec la thèse selon laquelle l'idée d'une chose singulière est son être objectif. Par-là se trouve soulignée la portée que détient cette totale identité entre l'idée et son idéat, le fait qu'il s'agit de deux réalités constitutives d'une seule et même chose. Il faut y insister dans la mesure où beaucoup d'interprètes ont lu Spinoza comme si être objectif, être formel désignaient soit deux points de vue sur les idées, soit l'intériorité subjective de la conscience distincte de l'extériorité objective des choses[1]. Spinoza n'a pas fait appel à cette distinction

1. Ainsi M. Gueroult, par exemple, interprète cette distinction comme une distinction entre le contenu et la puissance de la pensée (*Spinoza, L'âme* II, p. 64 *sq.*). Une autre tentative, critique de Gueroult sans être, selon moi, meilleure, se trouve chez E. E. Harris, *Spinoza's philosophy. An outline,* Amherst, Humanity Books, 1993, p. 42-45. Ce dernier se réfère à l'unique contexte à l'intérieur duquel Gueroult situe ses arguments à savoir : quel genre de

traditionnelle dans le but de distinguer entre le contenu représentatif de l'idée et ses autres aspects tels que par exemple, leur capacité d'être acte, cause (d'autres idées), items d'une sorte ou d'une autre, ou quoi qu'on puisse dire encore. Il ne s'en sert pas non plus pour distinguer entre représentations et choses représentées.

Être objectif et être formel sont différents aspects d'une seule et même chose – de toutes les choses en général. En termes spinozistes, ce sont les êtres objectif et formel des modes – de tous les modes. La distinction est donc applicable à tout l'ensemble de l'être et elle est donc équivalente à la distinction entre les idées et leurs idéats, entre les concepts et leurs objets. Elle est par là même coextensive à la distinction entre les attributs. Mais là s'arrêtent les similitudes entre l'usage spinoziste de l'ancienne terminologie et les utilisations qu'en firent les pré-cartésiens, tant les penseurs médiévaux que ceux de la scolastique tardive. À la différence de ces derniers, et même, pour ces questions, à la différence de ses propres contemporains et de ses successeurs, Spinoza élabore en ce point, une de ses « équations » les plus éclatantes. Si les différences dans l'identité sont bien connues et acceptées – (pour concepts-objets ; idées-idéats ; objectif-formel), voici qu'elles valent pour ce qu'il en est des âmes et des corps. La proposition 11 affirme que l'âme est une idée. Et la proposition 13 précise qu'elle est l'idée du corps, lequel est idéat ou objet de l'âme. C'est en ce point que Spinoza devient un cartésien iconoclaste : en parlant de l'union de « l'esprit-être objectif » avec le « corps-être formel » dans le cadre de la révolution cartésienne, il met cette dernière sens dessus dessous, en prenant appui sur l'usage scolastique de la distinction entre être formel et être objectif.

Un effort d'interprétation des plus exigeants est requis pour dégager la signification de cette série de couples équivalents, voire synonymiques qui viennent d'être nommés : il n'y a rien dans ces « différences dans l'identité » qui soit susceptible de convenir à la plupart des théories philosophiques, pas davantage à la majorité des élaborations scientifiques qui portent sur la question du corps-esprit. La « différence dans l'unité » est absente tant des usages habituels de la langue que des vues du sens commun. La discussion antérieure qui a posé les fondements d'une théorie

relations peuvent être dites avoir lieu entre l'infinité des attributs ? Y a-t-il des idées des modes d'attributs autres que celui de l'étendue ? Bien qu'une telle question soit souvent envisagée dans la littérature secondaire, je trouve qu'elle relève plutôt de spéculations métaphysiques sans véritable portée pour les questions qui sont les nôtres maintenant. Spinoza n'a peut-être pas eu un avis différent, bien que la question affleure ça ou là dans ses écrits. Sa réponse à Tschirnhaus (Lettre 66, sans doute la plus courte) qui avait soulevé la question, peut être lue comme une fin de non-recevoir, quasi discourtoise.

de la connaissance, revient à suspendre – ce qui n'est pas la même chose qu'éliminer – l'idée d'un *connaissant*, c'est-à-dire d'un agent qui pense et juge. Le sujet cartésien devient, lui aussi, radicalement problématisé. Spinoza élabore un concept de l'individu seulement après qu'il a démontré que l'âme est une idée et qu'elle est l'idée du corps. Cette façon de procéder illustre combien Spinoza accorde une radicale priorité, ontologique et conceptuelle, à la relation de l'idée à l'idéat, de l'être formel à l'être objectif, du corps à l'esprit enfin, toutes choses qui précèdent l'être et le concept d'un sujet qui connaît et qui juge. Ce qui signifie que l'idée-idéat doit être conçue indépendamment de tout présupposé, et tout particulièrement, sans présupposer un agent pensant.

Effectuer une suspension, ou même seulement une relativisation de l'idée d'un sujet *humain* connaissant quand on vient juste après Descartes, constitue, à soi seul, une avancée radicale. Spinoza va encore plus loin car il suspend, ou plutôt il renverse le sens de l'idée d'un *divin* connaissant et d'un intellect divin. Sans tenir compte des ramifications théologiques d'un tel renversement, sa portée philosophique est, par elle-même immense. À supposer que cette suspension soit soutenue avec cohérence – et on imagine bien que Spinoza a tenté qu'il en soit ainsi – alors la relation pure de l'idée à son idéat, du concept à son objet ou contenu, c'est-à-dire la structure apophantique semble bien être posée comme un fondement. On escompte de celui-ci qu'il se saisisse de toutes ces dualités – celles de la « pensée » et du « monde », de l'« intérieur » et de l'« extérieur », de la « représentation » et de l'objet représenté, et enfin, étrangement, de l'esprit et du corps. Si cette façon de lire Spinoza est juste, il s'ensuivrait que la théorie du corps-esprit devrait être, avant tout, comprise comme un essai destiné à concrétiser le monisme formel et métaphysique de l'étendue-pensée en montrant que ce monisme est, si on peut dire, une unité « sémantique » c'est-à-dire, apophantique. L'unité du corps-esprit est exactement la même que l'unité de l'être objectif et de l'être formel d'une chose, qui à son tour n'est rien d'autre que l'unité de ce qu'est l'être de cette chose avec ce qu'elle est en tant qu'être pensé ou compris. *Esse* n'est pas, pour Spinoza, *percipi*, ni l'être n'est réductible à l'être-pensé. Mais pas davantage, l'être n'est-il réductible à l'être pensable ou perceptible comme il le serait dans le platonisme plus sophistiqué de Leibniz. Il n'est pas davantage réductible à un « matériau » extra-idéatif. L'âme est une idée (*É*IIp11). Elle est l'idée ou encore, l'être objectif du corps (*É*IIp13). Le corps est l'objet de l'âme ou son être formel. Ils constituent une unité au sens où une chose ne fait qu'un avec ce qu'elle est, du moins en tant qu'elle est pensable et conceptualisable. L'être véritable d'une chose

– de n'importe quelle chose, de chaque chose, contient en lui-même, pour ainsi dire, son idée, un contenu conceptuel et une intelligibilité. Cet être est essentiellement ce qui fait de son contenu un contenu pensable et conceptualisable. Il est au plus haut point remarquable que, s'il s'agit d'un être humain, ce contenu constitue le fondement de son âme. Autant il est vrai que tout cela va à l'encontre des vues les plus familières, autant le lecteur attentif risque de n'y voir qu'une façon de tout confondre, le niveau ontologique, logique (ou conceptuel) et gnoséologique. Voilà pourquoi il faut une fois encore citer Spinoza :

> Il n'y a pas de doute qu'en ce point les lecteurs seront embarrassés et penseront à quantité de choses qui les conduiront à avoir quelque hésitation. C'est la raison pour laquelle je leur demande d'avancer lentement et de ne former aucun jugement de ces matières aussi longtemps qu'ils n'auront pas lu la totalité à leur propos (*É* IIp11).

Il paraît certain qu'une patience philosophique de ce genre permet finalement de parvenir à saisir une tentative dotée d'un grand intérêt philosophique, même si elle n'est pas entièrement menée à bien. Il s'agit de penser sérieusement jusqu'au bout la signification concrète et réelle d'un monisme non-théologique.

L'aboutissement de cette vue inhabituelle est que, premièrement, le corps humain existe tel que « nous le sentons » (*É* IIp13cor). En second lieu que, de tout cela, « nous comprenons que non seulement l'esprit humain est uni au corps, mais aussi *ce* [*quid*] qu'il faut entendre par union du corps et de l'esprit » (*É* IIp13s). L'affirmation que l'âme est l'idée du corps – surtout lorsque *mens* est traduit par « esprit », peut paraître n'être qu'une métaphore plus ou moins accessible. La plupart du temps en effet, cette affirmation n'est pas tenue pour beaucoup plus qu'une simple métaphore parce qu'on revient, d'une façon ou d'une autre, à l'altérité dualiste entre l'esprit et le corps, ou la conscience et le cerveau. Il n'y a guère de difficulté à concevoir que nous sentons notre corps et qu'une telle sensation est dotée d'un statut particulier – psychologique, perceptif, cognitif en quelque sens indéterminé, neurologique et même phénoménologique; on considère aisément que c'est là ce que signifie la proposition spinoziste qui fait de l'âme l'idée du corps. Dès lors qu'une lecture strictement métaphorique est laissée de côté, il devient loisible de voir qu'une interprétation solide de Spinoza autant qu'une position philosophique tenable se trouvent dans les propositions suivantes : nous sentons, pensons, ou connaissons notre corps tel qu'il existe véritablement. Or, non seulement une telle sensation ou connaissance du corps est vraie ou adéquate, mais elle est même le fondement du savoir rationnel et de la science en général. C'est de cela dont il s'agit avec le principe ontologique général de l'union de l'âme avec le corps, c'est-à-dire avec le monisme de l'étendue avec la pensée : il est à espérer qu'on ne verra là aucune absurdité.

Spinoza toutefois va encore plus loin. Ce que l'âme sent, pense ou connaît du corps, c'est également ce que Dieu sent, pense et connaît de ce corps particulier. C'est la connaissance, sensation ou pensée du corps qui est dans la nature exactement comme le corps lui-même est dans la nature. S'il en est ainsi, en quoi l'appel qui est fait à Dieu n'est-il pas tout simplement redondant ? S'il nous faut à nouveau parler de Dieu, c'est parce que Spinoza, bien sûr, le fait mais il y a là certains gains théoriques, qui toutefois ne se feront jour qu'à la fin. Ainsi, pour Pierre, l'idée-âme de son propre corps n'est pas un simple doublet de la connaissance que Dieu a du corps de Pierre. Pas davantage, l'idée que Dieu a du corps de Pierre n'est-elle l'archétype de l'âme de Pierre. Elles sont une même chose exactement à la façon dont l'étoile du matin et l'étoile du soir sont une seule et même étoile. Il advient seulement que, dans ce cas, la référence est le même, et le sens l'est tout autant. Entre Pierre et son âme-idée, il n'y a aucune différence de contenu. En tant que tels, ils détiennent la même valeur de connaissance et de rationalité. De là suivent inévitablement quantité de conséquences paradoxales. Or, parmi ces dernières, il est particulièrement délicat de faire sienne l'idée que le sentir que l'âme a de son corps constitue la connaissance absolument et parfaitement valide de ce corps, la seule idée adéquate de celui-ci. Il est pareillement difficile d'accepter que ce sentir soit la source de toutes les formes de rationalité et de connaissance en général. S'il en allait autrement, il n'y aurait aucune raison d'appeler l'esprit humain « l'idée que Dieu a du corps ».

L'unicité de l'idée avec son idéat est ce qu'il y a de plus étrange dans la théorie du corps-esprit : cette unicité contre-intuitive constitue le principe premier, un principe qui est donc libre de tout présupposé, pour une ontologie de l'homme et de la pensée humaine – mais principe premier aussi pour une anthropologie philosophique qui est avant tout une éthique. Il y a bien entendu *É*I, mais c'est l'unité de l'idée avec son idéat, l'unité entre être formel et être objectif, qui donne corps à l'affirmation abstraite de l'unité propre aux attributs. Aussi étrange que cela puisse paraître, cette doctrine est également une clé pour résoudre ne fût-ce que quelques-unes des énigmes de la philosophie de Spinoza. La thèse de l'unicité entre idée et idéat a pour conséquence majeure d'obliger la théorie de la signification, celle de la vérité et celle de la connaissance, à se libérer de tout dualisme : le dualisme du concept et de son objet, celui de la conscience et son contenu, de la représentation et du représenté et autres couples semblables.

À la lumière des propositions 11 et 13 de *É* II, l'unité originaire de l'idée avec son idéat apparaît de surcroît comme la véritable signification métaphysique de l'expérience que nous faisons de l'union de l'âme et du corps.

L'idée et l'idéat sont deux modes d'être d'une seule et même entité. Parmi les façons traditionnelles d'exprimer cette différence dans l'identité figurent les couples suivants : la pensée et son contenu – une chose et ce qu'elle est – l'existence et la quiddité. Ce qui, en revanche n'a sans doute jamais été tenté, c'est d'appliquer cela à la *sensation*, c'est-à-dire au rapport entre l'expérience du corps et de ses affections avec le corps lui-même. Or c'est exactement ce que Spinoza a tenté. Être objectif veut dire « idée ». L'âme est l'idée du corps. En tant que telle, elle est le sentir du corps et de ses affections. Ce sentir est en vérité la connaissance du corps. Dès lors que l'âme humaine est *ipso facto* l'idée que Dieu a du corps, il y aurait en effet quelque difficulté à prétendre que Dieu ne fait que « sentir » le corps. Tout ceci se ramène à la hardiesse suivante : « l'idée-être objectif de l'âme » est unie au corps à la façon dont une idée ne fait qu'un avec son objet. En d'autres termes, le corps est uni à son esprit au sens où on dit d'une chose qu'elle est unie à sa quiddité. On peut dire encore autrement que l'âme serait quelque chose comme l'intelligibilité *sub specie aeternitatis* du corps, intelligibilité qui lui est inhérente et spécifique. Un être humain est donc une entité faite d'un corps et de sa propre intelligibilité.

Voici donc en quoi consiste le véritable apport de la théorie spinoziste de l'âme et du corps. L'unité – et non l'union – du corps avec l'âme est assimilée à l'unité sémantique de l'idée à son idéat. La radicale mise entre parenthèses du *cogito* est impliquée doublement : d'une part, par la thèse de l'unité originaire de l'idée avec son idéat et parallèlement, par la doctrine de l'unité numérique de l'âme humaine-idée du corps, avec l'idée que Dieu a de ce même corps. L'être objectif enfin est intelligibilité du corps. Aussi étranges qu'elles puissent paraître, les treize premières propositions de *É* II conduisent à ces conclusions comme par la main – à condition de les lire attentivement.

Le Corps

Une urgence théorique se fait jour dans les treize premières propositions de la Deuxième partie de l'*Éthique*. Il faut parvenir à une théorie du corps pour être à même d'entreprendre une anthropologie ou théorie de l'homme – ce à quoi Spinoza va se consacrer dans toute la suite de l'ouvrage. C'est la "petite physique" qui s'assigne cette tâche. Spinoza écrit dans le scolie qui suit *É* IIp13 : les considérations antérieures auraient pu apprendre non seulement *que* l'âme humaine est unie à son corps, mais *aussi ce que* signifie une telle unité. Toutefois

> Personne ne saurait la comprendre adéquatement, c'est-à-dire distinctement, s'il ne connaît d'abord la nature de notre corps. Car les choses qui ont été montrées jusqu'ici sont complètement générales et ne concernent pas plus les hommes que les autres individus qui, tous, quoique à différents degrés, n'en sont pas moins choses animées. Car de chaque chose, il y a nécessairement une idée en Dieu dont Dieu est la cause de la façon même dont il est la cause du corps humain.

À partir de ce moment, le corps sera omniprésent dans l'*Éthique*, de façon inégalement explicite. Le principe général de la théorie du corps tient à une conception de la corporalité plutôt rudimentaire, à la fois mécaniste et corpusculaire[1]. Le but théorique majeur du fragment de physique est cependant de pourvoir à un concept rationnel de l'individualité corporelle. Un corps est l'objet de l'âme, le seul idéat d'une unique idée. Il est l'être formel de cette seule entité qui est une chose dont l'être objectif est son âme. Si tout cela n'est guère éclairant en tant que théorie physique, il ne s'agit pas moins de quelques idées, qui, loin d'être triviales, sont dignes d'un intérêt philosophique. Deux d'entre elles méritent d'être rappelées. En prenant appui sur l'idée que les « corps les plus simples » sont discernables non par leur *matérialité* mais « par mouvement et repos, rapidité et lenteur » (second axiome qui suit *É*IIp13), la doctrine de l'individualité corporelle trouve son apogée dans une sorte de structuralisme. Le *principium individuationis*, matériel ou encore corporel, ce qui délimite la spécificité des corps composés réside en des proportions définies de mouvement et repos. Aussi longtemps que ces proportions demeurent plus ou moins les mêmes, les corps en question peuvent maintenir leur individualité. C'est en termes de complexité et d'organisation, de structure et de forme qu'on peut interpréter une telle proportion de mouvement et de repos. Sa relative et temporaire stabilité devient alors celle de l'identité individuelle de l'organisme vivant, et tout particulièrement, celle du corps humain.

1. La notion de *corpora simplicissima* est une sorte de substitut à ce qui tient pratiquement le rôle d'un atomisme; cette notion est supposée pouvoir cohabiter avec une métaphysique anti-atomiste comme l'est celle de Spinoza. La petite physique garde trace de la correspondance avec Boyle, au cours de laquelle Spinoza défend une interprétation radicalement mécaniste de la réalité physique. Voir E. Yakira, « Boyle et Spinoza », *Archives de philosophie*, 51, 1988, p. 107-124.

En second lieu, et de façon plus intéressante, le caractère composé ainsi que la stabilité des corps en général et des corps vivants en particulier, n'est aucunement un fait métaphysique originaire, mais résulte naturellement du jeu de causes mécaniques. Selon la première définition qui vient après *É* IIp13, un individu composé apparaît « lorsque un certain nombre de corps qui sont, soit de la même taille, soit de taille différente, se retrouvent les uns au-dessus des autres, parce qu'ils y sont contraints par d'autres corps », mais aussi quand différents corps se meuvent ensemble d'un même mouvement. En tant qu'entité déterminée, un corps individuel advient à l'existence comme l'effet des multiples façons dont les corps environnants suscitent une stabilisation transitoire de la « proportion de mouvement et de repos » qui se trouve en quelques corps plus simples qui se déplacent ensemble pendant un certain temps. Cette stabilité acquise n'en est pas moins réelle et elle est l'origine de l'individualité réelle. De simples corps individuels se composent pour en faire advenir d'autres, toujours plus complexes, de sorte que l'univers matériel en son entier peut, lui aussi, être considéré comme un individu. Il est parfaitement clair qu'en élaborant cette doctrine, Spinoza avait à l'esprit le genre d'organisation dont témoignent les organismes vivants. Entre la doctrine de la stabilité « physiologique » laquelle définit l'individualité, et le principe métaphysique du *conatus*, le rapport entre les deux demeure bien obscur. Introduit en *É* IIIp6 et 7, le *conatus* est dit être l'essence même, l'être actuel de toutes les choses. Le moins qu'on puisse dire est qu'il est peu clair de savoir comment une individualité qui résulte de l'action des corps environnants peut devenir l'effort interne de préservation de soi.

L'individualité corporelle est conçue comme un *résultat* – ce qui peut être étendu à toute individualité comme telle. Ce qui importe tient à ceci que la structure ainsi que la relative stabilité qui résulte du jeu de causes naturelles permettent à Spinoza de dépasser le réductionnisme. C'est que ce dernier semble bien être la conséquence d'explications mécanistes, comme le sont celles de Spinoza; c'est particulièrement le cas lorsque téléologie et finalisme sont rejetés à la façon dont Spinoza en effet les rejette. Même si on a pu dire que la philosophie de Spinoza représente « l'essai le plus radical pour philosopher sans *le cogito* » on aurait tort de voir dans le spinozisme une tentative radicale pour philosopher sans un véritable concept de l'individu, mieux, sans un concept de la subjectivité. Le principe sous-jacent à cette théorie non-réductionniste de l'individu, et par implication, de la subjectivité aussi bien, est qu'un effet n'est ni nécessairement ni pleinement réductible aux causes qui l'ont produit. À la différence d'autres théories qui ne réduisent pas non plus le résultat à ses causes – Aristote et Hegel viennent aussitôt à l'esprit, mais aussi la théorie de l'organisme de Leibniz ou d'autres théories analogues –, ce qui est remarquable avec Spinoza est qu'il soutient ses vues à l'intérieur d'une ontologie radicalement non-téléologique. À ce titre, cette théorie, loin d'être triviale, est vraiment originale. Mais ce sera seulement à la lumière de *É* V qu'il sera possible de juger si elle peut "tenir".

L'image d'une proportion stable de mouvement et de repos, légitime, de façon plutôt symbolique, le concept d'une véritable individualité corporelle. Bien que le texte ne le dise pas de façon totalement explicite, ce que suggère la logique de l'argumentation de Spinoza mais aussi de façon presque directe *É* IIp15[1], est que *l'idée* de cette stabilisation causalement produite, c'est-à-dire « l'âme », est réelle au même titre. Cette proportion stable de mouvement et de repos vaut pour cette *idée* même, fondement de l'âme, dont le corps est l'objet. Il y a là une question obscure que Spinoza n'est jamais parvenu à porter à la clarté. Toutefois, l'ordre des raisons qui conduit des propositions 11-13 au fragment de physique, fait supposer quelque rapport essentiel : celui qui lie l'âme, en tant qu'elle est le sentir des affections du corps, l'idée dont le corps est l'objet et la nature du corps telle qu'expliquée par le fragment de physique. L'idée qu'une puissante connexion relie l'« âme » et la « proportion stable de mouvement et de repos », ne se trouve pas seulement dans les choses « complètement générales » qui sont montrées dans les propositions 11-13, mais aussi dans les considérations beaucoup moins générales qui suivent le fragment de physique. Les propositions 14 et 15 fondent la théorie de la connaissance et de la vérité à laquelle tout le reste de *É* II va se consacrer. *É* IIp14 montre que la capacité de l'âme à concevoir est liée à la complexité du corps, et *É* IIp15 stipule que « l'idée qui constitue *l'esse formale* de l'âme humaine n'est pas simple mais elle est composée d'un grand nombre d'idées ». Tout ceci suggère un lien direct entre la notion d'âme et l'idée d'une structure et d'une complexité corporelles telles que l'exposent le groupe de définitions, axiomes et lemmes qui suivent *É* IIp13.

Gueroult se livre à deux hypothèses, en vérité incompatibles, pour tenter de rendre plus accessible la façon dont Spinoza conçoit le lien entre l'âme et la complexité du corps. Selon la première, la raison-idée-âme d'un mouvement et du repos pourrait être interprétée de façon aristotélicienne, comme *forme* du corps[2]. Selon la deuxième, le fragment de physique serait

1. « L'idée qui constitue l'être formel de l'esprit humain n'est pas simple, mais composée d'un grand nombre d'idées ».

2. *Ibid.* p. 170-185 ; voir aussi D. Parocchia, « Physique pendulaire et modèles de l'ordre dans l'Éthique de Spinoza » dans *Cahiers Spinoza*, 5, 1985 p. 71-92.

une *physique pendulaire*[1]– conçue sur le modèle de la théorie du pendule de Huyghens telle qu'exposée dans son œuvre majeure *Horologium Oscillatorium* (tout particulièrement la quatrième partie qui traite du centre des oscillations)[2]. La raison-idée-âme en ce cas, ne serait plus la *forme* du corps, mais l'*équation* de son mouvement (l'oscillation). En dépit de quelques ressemblances, une forme et une équation sont deux choses différentes. Avant tout, là où toute téléologie est absente, il ne saurait subsister grand-chose de l'aristotélisme; or, ni la théorie spinoziste de l'homme, ni la théorie du pendule de Huyghens n'admettent la téléologie. Même si une structure est conçue de façon architectonique, elle ne saurait détenir l'efficience dont les causes finales sont censées disposer. Deuxièmement, et plus important encore, la conception spinoziste de l'étendue et de la machine du corps diffère grandement du concept de matière chez Aristote puisque ce dernier la conçoit comme informe et pure potentialité.

Le corps et l'âme sont un à la façon dont le cercle et son idée ou le pendule et son équation le sont. La notion de cercle n'a pas de sens sans l'idée du cercle, et la même chose vaut pour le pendule. Mais, si l'âme et le corps sont dans le même rapport que le cercle et son idée, alors il doit y avoir une relation de dépendance réciproque entre eux, qu'elle soit sémantique ou conceptuelle-abstraction faite de la radicale irréductibilité réciproque de la pensée à l'étendue. Il n'y a là qu'une autre façon d'affirmer qu'il s'agit d'une seule et même chose : la notion d'idée serait dépourvue de sens sans celle de son idéat-tout comme le concept de l'être objectif si on ne pose pas, par là-même, celui de l'être formel-tout comme l'acte de définir serait inintelligible sans le *definiendum*. Aussi étrange qu'il y paraisse, Spinoza semble bien dire que c'est de la même façon que le corps ne saurait être pensé sans l'âme, et inversement. En d'autres termes, le corps ne peut être pensé sans être pensé, et cette pensée, selon sa signification originaire et pleinement adéquate est son âme-idée. Pareillement, le concept d'âme enveloppe immédiatement celui de son corps. Par conséquent, il ne saurait y avoir un possible ou une pensée qui ajouterait à l'existence (corporelle)[3]. Il n'y a pas davantage de surplus d'être qui ajouterait à son intelligibilité immanente. L'existence, ou l'être d'une chose, le fait qu'elle soit l'idéat d'une idée, ne surpasse pas, dirons-nous en un sens heideggerien, son intelligibilité immanente. L'existence en tant que corps est coextensive, pourrait-on dire, à la véritable intelligibilité de ce dernier,

1. En français dans le texte [NdT].

2. M. Gueroult, *Spinoza, op. cit.*, p. 176-177.

3. Qu'il y ait un tel « surplus » serait le cœur de l'opposition de Leibniz à Spinoza.

c'est-à-dire à l'âme : telle est l'existence de toute chose – de l'être humain en particulier.

Idea corporis : *se sentir être un corps ?*

Même si l'on accepte l'idée qu'une proportion de mouvement et de repos puisse être tenue pour le *principium individuationis* d'un corps, la question de savoir comment on peut aussi affirmer qu'elle est une *âme* demeure assez peu claire. Une équation, une description mathématique de la réalité physique pourrait devenir une métaphore pertinente pour saisir que la *réalité objective* selon Spinoza détient, de façon indéterminée, l'idée d'un acte de l'intellect. À la façon dont Spinoza a utilisé la doctrine de la définition génétique pour doter d'un contenu positif la nature rationnelle des objets géométriques, l'idée d'équation pourrait, de la même façon, arrimer à une imagination tangible l'idée abstraite de l'être objectif ou idée d'un corps complexe. Elle pourrait même symboliser l'idée qui est en Dieu du corps en question. Il s'agit de points de vue différents sur une seule et même chose, à savoir l'intelligibilité originaire et native de tout ce qui est. Bien qu'il n'ait pas utilisé cette façon de parler, Spinoza a tacitement emprunté la notion d'intelligibilité au domaine des objets idéels comme l'est le cercle-domaine qui est son champ initial d'application ; il a ensuite transporté cette notion à un discours qui porte sur le corps humain. S'il en est ainsi, « l'idée du corps » peut devenir quelque chose comme *l'intelligibilité immanente au corps*. Paradoxalement cette dernière serait conçue à la façon dont l'idée du cercle est l'intelligibilité propre au cercle en tant qu'objet.

Spinoza toutefois a recherché encore davantage. L'idée du corps, c'est-à-dire son être objectif lui a servi de métaphore pour l'âme, en un sens qu'on peut estimer être phénoménologique et même psychologique. De manière générale, Spinoza est radicalement iconoclaste : on le voit bien dans la double rupture qu'il effectue, d'un côté à l'égard de l'héritage cartésien – de l'autre, à l'égard des traditions philosophiques médiévales surtout juives, mais non-juives également. Ce radicalisme n'apparaît pas vraiment dans tous les couples qui sont le plus aisément acceptables entre lesquels règnent recoupements, équivalences synonymiques et unité dans la différence : ainsi en va-t-il de la série idéat-idée ; être formel/être objectif ; intelligibilité-existence ; pensée-étendue. Il suffit d'en ajouter un pour que la rupture iconoclaste devienne éclatante, et c'est le couple du corps et de l'âme.

C'est bien là cependant que conduit le début de *É* II : le corps et l'âme sont un, exactement à la façon dont l'idéat et l'idée sont un. Une telle unicité est originaire, son concept et son être à la fois précèdent toute position d'un sujet, d'un agent, d'un substrat de la pensée et en sont indépendants. En tant qu'elle est son être objectif, l'idée d'un corps est son intelligibilité native. Ce qui prend naissance dans cette réalité originaire, c'est ce que nous concevons – et ce que nous expérimentons aussi – comme étant la pensée d'un certain corps, le fait de le sentir et de le ressentir, c'est-à-dire nommément l'âme. Il y a là une vision profondément étrange et hautement inattendue de ce que sont l'âme et le corps. On ne peut aisément fournir de réponses à toutes les questions qu'une telle vision soulève, à supposer que cela soit possible. Une orientation philosophique chargée de sens n'en fait pas moins son apparition. Le moment où s'achève le projet philosophique de Spinoza est aussi celui au cours duquel le sens ultime et la portée de la doctrine de l'unité du corps et de l'âme sont révélés. En adjoignant la remarque suivante au scolie de *É* IIp13, Spinoza anticipe sur ce moment final. Il écrit que nous ne pouvons nier que « les idées diffèrent entre elles comme les objets eux-mêmes le font, et que l'une est plus excellente[1] que l'autre et contient plus de réalité exactement comme l'objet de l'une est plus excellent que l'autre et contient plus de réalité. »

Mais, aussi extraordinaire que cela puisse paraître, la source d'évaluation se trouve dans le corps. Afin de préciser, poursuit le scolie,

> quelle est la différence entre l'esprit humain et les autres, et combien il les surpasse [en excellence et en valeur], il est nécessaire pour nous, ainsi que nous l'avons dit, de connaître la nature de son objet, celle du corps humain.

Il n'y a pas à s'étonner que Spinoza ajoute aussitôt qu'il « ne peut maintenant expliquer cette affirmation et qu'aussi bien ce n'est pas nécessaire pour les choses que je veux maintenant démontrer ». Dans cette doctrine selon laquelle l'âme est l'idée du corps, ce qui est véritablement en jeu porte sur la théorie éthique que Spinoza a cru pouvoir fonder sur elle. Nous reviendrons sur cette théorie dans les deux derniers chapitres de notre étude, mais nous pouvons consacrer encore quelques instants à tenter d'éclaircir ce point obscur.

1. Le latin dit *unamque alia praestantiorem esse* – ce qui est difficile à traduire. Moins déterminé que le terme d'« excellence », il n'en comporte pas moins un sens vague mais indéniable d'évaluation.

INTELLIGIBILITÉ ET ÉPISTÉMÉ

Ce que Spinoza présente comme la conclusion des considérations antérieures se trouve dans le corollaire de *É*IIp13 : « l'homme consiste en un corps et un esprit, et le corps humain existe conformément à ce que nous sentons [*sentimus*] de celui-ci ». La proposition 24 de *É*II introduit au groupe de propositions dans lesquelles se trouvent exposées la nature et les raisons de la fondamentale inadéquation tant de la connaissance de notre propre corps que de celle des « corps extérieurs ». La proposition 24 semble contredire le corollaire de la proposition 13 quand elle déclare que « l'esprit humain n'enveloppe pas la connaissance [ou cognition] adéquate des parties qui composent le corps humain ». Encore une fois, sans que Spinoza ne s'en explique au juste, il introduit une distinction essentielle entre le *sentimus* du corollaire et le *cognitionem* de la proposition 24.

Nous avons vu antérieurement que la thèse selon laquelle l'âme est l'idée du corps est de nature gnoséologique. Nous voyons maintenant clairement que l'unité du corps-esprit ne consiste pas en ce qu'on entend habituellement par « connaissance ». Dès lors qu'on a renoncé à l'hypothèse du parallélisme, l'union spinoziste du corps avec l'esprit ne peut plus être interprétée comme si elle était *fondamentalement* de même genre que celle qui relie une ville à la carte qu'on en peut dresser, pour reprendre encore une fois cette métaphore leibnizienne bien connue. Il est désormais impossible de prétendre à quantité de rapports entre l'âme et le corps. Il est désormais impossible de dire par exemple que l'âme exprime le corps, qu'elle lui serait isomorphe, ou qu'elle enregistrerait les états du corps. En d'autres termes, l'âme n'est pas une représentation du corps. Quand Spinoza affirme que nous sentons notre corps tel qu'il existe actuellement, il ne veut apparemment pas dire ce qu'on entend généralement quand on affirme que « l'âme connaît le corps ». La nature gnoséologique de l'union de l'âme et du corps figurera d'une façon plus accessible après la petite physique. Son élaboration se joue autour des propositions 24 et 25. Même en faisant abstraction de l'ambiguïté du terme « *sentire* », il paraît hautement probable que Spinoza n'avait aucunement en tête ce que nous entendons généralement par des termes tels que « sentiment », « sensation », « ressentir », « perception » et autres semblables. En affirmant que le *corps existe* à la façon dont nous le sentons, il avait assurément à l'esprit quelque chose de tout autre.

En l'absence de la position préalable d'un sujet, d'une conscience, ou d'un esprit, on ne saurait évoquer, du point de vue de la connaissance, ni voile des idées, barrière des perceptions ou subjectivité des sensations entre l'âme-idée et le corps. L'unicité spinoziste du corps-esprit n'a aucunement le sens ultime selon lequel *l'âme connaîtrait* le corps. Elle est ce qui fonde la connaissance. De profondes différences séparent le fondement de ce qu'il fonde. À parler rigoureusement et au sens strict du terme, lorsque l'âme de Pierre connaît le corps de Paul, c'est-à-dire quand Pierre connaît Paul, alors on peut parler de connaissance. Au sens propre, le sentir que Pierre a de son propre corps est quelque chose de tout autre : ce sentir n'est rien d'autre que « l'idée de Pierre qui constitue l'essence de l'esprit de Pierre » et celle-ci développe [*explicat*] l'essence du corps de Pierre.

La douleur pourrait illustrer les différences en question. Spinoza mentionne à peine le plaisir et la douleur considérés en leur acception directe de plaisir ou douleur physique. Dans le scolie de *É* IIIp11 il explique le sens de ces termes et s'y réfère encore dans les *Affectum definitiones* qu'il adjoint à la fin de *É* III. La douleur désigne l'affection de *tristitia* quand elle se dit du corps et de l'âme indifféremment : elle est passage de l'âme d'une plus grande à une moindre perfection. Le sentiment de douleur paraît ainsi comme l'occurrence la plus simple qui plaide en faveur du prétendu parallélisme. Le corps enregistre, selon une voie physiologique quelle qu'elle soit, une diminution de la force d'exister et de la quantité d'être, de sorte que l'âme, par un biais ou un autre, en est avertie soit par une forme ou une autre de conscience, (de façon peut-être subconsciente, là n'est pas la question) soit par ce qu'on appelle des items mentaux.

On peut montrer que les choses ne sont pas aussi simples en se livrant à une brève comparaison tant avec Descartes qu'avec Leibniz. Pour Descartes, ce n'est pas l'œil qui voit et ce n'est pas le corps qui sent (nous y reviendrons plus loin) : c'est là le fait de l'âme. Autrement dit, dans le cas de la douleur, le corps ne *sait* pas que quelque chose ne va pas en lui. L'âme interprète des signes corporels et en tire elle-même l'information que son corps souffre. Le corps est une machine aveugle, sourde et insensible. C'est la raison pour laquelle les animaux dépourvus d'âme ne peuvent ressentir la douleur, du moins au sens où celle-ci enveloppe quelque connaissance. Bien que de telles considérations aient fait de Descartes un épouvantail symbolique dans les milieux de protection de la vie animale, sa doctrine de l'animal-machine est philosophiquement parlant moins absurde et choquante qu'il y paraît, d'autant que les alternatives ne sont pas toujours théoriquement meilleures. Pour saisir ce dont il s'agit avec la douleur, la voie que Spinoza a adoptée ne paraît pas vraiment plus aisée; en prétendant que l'âme sent le corps tel qu'il existe actuellement, et si l'âme ne fait qu'un avec le corps à la façon dont l'idée du cercle ne fait qu'un avec le cercle lui-même, alors le fait de ressentir la douleur devient directement un mode d'être du corps dans son existence actuelle. Il faudra donc concéder que ce qui est mental relève à quelque égard du corps et qu'il n'est aucunement une simple représentation de celui-ci. Si donc le « mental » n'est pas un épiphénomène, l'explication que Spinoza donne de la douleur est aussi étrange que celle de Descartes.

Pour Leibniz, sentir et ressentir sont des « idées confuses ». Si ressentir n'est pas un concept, ressentir comporte toujours un concept sous-jacent de sorte que la « vérité » de ce ressentir est pour ainsi dire, dans le concept. Ainsi la perception d'une couleur est l'idée confuse de ce qui est, originellement un concept totalement clair et distinct qui décrit un mode de déplacement (disons de la lumière). Spinoza envisage de façon analogue le rapport entre les concepts et le fait de sentir des perceptions, des sentiments et des sensations : puisque « un affect est une idée d'une affection de notre corps », c'est avec nécessité qu'il « enveloppe quelque concept clair et distinct » (*É* Vp4cor). C'est la raison pour laquelle « il n'y a pas d'affect duquel nous ne puissions former quelque concept clair et distinct » *(ibid.)* et c'est aussi la source du pouvoir salvateur de la raison. Mais c'est de surcroît le seul moyen de soutenir la thèse de « l'identité numérique » entre l'âme et l'idée que Dieu a du corps. Dieu a sans doute une idée de la douleur du corps souffrant mais il n'y a aucun sens à attribuer à Dieu la douleur elle-même. On ne peut échapper au dualisme entre Dieu et le monde qu'en supposant que la « vérité » de la douleur est un concept qui gît en son fond – si donc l'affection enveloppe un concept.

C'est en soutenant que les corps sont des phénomènes bien fondés que Leibniz a surmonté la difficulté. Spinoza aurait pu donner son accord à cette thèse à condition qu'elle ne mette en jeu que le monde extérieur mais certainement pas la nature de notre propre corps. Il était hostile à l'idéalisme préconisé par Leibniz comme à tout idéalisme, quel qu'il soit. Le concept sous-jacent ou enveloppé était, selon lui, un mode d'être – l'être objectif – du corps lui-même. Dès lors, la douleur est la douleur que le corps lui-même ressent, et non quelque instance extérieure appelée « âme » ou « esprit ». La douleur n'est peut-être pas l'idée adéquate du corps, mais elle n'en est pas si loin. Une idée de douleur telle que Spinoza l'envisage enveloppe l'idée adéquate du corps et dans la mesure où elle est adéquate, cette dernière peut être dite ne faire qu'un avec l'idée de notre corps en Dieu. Mais même en tant qu'idée de Dieu, elle n'en demeure pas moins un mode d'être du corps.

L'âme en tant qu'idée du corps, n'est pas une idée à *propos* du corps. L'âme est le sentir – ou le penser – du corps lui-même. Il s'agit du corps lui-même, dans la mesure où il est pensable. Ce sentir du corps est, semble-t-il bien, quelque chose d'autre que les impressions que le corps tracerait en l'âme – ou que les sensations et sentiments dont il laisserait l'impression en elle. Les « données des sens », qu'elles soient conscientes ou non (peu importe ici), ne sont pas des représentations de ce qui se produit dans notre corps, en dehors de l'âme. Les émotions ne sont pas la manifestation des voies par lesquelles le cerveau cartographie les états de l'organisme. On ne saurait concevoir un espace intérieur dans lequel la pensée serait barricadée puisque l'âme et le corps constituent une unité originaire. Pour la même raison, le corps ne fait pas partie d'un espace extérieur – extériorité qui ne pourrait être concevable que dans son rapport avec la prétendue intériorité de l'âme. Ce qui veut également dire que le corps n'est aucunement un « étranger » pour l'âme, mais aussi que l'âme n'envisage pas son corps comme quelque chose d'extérieur à elle. Le rapport de l'âme à son corps est exactement celui de l'idée à son *ideatum*. *L'Éthique* ne comporte aucune réponse claire à la question de savoir comment advient ce que Leibniz appellerait « aperception » ou conscience, mais si nous faisions appel à ce genre de terminologie, alors le fait que l'idée-âme soit l'auto-transparence originaire du corps à son propre égard deviendrait concevable, et cette transparence serait un concept plutôt qu'une connaissance.

On pourrait penser qu'on ne fait guère mieux que répéter le parallélisme bien connu de l'idée avec son objet quand on prétend que chaque chose détient une idée. Mais à quoi donc aboutit le parallélisme si le rapport de l'idée aux choses est un rapport originaire ? Cela signifie que le rapport de l'idée à son *ideatum* est envisagé en l'absence de tout présupposé, qu'il s'agisse d'un agent pensant, d'un penseur qui « aurait » ces idées, d'un sujet de la pensée ou d'un substrat sous les espèces d'un ego ou d'une conscience personnelle. Le parallélisme reviendrait à dire que toute chose est dotée d'un « concept » objectif, d'une description intelligible (sans personne qui décrit), bref que toute chose est pensable ou mieux, est dotée d'une intelligibilité qui lui est inhérente. La pensée et l'intelligibilité, que nous considérons comme largement synonymes, sont coextensives à l'existence en général, et inséparables de celle-ci. La notion de « chose » est synonyme de « *ideatum* », ce qui signifie qu'elle enveloppe essentiellement la notion d'« idée ». Une chose, un corps, un objet et autres termes analogues, ne peuvent sans leurs idées, être ni conçus ni imaginés comme existants. Exister et être intelligible sont coextensifs, sont équivalents de façon générale et originaire, de sorte que cette équivalence ne présuppose rien d'autre que d'être elle-même, rien d'autre que « la substance ». Spinoza renverse ainsi l'ordre des conditions : les concepts d'être et de pensée comme possibilité essentielle et irréductible de l'être, précèdent l'idée d'un agent qui pense, précèdent l'idée d'un sujet; c'est le concept d'ego qui présuppose celui de la substance et de ses attributs. La nécessité de l'identité de l'idée avec son *ideatum*, la nécessité de l'existence d'une substance infinie dotée d'une infinité d'attributs conduit à la conclusion suivante: un monde existant qui serait impensable est une contradiction dans les termes. Il est, bien entendu possible, d'envisager un monde qui serait dépourvu de toute chose pensante apte à le penser et le connaître. Mais dès lors qu'un monde existe, il est doté d'une idée ou concept. Puisque le monde existe nécessairement, son idée, concept ou pensée existe nécessairement tout autant.

Nous tentons d'interpréter la doctrine spinoziste de l'unicité de l'âme et du corps en faisant appel à l'idée «d'intelligibilité inhérente». En soutenant que l'âme est l'idée du corps, nous croyons que Spinoza a pu vouloir dire la chose suivante: l'âme est le concept du corps qui lui est immanent et ce concept est le sens de ce qu'est actuellement le corps et comment il l'est. La doctrine de l'être objectif, dans sa version spinoziste, signifie que la façon dont une âme sent son corps, détient «la signification» de ce corps La pensée du corps est l'être objectif de cet être formel qu'est le corps; ni une telle pensée n'est un prédicat du corps, ni le corps n'est son substrat. La pensée du corps est donc l'idée, ou le concept, ou l'âme du corps; elle est tout cela avec la pleine immédiateté qui fait qu'une chose est ce qu'elle est. Penser le corps, sentir le corps est un mode d'être du corps. Un corps, en tant qu'il se sent corps, telle est l'âme, ou mieux encore, elle est un corps en tant qu'il se pense corps. En d'autres termes, l'âme est en vérité ce que cela signifie que d'être un corps.

TROISIÈME PARTIE

CHAPITRE V

CORPS ET IDÉES : QUELQUES REMARQUES GÉNÉRALES

LE MONDE « EXTÉRIEUR »

Après avoir souligné dans le scolie de *É*IIp13 que ce qui précède a montré non seulement *que* l'âme humaine est unie au corps, mais également *ce que* cette union signifie, Spinoza ajoute que « ce que nous avons montré jusqu'ici est tout à fait commun et se rapporte également aux hommes et aux autres individus, lesquels sont tous animés, bien qu'à des degrés divers. » Il n'est pas si rare de croire que Spinoza avait en vue une sorte d'animisme. S'il s'agit de croire que toute chose est « vivante », dotée d'une « âme » ou d'un « esprit », en entendant par là des choses telles que « personnalité », « sensibilité inconsciente », « conscience », « subjectivité » ou quoi que ce soit de ce genre, alors Spinoza n'a rien d'un animiste. Il est même, à dire vrai, exactement le contraire. C'est ce que nous apprennent les lignes qui suivent immédiatement celles que nous venons de citer : « Car d'une chose quelconque de laquelle Dieu est cause, une idée est nécessairement donnée en Dieu, de la même façon qu'est donnée l'idée du corps humain ». Le sens de cette affirmation paraît suffisamment clair si on garde à l'esprit les propositions 11-13 : une unité d'âme et de corps constitue certes un principe ontologique général. Toutefois, sa portée ultime tient à ceci que toute chose est dotée d'une *idée*, d'un concept – disons même si on veut, d'un nom – à condition de saisir que rien ni personne ne donne ce nom.

La proposition 14 inaugure un nouveau champ d'investigation : c'est de la théorie de l'homme qu'il va désormais être question. En sa première partie, elle va consister en une théorie de la connaissance et de la vérité qui va occuper toute la suite de *É* II. La question de la connaissance comporte nécessairement des déterminations spécifiques; en ce sens, il est clair que la proposition 14 annonce un nouveau domaine de préoccupations théoriques, même si Spinoza ne pourvoit expressément à aucune différence systématique entre le point de vue noétique sur le concept d'« idée » et le point de vue gnoséologique. À la différence du statut originaire de la pensée et de l'intelligibilité, « connaître » présuppose un connaissant. Tandis que l'idée d'un corps n'est rien d'autre que ce qu'il est, la connaissance quant à elle, comporte du plus et du moins : une connaissance est susceptible de se produire puis d'être corrompue. La notion de connaissance conduit à distinguer entre le connu et l'inconnu, entre l'ignorance et la connaissance acquise, entre ce qui est expressément su et ce qui est implicitement accepté, entre ce qui est conscient et ce qui ne l'est pas. Toutes ces dimensions de la connaissance humaine vont maintenant accéder, de façon légitime, à leur domaine d'approche théorique. En vérité on assiste en ce point à l'introduction de la subjectivité. Dans l'ontologie générale de la première partie de *l'Éthique*, comme dans l'ontologie spéciale des débuts de la Deuxième partie, certains vocables avaient fait l'objet d'une analyse qui les destituaient et qui, pour ainsi dire, les déconstruisaient; les voilà maintenant de nouveau acceptés dans le discours philosophique.

Il faut en premier lieu la médiation d'une doctrine de l'individualité du corps pour qu'une terminologie qui avait été déconstruite soit de nouveau admise dans le discours théorique légitime. En second lieu, une justification est requise qui ne peut venir sérieusement que des fondements qui ont déjà été posés, à savoir, en *É* I pour l'ontologie générale, et pour l'ontologie spéciale, en *É* II-p11-13. En un sens, la théorie anthropologique de Spinoza ne diffère guère de la doctrine leibnizienne des *phenomena bene fondata*. Dans les deux cas, il s'agit d'une signification double : un *résultat* n'est pas nécessairement réductible à ce dont il résulte ou dérive, au sens où il serait dépourvu d'une réalité propre et ne saurait prétendre à une saisie théorique spécifique. Ce qui tire son être et son sens de couches conceptuelles et ontologiques plus « profondes » ne doit pour autant pas se trouver ni réduit à ces dernières, ni effacé par rapport à celles-ci; être un résultat ne signifie nullement être dépourvu de tout statut ontologique propre et de toute légitimité conceptuelle. Avec cela, inversement, le sens plus profond demeure opératoire, même dans les discours dérivés et seconds. Pour ce qui nous occupe, cela veut dire que, même si la connaissance suppose un « connaissant », celui-ci n'est aucunement primordial, ni conceptuellement, ni ontologiquement. En termes spinozistes, cela veut dire qu'il n'est pas substance. Pour autant, il n'a rien d'une illusion ou invention philosophiques, il n'est pas davantage une construction arbitraire qui obéirait à des motifs idéologiques ou autres.

Ainsi, la théorie de l'homme débute par une théorie de la connaissance. Prise sous l'éclairage de l'importance accordée à la théorie des affections, dans les parties III et IV de l'*Éthique*, la place qui est dévolue à la théorie de la connaissance est hautement significative; et en particulier si on garde présent à l'esprit que la voie qui conduit à la sagesse et à la liberté passe par la victoire à remporter sur la nocivité des affections. L'homme est un être pensant et connaissant, de sorte que la théorie des affections et de la pathologie de la vie humaine prend appui sur la théorie de l'idée adéquate et de la connaissance vraie – ce que fait également la théorie de la sagesse et de la libération.

C'est la notion d'« extériorité » qui, la première, fait retour dans la théorie de la connaissance après avoir été « déconstruite », mais même un usage légitime la laisse, à quelque égard, au rang de métaphore. Elle implique la métaphore symétrique de l'« intériorité » d'un espace de connaissance. Ainsi qu'il vient d'être défendu ci-dessus, la doctrine de l'âme comme idée du corps engage un double rejet : rejet de la conception qui fait de l'âme un espace clos sur soi et rejet de la vue qui fait du corps une pure « extériorité ». Une telle conception est impliquée tant par le dualisme cartésien, que par un parallélisme de type leibnizien. Si on suppose que le corps est, de façon immédiate, une partie du monde, alors la pertinence théorique qu'il y a à envisager le monde et les autres corps comme choses « extérieures » se trouve radicalement relativisée. Le caractère métaphorique de l'« extériorité » du monde n'en est pas moins utile du point de vue de l'unicité et de l'individualité du corps et de son idée qui est son âme. Le terme d'« extériorité » exprime bien que le corps/âme individuel (le mien, ce corps dont il est avant tout question du point de vue philosophique) c'est-à-dire l'idée/idéat, est distinct et discernable de toutes les choses environnantes.

Un grand nombre de notions et de questions traditionnelles plus courantes se trouvent facilitées quand on en appelle à la double métaphore de l'esprit comme un « intérieur », et des corps comme « extérieurs » : c'est particulièrement le cas de l'opposition du « réalisme » à l'« antiréalisme ». Dans le cas de Spinoza toutefois, la question n'est pas tant de savoir si et comment les perceptions, notions, concepts, propositions et théories dont nous disposons, que nous acquérons ou que nous formulons correspondent au monde et à ses objets. Il s'agit bien plutôt de savoir comment même il serait possible de conceptualiser la relation de l'extérieur avec l'intérieur. S'il semble n'y avoir rien de problématique dans le fait de dire que nos idées, notre connaissance « correspondent » aux choses réelles ou qu'elles les « concernent », en quel sens peut-on l'entendre ?

Si on accorde que l'homme a une véritable individualité (elle est relative sans doute, mais n'en est pas moins réelle) on peut maintenant affirmer que l'être de l'homme dans le monde est fondé sur l'homogénéité matérielle qu'il y a entre son corps et les autres corps. L'esprit ou âme étant « l'idée du corps », son « être-dans-le-monde » tient à une médiation corporelle : avant tout l'âme est l'idée du corps, de sorte que les nombreuses idées qui la constituent sont les idées des affections du corps qui s'expliquent par les rapports qu'il noue avec les autres corps. Le premier pas que Spinoza va effectuer pour sa théorie de la connaissance va donc consister à analyser les conditions de possibilité de ce à quoi on fait référence quand on parle de connaissance des « corps extérieurs » ; en d'autres termes, Spinoza va analyser la signification véritable qui pourrait être octroyée à cette expression. Cette connaissance des corps « extérieurs » repose sur ce qu'on appelle la perception – sans être épuisée par cette dernière. L'immédiateté de notre « être-dans-le-monde » réside dans la perception : bien que celle-ci ne soit pas pleinement adéquate, elle n'en est pas moins l'origine de la connaissance rationnelle de celui-ci. *É* IIp16 et ses corollaires en formulent le concept.

> *É* IIp16 : *Idea cujuscunque modi, quo Corpus humanum a corporibus externis afficitur, involvere debet naturam Corporis humani, & simul naturam corporis externi.* (L'idée de l'affection qu'éprouve le corps humain, quand il est affecté d'une manière quelconque par les corps extérieurs, doit envelopper la nature du Corps humain et en même temps celle du corps extérieur).
>
> Cor.1 : *Hinc sequitur primo Mentem humanam plurimorum corporum naturam una cum sui corporis natura percipire.* (Il suit de là (1) que l'âme humaine perçoit, en même temps que la nature de son propre corps, celle d'un très grand nombre d'autres corps.)
>
> Cor.2 : *Sequitur secundo quod ideae, quas corporum externorum habemus, magis nostri corporis constitutionem, quam corporum externorum naturam indicat; quod in Appendice partis prime multis exemplis explicui.*

(Il suit (2) que les idées des corps extérieurs que nous avons indiquent plutôt l'état de notre propre Corps que la nature des corps extérieurs; ce que j'ai expliqué par beaucoup d'exemples dans l'*Appendice* de la première partie)[1].

Nous n'avons donc pas de perception pure et directe des corps « extérieurs », mais puisque, par définition, notre saisie est toujours médiatisée par l'état du corps qui perçoit, il s'ensuit que la perception et la connaissance sont toujours en grande partie une connaissance de soi. La façon dont Spinoza conçoit la connaissance du monde extérieur n'est pas « réaliste » au sens strict, il convient de le souligner. Spinoza, pour autant, n'est ni sceptique ni idéaliste. Le second corollaire que nous venons de rappeler affirme que les idées que nous avons des corps extérieurs indiquent[2] (c'est-à-dire montrent, ou expriment) la nature de notre corps davantage que celle du corps extérieur qui affecte notre corps; ce qui implique qu'elles indiquent aussi, fût-ce dans une moindre mesure, la nature du corps extérieur.

La même chose est entendue par « idées » et par « connaissance ». Nous connaissons notre corps (selon *É*IIp13), mais il semble bien que nous connaissions aussi d'autres corps. L'âme est l'idée du corps, mais comment peut-elle être aussi l'idée d'autres corps ? La réponse de Spinoza tient en deux points majeurs : premièrement, les corps font partie du monde. Ils subissent l'action des autres corps et, à leur tour, agissent sur ces derniers. L'effet de cette action réciproque s'inscrit naturellement dans les corps qui contribuent à de telles rencontres : Spinoza baptise *affection* un tel résultat. Cette affection fait l'objet d'une idée, et il en va ainsi pour tout autre corps ou tout autre occurrence physique : par conséquent l'affection fait partie de l'idée du corps, c'est-à-dire de l'âme. En second lieu, et plus important encore : le concept de « relation causale » présuppose quelque chose de commun, en ce sens qu'il doit y avoir quelque propriété que partagent les choses qui peuvent être des causes avec celles qui sont affectées par ces dernières. Or, il y a des propriétés communes, et *ipso facto* des notions communes (*É* II 37-40). C'est la condition pour qu'une relation causale soit tout simplement possible; mais c'est également la condition pour que le corps affecté ait connaissance du corps qui l'affecte.

Le fait que le corps soit le médiateur de la perception du monde extérieur présuppose une corrélation systématique entre les deux faces de

1. Traduction de Appuhn [NdT].

2. *Indicant :* il semble y avoir là un de ces vocables qui manque de précision « théorique » ; Spinoza y fait très souvent appel quand ce qu'il veut introduire autorise à demeurer ambigu sur quelque aspect mineur de ce dont il est question.

la connaissance que l'âme détient : la connaissance de son propre corps et celle des corps extérieurs. C'est une fois de plus, l'utilisation fréquente du terme d'*involvere* en lequel réside la trouvaille théorique qui formule avec cohérence ce qu'il en est de cette médiation. Les idées des autres corps sont « enveloppées » – (« impliquées », « présupposées ») dans l'âme-idée complexe du corps affecté, exactement à la façon dont l'effet d'une interaction causale entre deux corps dépend de – (est « enveloppé dans ») – la nature des deux corps[1].

L'*IDEA IDEAE* : CONSCIENCE, ÉVIDENCE ET MÉTHODE

La théorie spinoziste de la perception, et tout particulièrement la perception du monde extérieur, consiste moins en une réponse à l'énigme idéaliste, sceptique ou solipsiste qu'elle ne s'attache à ébranler les présupposés fondamentaux sur lesquels prend appui notre usage d'expressions telles que « monde extérieur » ou « corps extérieurs ». La présupposition que la dualité de l'« intérieur et de l'extérieur » serait ontologiquement acceptable est tout spécialement visée par Spinoza. Ainsi que nous venons de le voir, Spinoza continue à faire usage de cette métaphore de l'intérieur/extérieur sans que cela touche à la pertinence métaphysique de sa « déconstruction » telle qu'impliquée dans la *noétique* contenue dans la première partie de *É* II. Mais cela veut précisément dire que l'« extériorité » des corps extérieurs et du monde extérieur en général, et l'« intériorité » corrélative du soi, du sujet ou de la conscience, doivent être problématisées. Que ces concepts ainsi que quelques autres du même genre retrouvent leur légitimité ne doit pas masquer l'originalité de la position de Spinoza en ce qui les concerne tous.

L'originalité de Spinoza sera bien mise en lumière si on élargit quelque peu la perspective à la question des *idées*. De façon générale, il en va en la matière comme dans la plupart des doctrines spinozistes majeures : elles se

1. Le premier axiome de la petite physique (il se trouve après le corollaire du Lemme III) affirme que « Toutes les manières dont un corps est affecté par un autre, suivent de la nature du corps affecté et en même temps de celle du corps qui l'affecte » (trad. Appuhn, p. 87). Si c'est apparemment clair, c'est cependant, en réalité obscur : en particulier, que doit-on comprendre par « la nature » d'un corps ? Quoi qu'il en soit, il paraît certain que Spinoza avait à l'esprit quelques conséquences du principe d'inertie. La « physique » de Spinoza ne devrait pas nous retenir ici car, du point de vue de l'histoire des sciences, elle présente fort peu d'intérêt, voire aucun. Son intérêt cependant réside dans cette façon fort caractéristique dont des principes ou des modes de rationalité scientifiques subissent une métamorphose philosophique – en d'autres termes, sur la façon dont ils sont « intériorisés » dans un discours philosophique.

situent à l'intérieur de l'héritage cartésien, tout en étant cependant profondément anticartésiennes. Le concept d'*idée* se trouve en maintes occasions servir d'articulation essentielle à l'intérieur d'une argumentation, ce qui lui fait assumer d'importantes fonctions théoriques qui sont toujours toutefois profondément anticartésiennes. Il y a là une explication des raisons possibles pour lesquelles Spinoza brille par sa quasi-absence dans la plupart des essais récents qui traitent de « la méthode des idées » (*The Way of Ideas)* pour le XVIIe et la première moitié du XVIIIe siècle. Un grand nombre d'études relativement récentes sont consacrées à la théorie des idées, par exemple chez Locke, chez Reid, Berkeley, Malebranche et Arnaud, et il y a aussi une large reconnaissance du fait que la problématique cartésienne des idées est, à tout le moins, parente des thèmes qu'aborde en général la philosophie contemporaine de la perception[1]. On ne considère généralement pas que Spinoza ait apporté la moindre contribution à cette histoire qui soit digne d'être mentionnée. Il y a de bonnes raisons à une telle omission : les prémisses cartésiennes de cette « théorie des idées » ont toujours été refusées par Spinoza. Or ce sont elles qui nourrissent à un titre ou un autre, toutes les controverses qui portent sur la nature et l'origine des idées, y compris les doctrines les plus violemment opposées à Descartes, comme l'est celle de Locke. Spinoza n'a accepté aucun des dualismes qui sont présupposés dans la totalité de cette tradition, même à l'état semi-implicite. C'est qu'il ne s'agit pas seulement du dualisme du corps et de l'esprit ou de celui de l'étendue et de la pensée. Tous ces dualismes n'ont pas seulement une signification métaphysique ou anthropologique : ils ont des répercussions majeures sur la question de la connaissance, en ce sens qu'ils étayent des notions telles que celle de « représentation » dont le rôle fut tellement important dans toutes ces controverses. On peut dire de Spinoza qu'il fut celui qui tenta d'échapper à tous ces dualismes.

En vérité le monisme de Spinoza est d'une ampleur bien plus vaste que le monisme de l'esprit-matière ou celui du monde-Dieu. La notion d'*idée* sert précisément à faire la théorie d'un grand nombre de continuités et homogénéités ontologiques ou notionnelles que Spinoza impute à des choses que la tradition cartésienne inclinait au contraire à tenir pour discontinues et hétérogènes. Toutes ces « unités » sont, en un sens, des ramifications tributaires d'une unique thèse fondamentale, celle-là même qui réduit les âmes aux idées. Nous avons déjà examiné l'homogénéité ontologique et conceptuelle qui caractérise la relation de l'âme à ses pensées, mais entre l'âme-idée et le corps, il y a aussi homogénéité. L'âme n'est pas une substance, un ego métaphysique, un substrat, ni le sujet des

1. Voir chap. III.

idées qu'elle a ou qu'elle pense. Elle est elle-même une idée, c'est-à-dire un mode, au même titre que les idées qu'elle « a », qu'elle « sent », ou qu'elle « pense ». On ne saurait dire d'un cercle qu'il se tient à l'extérieur de sa définition ou concept, ni dire d'une idée qu'elle forme un espace intérieur qui ferait face à son idéat : il en va exactement de même quand il s'agit du corps et de l'âme. Le corps n'est pas à l'extérieur de son âme, ni l'âme barricadée à l'intérieur d'elle-même.

La doctrine de l'idée de l'idée (*idea ideae* ou comme on la nomme parfois l'« idée réflexive ») constitue un troisième trait remarquable de la théorie des idées dont il n'a pas encore été question. Cette doctrine fait son apparition dans les propositions 20-23 de *É*II, ainsi que dans les paragraphes 33-39 *du TRE*[1]. La thèse de la réflexivité de la pensée est, bien sûr, une thèse très ancienne et la doctrine spinoziste de l'idée de l'idée relève de cette tradition[2]. Disons de façon moins banale que les deux identifications auxquelles Spinoza se livre sont, de part en part anticartésiennes : la première ramène les concepts cartésiens de *méthode* et d'*évidence* à celui de *réflexivité*. Elle se trouve surtout dans le *TRE* mais disparaît en partie dans *l'Éthique*. La doctrine de la *conscience* qu'enveloppe *l'idea ideae* de Spinoza concerne davantage les enjeux qui occupent nos contemporains.

Il n'y a pas lieu maintenant de préciser quelle place tient la question de la *conscience* dans la philosophie contemporaine, et il n'existe, aussi bien, aucun moyen de le faire dans des limites raisonnables. Le mot lui-même n'a rien de nouveau – *conscientia* latine ou *consciousness* en anglais[3]. Mais une rupture majeure s'est produite au dix-septième siècle : on s'est mis à comprendre la notion de *conscience* comme on le fait désormais, au lieu d'y saisir les connotations proprement éthico-théologiques auxquelles le terme référait antérieurement en faisant de la conscience une instance

1. Voir A. Matheron, « Ideas of Ideas and Certainty in the *Tractatus de Intellectus Emendationes* » *in* Y. Yovel (ed.), *Spinoza on Knowledge and the Human Mind, op. cit.*, p. 83-91, pour une comparaison détaillée entre ces deux textes.

2. H. A. Wolfson, *The Philosophy of Spinoza. Unfolding the latent Processes of his Thought* (2 vol.), New York, Schoken books, 1969 : vol. II, p. 90-97. Cet ouvrage fournit comme à son accoutumée, grand nombre de références fort utiles.

3. Les langues philosophiques utilisées durant cette période sont surtout le français et le latin ; le déplacement dont nous parlons advient dans la littérature philosophique rédigée dans ces langues – il s'agit surtout des écrits cartésiens et post-cartésiens. L'anglais moderne distingue entre *conscience* et *consciousness* pour conserver à *conscience* sa signification éthique traditionnelle. Voir G. Rodis-Lewis, *L'œuvre de Descartes*, Paris, Vrin, 1971, p. 240 ; voir aussi Le *Robert, Dictionnaire historique de la langue française.* Les entrées pour « *conscience* », « *conscient* », *conscientious* », « *conscious* » et « *consciousness* » figurent dans *The Shorter Oxford English Dictionary*.

morale intérieure. La conscience est devenue, de nos jours, une sorte de pure intériorité, une expérience de transparence et d'absolue intimité, une sorte de connaissance privilégiée, mais aussi un mode d'être inhabituel de l'esprit. La rupture s'est produite essentiellement dans le sillage de l'attribution cartésienne du statut de substance à la pensée comme à l'étendue. Il faut toutefois assurément la saisir aussi dans le cadre de la révolution scientifique qui vit l'apparition d'un nouveau concept de la matière comme dépourvue de qualités, pure extériorité en vérité et consistant uniquement dans ce que les classiques appellent le *partes extra partes.* Elle sous-tend toutes les réalités physiques et peut être tenue pour l'objet légitime de la science : une telle entité ne ménage aucune place pour l'intériorité de sorte que, la science physique devenant le modèle de la scientificité, il devient dès lors loisible de considérer que l'intériorité de la conscience tombe en dehors de la rationalité scientifique, sauf au titre d'une profonde énigme ou d'une anomalie.

Spinoza utilise le terme de « conscience » en ce nouveau sens ; c'est le cas par exemple de l'appendice de *É* I ou encore en *É* IIIp9dem, ainsi que dans le scolie qui la suit[1]. Dans tous ces exemples, le mot renvoie à une sorte de connaissance, particulièrement à la connaissance de soi ou conscience de soi, sans désigner *une chose* quelle qu'elle soit – ni une « entité », ou, pire encore, un « matériau ». Le rapport avec la doctrine de l'idée de l'idée est explicitement établi dans la démonstration de *É* IIIp9 par exemple, dans laquelle Spinoza fait directement appel à *É* IIp23 pour transformer le *cognoscit* de cette dernière en *conscia*[2]. De surcroît, « *idea* » et « *cognitio* » sont présentées comme des synonymes dans *É* IIp20, où débutent les considérations consacrées à *l'idea ideae*.

> Mentis humanae datur etiam in Deo idea, sive cognitio, quae in Deo eodem modo sequitur & ad Deum eodem modo referentur, ac idea sive cognitio Corporis humanis[3].

La référence à Dieu met en lumière deux traits majeurs de *l'idea ideae* : elle est aussi réelle que l'âme et elle lui est ontologiquement homogène. Disons plus précisément que l'âme étant l'idée du corps, elle est donc la connaissance du corps. L'idée de l'idée est donc elle aussi connaissance.

1. Voir P. Macherey, *Avec Spinoza. Etudes sur la doctrine et l'histoire du Spinozisme*, Paris, P.U.F., 1992, p. 195-209.

2. *É* IIIp9 pose que l'âme tend toujours à persévérer dans son être et que « hujus sui conatus est conscia » ; la démonstration en fournit l'explication qui tient à ce que « l'esprit (en vertu de *É II*p23) est nécessairement conscient [*conscia*] de lui-même. »

3. De l'âme humaine aussi une idée ou connaissance est donnée en Dieu, laquelle suit en Dieu de la même manière que l'idée ou la connaissance du corps humain.

Elle est la connaissance de l'âme-idée et donc, de fait, connaissance de connaissance. Or des affections de toutes sortes telles que sensations, sentiments, émotions et ainsi de suite, sans oublier les imaginations, sont des idées inadéquates qui habitent l'âme. Il est loisible de supposer que la doctrine contenue dans les propositions 20-23 porte sur le type de savoir qu'on a quand on sait qu'on sait ou quand on sait ce qu'on sait – et, sans voir là aucune extension triviale de la notion de connaissance il faut dire qu'il en va de même quand on sait qu'on sent ou qu'on ressent. En d'autres termes, la doctrine de l'idée de l'idée est une doctrine de la *conscience*.

Spinoza raisonne sur la conscience en termes d'*idée* : c'est le premier trait remarquable qui mérite d'être souligné. « Idée » est le terme générique qui désigne tout ce qui relève de la pensée, de l'activité de pensée – soit encore du « mental »; la conscience ne jouit d'aucun statut particulier par rapport à celui de l'« idée », soit qu'on la tienne pour un être, soit qu'on la tienne pour une expérience :

> L'existence de l'idée de l'âme, dis-je, et celle de l'âme elle-même suivent en Dieu avec la même nécessité de la même puissance de penser. Car, en réalité, l'idée de l'âme, c'est-à-dire l'idée de l'idée, n'est rien d'autre que la forme de l'idée [*forma ideae*] en tant que celle-ci est considérée comme un mode du penser sans relation avec l'objet; de même quelqu'un qui sait quelque chose sait, par cela même, qu'il le sait, et il sait en même temps qu'il sait qu'il sait, et ainsi à l'infini (*É* IIp21s).

Ce qui revient, pour une oreille contemporaine, à une double démystification de la conscience : non seulement elle se retrouve « dé-substantialisée » mais elle n'est entourée d'aucun mystère plus profond que le fait qu'il y ait au monde de la matière et des corps, des idées et des concepts. En d'autres termes, la conscience est ontologiquement un égal des corps et des idées des corps : de même que les corps sont pensables et concevables, et sont pourvus de leur idée, de même, les idées sont pensables et concevables et sont, elles aussi, pourvues de leur idée[1].

Se livrer à une « démystification » de la conscience est devenu de nos jours une préoccupation majeure. Nos contemporains, philosophes ou scientifiques (en psychologie, neurosciences et sciences cognitives

1. La totale continuité et homogénéité qui unit les corps à leurs idées, et inversement, les idées des corps (les âmes) à leurs idées, est articulée expressément en *É* II p. 21 : « Cette idée de l'âme est unie à l'âme de la même manière que l'âme elle-même est unie au Corps. Démonstration : Nous avons déduit que l'âme est unie au Corps de ce que le Corps est l'objet de l'âme (voir propositions 12 et 13); et par suite l'idée de l'âme doit être unie avec son objet pour la même raison, c'est-à-dire, doit être unie avec l'âme elle-même de la même manière que l'âme est unie au Corps. » (traduction de Appuhn, p. 98).

surtout), sont enclins à voir dans la conscience une sorte de « mystère » voire d'« anomalie ». Certains d'entre eux considèrent que la mission majeure qui leur incombe consiste à combattre un tel mystère en le démystifiant justement[1]. L'expérience de *se savoir* en train de faire l'expérience du monde, de son propre corps, de soi-même – voilà ce en quoi gît le prétendu mystère que constitue la conscience. Ce que Leibniz appelait « aperception » consiste à se savoir percevant le monde et les multiples faces de cette transparence intérieure – qu'elle soit visuelle, auditive, olfactive, tactile ou autre; bien qu'il s'agisse de l'expérience la plus immédiate qui soit, elle met au défi, semble-t-il, la tentative d'en fournir une explication scientifique. Cependant personne pour ainsi dire ne trouve mystérieux qu'on puisse faire usage de concepts qui permettent de dire que la conscience est un mystère. Aucun de ces esprits ne trouve mystérieux de pouvoir parler, écrire, méditer, faire des théories sur le corps, sur l'origine physiologique de la conscience ou même, pour cette matière, sur l'origine de la matière. On ne voit pas que l'appel au concept de matière ait suscité le même genre de perplexité. Ce n'est pas seulement que la matière semble ne détenir aucun mystère, mais c'est que le fait de pouvoir nommer les choses matérielles et qu'elles puissent faire l'objet de concepts semble dépourvu de tout « mystère ». Ce ne sont pas seulement les atomes, mais le concept d'atomes aussi qui tous, sont dépourvus de « mystère ». Les philosophies de la conscience sentent bien qu'il leur faut rendre compte de l'expérience qui consiste à « être conscient »; rien de tel n'est requis pour le fait que notre corps a une « idée », c'est-à-dire qu'une description théorique en est possible qui, par généralisation et abstraction conduit à un concept théorique, ou si on préfère, à une équation. Il demeure, bien entendu, que la question de la nature et de l'origine des concepts est une question très lourde – qu'il s'agisse des notions communes ou des concepts mathématiques et scientifiques. En dépit de son immense complexité et de la difficulté à en faire la théorie, personne ne dit du monde physique qu'il est un mystère au sens où on le dit de la conscience; pour une raison ou une autre, la science ne semble pas « mystérieuse » au sens où paraît l'être la transparence ou aperception de la vision ou de l'odorat. La connaissance et la

1. « La conscience est le plus grand mystère. Dans notre quête d'une compréhension scientifique de l'univers, la conscience est peut-être le plus grand obstacle insurmontable. » Ce sont là les premières phrases d'un livre assez récent qui cherche à « expliquer » la conscience : D.J. Chalmers, *The Conscious Mind. In Search of a Fundamental Theory*, Oxford, OUP, 1996. p. XI. Parmi les nombreux essais plus anciens consacrés à la conscience, on peut citer D.C. Dennet, *Consciousness Explained,* Boston, Little, Brown, 1991 et plus récemment Owen Flanagan, *The Problem of the Soul. Two Visions of Mind and How to Reconcile Them,* New York, Basic Books, 2002.

compréhension du monde des corps et, plus précisément, le fait que ce monde-là est descriptible, conceptualisable, et susceptible d'être connu et compris, paraît dénué de tout « mystère ».

L'entreprise démystificatrice de Spinoza est toute différente. Il évite la « naturalisation » de la conscience parce qu'il la ramène à une idée, à être l'idée de l'idée. Il évite la nécessité de chercher une explication scientifique satisfaisante, laquelle, plus souvent qu'à son tour, tombe dans un type ou un autre de réductionnisme – parce qu'il intègre la doctrine de la conscience à l'intérieur de la théorie de la connaissance. Si la connaissance scientifique et rationnelle requiert une explication scientifique, alors la conscience requiert elle aussi d'être comprise de cette façon. Or les idées, c'est-à-dire la pensée, et par conséquent aussi la conscience qui en dérive, ont le même statut que les corps : ou bien tous deux sont de profonds mystères, ou bien aucun ne l'est. Ou bien tous deux sont supranaturels, ou bien ils sont tous deux naturels.

Dans la plupart des démystifications de la conscience, un présupposé, souvent tacite, réside dans la priorité accordée à ce dont on fait l'expérience, relativement au rationnel – qu'il s'agisse du mental ou du psychologique. Le geste majeur de Spinoza a consisté à prendre une voie diamétralement opposée. L'ontologie de l'intellect édifiée au début de *É* II, et le concept de « raison » auquel elle a donné naissance, est le terrain permettant d'expliquer et de rendre intelligible l'expérience qui consiste à « avoir conscience » de quelque chose ; il en va ainsi pour toute conception de la « conscience », qu'elle soit neurologique, psychologique ou phénoménologique. Le premier pas que Spinoza accomplit juste après la *noétique* dont nous avons parlé, découle d'une doctrine de la perception du monde « extérieur » ; après quoi Spinoza se livre à quelques explications consacrées à l'origine et à la nature de certains mécanismes psychologiques et gnoséologiques : à eux tous, ils sont censés édifier une théorie à part entière de la connaissance considérée en tous ses degrés. La doctrine de l'idée de l'idée constitue une partie de cette gnoséologie : il est certain que Spinoza ramènerait toute théorie de la conscience, quelle qu'elle soit, à une théorie des idées, à une théorie de la raison et à une théorie de la connaissance.

LE CORPS COMME ÊTRE DANS LE MONDE

La doctrine spinoziste de l'âme comme idée du corps se tient au cœur même d'un vaste champ thématique; elle ne consiste pas à offrir une doctrine de plus à la question plus ou moins circonscrite des rapports entre l'esprit et le corps. En faisant la théorie des voies selon lesquelles l'âme et le corps sont liés, Spinoza établit les fondements sur lesquels édifier une vaste théorie de l'homme, c'est-à-dire une anthropologie, et plus particulièrement une éthique séculière. Toutefois, la pleine portée des vues spinozistes transcende leur fonction « stratégique » et systématique en ce sens qu'un vaste champ de possibilités théoriques s'ouvre, qui avance fort au-delà du système spinoziste en mettant en lumière des parentés inattendues avec les pensées d'aujourd'hui. Dans la deuxième partie de cette étude, nous reviendrons sur l'ontologie de la pensée afin de cerner le rôle qui est le sien dans l'élaboration du moment final de l'*Éthique* qui, on le sait, est envisagé par Spinoza comme une doctrine du salut, de la béatitude et de la liberté. Mais dans la suite du présent chapitre, nous allons examiner la doctrine spinoziste de la pensée à la lumière de quelques problématiques philosophiques un peu plus récentes et un peu plus générales. On peut donc dire que les trois chapitres précédents se sont livrés à une vue rétrospective destinée à contextualiser Spinoza. On peut en revanche considérer ce qui va suivre comme un essai pour lui esquisser un avenir.

Il est fréquent qu'on fasse entrer en scène Spinoza dans les débats contemporains, qu'ils soient théoriques ou idéologiques : on le lit, on écrit sur lui comme s'il prenait une part active aux discussions en cours. Rares sont les autres philosophes à détenir une présence analogue à la sienne – son personnage se retrouve dans la littérature, au théâtre ou même encore dans les arts plastiques. Il va sans dire que cette présence littéraire est plus symbolique que philosophique. En revanche, et c'est beaucoup plus remarquable, quantité de chercheurs divers trouvent dans les idées de Spinoza matière à inspiration pour leurs propres réflexions; ce n'est pas seulement le cas de nombreux philosophes et de commentateurs de sa philosophie, mais c'est spécialement le cas pour nombre de savants. Certains sont mieux connus : ainsi d'Einstein ou de Freud. De façon plus récente, et moins spectaculairement célèbre, le neurologue Antonio Damasio a écrit un essai fort intéressant (quoique problématique) intitulé *Looking for Spinoza* (traduit en français sous le titre *Spinoza avait raison*) – et il y en a beaucoup d'autres. Ces écrits font régulièrement appel aux mêmes thèmes spinozistes, de préférence à d'autres – qu'ils soient imputés à un Spinoza imaginaire ou non. C'est le cas de son prétendu

« parallélisme », bien sûr, de son « monisme » aussi, de son immanentisme, ainsi que de quelques autres thèmes. D'autres chemins moins fréquentés s'offrent toutefois à nous pour tenter de mesurer la portée philosophique de la philosophie de Spinoza en général et surtout celle de sa doctrine de la pensée. C'est le cas, nous semble-t-il, du rapport problématique que la tradition phénoménologique entretient avec Spinoza.

La relative absence de Spinoza dans la littérature phénoménologique a déjà été relevée par plusieurs commentateurs, et elle mérite sans doute quelque attention. Ainsi Jean-Toussaint Desanti, lui-même phénoménologue à ses heures, a consacré quelques « réflexions » au fait que Spinoza ait été tenu « hors-jeu » par les grands maîtres de la phénoménologie. Elles figurent dans un curieux petit article dans lequel il parle de Merleau-Ponty qui était à l'époque (1936) son « tuteur » à l'École normale supérieure. Ce dernier se refusait à recevoir pour intelligible l'idée attribuée à Spinoza selon laquelle, dans la mesure où on peut dire que je pense à la façon dont Dieu pense *(Deus quatenus)*, « je coïncide avec la connexion et la productivité des idées en moi ». Merleau-Ponty aurait déclaré qu'il avait peine à croire que personne ait jamais le moins du monde envisagé qu'une telle assertion pût être dotée du moindre sens [1]. Desanti pense qu'il y a là un refus typique de la phénoménologie de considérer qu'il faille compter avec la position philosophique de Spinoza. Il envisage donc de se livrer à un petit exercice phénoménologique sur la parenthèse qui figure au § 33 du *TRE* – *habemus ideam veram,* « nous avons une idée vraie » [2] – afin de voir si une signification est susceptible de s'y faire jour et selon quelles voies. Ainsi pourra-t-on évaluer les raisons pour lesquelles les maîtres ès phénoménologie ont généralement choisi de ne pas parler de Spinoza. Or, selon le phénoménologue qu'il prétend incarner, la question de la « vérité » est toujours la question de l'« accès d'un sujet au sens de l'expérience de soi muette » (p. 127) [3]. Les seuls philosophes dignes d'intérêt selon lui (en tant

1. J.-T. Desanti, « Spinoza et la phénoménologie », *in* O. Bloch (éd.) *Spinoza au XXe siècle*, Paris, P.U.F., 1993, p. 113-127. Les maîtres de ce qu'on appelle la philosophie analytique ont, eux aussi, témoigné d'une parfaite indifférence à l'endroit de Spinoza.

2. Le texte dit : « L'idée vraie (car nous avons une idée vraie) ». Parce qu'il suppose que ses auditeurs et ses lecteurs le connaissent, Desanti ne le mentionne pas. Mais Merleau-Ponty en vérité cite cette phrase elle-même à de nombreuses reprises dans nombre de ses ouvrages. *Cf.* H. Pietersma, « Merleau-Ponty and Spinoza », *International Studies in Philosophy* 20/3, 1988, p. 89-93 : l'auteur tente de mettre en lumière une réelle affinité entre Merleau-Ponty et Spinoza ; il établit la liste des références que Merleau-Ponty fit à Spinoza dans ses écrits (elles ne sont pas tellement nombreuses) mais il leur attache plus d'importance qu'elles ne semblent en avoir eues pour Merleau-Ponty lui-même. Entre les deux guerres, Spinoza était l'auteur incontournable pour la majorité des étudiants français de philosophie.

3. En français dans le texte [NdT].

que phénoménologue bien entendu), sont ceux qui posent, d'une façon ou d'une autre, ce genre de question. Ce n'est pas que Spinoza soit simplement opposé à la phénoménologie transcendantale, c'est qu'il lui « échappe » ; c'est précisément parce qu'il tient pour évidence première que *habemus ideam veram* qu'il demeure pour elle hors d'atteinte.

Si Spinoza est absent des travaux des phénoménologues, ces derniers à leur tour, et même Merleau-Ponty ne figurent guère dans la littérature secondaire consacrée à Spinoza[1]. Nonobstant toutes ces considérations, il n'en demeure pas moins que de nombreux points de rencontre se font jour entre Spinoza et la phénoménologie en général, et avec Merleau-Ponty en particulier. Les quelques brèves considérations qui vont suivre ne sont pas destinées à défendre l'idée d'une « influence » ou d'une continuité historique et thématique. En montrant quels sont les horizons sur lesquels ouvrent les doctrines spinozistes dont il a été question ci-dessus, on escompte qu'elles seront ainsi davantage mises en lumière et surtout, que leur grande originalité sera mieux mise en évidence.

Merleau-Ponty pourrait se rencontrer avec Spinoza à la condition majeure d'avoir présent à l'esprit le rôle que tous deux attribuent au corps en concevant la nature de l'être-au-monde de l'homme selon les voies profondément séculières que chacun adopte de façon spécifique. La théorie de la perception de Merleau-Ponty signifie en particulier, que c'est la vue en première personne sur le monde qui est primordiale. Dans un article déjà ancien, qui est rarement évoqué désormais, le savant anglais H. F. Hallett se livre à quelques remarques critiques sur la théorie spinoziste de la perception telle qu'exposée par F. Pollock et H. Barker. Cette critique ne fait que redire en ses propres termes, qu'un abîme sépare la saisie de ce qu'est une personne selon que l'approche est « objective » et scientifique, ou qu'elle est philosophique. En vertu de cette incommensurabilité, Spinoza aurait confondu deux significations de l'idée : celle de l'idée comme représentation d'un objet avec celle de l'idée comme état du corps et du cerveau (selon *É* IIp13). Hallett rejette cette critique comme tombant elle-même dans la confusion. C'est qu'elle omet, dit-il, de

1. G. Lloyd, *Spinoza and the Ethics* (London, Routledge, 1996) constitue une exception (*cf.* p. 53). Elle souligne une affinité entre les deux due à ce qu'elle nomme leur perspectivisme commun ; elle désigne par là le fait que nous sommes dans le monde à la façon dont nos corps le sont. Il y a beaucoup de vrai dans ce qu'elle dit. Il faut souligner que Merleau-Ponty a toujours tenté de se situer lui-même en poursuivant un dialogue complexe avec la tradition philosophique et, tout particulièrement, avec l'héritage cartésien. D'importantes références à *la Dioptrique* figurent tant dans ses premières que dans ses dernières œuvres. Il a accordé à la doctrine de l'union de l'âme et du corps chez Malebranche une importance suffisamment grande pour lui consacrer un cours entier. Spinoza en revanche est rarement mentionné.

distinguer « deux points de vue : celui du percevant lui-même, et celui *d'un autre* percevant » (p. 170). Selon « l'empirisme post-spinoziste » la perception d'un « objet extérieur » sera « un processus causal de nature physique et physiologique duquel suit un « fait psycho-physique » si on tient que l'esprit est épiphénoménal, mais s'il est tenu pour substantiel, un tel fait sera un « miracle » (*ibid*). Pourtant, considérée du point de vue de celui qui perçoit, la perception n'a rien d'un miracle ni d'un épiphénomène du cerveau. Or, le point de vue de Spinoza sur la perception est justement le point de vue de celui qui perçoit.

L'article de Hallett fut d'abord publié en 1949-1950 c'est-à-dire à peu près au moment où Merleau-Ponty écrivait la *Phénoménologie de la perception*, publiée quant à elle en 1945. Hallett défend l'irréductibilité du point de vue de celui qui perçoit, tout en l'imputant aussi à Spinoza; or, on trouve plusieurs idées dans les différentes versions que Merleau-Ponty donna de sa théorie de la perception, tant dans son premier état phénoménologique, que dans les versions ultérieures, qui croisent celles de Hallett, de façon fort intéressante. Il y a toutefois plus important que cette controverse assez convenue à propos de ce qui doit être tenu comme étant en première ou en troisième personne, même si les deux philosophes s'accordent, s'agissant du corps et du monde, à donner la précellence au point de vue en première personne sur le point de vue en troisième personne : en lisant Spinoza à la lumière de Merleau-Ponty nous pouvons mesurer l'originalité et l'importance du rôle très peu conventionnel que Spinoza fait jouer au corps.

Spinoza bien sûr, mais pas davantage Merleau-Ponty, ne fut un empiriste. Ce qui veut dire que c'est à l'intérieur d'une théorie rationnelle de l'homme que prend place la précellence que chacun d'eux accorde au point de vue en première personne sur notre propre corps comme sur le monde. Merleau-Ponty de façon explicite, et Spinoza à l'état implicite, s'accordent à récuser que la seule approche vraiment rationnelle relèverait du point de vue objectivant en troisième personne, qu'il s'agisse de la médecine ou de tout autre connaissance scientifique. Ce que Merleau-Ponty affirme expressément semble bien être implicitement aussi chez Spinoza : une compréhension vraiment rationnelle de l'existence humaine exige d'en venir finalement à l'irréductibilité théorique de la saisie en première personne. Pour le dire plus précisément, il s'agit de l'immédiateté propre à la perception du corps, dont le caractère d'intimité exclut toute autre considération.

Il y a toutefois davantage encore. En prenant le risque d'anachronisme, on pourrait suggérer que Spinoza et Merleau-Ponty s'entendent pour dépasser non seulement l'empirisme, mais tout autant le « transcendantalisme ». Chacun refuse la façon dont son devancier avait refusé la priorité au corps qui perçoit: ce sera Descartes pour Spinoza ou Kant pour Merleau-Ponty. Tout en récusant à la fois l'empirisme et ce qu'il baptise « intellectualisme », Merleau-Ponty n'a jamais douté de la pertinence de l'objectivité scientifique. Il a plutôt soutenu que la rationalité (relative) d'un point de vue scientifique a besoin d'être fondée sur la façon dont le corps propre est perçu, senti, pensé, expérimenté et vécu. On pourrait dire que Spinoza a soutenu à peu près la même chose. Pour les deux philosophes, l'être de l'homme tient à son corps – l'être de l'homme comme tel et son être-au-monde. C'est également en notre corps que se tient le fondement d'une connaissance philosophique rationnelle du monde. L'existence humaine est ainsi, selon Merleau-Ponty, irréductiblement *charnelle*. Pour bien souligner cette idée que le corps n'a rien d'une machine physiologique, du point de vue d'une phénoménologie de la perception, Merleau-Ponty a choisi d'en parler en termes de *chair*. On peut considérer que Spinoza avait ouvert la voie à de tels aperçus en faisant de l'âme l'idée du corps et en affirmant dans le corollaire de *É* IIp13 que « le corps humain existe comme nous le sentons ».

Selon Spinoza le concept-idée du corps et le corps sont, exactement comme le sont n'importe quel concept et son objet ou n'importe quelle idée et son idéat, les deux êtres formel et objectif d'une seule et même chose. Cette « seule et même chose » rappelons-le, n'a aucun être en dehors de ces deux réalités – formelle et objective – qui épuisent, si on peut dire, tout ce qu'elle est. Cette « chose » n'est ni le substrat de ces réalités, ni un « agent » – un *ego* – de ses actions. Une telle doctrine peut paraître étrange à une phénoménologie de la perception. Mais si on la déchiffre du point de vue de cette dernière, et tout spécialement du point de vue des œuvres tardives de Merleau-Ponty, on pourra tout de même mieux évaluer la portée de ce qu'elle engage : le caractère premier de l'unité de l'objet/idée comme de celle du corps/esprit conduit nécessairement à une doctrine qui défendra le caractère irréductible de la perspective en première personne. Il s'agit en vérité de la première personne considérée comme un corps, et comme un corps « embarqué » dans un monde de corps. On pourra dire que le fait métaphysique de l'originalité radicale de cette âme-idée et de son corps-idéat devient *expérimenté* dans le sentiment immédiat et intime de notre corps. La théorie de l'homme comme corps *affecté* qui sent et ressent sera développée surtout en *É* III : l'unicité du corps-esprit comme fait de métaphysique générale passe ainsi au plan d'une théorie de l'existence concrète. La conscience réside donc dans le fait de ressentir, percevoir, penser et connaître le corps « tel qu'il est » : telle est précisément la conclusion à laquelle conduit l'ontologie spéciale des treize premières propositions de *É* II.

Le fait de se percevoir soi-même comme un corps c'est-à-dire cette idéation sensible qui sait le corps tel qu'il est, ne se contente pas de précéder toute forme d'objectivité, y compris l'objectivité scientifique : il faut, en vérité, voir dans son irréductibilité et son caractère originaire, l'origine même de cette objectivité. Il ne s'ensuit pas, ainsi que nous venons de le rappeler, que les deux doctrines doivent être tenues pour des formes d'empirisme. Les impressions des sens ne viennent pas jouer le rôle de norme ou critère de la vérité d'idées qui en seraient tirées par abstraction ; en termes spinozistes, l'adéquation des idées ne tient à rien qui leur soit extrinsèque. Il ne saurait être question ni de ressemblances, ni d'une correspondance, quelle qu'elle soit, entre les idées et des objets qui leur seraient extérieurs. Si on accepte de voir dans la première partie de *É* II comme un second commencement de l'*Éthique*, on pourra sans doute affirmer que l'objectivité scientifique – dans les troisième et quatrième parties *de l'Éthique* – trouve à se fonder sur la perspective en première personne dont relève le corps propre et l'être-dans-le-monde du corps. Merleau-Ponty et Spinoza se rencontrent en ce point et tous deux refuseraient l'idée qu'il faille un critère de vérité autonome qui serait mesure de cette objectivité scientifique. Le fondement d'une théorie de la perception du monde « extérieur » se trouve dans la façon dont notre corps est engagé dans le monde des corps : la doctrine de cet engagement est formulée comme une théorie de la connaissance dans les dernières parties de *É* II et il s'agit bien de la connaissance du monde, selon toutes ses formes et tous ses degrés, de la connaissance par imagination à la connaissance objective. En d'autres termes, la doctrine du « corps propre » fonde la théorie de la vérité et celle de la rationalité scientifique.

C'est cependant sur la question de ce qu'il convient d'appeler la « raison » qu'une profonde divergence se fait jour entre Spinoza et Merleau-Ponty. Sans être ennemi de la rationalité scientifique, Merleau-Ponty n'en rejetait pas moins ce qu'il baptisait « intellectualisme ». Il rejetait tout autant l'empirisme mais son refus d'accorder à l' « intellect » un statut essentiel, qu'il soit ontologique ou transcendantal, revêt une importance majeure si on veut bien se souvenir des considérations qui précèdent à propos de la *noétique* de Spinoza Il est clair que Spinoza fait partie de ces « intellectualistes » dont Merleau-Ponty entendait se démarquer. Ce qui constitue l'être actuel du corps est bien, avant tout, une « idée » (*É* IIp11) que Spinoza a conçue comme une sorte d'équation quasiment mathématique, comme une proportion déterminée de mouvement et repos, comme une « idée éternelle », et même comme vérité. Or, on ne peut croire que personne ait jamais envisagé sérieusement ce genre de choses – telle fut la conviction de Merleau-Ponty. Il est pourtant incontestable que la doctrine spinoziste de l'âme-idée est une doctrine *intellectualiste* – quel que soit le sens qu'on octroie à ce terme. Le « fond » de l'âme est *concept*, c'est-à-dire pure intelligibilité.

Merleau-Ponty a conçu sa propre philosophie comme une philosophie de l'ambiguïté propre à l'être-au-monde de l'homme : détermination irréductible de la condition humaine, ou pour le dire plus rigoureusement, nature même de l'être-au-monde du corps qui perçoit, cette ambiguïté fut thématisée dans ses derniers ouvrages en faisant appel à la notion de *chiasme*. La perception que l'homme a de lui-même et du monde est irrémédiablement ambiguë – sa finitude, si on préfère, est insurmontable : elle est principielle, et même *sub specie aeternitatis*. Ce qui veut dire que toute tentative destinée à proposer une théorie rationnelle de l'homme, qu'elle soit scientifique ou philosophique, doit ne jamais oublier qu'elle dépend de cette finitude comme de sa condition. Spinoza, quant à lui, a envisagé la finitude insurmontable de l'homme à la lumière d'un concept positif de l'infini; et non sans quelque naïveté, il a cru disposer des moyens théoriques lui permettant d'élaborer de façon satisfaisante un tel concept (on le voit bien dans la célèbre Lettre 12). En d'autres termes, il a cru que la théorie philosophique de la finitude humaine ne pouvait être conçue qu'à la condition que la notion de *sub specie aeternitatis* y joue un rôle effectif et positif; c'est bien sûr, le rôle que Spinoza lui attribue en *É* V. Disons en dernière analyse que Spinoza et Merleau-Ponty sont moins éloignés par leurs théories respectives de la connaissance qu'ils ne le sont par la capacité de parvenir à une doctrine solide de la béatitude, du salut et de la liberté.

PROBLÉMATISATION DE LA REPRÉSENTATION ET DE L'INTENTIONNALITÉ

Si on prend en considération les objets de préoccupation majeure de Spinoza, il est certain qu'il n'a rien d'un cartésien; il est en vérité demeuré étranger aux développements qui furent ceux de la tradition cartésienne bien au-delà du dix-septième siècle. Aussi étrange qu'il paraisse, sa perspective en première personne est dépourvue de tout «ego». Il est encore plus étrange d'avoir à souligner que la perspective qui est, selon Spinoza celle que le corps a de lui-même et du monde, est également une vue *sub specie aeternitatis*. Le caractère apparemment oxymorique de ces remarques sera, on l'espère, justifié dans la quatrième partie de cette étude. Mais, avant cela, un autre aspect de l'anti-cartésianisme de Spinoza mérite quelque attention, en ce qu'il résulte de sa doctrine du caractère originaire de l'unité de l'âme-idée avec le corps-objet.

Le rejet spinoziste du caractère théoriquement premier de l'*ego,* et par conséquent de la substantialité mutuellement exclusive l'une de l'autre du corps et de l'âme entraîne quelques conséquences étranges, iconoclastes et qui sont, le plus souvent, contre-intuitives. L'une d'elles tient à ceci que l'importance désormais accordée aux deux concepts de *représentation et d'intentionnalité* se trouve mise en échec. Ces concepts ont tous deux une longue histoire qui dans l'ensemble s'est déroulée séparément, et ce n'est pas sans ironie qu'elles ont fini, de façon récente, par fusionner assez confusément en une seule. Disons assez rapidement qu'il revient à Husserl d'avoir érigé le concept médiéval *d'intentionnalité*, remis à l'honneur par Brentano, en thème central de la réflexion philosophique contemporaine. Il s'agissait, à tout le moins pour lui, de surmonter l'omniprésence de la notion de représentation dans la philosophie de la connaissance post-cartésienne. Dès lors, on voit bien qu'en opposant « représentation » et « intentionnalité », on désigne les deux grandes voies possibles de la théorie moderne de la connaissance; à supposer qu'on parvienne également à montrer que la *noétique* spinoziste revient à problématiser et même à relativiser l'une et l'autre, on aura du coup vu plus clairement combien la pensée de Spinoza est iconoclaste.

C'est à l'époque moderne que la notion de *représentation* est devenue omniprésente. Tout tourne autour des « représentations », qu'il s'agisse de la *Vorstellung* kantienne, en passant par la théorie dépictive du langage selon Wittgenstein, la science cognitive, les théories de l'intelligence artificielle, la linguistique, la psychologie et d'autres encore. La représentation était surtout tenue pour un concept sémiotique par Descartes et sa postérité immédiate. Disons schématiquement que cette notion caractérise la relation entre l'« intérieur » et l'« extérieur », entre la pensée et la connaissance, avec le monde des choses – soit encore, dans la terminologie de l'époque, entre les idées et leurs objets. Une telle dualité a suscité des débats fondamentaux qui se sont prolongés, à un titre ou un autre, jusqu'à nos jours. Or, on peut dire qu'une interrogation essentielle a régulièrement tourné autour de la question suivante : la représentation est-elle un rapport entre deux ou entre trois termes ? Autrement dit : s'agit-il d'une relation entre deux entités de nature différente telles que la pensée et les choses matérielles ; et en ce cas, quelle est la nature de ce rapport ? Ou bien s'agit-il d'une relation entre des objets matériels, des « images » mentales et un agent pensant ?

Dans les troisièmes *Objections et réponses* (Cinquième réponse, AT VII, p. 181), Descartes explique qu'il utilise le terme d'*idée* pour en référer « à tout ce qui est *perçu immédiatement* par l'âme ». Ailleurs, il la définit comme « cette forme de chacune de nos pensées par la *perception immédiate* de laquelle nous connaissons (ou sommes conscients de – *conscius)* ces pensées. » (Réponses aux deuxièmes objections, AT VII, p. 160, nous soulignons). Cette notion très générale de l'*idée* comme « objet immédiat » d'une « saisie » intérieure sera acceptée par la plupart des cartésiens, aussi bien que par Locke et les empiristes. La doctrine de l'« étendue intelligible » de Malebranche, doctrine le plus souvent incomprise, constitue une étape particulièrement intéressante dans l'apparition de la problématique cartésienne moderne de la représentation ; pour une part, avec lui l'équivoque devient explicite : cet « objet immédiat » de l'âme est la représentation intérieure – qui est selon lui intelligible – du monde extérieur, et non le monde extérieur lui-même.

C'est en termes fort clairs que Malebranche formule vraiment la difficulté : comment rendre raison du fait que la matière puisse devenir *intelligible*, c'est-à-dire non pas seulement un objet pour notre pensée mais totalement intelligible en elle-même ? Comment en rendre compte puisque la matière est ce domaine de l'être dont on peut dire qu'il est radicalement l'autre de la pensée, inerte, aveugle et dépourvu de pensée comme il l'est ? La science mathématisée naissante accroît le poids de cette question : comment ce qui est dépourvu de pensée peut-il être connu par ce qui constitue l'essence même de celle-ci, à savoir la *mathesis universalis* selon Descartes ? Disons plus simplement : comment la matière peut-elle faire l'objet d'une mathématisation ? En quel sens peut-on dire que « la nature est un livre écrit en langage mathématique » ? Si on fait de la perception, de la pensée et de la connaissance une représentation, il est certain qu'un tel questionnement ne manque pas de pertinence. La question de la rationalité mathématique est ainsi devenue un thème central dans les théories de la connaissance, parce qu'elle a été conçue comme si elle représentait, exprimait ou se référait à une réalité « extérieure » dépourvue de pensée. La solution leibnizienne figure parmi les plus intéressantes de celles qui furent proposées par Malebranche et ses contemporains, en ce qu'elle fait du rapport entre la représentation intérieure et l'objet extérieur une relation formelle ou formalisable. La représentation « vaut pour » l'objet, elle en est l'expression : dans la mesure où on pourra voir une relation d'isomorphisme entre les deux, on dira de cette représentation qu'elle constitue une connaissance rationnelle. Leibniz pense, ainsi que nous l'avons déjà vu, qu'une relation de ce genre réside en un *mapping* d'un domaine de réalité sur l'autre. L'intérêt de cette doctrine de Leibniz ne tient pas seulement à sa valeur propre ; elle mérite considération non seulement parce que la métaphore a encore amplement droit de cité, mais aussi parce que ce « parallélisme » de l'expression fait son apparition dans une théorie de la connaissance qui lui confère sa signification, et non dans la question des rapports de l'âme et du corps.

Dans sa correspondance avec Dortous de Mairan, qui le presse de justifier les raisons de son hostilité à Spinoza (lequel n'est pas expressément nommé), Malebranche explique en quoi consiste l'erreur majeure de ce dernier :

> il confond le monde, l'étendue créée, qui ne peut être l'objet immédiat de l'esprit, parce qu'il ne peut affecter l'esprit, agir en lui, – avec l'idée de cette étendue, que j'appelle étendue intelligible, parce que c'est elle seule qui affecte l'esprit[1].

Malebranche ne fait aucune mention de l'« auteur » des théories scandaleuses de l'immanence de Dieu – du critique blasphémateur de l'Écriture dans le *TTP* ou de quelque autre doctrine qui fit de Spinoza l'haïssable athée de ses propres contemporains comme du siècle suivant. L'importance que lui accorde Malebranche réside au contraire dans la question de la « représentation » et, en un sens, c'est avec raison. Spinoza conçoit la nature du rapport entre les idées et leurs objets d'une façon qu'on ne peut saisir en termes de « représentation » ; on a vu que le caractère non cartésien – et peut-on dire, séculier – de sa conception vient fonder sa doctrine de la connaissance de l'univers étendu.

Pour les cartésiens, qu'ils soient intellectualistes comme l'est Malebranche, ou empiristes comme le sont Locke ou Reid, les idées sont susceptibles d'être considérées selon deux grandes voies : ou bien elles seront des « modes » de la chose pensante, qui représentent, par quelque relation directe, le tout de l'objet autre – par similitude, isomorphisme, efficacité causale ou autres. Ou bien elles seront une sorte d'entités intermédiaires, parfois tenues pour une sorte de « voile » – entre le monde « extérieur » et l'esprit qui perçoit, connaît et comprend, un « je », un « œil intérieur ». La doctrine spinoziste de l'unité radicale de l'âme-corps et de celle du corps-monde rend vaine la première voie : l'âme n'est pas la représentation du corps – ni elle n'en est la cartographie, ni elle n'entretient

1. *Cf.* N. Malebranche, *Correspondance avec Dortous de Mairan*, éd. J. Moreau, Paris, Vrin, 1947, p. 135.

quelque similitude avec lui. Par là même, elle ne représente pas le monde. En d'autres termes, tout ce que nous avons déjà compris en ce qui concerne la conception spinoziste de la signification et de la connaissance exclut qu'elle puisse relever avec la moindre pertinence du concept de représentation : l'unité première et immédiate de l'idée avec son idéat – le fait qu'une telle unité exclut tout substrat ou agent de la pensée – le fait d'ériger cette unité originale en fondement ontologique et conceptuel d'une théorie de l'individualité charnelle et de son âme – le fait qu'une doctrine de l'être corporel dans le monde, de la perception et de la connaissance de ce monde s'inscrive en parfaite continuité avec cette théorie de l'individualité corporelle – tout cela le montre sans conteste. Une idée ne saurait être dite « représenter » son idéat; on le perçoit encore plus clairement si on formule les choses en termes *d'être objectif.* On voit bien qu'il serait absurde de dire que l'être objectif représente son propre *être formel.*

Bien que la seconde voie qui vient d'être indiquée soit plus compliquée, elle est, elle aussi, rendue vaine par la conception spinoziste de la pensée, de la signification et de la connaissance : il s'agissait des intermédiaires entre un objet « extérieur » et un « œil intérieur », qu'il soit envisagé comme un contenu, une image ou un tableau. Ce qui complique l'affaire tient à la proximité qu'entretiennent les notions d'« intentionnalité » et de « représentation ». L'intentionnalité a subi le même sort que la « représentation » : en devenant un terme omniprésent et hautement polyvalent, la spécificité qu'elle détenait par rapport à la représentation s'est perdue en chemin. Sans commencer par distinguer entre les deux, on pourra effectuer la remarque qui suit : *une idée* « est un concept de l'esprit que l'esprit forme parce qu'il est une chose qui pense » – selon la définition trois de *É* II. Spinoza explique dans l'*Explicatio* qui suit aussitôt pour quelle raison il préfère le mot *concept* à celui de *perception* : celui-ci paraît connoter la passivité de l'âme et le fait qu'elle subirait l'action de l'objet (*Mentem ab objecto pati*) – tandis que celui-là exprime une action de l'âme. C'est l'âme qui *forme* les idées (ou concepts). On peut voir là une allusion critique directement dirigée contre la définition cartésienne de l'idée : les idées ne sont pas les *objets* d'une perception intérieure. L'esprit ou âme ne peut pas être dit les *percevoir,* justement parce que c'est lui qui forme *les idées* : « les idées ne sont pas choses muettes à la façon d'une image en un tableau » – c'est là ce qu'affirme Spinoza dans un célèbre scolie (*É* IIp43s).

La terminologie de l'*être objectif/être formel* conduit, tant historiquement que thématiquement à la notion d'intentionnalité, à condition d'entendre cette dernière en son acception spécifiquement phénoménologique[1]. Si donc on se limite à ce sens essentiel, les écarts qui le séparent de la doctrine spinoziste de l'âme comme idée du corps présentent un réel intérêt philosophique[2]. C'est dans le rapport à Husserl qu'il faut tenter de le mettre en lumière.

Pour aborder la nature de l'intentionnalité, il faut rappeler l'importance de la distinction que Husserl établit entre les *noema* et la *noesis* dans *Ideen* I. Il est certain qu'on peut effectuer un rapprochement entre cette distinction et celle qu'effectue Spinoza entre *l'idée/idéat* ou entre *l'être objectif/l'être formel.* Les deux philosophes ne se livrent pas à des tentatives tellement différentes pour éviter le piège de l'opposition entre réalisme et anti-réalisme en ce sens que l'un et l'autre pensent que ce genre d'opposés est dépourvu de véritable pertinence philosophique. Ils se rapprochent également dans leur critique du dualisme. Quelques lignes avant les rapides remarques qu'il consacre à Spinoza, Husserl dans la *Krisis* remarque que le dualisme a rendu incompréhensible la question philosophique de la raison. Il en va pour lui comme pour Spinoza : en rejetant le dualisme, Husserl songe beaucoup moins à contribuer aux débats en cours à propos de la relation entre le corps et l'esprit selon cartésiens et pseudo-cartésiens qu'il ne se refuse à accorder un véritable intérêt philosophique à ce genre de discussions.

Les rapprochements toutefois prennent fin ici. Parce qu'elle n'est pas acte, mais activité, l'idée selon Spinoza n'est pas *noesis* ni son idéat *un noème :* parce qu'il n'a rien de l'accomplissement d'un acte, l'idéat fait essentiellement partie de cette unité ultime, irréductible et originale que constitue l'idéat-idée et l'action qui le définit. Mieux encore : le concept du sujet transcendantal, ce « point d'orgue » de la réduction phénoménologique, perd l'essentiel de sa fonction théorique avec la réduction spinoziste de l'âme à une idée[3].

La théorie spinoziste du corps-esprit, en tant qu'elle est avant tout une théorie de la raison et de la pensée, est, en vérité, parfaitement inclassable : telle est la conclusion à laquelle ce détour par la phénoménologie nous conduit. Spinoza appartient pleinement à l'histoire de la philosophie

1. Voir J.-F. Courtine « Histoire et destin phénoménologique de l'*intentio* » (*La cause de la phénoménologie*, Paris, P.U.F., 2007) ; cet article traite des origines scolastiques du concept d'intentionnalité selon Brentano et établit les liens avec *l'esse objective* de Duns Scot.

2. Voir mon « Spinoza et le problème de l'intentionnalité » (*Philosophiques*, 29/1, 2001, p. 139-146) pour une vue plus complète à ce propos.

3. Reconnaissons que c'est là une remarque très hâtive. Mais aborder ce sujet de manière plus complète et adéquate exigerait de longs développements, ce que nous remettons à une autre occasion.

occidentale tout en se situant en dehors de celle-ci ; radicalement moderne et traditionnel d'un seul et même mouvement, il n'est finalement ni l'un ni l'autre. Le remarquer ne relève pas seulement de l'histoire mais détient aussi un enjeu philosophique. Sa théorie de l'âme comme d'une idée et la radicale unité de cette idée/idéat avec le corps est iconoclaste et profondément originale : elle ménage de nombreuses et fructueuses perspectives philosophiques pleines d'intérêt. On voit bien que l'une d'elles réside dans le défi qui consiste à avoir pensé la conscience, la connaissance, et la raison en se situant ailleurs que dans le cadre tout tracé de la « représentation » ou dans celui du concept d'« intentionnalité ». Mais il en va de même pour avoir vu dans le corps, non pas seulement le mode ultime de l'être de l'homme et de son être-au-monde mais encore, l'origine de la raison. Il y a plus encore et c'est le défi majeur pour la philosophie contemporaine, qui fut, pour lui aussi, le défi essentiel : comment vaincre la tentation nihiliste d'une conception qui fait du corps le véritable être-dans-le-monde tout en édifiant une théorie morale positivement arrimée à la radicalité de l'ici et maintenant de notre existence corporelle ?

La position inhabituelle de Spinoza à l'égard des deux notions de « représentation » et d'« intentionnalité » jette une lumière très spéciale sur ce qu'on peut appeler son rationalisme. On attend une première réponse à la question de la nature et de l'origine de la rationalité scientifique et philosophique dans les derniers moments de *É*II : il y serait question de poursuivre un chemin qui conduirait à la connaissance rationnelle, en franchissant méthodiquement un certain nombre d'étapes, en allant de la doctrine de l'âme-idée à l'édification des concepts de connaissance et de vérité. Comment toutefois faut-il comprendre l'idée d'une intelligibilité immanente, ou inhérente ? L'intelligibilité de l'existence corporelle individuelle, celle de la vue en première personne ? Spinoza se contente de réponses allusives en *É*II en mentionnant, de façon très générale et ambiguë le troisième genre de connaissance. Ce sera seulement dans les dernières propositions de *É*V qu'une certaine réponse à ces questions sera censée y être apportée et nous y reviendrons dans le dernier chapitre de cette étude. Disons dès maintenant que la « théorie du salut, de la béatitude et de la liberté » constitue aussi l'ultime réponse à la question de savoir ce que peut bien signifier le fait de prétendre que l'âme est l'intelligibilité de l'existence de son propre corps ; or, ces points figurent dans la seconde moitié de *É*V, ce qui témoigne que la totalité de l'« odyssée » philosophique qui nous y conduit est de la façon la plus essentielle une théorie éthique. Chaque point est donc mis au service de cette conclusion finale, de sorte qu'elle seule permet d'apprécier la valeur philosophique de chacun d'eux.

Dans ce qui précède, nous avons eu l'occasion de souligner le double visage de la philosophie spinoziste, en ce qu'elle comporte à la fois des doctrines positivement défendues autant que des vues fortement polémiques. La doctrine du corps tient une place toute particulière dans ce double visage : l'enseignement majeur du monisme analysé précédemment, dont nous avons vu qu'il n'est pas un « parallélisme », consiste à refuser de faire du corps un agrégat dépourvu de pensée. Le corps n'est pas une chose qu'on pourrait sentir, ressentir, regarder, étudier, cartographier, peut-être connaître et maîtriser en se plaçant d'un point de vue étranger, c'est-à-dire du point de vue de l'« esprit », l'autre du corps. En d'autres termes, Spinoza récuse le point de vue de tout observateur en troisième personne. C'est toutefois encore plus loin que la portée polémique des vues spinozistes devient éclatante ; car c'est cette fois positivement que le corps est conçu comme le lieu même d'une intelligibilité immanente, d'une compréhension et en fait, de la raison ; dans la mesure où Spinoza en fait le fondement d'une éthique, le corps devient la source mi-symbolique, mi-théorique de ce qu'on pourrait nommer une *sécularisation* de la raison. La pensée de Spinoza est, à juste titre, considérée comme un rationalisme sans reste. Or, en vertu justement du rôle majeur qu'il fait jouer au corps dans la théorie de la connaissance véritable et de la rationalité humaine, son « intellectualisme » apparaît, non sans quelque paradoxe, un rationalisme radicalement *démystifié*.

On sait bien que la *démystification* est devenue un lieu commun de la littérature contemporaine dès qu'il est question de l'esprit, des images mentales, de la conscience et de la pensée, mais beaucoup plus rarement quand la raison et la rationalité sont en jeu. La « démystification » consiste alors à s'efforcer d'intégrer, dans ce qui est tenu pour une approche scientifique, à tort ou à raison, les phénomènes humains fondamentaux évoqués ci-dessus, lesquels concernent probablement tout autant les autres êtres vivants. Ces tentatives font l'objet d'une très abondante production, sans être jamais parvenues à quelque résultat décisif. On a là une preuve supplémentaire que ces questions sont beaucoup plus – ou en tout cas, pas moins – philosophiques que scientifiques. On peut comprendre que le laboratoire d'un savant parte « à la recherche de » Spinoza[1]. Spinoza est un rationaliste et son concept de la rationalité serait issu, comme on l'a souvent soutenu, d'une « intériorisation » des principes rationnels de la science nouvelle.

1. *Looking for Spinoza* est le titre anglais de l'ouvrage d'A. Damasio, *Spinoza avait raison* [NdT].

Nous dirons brièvement que cela signifierait que, dans la deuxième moitié du dix-septième siècle, il y eut d'un côté des pratiques scientifiques qui firent leur apparition en obéissant à des normes particulières de rationalité ainsi qu'à des critères d'acceptabilité scientifique et rationnelle; et d'un autre côté, ces critères et ces normes auraient imposé leur forme, ne fût-ce que tacitement parfois, à la pensée des philosophes – dans notre cas, à celle de Spinoza.

Il est fort possible que quelques-unes des vues de Spinoza soient compatibles avec toutes sortes de découvertes scientifiques plus récentes; il est en outre fort possible que de telles vues fournissent une aide aux savants qui cherchent à inscrire leurs propres travaux strictement scientifiques dans de plus vastes horizons. Ils sont en ce cas en quête d'« outils » philosophiques, idéologiques ou autres. Cependant, même si leurs intentions peuvent être gratifiantes intellectuellement ou symboliquement, la valeur théorique de telles tentatives demeure généralement limitée. Et enfin ils prennent le risque de rater la profondeur philosophique de Spinoza. C'est que le genre d'ontologie non réductrice de la pensée, sur laquelle Spinoza édifie toute sa théorie de l'homme, est largement devenue étrangère à la « philosophie » du travail scientifique contemporain. Sa démystification de la raison est évidemment fort tentante pour les « spécialistes » contemporains de la démystification de la conscience; mais il se trouve que cette dernière n'a que peu de rapport avec ce qu'ils espèrent trouver chez Spinoza. Tant la théorie du corps-esprit que celle de la conscience relèvent d'une interrogation philosophique fondamentale – souvent tenue pour « ontologique » – qui porte sur la nature et l'origine de la pensée rationnelle, c'est-à-dire sur ce qu'on appelle la raison et l'intelligibilité. Spinoza, certes, se livre à une démystification de toutes ces notions – mais il s'agit bien moins de les faire entrer dans l'orbe de la science que de leur faire subir la sécularisation. La science n'est pas nécessairement sécularisée, si on laisse de côté bien sûr les sciences qui sont athées. Le fait que beaucoup de peuples religieux pratiquent les sciences en fournit une petite indication. Il serait en revanche difficile d'être vraiment spinoziste tout en pratiquant une religion. L'ontologie spinoziste de la pensée est destinée à pourvoir la philosophie de son fondement de légitimation comme source de compréhension du monde et de notre propre condition; mais pas seulement. La philosophie pourvoit tout autant à un genre tout spécial de normativité éthique. En d'autres termes, la validité de la raison est de nature morale de sorte que la philosophie est nécessairement éthique.

La démystification spinoziste de la raison, en philosophant sur le corps, a pour résultat d'accorder un rôle essentiel à celui-ci. Il s'agit là en vérité d'une démystification qui n'entretient que peu de rapports avec celle qui sévit généralement dans les théories « scientifiques » de la conscience, car c'est le rôle attribué au corps dans la conception de la raison qui va fonder une doctrine du salut, de la béatitude et de la liberté telle qu'elle est exposée dans la cinquième partie de *l'Éthique*.

QUATRIÈME PARTIE

CHAPITRE VI

LA NORME DE LA RAISON : ADÉQUATION-VÉRITÉ-CONNAISSANCE ET COMPRÉHENSION

En examinant la doctrine spinoziste de l'unicité du corps et de l'esprit, le chapitre IV de cette étude conduit à rompre avec le paradigme paralléliste de sorte que le cœur de la doctrine cesse ainsi de se trouver dans la proposition 7 pour être cherché dans les propositions 11 et 13 de *É* II. Ce que l'expérience courante saisit de l'union du corps et de l'esprit est ainsi frontalement ébranlé par l'approche spinoziste – mais la majeure partie des façons de conceptualiser cette union tout autant. C'est que la logique interne des vues que Spinoza a défendues dans les treize premières propositions de *É* II conduit à un sol ontologique profondément non cartésien autant qu'étranger à l'intuition habituelle. Il n'est cependant pas surprenant que Spinoza persiste à faire usage des conventions linguistiques reçues, y compris dans la première partie de *É* II comme ailleurs. Soit par exemple le corollaire de *É* IIp13 : le corps existe « comme nous le sentons ». On pourrait croire que la façon de parler facile à comprendre dirait que « l'âme ressent (ou sent) le corps » mais qu'un philosophe spinoziste dirait, lui, que « l'âme *est* le sentiment du corps » ou encore qu'elle est le sentiment que le corps a de lui-même. Quand donc Spinoza écrit « comme *nous* le sentons », ce « nous », sujet grammatical et ontologique ne doit pas, contrairement à ce qu'on croit, jouer le rôle d'une présupposition ou nécessaire condition du sentiment, parce qu'il est au contraire son résultat. La signification qu'il faut accorder à ce sentir ou ressentir du corps par l'âme aura encore besoin d'être clarifiée. Il nous faudra montrer que ce « sentir » est un *penser* (ce qui résulte déjà des analyses précédentes). S'il en est ainsi, le corollaire de *É* IIp13 qui affirme que « le corps existe comme nous le sentons » veut dire que le corps existe « comme il est pensé » et une telle pensée est l'idée que nous appelons son « âme ».

L'interprétation paralléliste de la doctrine spinoziste du corps-esprit a suscité des réserves de la part de quelques commentateurs et certains d'entre eux considèrent que les propositions 11 à 13 sont décisives. Pour le XIXᵉ siècle et le début du siècle suivant, on peut citer par exemple Dunin-Borkowski et Joachim et beaucoup plus récemment on citera Yosef ben Shlomo, Geneviève Lloyd, Chantal Jaquet et quelques autres. Étant donné l'intérêt général grandissant accordé aux sciences de la vie (neurosciences et génétique tout particulièrement), on a vu surgir une nuée de travaux tournant autour de problèmes connexes et même une théorie des émotions : il faut citer, entre autres, Antonio Damasio, Henri Atlan, Emily Rorty et Martha Nussbaum[1]. Parmi les commentateurs, Joachim ou Ben Shlomo se penchent surtout sur la portée métaphysique de la doctrine qui fait de l'âme l'idée du corps. D'autres en revanche, sont sensibles à l'immédiateté et à l'intimité qu'implique le « ressentir » du corps par l'esprit. En dépit de l'intérêt philosophique de leurs travaux, ils essaient en général d'analyser ce « ressentir » en ne manquant pas de faire appel à la « représentation » et à l' « intentionnalité » : on voit donc bien qu'ils n'ont pas renoncé à voir du parallélisme chez Spinoza. Dans la mesure où la métaphysique ne constitue pas leur centre d'intérêt, ils ne vont guère au-delà de ce que j'ai appelé le moment de « thérapie stoïcienne » ou moment eudémoniste de la philosophie de Spinoza.

Le sens radical et précis de l'âme comme idée du corps disparaît, dirait-on, du devant de la scène dans les dernières parties de *É* II comme aussi de *É* III et de *É* IV. Il se trouve alors que les propos de Spinoza reprennent l'allure connue d'une théorie de la connaissance et de la vérité comme aussi d'une psychologie. Spinoza en effet ne cesse de faire appel à l'expression *mens humana* pour nommer le « lieu » de l'affectivité et de la connaissance, de la vérité et de l'erreur. On voit réapparaître la distinction entre l'objet extérieur et l'espace intérieur de la pensée, qui avait pourtant été récusée dans *la noétique* des treize premières propositions de *É* II et, avec elle,

1. Voir « Bibliographie » *infra*.

l'apparent refus de l'interaction causale entre l'âme et le corps. (voir *É* IIIp2 et son scolie)[1]. Cette partie de *l'Éthique* semble donc justifier le sentiment d'avoir affaire à un état d'esprit de type stoïcien; mais elle conduirait aisément à rater l'horizon bien plus vaste sur lequel ouvre la théorie spinoziste de l'homme. Cependant un grand nombre de démonstrations renvoient à *É* IIp11 et à *É* IIp13 de sorte qu'on voit bien que les deux doctrines de l'âme comme idée, et celle de cette idée comme idée du corps, n'ont pas cessé d'être présentes dans l'élaboration de la théorie de la connaissance comme dans celle de la théorie des affections. En vérité ce sera seulement dans les dernières étapes de *l'Éthique* que la pleine signification de ces deux doctrines apparaîtra de nouveau et cette fois, avec une importance primordiale. C'est à la seule condition de prendre au sérieux ces deux étranges doctrines, c'est-à-dire de les prendre non pas en un sens métaphorique, en ornant leur formulation de guillemets d'incertitude, mais en les prenant au pied de la lettre, c'est seulement à cette condition qu'on peut comprendre l'argumentation qui se trouve dans la seconde partie de *É* V. On voit bien pourquoi les nombreux lecteurs qui ne sont pas prêts à tenter l'aventure – ce qui est compréhensible – trouvent que la fin de *l'Éthique* est parfaitement énigmatique.

En d'autres termes : avec le moment de « thérapie stoïcienne », Spinoza n'a pas dit son dernier mot et ce moment est au contraire amplement supplanté par un moment proprement « spinoziste ». Or, la raison d'être de la totalité de son entreprise philosophique échappe, si on ne perçoit pas l'importance du dernier et final moment de l'*Éthique* et on perdrait vraiment de vue le sérieux et la profondeur de sa visée normative en ne transcendant pas le moment eudémoniste. Le projet même d'une éthique eudémoniste, « médicale » ou utilitariste de quelque autre façon que ce soit, ne peut manquer d'être équivoque, du point de vue de sa normativité, car il suppose que tous se trompent sur ce qu'ils croient être leur propre bonheur. C'est que selon une vieille thématique platonicienne et stoïcienne, ce que l'insensé, l'ignorant, le naïf mais aussi le juste et l'innocent prennent pour

1. Respectivement : « Ni le corps ne peut déterminer l'âme à penser, ni l'âme le corps au mouvement ou au repos ou à quelque autre manière d'être que ce soit ». « L'ordre et l'enchaînement des choses est le même, que la Nature soit conçue sous tel attribut ou sous tel autre ». La célèbre déclaration selon laquelle « Personne, il est vrai, n'a jusqu'à présent déterminé ce que peut le corps, c'est-à-dire l'expérience n'a enseigné à personne jusqu'à présent ce que, par les seules lois de la Nature considérée en tant seulement que corporelle, le corps peut faire et ce qu'il ne peut pas faire ». On voit bien dans ce scolie que Spinoza refuse l'évidence de l'impression que l'âme commande au corps d'accomplir des actions complexes. Nombreux sont ceux qui voient dans cette phrase une anticipation de quelques-unes des vues qu'on trouve dans les récentes sciences de la vie.

le « bonheur véritable » n'est rien que vaines illusions et esclavage – selon les mots de Spinoza – et même source de souffrances. Or, de telles vues, qui sont en elle-même problématiques[1], constituent un vrai défi pour une conception immanentiste et radicalement non paternaliste comme l'est celle de Spinoza.

Soit par exemple l'interprétation « médicale » de la philosophie éthique spinoziste telle que proposée par Deleuze : celui-ci pointe la dimension utilitariste et radicalement non moralisatrice de cette philosophie. Dès lors, la santé devient l'intérêt bien compris du patient, et les remèdes, ce que prescrit la raison : l'attitude médicale est donc censée détenir une pertinence qui l'autoriserait à se livrer à des jugements normatifs[2]. La valeur rationnelle ainsi accordée à l'intérêt personnel est supposée apte à déterminer tant l'attitude de chacun envers lui-même que celle qu'il doit adopter envers ses semblables comme envers la société dans laquelle il vit. Inversement, cette valorisation permettrait de vaincre l'illusion théologique et le moralisme qu'elle impose aux hommes.

La question toutefois que soulève la dernière partie de l'*Éthique* est très différente et bien plus difficile : c'est que la normativité immanente à la santé, au bonheur, comme à l'intérêt personnel est dépourvue de toute signification *sub specie aeternitatis*. Les points de vue eudémoniste ou médical sont forcément ceux de l'individu comme tel. Or, l'écart entre la santé et la maladie ne compte pas du point de vue de la « nature » – nous l'avons déjà aperçu dans le premier chapitre. De ce point de vue, il importe peu que ce soit tel organisme individuel qui soit en situation de bien-être ou tel autre. En revanche, et Spinoza le dit expressément dans la proposition 36 de *É* V, l'« amour intellectuel de Dieu » est l'amour de Dieu – ou celui de la nature – par lequel il s'aime lui-même, et s'il y a quoi que ce soit d'objectif au monde, c'est bien cet amour-là, et c'est une différence *sub specie aeternitatis*.

Prises selon un angle éthique, mais aussi du point de vue d'une phénoménologie du bonheur, de telles considérations font difficulté, de façon particulièrement aiguë : comment soutenir l'idée d'une absolue « félicité philosophique » ? Une chose telle qu'un intérêt personnel qui serait absolument et objectivement vrai peut-elle exister ? N'y a-t-il pas là une

1. C'est avec raison que Martha C. Nussbaum, ainsi que d'autres avec elle, rappelle que l'eudémonisme n'est pas l'hédonisme car il n'accorde assurément pas licence de se livrer à la poursuite des plaisirs quoi qu'il en soit. Il contient, du moins dans ses formulations plus classiques, une dimension axiologique et normative – il y a bonheur et bonheur, et tous ne se valent pas. Cf. *Upheavals of Thought. The Intelligence of Emotions*, Cambridge, CUP, 1993.

2. Voir notre discussion de l'ouvrage de Canguilhem sur la question du normal et du pathologique, dans le premier chapitre.

contradiction dans les termes, et même un pur et simple oxymore? En d'autres termes : peut-on distinguer, de façon vraiment valide, entre des types de « santé », de « bonheur » et de « joie » pour prétendre que les uns sont véritables et les autres, illusoires? Sur quoi pourrait-on asseoir la préférence que l'un accorde au bonheur que la sagesse est censée procurer sur d'autres formes de bonheur? Comment faire davantage confiance et accorder une valeur plus haute à la félicité que procure la philosophie – celle de Spinoza bien sûr – plutôt qu'à celle que dispensent la sottise et l'ignorance[1]?

La théorie du *salus, seu beatitudo, seu libertas* transcende radicalement le moment stoïcien. Les jugements normatifs qu'elle contient – dont en vérité elle est constituée – sont censés détenir une objectivité et une signification pleinement ontologiques. Bien qu'elle prenne le point de vue du philosophe particulier, elle prétend à une validité *sub specie aeternitatis*. Quels peuvent bien être les fondements de validité de cette normativité? Telle est la difficulté, étant donné que non seulement le *sub specie aeternitatis* ne relève d'aucune révélation, mais que Spinoza refuse toute cohérence aux considérants axiologiques, qu'il s'agisse de l'idée d'un devoir moral absolu, ou de la pertinence qu'on accorde à de supposées valeurs idéales et abstraites. Supposons, en la considérant sous toutes ses faces et à toutes les étapes de son élaboration, que la théorie éthique de Spinoza soit fondée dans les intérêts et les besoins de l'individu tels qu'ils résultent, en dernière analyse, de l'effort inné et naturel pour persévérer dans son être : il est en ce cas impossible de rendre raison de la « perfection » plus grande du mode de vie philosophique et du prix qu'il faudrait lui accorder relativement aux autres formes de vie, puisqu'on prétend que cette valeur ne relève pas seulement de la personne en cause – ce qui serait banal – mais qu'elle détient une forme d'objectivité. L'« amour intellectuel de Dieu » est considéré comme un fléau par plus d'un commentateur en ce sens que, loin de fournir une explication, il a bien davantage besoin d'être lui-même expliqué. Ce concept difficile est toutefois la marque ultime du sérieux et de la profondeur de ce qui peut être tenu pour la dimension axiologique et normative de la philosophie de Spinoza. Il s'agit, de façon incontestablement et délibérément équivoque, à la fois de l'amour que l'homme

1. L'ouvrage *Le Christ et le salut des ignorants chez Spinoza* de A. Matheron (Paris, Aubier-Montaigne, 1971) est désormais un classique; l'auteur tente de montrer que Spinoza aurait pris au sérieux le principe théologique selon lequel « *homines vel sola obedientia salvantur* » (*TTP*, chap. XV); bien que j'éprouve des doutes à l'égard de cette interprétation, je n'en parlerai pas ici. Bornons-nous à rappeler que, même selon Matheron, le salut philosophique n'a aucun rapport avec le salut, réel ou imaginaire par l'obéissance et sa valeur est assurément incomparable.

porte à Dieu et de celui que Dieu se porte à lui-même (*É*Vp33 et 35): Spinoza exprime par-là l'importance et la valeur objective, ontologiquement irréductible, d'un certain type d'existence dont le cœur réside dans une ontologie de la vérité et de la compréhension.

Dire que l'âme est une idée, et tout particulièrement l'idée du corps, paraît dépourvu de portée normative. Il en va de même pour l'« intelligibilité immanente» qui est propre au corps, de façon originaire et irréductible. Quoi qu'on entende par « valeur», il ne semble pas qu'un «être objectif», idée ou concept puisse par soi détenir une signification normative ou être la source des valeurs tout en étant « la première chose dont l'être actuel de l'esprit humain est constitué ». Qu'on puisse dire que « l'esprit est l'idée du corps » ne manque pas d'inspirer nombre de spécialistes contemporains, qu'il s'agisse de psychologues ou des sciences de l'esprit. La formulation est toutefois, plus souvent qu'à son tour, prise comme une simple métaphore. Or, l'unité gnoséologique de l'idée-âme avec l'objet-corps est un fait *ontologique* pour Spinoza, ou si on préfère, un fait *naturel* au sens où on peut dire *Deus sive natura* – ce qui est assurément beaucoup moins aisé à avaler pour un esprit scientifique. Pourtant, la neutralité normative de la thèse que l'âme est une idée dont l'objet est le corps perd de son évidence si on veut bien prendre le « naturalisme » de Spinoza pour ce qu'il est, à savoir une ontologie.

Quelques pas supplémentaires sont encore requis si on veut voir comment une « intelligibilité interne » est aussi bien normativité interne et valeur intrinsèque. C'est la vérité qui va désormais assumer le rôle de garant: en effet le domaine qui s'ouvre devant nous est bien celui de la vérité. C'est en lui que vont prendre place et les normes, et la normativité originaire et irréductible et la valorisation absolue. L'âme est l'idée « vraie » et, de fait, la connaissance du corps – la propre intelligibilité que le corps a de lui-même. Le premier déplacement significatif que Spinoza effectue ici consiste à faire du concept d'*adéquation* le centre autour duquel il va construire la théorie de la vérité. Il faut l'entendre à la fois en une acception générale et en ce sens spécial et étrange, selon lequel l'âme est l'idée « vraie » et la connaissance du corps.

ADÉQUATION

> É IIdef4 : *Per ideam adeaquatam intelligo ideam, quae, quatenus in se sine ratione ad objectum consideratur, omnes verae ideae proprietates, sive denominationes intrinsecas habet*[1].
>
> *Explicatio : Dico intrinsecas, ut illam secludam, quae extrinseca est, nempe convenientiam idea cum suo ideato.*

Lettre 60 à Walther Tschirnhaus (Janvier 1675) :

> Entre l'idée vraie et l'idée adéquate, je ne reconnais aucune autre différence que celle-ci : le mot « vraie » se rapporte uniquement à l'accord de l'idée et de son idéat (*ideatum*), tandis que le mot « adéquate » concerne la nature de l'idée en elle-même; il n'y a ainsi aucune différence de fait en ces deux sortes d'idées, si ce n'est cette relation extrinsèque[2].

É IIIdef1 :

> J'appelle cause adéquate celle dont on peut percevoir l'effet clairement et distinctement par elle-même; j'appelle cause inadéquate ou partielle celle dont on ne peut connaître l'effet par elle seule.

TRE § 29 :

> *Solus quartus modus comprehendi essentiam rei adaequatam* – Seul le quatrième genre de connaissance comprend l'essence adéquate de la chose[3].

TRE § 73 :

> *... cogitationes veras, sive adaequatas...*[4].

Qu'il l'emploie comme un nom ou comme un adjectif, l'utilisation de la notion d'*adéquation* constitue pour Spinoza une étape essentielle sur le chemin qui conduit de ce que nous avons appelé *la noétique*, à sa théorie normative de la pensée. L'adéquation permet au lecteur de *l'Éthique* de saisir la portée ultime de sa distinction normative fondamentale, qui est celle de la vérité et de la non-vérité. En outre, en les dérivant de la doctrine ontologique de l'intellect, les distinctions apparentées pourront, elles aussi

1. *É* IIdef4 : J'entends par idée adéquate une idée qui, en tant qu'on la considère en elle-même, sans relation à l'objet, a toutes les propriétés ou dénominations intrinsèques d'une idée vraie. Explication : Je dis intrinsèque pour exclure celle qui est extrinsèque, à savoir l'accord de l'idée avec l'objet dont elle est l'idée.

2. Trad. fr. R. Misrahi, édition de la Pléiade.

3. Trad. fr. R. Caillois, édition de la Pléiade.

4. *Ibid.*, p. 128.

revêtir leur signification – c'est ainsi le cas de la connaissance et de l'ignorance, de la validité et de la non validité, de la cohérence et de son opposé comme de la consistance et de la contradiction. Cette fois encore, Spinoza en empruntant un terme à une longue tradition philosophique, en modifie radicalement l'acception originale. Le mot « adéquation » qui a sa source dans la philosophie classique et médiévale fut ensuite pris en charge par Descartes et il fit plus ou moins partie du bagage usuel vers le milieu du dix-septième siècle. Il fait généralement son apparition lorsqu'il s'agit d'une théorie de la vérité, en étant parfois rattaché au concept de cause (voir les considérations qui vont suivre). Bien que le vocable se soit frayé la voie jusqu'aux théories contemporaines de la connaissance, il n'apparaît que rarement de nos jours dans le cadre des théories de la vérité. Le mot toutefois semble avoir conservé quelque chose de la connotation normative qu'il avait dans son usage traditionnel puisqu'il désigne ce qui sied ou ce qui convient conformément à un standard, généralement implicite. Spinoza s'est approprié le terme en le chargeant d'une signification nouvelle. Il lui a tout de même conservé une vague coloration normative, juste assez pour faire le lien entre la tradition et l'usage nouveau qu'il introduit. On pourrait dire que Spinoza s'est servi du concept d'adéquation pour jeter un pont entre la théorie de la vérité et l'ontologie de l'intellect afin de permettre à celle-ci d'intégrer des principes normatifs.

L'ouvrage que Wolfson a consacré à Spinoza contient une longue liste des occurrences dans lesquelles le mot « adéquation » apparaît dans la philosophie médiévale et c'est typiquement le cas des définitions de la vérité. L'exemple le mieux connu et le plus fréquemment cité est celui qui pose que *veritas est adequatio rei et intellectus*[1]. L'origine de cette conception de la vérité est sans doute imputable à Aristote et à sa célèbre assertion : « il est vrai de dire de ce qu'il est, qu'il est et de ce qui n'est pas, qu'il n'est pas » (*Métaphysique* IV,7, 1011b). Traditionnellement, l'« adéquation » est généralement utilisée quand on veut exprimer une conception de la vérité qui repose sur la supposition d'une relation de correspondance entre la connaissance et le connu ; on veut en ce cas dire grosso modo que les idées ont en premier lieu et avant tout affaire à quelque chose qui leur est

1. *Cf.* T. d'Aquin, *Questiones Disputatae Veritate*, Qu. I ; et Wolfson, *The Philosophy of Spinoza*, *op. cit.*, II, p. 105 *sq.* Voir M. Gueroult, *Spinoza*, II, *op. cit*, p. 23 n. 14. Ainsi que Gueroult le note ici, pour désigner la correspondance « extérieure » entre l'objet et l'idée, qui a été traditionnellement véhiculée par le terme d'adéquation, Spinoza lui substitue des termes tels que *convenientia* ou *convenire*. Nous ne nommerons ici, en la prélevant à l'intérieur de la foisonnante littérature consacrée au concept de vérité, que l'analyse historique et thématique de la théorie de la cohérence qui figure dans N. Rescher, *The Coherence Theory of Truth*, Oxford, OUP, 1973.

extérieur, c'est-à-dire à des « objets » de sorte qu'elles seront vraies dans la mesure où, d'une façon ou d'une autre elles expriment, dépeignent ou représentent ce que sont ces objets « en eux-mêmes » et la façon dont ils le sont. Il faut ajouter qu'on distingue, parmi les théories de la vérité, celles qui font résider cette dernière en une correspondance, et celles qui la voient dans une cohérence ; en ce cas, la vérité repose sur des relations formelles, internes aux éléments qui appartiennent à un même ensemble de croyances ou d'idées – il s'agira alors de consistance ou de non-contradiction, ou encore, de conditions mutuelles d'existence[1].

Dans les citations qui viennent d'être rappelées (*É* IIdef4 et Lettre 60), Spinoza établit explicitement une distinction entre les marques « extrinsèques » des idées ou de la connaissance vraies, et leurs caractéristiques « intrinsèques » : celles-là concernent la vérité, tandis que celles-ci portent sur l'adéquation. En outre, beaucoup de commentateurs ont cru que Spinoza définissait la vérité par la cohérence, dans la mesure où il semble soutenir que l'adéquation précèderait en droit la vérité – cette dernière étant au sens strict un rapport entre une idée et son objet, et en tant que telle, une « dénomination extrinsèque » *denominatio extrinseca*[2]. Pour avoir ainsi placé l'adéquation en dehors du champ de la correspondance, Spinoza en aurait fait un principe de cohérence du système des idées, dans lequel chaque idée particulière contribuerait à la systématicité de l'ensemble. On croit parfois que Spinoza aurait en vérité défendu une théorie « réaliste » de la correspondance, tandis que certains sont en revanche persuadés que Spinoza aurait fondu ensemble les deux conceptions traditionnelles pour forger une nouvelle théorie de la vérité régie par sa façon originale de promouvoir la notion d'adéquation. Une bonne partie de cette

1. La figure majeure en ce sens revient à Descartes. C'est dans les *Objections et Réponses aux Méditations* que la question de l'adéquation des idées et de la connaissance est soulevée explicitement, et tout particulièrement dans la réponse détaillée que Descartes fit à Arnauld ; une importante considération y figure à propos de la connaissance adéquate, complète et vraie. J.-L. Marion, « Aporias and the origin of Spinoza's Theory of Adequate Ideas » (*in* G. Segal et Y. Yovel, *Spinoza Knowledge and the Human Mind* (The 2[d] Jerusalem Conference-Etica II), Leiden, Brill , 1994, p. 129-158) a relevé le contexte cartésien qui est celui dans lequel Spinoza fait appel à cette notion d'adéquation. Il est inattendu de le voir prendre le parti de Descartes en sous-estimant la rupture radicale que Spinoza opère par rapport à lui. D'autres spécialistes voient une difficulté dans la définition que Spinoza donne de la vérité comme une relation entre l'idée et son objet, qui serait « en extériorité » ; il leur semble qu'il y a là une contradiction avec le caractère nettement opposé à la relation d'extériorité qui caractérise le lien de l'idée à son idéat. Nous ne soulèverons pas davantage ce point puisqu'il est bien abordé dans la littérature secondaire.

2. Sur l'importance, semble-t-il, bien oubliée de la *denominatio extrinseca* dans la littérature scolastique : *cf.* A. de Libera, *Archéologie du sujet II*, *op. cit.*, chap. VI.

littérature exégétique fait problème en ceci qu'elle borne sa façon d'aborder la question de la vérité aux termes mêmes de la philosophie contemporaine, ceux de la philosophie anglo-américaine en premier lieu[1]. Il en résulte que les termes de « correspondance » ou de « cohérence » paraissent plus neutres, d'un point de vue normatif, que celui d'adéquation de sorte que les fortes connotations normatives et axiologiques que Spinoza octroie à son « adéquation » ne font pas l'objet d'une attention suffisante. L'adéquation paraît envelopper quelque *propriété* ou critère apte à la mesurer. Quand il s'agit de la traditionnelle *adaequatio rei et intellectus* cette propriété appartiendrait à l'intellect en tant qu'il conçoit une chose du point de vue de ce que cette « chose » est. Lorsque Spinoza parle de cette sorte de relation entre « l'idée » et son « objet », il faut souligner qu'il utilise alors des concepts manifestement pourvus de signification normative comme l'est par exemple la relation de « convenire »[2].

La dichotomie entre *cohérence et correspondance* ne permet pas de saisir les notions spinozistes d'idée vraie et d'idée adéquate pour deux raisons apparemment opposées : les deux notions ont une validité, et cependant cette validité est insuffisante. D'une part, il est certain que Spinoza fait sienne une certaine conception réaliste de la vérité : l'axiome 6 de *É*I pose que l'idée vraie « doit être conforme à son objet ». Mais d'un autre côté, et bien qu'il ne formule pas expressément un « principe de non contradiction », le système de toutes les vérités, ce qu'il appelle l'entendement divin, est à l'évidence un système cohérent de vérités et même doit-on dire, en une acception très forte de la cohérence – ce qui est une remarque presque triviale. Inversement, les deux théories de la vérité reposent sur des critères qui sont « extérieurs » à l'idée, et par là-même en contradiction manifeste avec la définition qui fait de l'adéquation une propriété intrinsèque aux idées. De la relation de correspondance entre

1. Les commentateurs anglo-américains paraissent éprouver un grand intérêt pour la question de la « théorie de la vérité » chez Spinoza ; ils l'abordent souvent sous l'angle d'une opposition entre « cohérence » et « correspondance ». C'est au travail pionnier (en anglais) de Harold Joachim qu'il faut faire remonter la tradition « cohérentiste », tant à son *A Study of the Ethics of Spinoza*, Oxford, OUP, 1901, qu'à son commentaire posthume *Spinoza's Tractatus de Intellectus Emendatione*, Oxford, Clarendon Press, 1940. Sur Joachim lui-même, ses sources dans l'idéalisme britannique (ou l'hegelianisme) ainsi que sur sa position à l'égard de la définition « cohérentiste », voir G.H.R. Parkinson, « Spinoza and British Idealism : The case of H. H. Joachim », *The British Journal for the History of Philosophy*, 1, 1993, p. 109-123. Pour une discussion critique de certaines vues de Joachim, voir Hallett, *Creation, Emanation and Salvation*, *op. cit.*

2. Ainsi en *É I* axiome 6 : *Idea vera debet cum suo ideato convenire.*

l'idée et son idéat, Spinoza déclare expressément qu'elle est extrinsèque[1]. Quant à la cohérence, elle repose sur une évaluation de la vérité ou de l'adéquation d'une idée donnée, qui est nécessairement fonction des relations que cette idée entretient avec un système d'autres idées. On pourrait dire, et cela de fait a été défendu, que toutes les idées « singulières » ne sont que des parties d'une seule idée infinie – et, à quelque égard, ce n'est pas franchement faux. Il n'y a toutefois aucun sens à attribuer à une idée singulière une « cohérence intrinsèque » dans la mesure où elle semble bien être faite d'un contenu de pensée pur et simple. Une relation entre une pluralité d'idées est requise pour pouvoir parler de cohérence – la célèbre relation de compossibilité leibnizienne. Mais, ainsi que Spinoza l'explique par exemple au § 71 de *TRE* « la forme » de l'idée vraie se trouve dans cette idée elle-même, « sans aucune relation avec d'autres idées » et de même qu'il y a un principe spinoziste qui préside à l'individuation des corps (ainsi qu'il appert du fragment de physique qui suit *É* IIp13 comme il a été vu ci-dessus),on peut avec raison invoquer un principe d'individuation des âmes, en tant qu'elles sont les idées de ces corps individués. Dire d'une idée isolée qu'elle est cohérente est d'une trivialité qui fait plus que frôler le non sens. Pour parler une fois de plus en termes leibniziens, la question est de savoir ce qui fait qu'une idée, ou un contenu de pensée, est possible ou pensable, et c'est avec son concept onto-gnoséologique d'adéquation que Spinoza a tenté de fournir une réponse systématique à une telle question.

Dans les débats postcartésiens modernes qui portent sur la nature de la vérité et de la connaissance, la doctrine spinoziste de la connaissance et des idées vraies et adéquates ne prend place que de façon fort indirecte et la dichotomie entre correspondance et cohérence est de peu de secours pour tenter de comprendre son concept de l'« idée adéquate ». La raison majeure qui préside à cet état de fait tient à ceci que Spinoza, à la différence des philosophes modernes, ne croit nullement que la question de la vérité serait indépendante de la théorie éthique, et réciproquement. Il s'ensuit qu'un total anachronisme frappe tous les débats qui considèrent, comme le fait la philosophie moderne, que la question de la vérité relève d'un point de vue purement théorique ou purement scientifique : c'est bien ce qui arrive à ce que défend Spinoza en la matière, et tout particulièrement à ce qu'il tient pour l'adéquation des idées. La modernité équivoque de son cartésianisme hétérodoxe est de facture manifestement non cartésienne dès le moment où

1. Ce qui n'a rien de banal et est au contraire problématique ; si le modèle du rapport entre l'idée et son idéat se trouve dans la relation que les âmes entretiennent avec leurs corps, en faire un rapport d'extériorité est bien la dernière chose à faire, si toutefois nous avons eu raison précédemment. Voir plus loin un peu plus étoffé à ce propos.

il évoque les raisons majeures de son entreprise philosophique. Sa conception de la vérité est inséparable de sa vision de la vie éthique et de la « vraie » félicité. Toutefois, il subsiste encore d'autres différences plus circonscrites.

Spinoza octroie à la notion d'adéquation un rôle médiateur dans sa doctrine de la nature et des sources de la normativité, et on le voit clairement quand le terme devient l'adjectif attribué à la causalité. La première définition de *É* III stipule qu'une cause est dite adéquate quand son effet peut être perçu de façon claire et distincte comme venant d'elle. Il semble bien que Spinoza reprend ici à son compte une formulation cartésienne, elle-même prise à une longue tradition plus ancienne[1]. La « cause adéquate » fait son apparition dans l'Appendice *more geometrico* que Descartes adjoint à sa Réponse aux Secondes Objections. Le quatrième axiome affirme que :

> *Quidquid est realitatis sive perfectionis is aliqua re, est formaliter vel eminenter in prima et adequata ejus causa* (« toute la réalité ou perfection qui est dans une chose se rencontre formellement ou éminemment dans sa cause première et totale »).

Baptisé axiome de « la cause adéquate », cet axiome a récemment, surtout parmi les spécialistes de langue anglaise, fait l'objet de longs débats, qui ont porté sur l'interaction causale que Descartes aurait instaurée entre le corps et l'esprit[2]. Descartes se sert de la notion de « cause adéquate » uniquement dans la première preuve de l'existence de Dieu que contient la Troisième Méditation. Or c'est vraiment de façon récente qu'on croit qu'un tel usage ferait difficulté quant à la question des rapports entre l'âme et le corps. Pourtant Descartes ne fait que transposer le principe

1. Ainsi que Theo Verbeek le remarque dans « Spinoza et la tradition scolastique des *Seconds Analytiques* », p. 115-134, les scolastiques – et il nomme Jean de St Thomas et Suarez – ont utilisé des formulations telles que *causa proxima et adequata ;* un tel usage relève d'une longue tradition – qu'il faut faire remonter à Aristote – qui consiste à distinguer entre une connaissance qui va de l'effet à la cause (*demonstratio quia* ou *per signum*) d'une autre plus parfaite qui, elle, va de la cause à l'effet (*propter quid*).

2. Voir par exemple D. Radner, « Descartes' Notion of the Union of Mind and Body », *The Journal of the History of Philosophy*, 9, 1971, p. 159-170; J. Broughton, « Adequate Causes and Natural Change in Descartes' Philosophy », *in* A. Donagan, A. N. Perovich et M. V. Wedin (eds.), *Human Nature and Natural Knowledge, Essays Presented to Marjorie Grene on the Occasion of Her Seventy-Fifth Birthday*, Dordrecht, Reidel, 1986, p. 107-127; et T. Schmaltz, « Deflating Descartes' Causal Axiom », *Oxford Studies in Early Modern Philosophy*, 3, 2006, p. 1-31, lequel contient une bibliographie détaillée des débats en cause. La question est de savoir si « l'axiome de la causalité » ou doctrine de la causalité adéquate est ou non compatible avec une interaction causale entre le corps et l'esprit.

métaphysique général selon lequel *ex nihilo, nihil fit* dans la sphère plus concrète de la causalité en lui faisant jouer un rôle de principe formel, pour stipuler une sorte de relation semi-quantitative entre la cause et son effet (or, ironie de l'histoire, il préfigure ainsi le principe leibnizien de l'égalité entre la cause entière et son plein effet, principe sur lequel Leibniz va faire reposer sa réfutation des lois cartésiennes de la collision.).

Quant à Spinoza, bien qu'il paraisse emprunter à Descartes la notion de *causa adequata*, il en renverse et le sens et la fonction. Descartes s'en était servi afin de remonter d'une existence donnée (à savoir, l'idée de l'infini) à sa cause. L'« axiome de causalité » l'autorisait à affirmer qu'elle détient de toute nécessité une quantité d'être (infinie en l'occurence). En considérant la définition de la cause adéquate qui figure au début de *É* III, on aurait pu croire que Spinoza transposait l'usage de cette notion à la considération *propter quid* de toute relation causale, dans l'idée d'expliquer et comprendre une chose en allant de la cause à l'effet. Cependant c'est du point de vue de l'effet que la définition est établie et il se trouve que l'effet, en l'occurrence, n'est rien d'autre que l'être humain, selon son activité ou sa passivité.

Il faut avant tout souligner que c'est en *É* III que se trouve la définition de la cause adéquate, c'est-à-dire dans une théorie des affections et la mise en œuvre qu'en fait aussitôt Spinoza, dès la deuxième définition, est encore plus significative :

> Je dis que nous sommes actifs, quand, en nous ou hors de nous, quelque chose se fait dont nous sommes la cause adéquate, c'est-à-dire (*déf. préc.)* quand en nous ou hors de nous, il suit de notre nature quelque chose qui se peut par elle seule connaître clairement et distinctement. Au contraire, je dis que nous sommes passifs quand il se fait en nous quelque chose ou qu'il suit de notre nature quelque chose, dont nous ne sommes la cause que partiellement.

Le rapport entre « notre nature » et ce qui, par nécessité, en découle, s'effectue selon deux « versions » : activité et passivité. La définition de la cause adéquate entretient un rapport direct avec la définition de la liberté (*É* Idef7), mais ce n'est qu'à la fin de l'*Éthique* qu'apparaît la pleine signification de ce rapport. On voit toutefois dès maintenant la portée éthique et normative du complexe thématique constitué par la causalité adéquate, l'action et la liberté.

Les différentes façons dont Spinoza fait jouer la notion d'adéquation dans sa théorie de l'idée adéquate jettent toutefois une lumière plus vive sur la médiation qu'opère cette notion à l'égard de la normativité. Dans le *TRE*, Spinoza affirme nettement que la « vérité » et l'« adéquation » sont équivalentes [1]. Mais si nous escomptions de *l'Éthique* qu'elle fournisse une distinction plus claire entre les deux notions, nous sommes voués à être déçus. En dépit de ce qui ressemble à une véritable distinction dans l'axiome de *É*I ainsi que dans la définition de *É*II (comme dans la Lettre 60), et même lorsque Spinoza, dans la dernière partie de *É*II, est censé se livrer à l'élaboration systématique des théories et de la vérité et de l'idée adéquate, l'utilisation qu'il fait de ces deux termes est loin d'être consistante, puisqu'il paraît tantôt respecter la distinction qu'il avait affirmée et tantôt, au contraire, il donne le sentiment de l'avoir oubliée.

Il ne s'agit pas seulement d'omettre la distinction entre l'« adéquation » et la « vérité » car, en vérité, la complexité, l'ambiguïté et la souplesse dont Spinoza fait montre dans sa façon d'utiliser le terme d'« adéquation » vont bien au-delà de cette omission. Certaines de ses affirmations sur la connaissance et la vérité font figure de véritables énigmes. Il est ainsi fort difficile de saisir comment les éléments suivants peuvent tenir ensemble pour constituer les parties d'une seule et même doctrine. D'une part, ainsi que Spinoza le répète souvent, avoir une idée adéquate est la même chose que posséder une connaissance [2]. D'autre part, les « idées adéquates » sont aussi des idées « claires et distinctes ». Enfin, la connaissance (c'est-à-dire le fait d'avoir des idées vraies) est par elle-même connaissance de cette connaissance (*É*IIp43). Il semble ainsi à la fois raisonnable et conforme à l'intuition familière de dire que l'âme humaine n'enveloppe ni « la connaissance adéquate des parties composant le corps humain » (*É*IIp24) ni « la connaissance adéquate du corps extérieur »(*É*IIp25). Mais dans ce cas, que peut bien vouloir dire le corollaire de *É*IIp13 selon lequel « le corps humain existe comme nous le sentons » ? Les propositions 45 et 46 sont encore plus difficiles à saisir d'autant qu'elles défient le sens courant : elles stipulent respectivement que « chaque idée d'un corps quelconque… enveloppe nécessairement l'essence éternelle et infinie de Dieu » – et que « la connaissance de l'essence éternelle et infinie de Dieu qu'enveloppe chaque idée est adéquate et parfaite. »

On trouve quantité d'autres exemples de même sorte et toutes les pages qui suivent, en E 9II, la « petite physique » au-delà du scolie de la proposition 13, fourmillent de ces contradictions et incohérences apparentes. C'est avec plus ou moins de succès qu'on a tenté, à diverses reprises, d'introduire un peu de cohérence dans cet écrit tortueux. Mais s'efforcer de

1. Ex. § 73 : « si de natura entis cogitatis sit…cogitationes veras, sive adaequatas formare ».

2. Par exemple, *É*IIp43dem : « qui a une idée adéquate, c'est-à-dire qui connaît une chose vraiment ».

comprendre les raisons de telles difficultés paraît plus intéressant et plus fécond. Il se pourrait bien que la clé de l'énigme soit à chercher dans la noétique, c'est-à-dire dans la signification fondamentalement ontologique de l'*adéquation* et non dans un point de vue purement gnoséologique ou théorique sur la vérité.

Les âmes donc et les idées enveloppent ou n'enveloppent pas des idées adéquates, ou connaissance, des parties dont le corps humain est composé. Mais pourquoi ne pas dire tout simplement que nous ne connaissons adéquatement ni les parties de notre propre corps ni celles des corps extérieurs? Et pourquoi ne pas dire simplement que nous connaissons Dieu adéquatement? Si notre première suggestion peut sembler raisonnable, la seconde, en revanche, est manifestement intenable: comment soutenir sérieusement que nous connaissons adéquatement l'essence de Dieu, nous tous, autant que nous sommes, à chaque fois que nous avons la connaissance d'un corps? La résolution de l'énigme serait sans doute à chercher du côté de la notion d'*involvere* qui désigne en général ce type de relation universelle qu'on retrouve sans cesse dans la deuxième moitié de *É* II. Cette relation introduit dans le concept de connaissance des significations parfaitement inhabituelles: la « connaissance » qui est *enveloppée* dans telle ou telle idée ou âme n'est, semble-t-il pas, ou en tout cas pas toujours, une connaissance explicite. Il ne serait pour autant pas exact, quoique fort tentant, de dire qu'elle est *tacite*. En vérité, si on prend la notion de « connaissance » dans une perspective psychologique ou gnoséologique, il ne s'agit pas vraiment d'une connaissance. Ce qui est *enveloppé* dans une idée, un fragment de connaissance, ou une pensée, est ce à quoi on peut faire référence comme à des « conditions d'intelligibilité ». Plus important encore du point de vue de la signification ontologique en jeu: ces conditions d'intelligibilité, c'est-à-dire ce qui est « enveloppé » dans une idée, un contenu donné, qu'il soit pensable ou actuellement pensé, consistent dans la *possibilité* sous-jacente de son être, c'est-à-dire de son être en tant qu'il est une pensée (la possibilité de son être objectif).

Mais l'ultime condition et de l'intelligibilité et de l'être des idées est l'être lui-même, ou la substance, c'est-à-dire ce que Spinoza appelle Dieu. En ce sens, chaque idée *enveloppe* l'idée de Dieu exactement à la façon dont chaque conditionné l'enveloppe comme sa condition. Nous n'allons pas creuser davantage ce sujet; mais il est certain que cette façon d'aborder le texte confère amplement un sens à la façon dont Spinoza utilise la notion d'idée adéquate autant qu'à une bonne partie de la théorie de la connaissance vraie en *É* II comme dans la suite de l'*Éthique*. En supposant ce point accordé, nous allons plutôt tenter de dégager l'importance normative de la doctrine de l'idée adéquate. Pour ce faire, nous proposons les trois étapes suivantes: commencer par revoir la question de la définition génétique dans le *TRE.* Essayer ensuite de comprendre ce que signifie la célèbre et mille fois répétée thèse que la vérité est *index sui.* En dernier lieu interroger le constant détour par Dieu dans la théorie de la connaissance vraie.

LA DÉFINITION GÉNÉTIQUE

Dans le chapitre III, nous nous sommes livrés à une analyse un peu étoffée de l'utilisation que fait Spinoza de la notion de définition génétique qu'il emprunte à Hobbes. Il s'agissait d'essayer de dégager la façon dont le concept d'*intelligibilité* contribue à la mise en forme de la théorie spinoziste dite du corps-esprit. Un élément toutefois de cette doctrine spinoziste de la définition génétique mérite qu'on y consacre une attention supplémentaire, et c'est nommément son importance normative. Lorsque nous avons reconstruit cette doctrine, nous avons supposé que la genèse imaginaire (ou feinte) d'un objet géométrique donné (c'est l'exemple du cercle qui avait été pris) était le moyen par lequel le cercle devient intelligible, c'est-à-dire qu'il est le mieux *compris*, en tant qu'objet de science. Nous avions également souligné, sans nous y arrêter, que Spinoza avait considéré que la définition génétique est la définition « la meilleure » c'est-à-dire la « définition parfaite ». Ce qui est, bien entendu, une sorte de jugement normatif et, comme nous l'avions vu, il exprime l'idée que la perfection d'une définition s'évalue en fonction du nombre de propriétés de la chose à définir qu'on en peut déduire.

Ce n'est pas tellement la solidité des méditations méthodologiques et métamathématiques auxquelles Spinoza se livre qui nous importe, car elle est problématique: l'intérêt des considérations qui concernent la « perfection » de la définition génétique réside dans la façon dont Spinoza utilise cette notion pour rendre raison de la normativité inhérente au raisonnement rationnel. À cet égard, la Lettre 60 à Tschirnhaus est fort instructive. Dans la Lettre 59, Tschirnhaus, intelligent et lucide à son accoutumée, soulève quelques questions fort pertinentes. Il commence par demander à Spinoza de définir les idées vraies, adéquates, fausses et douteuses pour ajouter la question suivante: qu'est-ce qui fait qu'une représentation (Tschirnhaus écrit « idée ») d'un objet donné – par exemple le cercle – est préférable à une autre ? D'où vient que nous pouvons déduire toutes les propriétés du cercle de l'une de ses idées adéquates plus facilement que des autres? Spinoza répète d'abord la distinction entre la « vérité » et l'« adéquation » telle qu'elle est formulée dans l'*Éthique* (nous l'avons citée ci-dessus). Puis, il explique :

> pour la question de savoir quelle idée d'une chose, parmi de nombreuses autres, permet de déduire toutes les propriétés d'un objet, je n'observe qu'un seul principe : cette idée ou définition doit exprimer la cause efficiente de l'objet [1].

L'efficacité méthodologique de la définition génétique semble donc être connue a priori et abstraction faite de toute considération épistémologique déterminée comme de tout travail mathématique réellement effectué. La « bonne » définition/idée est tout simplement celle qui enveloppe ou exprime (dans la Lettre, Spinoza utilise les deux termes), la cause efficiente. Dans la Lettre à Tschirnhaus, Spinoza illustre ce point de façon éloquente par l'exemple, cette fois, de la définition de Dieu qui figure en *É* Idef6. Définir Dieu, dit-il, comme un être absolument parfait ne nous permet pas de déduire toutes ses propriétés. La définition de *É* I le permet cependant car, ajoute Spinoza dans une parenthèse, « je veux dire une cause efficiente aussi bien interne qu'externe ».

Toute cette histoire est plutôt énigmatique. *É* Idef.6 définit Dieu comme « un être absolument infini, c'est-à-dire une substance constituée par une infinité d'attributs dont chacun exprime une essence éternelle et infinie ». En quoi une telle définition ressemble-t-elle à la définition génétique de la sphère ? En quel sens pouvons-nous en déduire toutes les propriétés de Dieu selon une démarche que ne permettrait pas l'autre définition, celle qui fait de Dieu un « être absolument parfait » ? Enfin, quel est le rapport que tout ceci entretient avec la double face de la causalité efficiente, « externe » et « interne » ? Il est probablement impossible de fournir des réponses satisfaisantes à toutes ces questions – sans, à tout le moins, se livrer à de vastes reconstructions spéculatives. Il n'en demeure pas moins que quelques conclusions partielles peuvent être dégagées : il semble bien que pour Spinoza, une « épistémologie », une théorie de la pensée rationnelle ou de la rationalité mathématique ne saurait être séparée d'une théorie de l'être en son sens le plus fondamental et général. La structure de la rationalité est la même que la structure de l'être – *causa* est *ratio*. C'est la complétude de la connaissance qu'elle est censée procurer qui permet d'assigner « perfection » et supériorité épistémologique à la définition génétique, ainsi que le concept de *causa sui* en témoigne au plus haut point.

On comprend ainsi que Spinoza reprenne à son compte l'usage scolastique et cartésien de l' « adéquation » sous une forme adjectivée qui qualifie

1. Trad. fr. R. Misrahi, édition de la Pléiade.

en *É* IIIdef.1 les « causes ». C'est ce qui se produit au début de la troisième partie de *l'Éthique*, il convient de le souligner parce que c'est en ce point que la théorie des affections est exposée et que les fondements d'une doctrine de l'esclavage et de la libération sont établis. En transportant un concept d'un champ de rationalité dans un autre, c'est-à-dire de l'ontologie de la causalité d'une part, de la théorie de la connaissance, de la théorie de la vérité et de la signification d'autre part, à un domaine tout autre, Spinoza jette un pont entre l'ontologie, une théorie de l'homme, et la théorie morale évoquée ci-dessus : ce qu'il effectue en traitant de la normativité comme une doctrine de l'adéquation.

C'est dans les considérations consacrées à la définition génétique qui se trouvent dans le *TRE*[1] que Spinoza s'approche au plus près d'une formulation explicite du concept d'« adéquation » comme d'un concept normatif – c'est particulièrement le cas quand il essaie d'illustrer la supériorité méthodologique de la définition génétique en prenant l'exemple de la sphère. Ce qui advient comme suit : avec la rotation du demi-cercle, la sphère surgit comme un objet pleinement déterminé ; sa pleine déterminabilité – le « tout » de ses propriétés – est expliqué par là et, en conséquence, elle constitue aussi la meilleure définition, d'un point de vue méthodologique. La naissance de la sphère est un processus au cours duquel une légalité déterminée se déploie. Un tel « déploiement » n'a rien d'un processus arbitraire, ou simplement donné. Mais c'est au contraire un processus au cours duquel se concrétise une relation appropriée du résultat à ce dont il résulte – un rapport de convenance entre les deux. Une telle convenance, il faut la nommer mieux, et précisément l'appeler « adéquation »[2].

Il y a deux façons rivales de lire ce qu'on appelle la théorie de la vérité chez Spinoza, ainsi que nous l'avons déjà souligné antérieurement : l'une prêche en faveur de la « cohérence », et l'autre en faveur de la « correspondance ». Aussi loin qu'elles avancent, l'une comme l'autre, elles sont toutes deux à la fois convaincantes et insuffisantes. On le voit aisément

1. Aux § 71-73 ; voir *supra* chap. IV.

2. G. Deleuze, dans son *Spinoza et le problème de l'expression* n'est pas éloigné de soutenir une interprétation analogue quand il essaie d'expliquer « adéquation » comme une sorte d'« expression ». Pourtant, dans la mesure où, selon lui, ce qui est exprimé est « pouvoir » (*puissance*; *potentia*) et non intelligibilité, la dimension normative est pratiquement absente de sa présentation de Spinoza – comme elle l'est, semble-t-il, pour ce sujet, de sa propre philosophie. Quelques années avant Deleuze, H. F. Hallett, dans *Creation, Emanation and Salvation* (The Hague, Martinus Nijhoff, 1962) a défendu une interprétation assez proche de cet aspect de la philosophie de Spinoza, qui tournait autour du concept de « puissance-en-acte ».

dans la Lettre 60. L'idée du cercle « correspond » assurément à son « objet », à savoir le cercle. Une telle « correspondance » est indépendante du fait d'être pensée par un intellect, ce qui veut dire qu'elle est absolue – ce qui est trivial et dépourvu de tout intérêt épistémologique. Cette idée absolue du cercle contient toutes les propriétés du cercle. En d'autres termes, toutes les propriétés du cercle sont idéalement déductibles de cette idée, dès lors qu'on fait entrer en jeu dans le discours théorique un concept épistémologique de l'intellect. D'un autre côté, on dit de l'« adéquation » qu'elle renvoie à la nature intrinsèque de l'idée elle-même et qu'en ce sens, les « parties » d'un objet complexe comme l'est le cercle, se tiennent. De surcroît, l'idée du cercle fait partie de l'idée infinie de l'être en général – soit encore du système de toutes les idées (à supposer qu'une chose de ce genre soit pensable). Elle peut être dite faire un tout avec toutes les autres idées qui en font également partie. Dans les deux cas toutefois, on ne rend pas compte de cette « naissance » idéelle impliquée par la doctrine de la définition génétique. En conséquence et tout particulièrement, la dimension normative du concept d'« adéquation » demeure inaperçue. Le point crucial dans tout ceci est le suivant : en premier lieu, le caractère interne de l'adéquation ne réside pas dans une simple cohérence entre les diverses parties ou constituants d'une idée donnée. Il s'agit d'un certain ordre, d'une direction du mouvement telle que ce qui en résulte respecte fidèlement, si on peut dire, son origine. En second lieu, ce « résultat » est la pleine transparence, la pleine explicitation des « propriétés » de l'objet ainsi engendré. En dernier lieu, il faut comprendre que « engendrer » ne veut pas dire « advenir à l'existence » mais qu'il s'agit vraiment d'une métaphore. La relation causale dont parle Spinoza devrait être comprise comme l'image ontologico-sémantique de la relation ontologique qui s'instaure entre condition et conditionné – ce qui est le mode d'être de l'intelligibilité.

INDEX SUI : LA NORME DE LA VÉRITÉ

La notion de « norme » se trouve en d'innombrables occasions dans les écrits de Spinoza, et sans surprise, surtout dans le *TRE*. La doctrine toutefois dont cette notion fait partie figure dans presque tous les écrits sous une forme plus ou moins identique. La formulation la plus ramassée et la plus connue se trouve dans la Lettre 76 à Alfred Burgh : à son ancien ami devenu un adversaire, Spinoza écrit : la vérité est *index sui et falsi*. Que la vérité soit le signe ou la marque de la vérité et de la non-vérité, cela veut dire qu'il n'y a pas d'autre critère de la vérité d'une idée donnée que la propre vérité de l'idée vraie elle-même. Il n'y a également pas d'autre critère sur la base duquel il serait possible de distinguer entre vérité et non vérité, autre que la vérité elle-même.

Sur la question de la vérité, la pensée de Spinoza est manifestement prise dans les rets de la tradition philosophique et on sait bien que des éléments divers de cette tradition figurent dans tous ses écrits. Descartes est sans doute la référence majeure mais il n'est pas le seul. Les positions originales qui sont propres à Spinoza en ce qui concerne la nature de la vérité se retrouvent, elles aussi, tout au long de l'œuvre même s'il n'est guère facile de faire cohabiter tradition et novation. Dès ses premiers écrits, Spinoza prend déjà la notion de « vérité » en deux acceptions. Dans le *Court traité* (II, 15, I) ainsi que dans *Les Pensées métaphysiques* (I, VI) on trouve la même distinction entre la vérité, comme « dénomination extrinsèque » et les « propriétés internes » à l'idée vraie – cette dernière ne sera appelée « adéquate » que dans *l'Éthique*. Dans les deux ouvrages, la première signification de la vérité s'inspire de la définition aristotélicienne et anticipe sur *É*Iax6. Dans les *Pensées métaphysiques*, on trouve même une spéculation étymologique à propos de ce qui pourrait s'être trouvé à l'origine intuitive du concept philosophique de la vérité. Si on prend garde au sens de « vrai » et « faux », on s'aperçoit que ces termes ne désignent que des « marques extrinsèques aux choses ». Or, puisque l'usage philosophique de ces termes trouve sa source dans leur usage vernaculaire, il est important de s'enquérir de leur origine. « La première signification de *Vrai* et de *Faux* semble avoir tiré son origine des récits; et on a dit vrai un récit quand le fait raconté était réellement arrivé; faux, quand le fait raconté n'était arrivé nulle part ».

La doctrine du caractère interne des propriétés essentielles de la vérité a pour conséquence le principe que la vérité est *index sui et falsi* et on le retrouve dans toute l'œuvre. Ainsi par exemple dans le *Court Traité*, il est dit que « les choses les plus claires de toutes se font à la fois connaître elles-mêmes et ce qui est faux » ; dans l'*Éthique* (*É*IIp43) : « Qui a une idée vraie sait en même temps qu'il a une idée vraie et ne peut douter de la vérité de sa connaissance ». C'est seulement à la lumière de son arrière-plan polémique qu'on peut comprendre l'argument selon lequel l'essence de la vérité ne saurait résider dans un critère extrinsèque. C'est Descartes qui est visé dans cette polémique tant pour son critère de la vérité que, plus généralement, pour sa conception de la méthode.

Il n'en demeure pas moins que Spinoza emprunte largement à la terminologie cartésienne. Non seulement « méthode », « évidence », le « clair et distinct », la « conscience » (pour la pensée de la pensée, c'est-à-dire en termes spinozistes, l'idée de l'idée) mais bien sûr l'« adéquation » ainsi que quelques autres termes qui, tous, jouent un rôle central dans sa théorie de l'idée vraie. Cependant, comme il se doit, l'emprunt est tout autant une transformation et il arrive que celle-ci soit radicale modification. On en a un cas typique avec la façon dont Spinoza rend fréquemment identiques la méthode, l'évidence, l'idée de l'idée et la vérité. Les thèmes cartésiens sont ainsi utilisés par Spinoza pour ébranler et réfuter une des plus importantes doctrines de Descartes, à savoir celle qui situe la vérité de la pensée dans le *jugement*. Il le fait, pour ainsi dire, de l'intérieur même de la terminologie cartésienne en faisant entrer le jugement dans le contenu de pensée. Spinoza défend une sorte de théorie rudimentaire de la redondance d'un opérateur T indépendant (pour user d'une terminologie contemporaine): disons en termes plus généraux, qu'il rabat la méta-vérité sur la vérité. Ainsi le scolie de *É* IIp43 stipule que « nul, ayant une idée vraie, n'ignore que l'idée vraie enveloppe la plus haute certitude; avoir une idée vraie, en effet, ne signifie rien, sinon connaître une chose parfaitement ou le mieux possible; et certes personne ne peut en douter, à moins de croire que l'idée est quelque chose de muet comme une peinture sur un panneau et non un mode de penser, savoir, l'acte même de connaître [*ipsum intelligere*]. »

On retrouve la même image destinée à caractériser l'erreur qui porte sur la nature des idées dans le dernier scolie de *É* II, juste après la proposition 49 où la nature de l'erreur est expliquée plus complètement: cette erreur consiste à confondre, c'est-à-dire à ne pas faire de distinction entre les idées ou concepts que forme notre âme et les images des choses que nous imaginons – mais aussi à ne pas davantage distinguer entre les idées et les mots par lesquels nous désignons les choses. Il semble que ce soit là une allusion à la *Dioptrique* de Descartes[1]. Dans le *Cinquième discours* (« Des images qui se forment sur le fond de l'œil »), ainsi que dans le *Sixième* (« De la vision »), Descartes, à de nombreuses reprises parle de *peintures* et de *tableaux*. Dans cet ouvrage, cette référence remplit deux fonctions stratégiques reliées quoique distinctes: l'une polémique et l'autre, explicative.

De façon générale, la polémique est dirigée contre les théories de la perception visuelle, surtout scolastiques, qui reposent sur la croyance que percevoir un objet consiste à avoir une image qui ressemble à l'objet perçu. Descartes suppose que l'origine de cette doctrine erronée se trouve dans la façon dont la plupart se représentent les rapports qui unissent peintures et

1. P. Macherey signale une ressemblance entre ce que Spinoza dit ici et les *Topiques* d'Aristote, VI, 2; mais la ressemblance avec Descartes est trop directe pour être accidentelle. Voir Macherey, *Introduction à l'*Éthique, *op. cit.*, vol. II, p. 332 n. 1.

choses peintes. Il semble qu'il faille voir là la source de ce que Spinoza affirme dans le scolie de *É*II49schol. : « Ceux qui, en effet, font consister les idées dans les images qui se forment en nous par la rencontre des corps, se persuadent que les idées des choses à la ressemblance desquelles nous ne pouvons former aucune image, ne sont pas des idées, mais seulement des fictions que nous forgeons par le libre arbitre de la volonté; ils regardent donc les idées comme des peintures muettes sur un panneau et, l'esprit occupé par ce préjugé, ne voient pas qu'une idée, en tant qu'elle est une idée, enveloppe une affirmation ou une négation. »

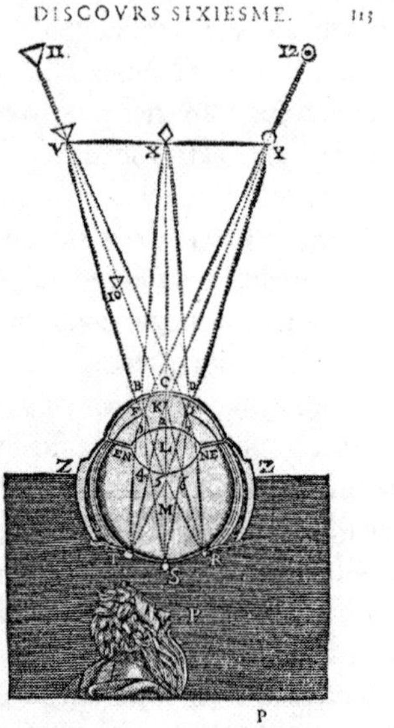

Spinoza partage manifestement le rejet cartésien des théories de la perception fondée sur la ressemblance. Dans le même temps, toutefois, il rejette tout autant la propre doctrine de Descartes. Il y a de bonnes raisons de faire de la *Dioptrique* (et avec elle *Le Monde ou Traité de la Lumière*) le lieu de naissance de l'approche moderne des relations de l'âme et du corps. Les recherches physiologiques et anatomiques – plutôt empiriques – qui constituent la base de la *Dioptrique* ne sont pas seulement pleines d'intérêt en elles-mêmes et du point de vue de l'histoire des sciences. Elles sont très éclairantes du point de vue de l'histoire du questionnement philosophique qui a accompagné l'apparition de la nouvelle science du corps humain.

Descartes donc, rejette la théorie de la perception en termes de « similitude ». Mais il est bien plus important de rappeler que tous les arguments qui portent sur la perception visuelle reposent sur l'affirmation que ce n'est pas l'œil mais l'esprit qui voit.

Ainsi, le quatrième discours (« Des sens en général ») commence par l'affirmation suivante : « On sait déjà assez que c'est l'âme qui sent, non le corps ». L'image cependant continue d'avoir un rôle important dans la théorie de la vision. Descartes décrit ensuite une expérience ingénieuse : il s'agit de prendre l'œil d'un « homme fraîchement mort » ou celui d'un bœuf, de le placer dans une « chambre obscure » comportant un petit trou. En se plaçant lui-même à l'intérieur il regarde les images qui apparaissent sur le fond de cet œil (voir le schéma). Il présume alors que la même image est transmise par le nerf optique au cerveau et qu'elle atteint la glande pinéale. Toutefois, ce n'est pas « par le moyen de la ressemblance » de l'image avec l'objet vu « que nous le sentons comme si il y avait derechef d'autres yeux en notre cerveau », mais c'est bien plutôt grâce à des mouvements que cette ressemblance se produit – exactement à la façon dont les mouvements du bâton d'un aveugle le renseigne sur ce qui se trouve en face de lui; ce sont ces mouvements qui « agissent immédiatement contre notre âme d'autant qu'elle est unie à notre corps » [1].

Les considérations contenues dans le Sixième Discours font de ce chapitre de la *Dioptrique* celui qui présente le plus grand intérêt philosophique : il repose sur le rejet de la thèse de la ressemblance pour lui substituer une doctrine de la représentation et du rôle actif de l'âme, non seulement quand il s'agit de penser les intelligibles mais aussi pour la perception. La gravure reproduite ici est ambiguë de façon très éclairante. L'expérience décrite ci-dessus y est représentée par le schéma géométrisé qui figure la production des images visibles par le personnage qui se tient à l'intérieur de la chambre noire, à l'arrière de l'œil qu'on a placé dans le trou : un tel « expérimentateur » les voit comme si elles étaient « peintes » au fond de cet œil. Dans ce chapitre de la *Dioptrique* on trouve quelques schémas du même genre, chacun d'eux analysant un phénomène optique différent. Le personnage toutefois joue implicitement le rôle d'un symbole de l'âme : à la façon de ce spectateur, Descartes la présente comme si elle avait des données, de l'information qu'il lui faudrait interpréter pour en tirer une conclusion concernant ce qui se tient devant elle. Une telle âme pense bien plus qu'elle ne « sent ». C'est d'un intellect dont il s'agit plutôt que d'une âme au sens indéterminé du terme. Nous supposons que c'est là, ainsi que dans *Le Monde,* que le dualisme cartésien fut inventé, en faisant l'hypothèse qu'il fut une doctrine épistémologique avant de devenir la thèse de l'interaction entre le corps et l'âme. L'approche moderne de la question des rapports entre l'âme et le corps trouverait là son lieu de naissance, avec le dualisme qui la caractérise, mais c'est là aussi que naquit l'« intellectualisme » (ou plutôt le « rationalisme ») moderne. En ce qu'il suit Descartes dans le refus d'attribuer à la pensée la formation des « images », Spinoza est un « intellectualiste » ; toutefois, étant donné le rôle qu'il confie au corps, son intellectualisme est d'un genre très particulier.

1. AT VI, p. 130.

Chez Descartes, penser s'entend en deux sens : la perception – plutôt qu'une compréhension – intérieure plus ou moins passive d'un contenu intelligible, et l'affirmation (ou le refus) qui est le fait de ce que Descartes appelle « la volonté ». L'acte par lequel un contenu donné est affirmé ou nié est libre, actif : il n'a rien de passif et, pour cette raison, il ne constitue pas l'activité propre à l'intellect. On peut voir dans la métaphore manifestement psychologisante de la « volonté » une anticipation de la doctrine du jugement. Si nous avons raison, alors il faut dire que, selon Descartes, penser c'est juger puisque le « lieu » de la vérité est le jugement – c'est-à-dire le contexte à l'intérieur duquel la question de la vérité est toujours soulevée. Or, le jugement présuppose quelqu'un qui juge, un agent qui effectue cet acte de juger. Pris en un sens métaphysique en tant que « substrat » de la pensée, ce sera une substance pensante, une *res cogitans*, soit encore au point de vue transcendantal, un *sujet*. Cette doctrine centrale de Descartes trouve ainsi dans la *Dioptrique* sa première expression : elle demeure partielle mais très significative cependant. Ce n'est pas par hasard que cela se produise à propos de la « vision de la distance » (AT, VI, p. 137-139) : la distance à laquelle se trouve un certain point par rapport à d'autres est connue par une « géométrie naturelle ». « Nous », l'agent paradigmatique de la pensée en tant que jugement (en tant qu'interprétant les données, en ce cas) regardons ce qui est « vu » et calculons sa signification objective. En ce point, Spinoza choisit, justement à la fin de *É* II, de se livrer à un ajout qui parachève son refus de suivre Descartes quand il voit dans les « idées » des « images » des choses : affirmer ou nier serait, selon Spinoza intrinsèque aux idées. Il s'ensuit que parler des idées comme autant d'« images sur un support » ne renvoie pas seulement aux adversaires de Descartes, mais à Descartes lui-même : d'un point de vue spinoziste, on pourrait dire que la chambre noire de la gravure représente l'espace intérieur de l'intellect, et que le personnage serait le veilleur intérieur, « les yeux intérieurs » qu'implique la métaphore de la « lumière naturelle » que Descartes sans cesse reprend. C'est par lumière naturelle que l'ego qui juge considère le « contenu » que lui présente l'intellect (la partie réceptive et passive de celui-ci). Cette scission de l'âme en deux facultés disparates est pour Spinoza proprement inconcevable. Il est plus intéressant de souligner que Spinoza refuse d'allouer à la pensée un espace intérieur, une chambre noire à l'âme, un théâtre intérieur quel qu'il soit. Il n'y a que fausseté dans cette image des yeux intérieurs, dans l'image de celui qui considérerait et examinerait un contenu qui lui serait présenté comme s'il s'agissait d'un tableau ou d'une scène de théâtre. Dans des lignes étonnantes Spinoza écrit que ces yeux intérieurs de l'âme « avec lesquels l'âme voit et observe les choses sont les démonstrations elles-mêmes ». (*É* Vp23s – voir les analyses qui vont suivre). Il ne saurait donc y avoir d'yeux pour voir les démonstrations, car démontrer *c'est* voir.

Leibniz fut hautement conscient des implications psychologisantes de la théorie cartésienne de la vérité et de la connaissance – ce qu'il critiqua avec acuité. On peut dire de Spinoza qu'il s'opposa tout autant au psychologisme cartésien. Leibniz s'attaqua à « l'intuitionnisme »[1] de Descartes par son « flanc gauche » si on peut dire : il le fit du point de vue de sa propre conception formaliste de la logique et de la nature de la pensée. Spinoza, lui, s'y opposa par « le flanc droit » : il était bien moins que Leibniz enclin à se soucier des aspects techniques que peut revêtir la théorie de la signification, de la vérité et de la connaissance et assurément il y était bien moins réceptif. Il récusait, s'accordant en cela avec Descartes, l'approche formaliste et tous deux en attribuaient la paternité aux philosophes scolastiques. Mais Spinoza n'en critiquait pas moins Descartes. Sa critique de Descartes faite du point de vue de la noétique revient à récuser le projet d'une théorie de la connaissance, à refuser l'indépendance de la question de la *connaissance* par rapport à la question de *l'être*. Penser est un mode d'être et la pensée est un concept ontologique. Voilà, en dernière analyse, pourquoi une théorie de la méthode ne saurait précéder une théorie de l'être et de l'homme.

C'est à la lumière de la doctrine cartésienne de l'« évidence » et du « clair et distinct » qu'on pourra juger de l'importance du trio Descartes-Spinoza-Leibniz, de leurs oppositions autant que de leurs partiels accords – et en particulier de la position de Spinoza. Descartes lui-même ne dit pas avec netteté s'il voit en ces termes des « critères de vérité » ou s'ils définissent l'essence de la vérité. En d'autres termes la pure théorie de la vérité n'est pas toujours bien clairement distinguée d'une pragmatique de la vérité. Leibniz a rejeté les deux comme étant psychologiques (ou subjectivistes) et il a, en lieu et place, présenté une théorie complète qui repose sur ses deux grands principes : le principe de contradiction et le principe de raison suffisante. La question de la nature exacte des rapports entre les

1. Y. Belaval, *Leibniz, critique de Descartes* (Paris, Gallimard, 1960) offre l'étude la plus complète consacrée à l'attitude de Leibniz envers Descartes. Pour souligner les profondes différences qui séparent les deux philosophes, il parle de la théorie cartésienne du raisonnement en termes d'« intuitionnisme ». La littérature secondaire de langue française consacrée à Descartes avait pris l'habitude de faire de même. On prend toutefois le risque de l'anachronisme puisque on entend généralement par « intuitionnisme » une façon bien circonscrite de saisir la nature de la vérité mathématique inséparable du nom du mathématicien hollandais, Brouwer. Nous avons tout de même conservé le terme parce qu'il est plus neutre que celui de « psychologisme » et aussi faute d'avoir trouvé mieux.

deux principes est matière à discussion et nous n'entrerons pas dans ce débat ici. Pour le dire schématiquement : le principe de contradiction détermine la condition minimale de la vérité par l'absence de contradiction; selon la métaphore bien trouvée de Michel Serres, le principe joue comme un filtre pour séparer le pensable du non-pensable ou de l'impossible, en ne retenant que ce qui peut être jugé « vrai » ou « faux » à l'intérieur même du champ de la pensée. Le principe de raison, quant à lui, est le principe de la démonstrabilité universelle de la vérité[1].

Spinoza considère que l'évidence constitue une caractéristique universelle de l'« idée vraie ». Cette fois encore, on doit dire que cette doctrine se retrouve expressément formulée dans tous ses écrits, depuis les *Pensées métaphysiques* (I, 6) en passant par le *Court Traité* (II, 15, 3), le *TRE* (§ 35) jusqu'à *l'Éthique;* là, il affirme d'abord (*É* IIP.43) que « qui a une idée vraie sait en même temps qu'il a une idée vraie et ne peut douter de la vérité de sa connaissance ». Puis, immédiatement après ces lignes, il pose, dans le scolie qui suit, les questions suivantes au lecteur :

> Qui peut savoir qu'il connaît une chose s'il ne connaît auparavant la chose ? C'est-à-dire qui peut savoir qu'il est certain d'une chose s'il n'est auparavant certain de cette chose ? D'autre part, que peut-il y avoir de plus clair et de plus certain que l'idée vraie qui soit norme de vérité ? Certes, comme la lumière se fait connaître elle-même et fait connaître les ténèbres, la vérité est norme d'elle-même et du faux.

Comme c'est le cas chez Descartes, l'évidence est donc une caractéristique immédiate de la vérité. Toutefois, et ce n'est pas le moins important, Spinoza se sépare de Descartes et tout particulièrement du psychologisme cartésien. Ainsi, à la façon de Leibniz et non pour des raisons vraiment différentes, Spinoza récuse le recours que Descartes a trouvé en inventant le stratagème méthodologique du doute hyperbolique.

1. Pour une discussion plus élaborée en ce qui concerne la relation entre les deux principes de Leibniz aussi bien que ce qui le sépare de Spinoza à cet égard – voir E. Yakira, *Contrainte, nécessité, choix. La métaphysique de la liberté chez Spinoza et chez Leibniz*, Zurich, Éditions du Grand Midi, 1989, p. 153-196 et E. Grosholz et E. Yakira, *Leibniz's Science…*, *op. cit.*, *passim*. *Cf.* aussi M. Serres, *Le système de Leibniz et ses modèles mathématiques*, Paris, P.U.F., 1968, vol. I, p. 117-142; Della Rocca (*Representation…*, *op. cit.*) fait du principe de raison suffisante (PRS) une pièce majeure de la philosophie de Spinoza sur laquelle il bâtit toute son interprétation. Ce qui est vrai à ceci près que : premièrement, il est certainement important que Leibniz ait distingué entre ce principe et le principe de contradiction – en ce sens au moins que Leibniz lui-même a estimé que la découverte de cette distinction constituait une de ses plus grandes réussites. Deuxièmement, Della Rocca voit dans le PRS un principe d'explicabilité universelle – tandis que nous le considérons plus volontiers comme un principe de démonstrabilité universelle.

Le doute est parfois simple jeu de mots, vide de sens; quant au doute hyperbolique de Descartes, loin d'être méthode, il est seulement un bon sujet « d'étude de ce qu'est l'obstination » (*TRE* § 77). Il n'y a, en dehors de ces cas, matière à douter que si la connaissance est insuffisante. Quoi qu'il en soit, rien n'existe qu'on puisse appeler la « volonté » d'accepter librement, ou d'affirmer un contenu donné ou une perception, de la refuser ou la rejeter (ce qui est aussi une forme d'affirmation) ou de suspendre un jugement effectif quel qu'il soit. Personne ne peut sérieusement douter d'un théorème qui a été démontré *more geometrico.* De même un désaccord ne relève pas davantage des libres décisions diverses qu'auraient prises les différents agents. Si donc il n'est question ni d'obstination, ni de connaissance insuffisante, il y a seulement le plus fréquemment un désaccord qui porte sur la signification des mots qu'on utilise (par exemple *TRE* § 54).

Le résultat de tout cela est une relativisation du rôle du sujet dans la théorie de la vérité et de l'idée vraie. Le caractère originaire de l'idée de l'idée ainsi que celui de l'unité de l'idée avec son idéat trouve ainsi à s'exprimer concrètement dans la doctrine de l'homme comme être de raison, laquelle est *ipso facto* le fondement d'une théorie de la connaissance vraie. Dans l'élaboration de cette théorie, la nécessité de fournir une explication à l'erreur joue, tout comme chez Descartes, un rôle majeur. L'explication que propose Spinoza est toutefois profondément noncartésienne.

EXPLIQUER L'ERREUR ET LA VÉRITÉ

Spinoza soutient que la vérité présente un avantage sur l'erreur[1]. L'idée d'un tel avantage fait l'objet d'une analyse qui tourne autour de la distinction entre les propriétés « internes » et les propriétés « externes » à l'idée vraie; soit encore entre la vérité comme relation de l'idée à son objet et l'adéquation comme caractéristique « interne » à l'idée vraie. C'est ainsi que la dimension normative de la philosophie de Spinoza commence à prendre forme : elle ne se borne pas à fournir une théorie de la vérité mais elle propose aussi une technique de réforme de l'intellect. Cette technique

1. Si « la vérité est une affirmation ou une négation, relative à une chose et qui s'accorde avec cette chose même. La fausseté est une affirmation ou négation relative à une chose et qui ne s'accorde pas avec cette chose même. S'il en est ainsi, il semblerait alors qu'entre l'idée vraie et l'idée fausse il n'y ait pas de différence… n'a-t-on pas alors raison de demander quel avantage on a avec sa vérité ou quel inconvénient avec sa fausseté ? » (*Court Traité,* XV, 2, trad. fr. R. Caillois et M. Francès).

est toutefois d'un genre très particulier puisqu'elle n'est pas censée veiller à restaurer une machine – celle du corps ou de l'esprit – pour qu'elle puisse mieux fonctionner qu'elle ne fait habituellement. Mais beaucoup plus important, il s'agit de l'être-même. Ce point travaille en silence tous les passages anthropologiques de *l'Éthique* ainsi que l'entreprise spinoziste dans son entier.

C'est à une technique de cet ordre que le § 69 du *TRE* fraye implicitement la voie : *la forma veris*, la « forme du vrai » dit-il, n'est pas dans la relation « extrinsèque » à ce à quoi se rapporte l'idée vraie, mais elle est quelque chose de « réel » qui se trouve dans l'idée vraie elle-même (§ 70-71), de façon indépendante des relations que cette idée entretient avec d'autres idées ou avec son objet. Spinoza va prendre deux exemples pour illustrer cette distinction entre ce qui est « extérieur » et ce qui est « intrinsèque ». Le schéma d'un édifice ou celui d'une machine peut être « vrai » sans renvoyer à quoi que ce soit d'existant, c'est-à-dire même si l'édifice ou la machine n'existent aucunement. La « vérité » d'un tel schéma réside dans les qualités intrinsèques qui font de lui un plan « réussi », c'est-à-dire un plan exécutable : si on construisait ou fabriquait réellement en suivant ce qui est dessiné, l'édifice tiendrait debout, la machine fonctionnerait. Inversement, le fait que l'idée corresponde à un objet réel ne constitue pas une condition suffisante pour que cette idée soit vraie. Supposons que Paul pense pour une mauvaise raison que Pierre est ici, ou que peut-être il mente en le disant : si Pierre se trouve là par hasard, la pensée de Paul ne va pas devenir vraie pour la seule raison qu'elle correspond à la situation présente[1]. La proposition 36 en *É* II est une proposition « orpheline » : elle ne relève pas vraiment du contexte immédiat dans lequel elle se trouve, pas plus qu'elle ne dessert un rôle explicite ou direct dans les considérations qui suivent. Elle pose que : « Les idées inadéquates et confuses suivent les unes des autres avec la même nécessité que les idées adéquates c'est-à-dire claires et distinctes » : ce qui peut sembler paradoxal[2], voire incompatible avec le fait de prétendre que la vérité détiendrait un avantage sur l'erreur qui lui serait inhérent. Pire encore : comment devient-il possible de défendre une doctrine positive de la liberté ? Si les idées adéquates sont nécessaires alors le « fatalisme » semble bien découler

1. Ce genre de situation abonde dans les discussions contemporaines consacrées à la théorie de la vérité. À la différence des successeurs qu'il a aujourd'hui, Spinoza ne tente pas de résoudre les paradoxes apparents propres à ce genre de situations par des considérations purement sémantiques ou épistémologiques ; il prend aussitôt la question sous un angle ontologique.

2. Ainsi que l'a remarqué avec raison P. Macherey, *Introduction à l'Éthique II*, *op. cit.*, p. 271.

de façon immédiate et inévitable de cette nécessité. S'il y a autant de nécessité à écrire l'*Éthique* qu'à rédiger, disons, n'importe quel libelle théologique parfaitement inepte, comment rendre raison de l'avantage que comporte la rédaction de l'*Éthique*? Pourquoi fallait-il se soucier même de l'écrire – mieux encore, pourquoi se soucier de la lire?

La proposition 36 apparaît au lieu qui est le sien – à savoir dans la doctrine de l'erreur – parce qu'elle constitue apparemment une réfutation de la doctrine cartésienne qui situe l'origine de l'erreur dans une libre décision de la volonté. La formulation « avec *la même* nécessité » permet de considérer que cette proposition 36 est également dirigée contre la supposée rupture de symétrie que Descartes aurait inscrite à l'intérieur de la volonté : avant d'accepter ou de rejeter un contenu donné, la libre volonté est supposée se tenir dans un état d'indifférence. Il arrive toutefois souvent que Descartes laisse entendre que ce qui est « clair et distinct » détermine la volonté avec une force plus grande que ce qui est obscur et confus[1].

*É*IIp36 suscite l'intérêt pour une autre raison encore. Si on tient ensemble cette proposition et l'aporie du *TRE*, § 69 – une vérité non vraie – on verra qu'elle enveloppe une doctrine double à propos de l'explicabilité universelle des idées. On peut expliquer tant les idées vraies que les idées fausses. Toutefois, alors que les erreurs, les idées fausses et non adéquates sont explicables par des causes qui se tiennent en dehors d'elles comme autant de contenus « cognitifs », les idées vraies sont « expliquées » par ce qu'elles sont et par ce qu'elles contiennent en elles-mêmes comme autant de contenus de pensée vrais, c'est-à-dire comme autant de vérités. La question « pourquoi Paul pense-t-il que Pierre est ici? » comporte beaucoup de réponses possibles. La plupart d'entre elles font appel à toutes sortes de causes : Paul était en train de rêver, il a eu des hallucinations, il a vu quelque chose qu'il a pris à tort pour Pierre, etc. Mais fournir une explication est quelque chose de tout autre : si Paul avait une idée vraie en ce qui concerne la présence de Pierre, on expliquerait le fait qu'il a une telle idée par la présence de Pierre, c'est-à-dire par la vérité de l'idée selon laquelle

1. La démonstration est, elle aussi, plutôt problématique : en répétant la conclusion à laquelle parviennent les considérations qui précèdent, selon lesquelles l'inadéquation ou la confusion se situent uniquement dans les âmes des individus humains singuliers, Spinoza se contente d'ajouter qu'il suit immédiatement de *É*IIp6cor que toutes les idées se suivent avec la même nécessité. Ce corollaire pose que les objets des idées suivent de leurs attributs avec la même nécessité que les idées suivent de l'attribut de la pensée (voir le chap. IV). On ne voit pas clairement en quoi ces points sont requis pour prouver la nécessité de toutes les idées. La démonstration contient également, de façon plutôt inusitée, deux autres propositions – *É*IIp24 et 28 qui ne font pas vraiment corps avec elle ; il semble que leur présence s'explique en ce qu'elles éclairent davantage le mouvement que Spinoza effectue ici.

Pierre est bien là. Contrairement au premier type d'explication, celui-ci n'a rien de trivial. La vérité est à elle-même sa propre explication et c'est même la seule explication qu'elle peut avoir. En d'autres termes, la vérité est *index sui*.

Il y a bien cependant une question qui demeure : en quel sens les idées adéquates ainsi que les idées inadéquates peuvent-elles être toutes deux dites « se suivre avec *la même* nécessité » ? Selon certains commentateurs, l'enseignement à tirer de cette proposition 36 serait que la distinction entre l'adéquation et l'inadéquation serait relative. Mais s'il ne s'agissait que de cela, la proposition serait redondante et ne ferait que répéter ce qui a déjà été prouvé par les propositions 33-35 : il n'y a pas de différence ontologique entre la vérité et l'erreur comme entre l'adéquation et inadéquation. L'erreur est une vérité partielle et l'inadéquation est privation d'adéquation.

Puisqu'il n'y a pas de relations causales entre les corps et les âmes, ce qui explique la vérité de l'idée de Pierre en l'esprit de Paul ne peut donc pas résider dans un rapport « externe » comme l'est le fait de voir Pierre. La propriété « interne » de la vérité d'une idée vraie, la *forma veris* est l'explication de sa vérité, loin de consister en quelque flux contingent qui se déplacerait de Pierre à l'esprit de Paul. Ainsi la nécessité dont les idées adéquates « suivent » n'est pas une nécessité causale et la doctrine spinoziste de l'universelle explicabilité des idées n'est pas davantage une « théorie de la référence causale » ni quoi que ce soit du même genre. Ce n'est pas en considérant la façon dont l'idée vraie trouve sa source dans un esprit que *É* IIp36 en déduit la nécessité. Cette nécessité dérive du fait que « toutes les idées, considérées dans leur rapport avec Dieu, sont vraies » (*É* II p32). Autrement dit : en les considérant telles qu'elles sont en Dieu, c'est-à-dire pour ce qu'elles sont en tant qu'idées, en les considérant par leur essence, par leur être originaire, toutes les idées sont adéquates.

Il n'y a pas simplement une autre expression du supposé « naturalisme » de Spinoza dans l'affirmation que toutes les idées, qu'elles soient adéquates ou inadéquates, relèvent de la même nécessité. Cette assertion relève bien plutôt de sa *noétique*. Les idées adéquates autant que les inadéquates adviennent en vertu de la force des mêmes lois universelles qui président à la totalité des êtres naturels. Mais précisément parce que le mode d'être originaire des idées réside dans leur adéquation, dans leur essence, il s'ensuit que la nécessité interne des idées vraies n'est pas vraiment de même nature que l'extériorité propre à la nécessité des idées inadéquates. On pourrait faire un pas de plus et faire l'hypothèse que la nécessité de la vérité et celle de l'erreur sont *radicalement* distinctes.

La doctrine de la liberté constitue l'une des thèses majeures chez Spinoza. Or, elle repose sur une distinction qui est loin d'être triviale, entre deux formes de nécessité : la nécessité de ce qui agit et existe en vertu de sa nature propre et que la septième définition en *É* I appelle « chose libre », et la nécessité de ce qui est déterminé à agir et à exister en vertu de ce qui n'appartient pas à sa nature, de ce qui lui est étranger et extérieur à elle – ce que la même définition appelle « nécessaire ou plutôt contrainte » (*vel potius coacta*). Les deux nécessités ont une seule et même source et, plus important encore, bénéficient toutes deux d'une intensité équivalente (dans un souci de simplicité, nous parlerons de « quantité » de nécessité). Ces deux nécessités sont naturelles et ne laissent aucune place à la moindre indétermination ni à la moindre contingence. Et pourtant, elles sont radicalement différentes dès qu'on les considère qualitativement. On ne peut concevoir de différence qui importe davantage, puisque l'une de ces nécessités est liberté, tandis que l'autre est esclavage. À cet égard, nous proposons de lire la proposition 36 en supposant que l'équivalence qui y est impliquée entre la nécessité des idées adéquates et celle des idées inadéquates est faite uniquement du point de vue de l'aspect quantitatif de la nécessité et nullement du point de vue « qualitatif ».

Le jeu subtil d'équivalences et de différences entre les deux nécessités peut conférer une signification tangible à l'affirmation que la vérité est *index sui*, qu'elle est tout à la fois nécessaire et manifestation de la liberté. Une telle doctrine comporte d'intéressantes ramifications en vue de saisir le caractère normatif de l'adéquation. L'universelle explicabilité des idées impose une *exigence* éthique : si la vérité est explicable de soi, l'erreur en revanche requiert une explication. Les relations causales mécaniques sont des relations en extériorité; elles furent d'ailleurs conçues comme des rapports *partes extra partes*. La nécessité propre aux idées inadéquates est d'origine externe – ce qui semble bien supposer l'extériorité de causes mécaniques et par conséquent les idées inadéquates s'expliqueraient exemplairement de façon « scientifique ». En d'autres termes, l'erreur requiert une explication scientifique, voire « médicale ». La vérité, c'est-à-dire les idées adéquates ne sont, quant à elles, pas explicables de cette façon. Il n'y a aucune nécessité à croire que toute explicabilité doive procéder en termes de causalité. En vérité, parallèlement à la distinction entre les deux formes de nécessité Spinoza semble distinguer entre deux stratégies explicatives : l'une scientifique, causale et mécanique – l'autre, idéative, conforme aux raisons, ou plutôt conforme à la signification interne et à l'intelligibilité de ce qui est en jeu. La Lettre 40 impliquait la spécificité de la causalité idéative. Quoique *É* IIp9 semble s'en tenir éloignée, elle reprend implicitement la thèse de la Lettre. Il semble donc que Spinoza ne soit pas parvenu à une solution satisfaisante de la tension qui existe entre cette dernière et la thèse du parallélisme (voir les discussions qui précèdent).

Que quelqu'un ait ou pense telle ou telle idée, voilà qui peut, et même doit recevoir une explication. S'il s'agit d'idées adéquates, c'est-à-dire vues *sub specie aeternitatis*, d'idées *simpliciter*, ce qui définit leur être en tant qu'idées est le fait qu'elles sont des contenus de pensée c'est-à-dire que c'est leur intelligibilité. La distinction que fait Spinoza entre les deux formes de nécessité signifie qu'il faut ne pas confondre celle qui est explicable causalement et celle qui l'est par son intelligibilité. Puisque toute chose peut être expliquée, l'adéquation des idées adéquates au même titre que tout autre idée peut faire l'objet d'un questionnement en termes de : pourquoi ? Il y a toutefois une grande différence entre la vérité d'une idée, la cause qui fait qu'elle est une idée et le fait qu'elle est pensée par quelqu'un. On peut légitimement poser une question telle que « pourquoi la proposition "la somme des angles d'un triangle est égale à deux droits" est-elle vraie ? ». On pourrait également demander : « pourquoi Pierre croit-il que la somme des angles du triangle est égale à 180 degrés » ? Un « pourquoi » serait plus étrange sans être vraiment impossible en ce qui concerne l'être même du triangle ou de son idée. Selon Spinoza ces trois questions ont une seule et même réponse dans laquelle géométrie, théorie de la connaissance et ontologie coïncident pour former à elles toutes un seul « thème ». Soit donc le triangle, et avec lui son être objectif, la connaissance vraie et adéquate de celui-ci et son être formel : une seule et même démonstration fournit l'explication de la nécessité de chacun. Rappelons que « l'être objectif » du triangle réside dans le « contenu » de son idée, la « vérité » d'une proposition, la validité d'un théorème tandis que son « être formel » désigne la triangularité du triangle. Tout autre voie explicative que la démonstration, qu'elle soit psychologique, physiologique, ou sociologique par exemple pourra être vraie de divers points de vue, mais sera dépourvue de toute pertinence pour statuer sur l'adéquation. Toute l'affaire dans la théorie spinoziste de l'adéquation consiste précisément à prendre conscience de cette absence de pertinence, tandis que la démonstration d'une vérité de type mathématique est, selon Spinoza, inhérente à cette vérité en tant que condition de son intelligibilité ou adéquation. L'idée vraie porte sa vérité en elle-même et cette vérité, cette adéquation sont donc auto-explicatives. Elles sont auto-explicables au sens le plus littéral du terme : elles sont explicables en ce sens qu'il n'y a aucun besoin de chercher quoi que ce soit en dehors de la vérité de l'idée vraie pour répondre à la question : pourquoi est-elle vraie ?

D'un autre côté, les idées inadéquates, si on met à part les idées qui sont franchement erronées et positivement fausses, sont, elles aussi, explicables. De surcroît, le non-vrai *doit* être expliqué. Les idées de cette sorte peuvent – et même doivent – être expliquées, voire démontrées par quelque cause ou raison autre qu'elles. C'est une question d'hygiène qu'exige la pensée rationnelle que ce besoin d'expliquer l'inadéquation et de façon générale, l'irrationnel. C'est à une telle exigence qu'obéit justement Spinoza dans les propositions que *É* II consacre aux idées inadéquates ainsi que dans les troisième et quatrième parties de l'*Éthique* : Spinoza y formule des indications générales pour expliquer l'erreur, la folie et l'irrationalité. Mais en outre, de telles explications ont un effet libérateur car elles atténuent l'intensité des affections qui sont dues à l'ignorance des causes et aux défaillances de notre compréhension. Puisqu'à la différence des idées adéquates, les idées inadéquates tiennent leur origine – leur nécessité – en dehors d'elles, elles peuvent, et même doivent être expliquées de façon « scientifique », selon quelque forme d'explication causale, « mécaniste », dans laquelle la cause est tenue pour être extérieure à son effet, et ce sera le cas des approches psychologique, sociologique, historique, physiologique etc.

LES IDÉES ADÉQUATES EN DIEU ET EN L'HOMME

L'éthique de la vérité – ce qui est requis pour expliquer l'erreur et la corriger – prend appui sur des considérations qui portent sur la vérité à la fois d'un point de vue théorétique, si on peut dire, et d'un point de vue épistémologique. De telles considérations ne suffisent cependant pas à rendre pleinement compte de ce que Spinoza a en vue avec cette perfection interne qui caractérise selon lui l'adéquation pour la bonne raison que la théorie spinoziste de l'idée adéquate ne relève en réalité pas d'une théorie de la connaissance mais d'une *noétique*. L'efficacité épistémique, au sens strict, de l'idée adéquate – par exemple le fait qu'on en peut déduire toutes les propriétés de son objet – n'est qu'un avantage pragmatique. Au fond, il n'y a là rien d'autre qu'une conséquence ou un aspect dérivé de ce que sont ces idées en un sens ontologique.

La constante référence à Dieu dans les dernières parties de *É* II mérite d'être soulignée. Il est difficile de trouver beaucoup d'autres philosophes qui se seraient livrés dans leurs théories de *la mens humana*, de la vérité et de l'erreur comme à celle de la connaissance adéquate et inadéquate, à ce que fait Spinoza dans sa propre théorie de la connaissance. Jamais on ne trouverait autant de références à Dieu, aux idées de Dieu comme aux idées considérées en tant qu'elles sont en Dieu. Il serait tout autant difficile de trouver des théories non pas seulement de la connaissance, mais de la vérité et de la rationalité qui renverraient aussi systématiquement que le fait Spinoza à un concept du corps. C'est toutefois bien en identifiant les idées telles qu'elles sont pensées par les hommes avec ces idées telles qu'elles sont en Dieu que s'effectue l'ultime fondation de la théorie de la connaissance dans l'ontologie.

Spinoza défend la thèse d'une complète identité (numérique, comme on le dit parfois) des idées telles qu'elles sont pensées dans ou par une âme humaine, avec celles qui sont dites être en Dieu. Nous proposons de faire un pas de plus pour dire que les formulations telles que celle « d'une idée en Dieu » sont utilisées de façon métaphorique. Mais en un autre sens, elles sont également subversives. La métaphore « en Dieu », quand elle s'applique aux idées et à la pensée signifie objectivité et validité essentielles de la pensée. Or, celle-ci, en tant qu'activité concrète, et non en tant que principe ontologique, n'a jamais désigné chez Spinoza autre chose que la pensée humaine. La structure de la pensée est, selon lui, une « surface » de signification – et les couches qui se trouvent sous la surface le sont tout autant. Mais le champ de signification auquel s'étend une idée est infiniment plus vaste que ce qu'en saisit cette pensée de surface propre à une âme humaine donnée. Puisque les idées sont de la *connaissance,* cela veut dire que ce qui est, à un moment donné, accessible à un être humain, n'est toujours qu'un fragment d'un champ bien plus vaste, nécessairement en grande partie inconnu.

Du point de vue d'une phénoménologie de la connaissance, on peut dire que Spinoza marque un écart entre ce qui est tacitement pensé ou connu, et ce qui l'est explicitement. Avec cela, le tacite est pleinement et actuellement présent sous la surface et il y détient une réelle efficace. Cette « existence actuelle » du tacite est le lieu où la théorie de la connaissance se transforme en une ontologie. Le fait que Spinoza utilise le verbe *involvere* autorise à parler de cette objectivité et de cette efficace en termes non psychologisants. Dans notre chapitre III, nous avons proposé de rendre compte de l'usage massif que Spinoza fait de ce terme à la lumière de ce que Leibniz peu après, appellera son principe d'*inesse.* Ce principe est destiné à octroyer une forme rationnelle aux rapports qu'entretiennent la surface et le caché, le dit et le non-dit, l'explicite et l'implicite, entre ce qui se tient dans l'horizon de la conscience et ce qui va au delà de celui-ci. Pour Spinoza, exactement comme pour Leibniz, il n'est pas question d'une distinction psychologique : puisque la « surface » est un contenu de pensée, son « sous-sol » est ce qui le conditionne, au sens où il rend possible le fait d'être pensable, compréhensible et intelligible.

Quand on essaie de retrouver le sens possible de cet opérateur qu'est le terme *involvere*, en prenant appui sur les usages véritables qui sont présents dans l'*Éthique*, on s'aperçoit que Spinoza utilise ce terme de telle sorte qu'il relativise totalement la distinction entre ce qui est explicitement perçu, connu et articulé, et ce qui est caché. L'inconnu ou l'implicite exerce une efficace sur les idées, en tant que pensées conscientes, mais il appartient à ces mêmes idées, en tant qu'elles sont des parties de l'âme humaine. Ainsi par exemple, *É* IIp16 stipule que : « L'idée de l'affection qu'éprouve le corps humain, quand il est affecté d'une manière quelconque par les corps extérieurs, doit envelopper la nature du corps humain et en même temps celle du corps extérieur ».

La démonstration s'appuie sur deux principes simples : (1) les interactions causales entre les corps dépendent de la nature des corps affectants ou causants, tout autant que de celle des corps affectés. (premier axiome qui suit le lemme 3 de la « petite physique »); et (2) « la connaissance de l'effet dépend de la connaissance de la cause et l'enveloppe » (*É* Iax4, lequel constitue également le seul argument invoqué dans la démonstration de *É* IIp7). Ainsi, si le corps est affecté par un corps sonore ou odorant, ou plus simplement, si on entend ou si on sent quelque chose, les « idées » c'est-à-dire l'audition ou l'odorat, sont dites « envelopper » la nature du corps qui entend ou qui sent aussi bien que la nature des choses entendues ou senties. Toutefois, le fait d'entendre lui-même consiste seulement à entendre. En quel sens peut-il être dit envelopper une nature ? Ce qui est « enveloppé » est quelque chose comme une condition nécessaire de possibilité du fait d'entendre. À ce titre, cette « nature » et son rôle dans l'expérience consciente de l'audition est exactement conforme au schéma qui caractérise la relation de l'*involvere*. On se souvient que cette relation est constitutive de la théorie spinoziste de la rationalité et qu'elle imprime sa forme à cette théorie dans son entièreté. Plus important encore pour notre présent objet : dans le fait d'entendre ou de sentir, ces « natures », c'est-à-dire la nature des deux corps en interaction causale, sont nécessairement là de façon *implicite*. Elles ne font pas immédiatement partie de l'expérience elle-même.

Cette thèse qui porte sur la façon dont la perception enveloppe la nature du corps extérieur fonde le réalisme de Spinoza autant qu'elle constitue une arme contre le solipsisme. Nous sommes capables de percevoir vraiment le monde « extérieur », puis de le concevoir, parce que les affections de notre corps enveloppent la nature des corps qui en sont la cause. Les *notiones communes* appartiennent, elles aussi, à ce qui est inclus ou enveloppé dans le contenu superficiel de l'expérience consciente : c'est sur ces dernières que prennent appui la rationalité, la validité objective et scientifique, la généralité et l'adéquation de la connaissance des corps extérieurs comme celle du monde extérieur en général. Une connaissance basée sur des notions communes relève de ce que Spinoza appelle « connaissance du deuxième genre » et on considère habituellement qu'il s'agit de la connaissance scientifique ainsi qu'en son acception la plus générale, la connaissance rationnelle. La conception spinoziste de la connaissance scientifique, bien qu'à quelque égard un peu naïve, contient une critique intéressante : dépourvue de trivialité, il s'agit d'une critique semi-nominaliste de l'abstraction et des généralités abstraites. Ce qui toutefois ne suffit pas à rendre pleinement compte de la façon dont la nature du corps est enveloppée dans l'expérience. La nature du corps dont nous avons l'expérience ne saurait être ramenée à la conception objective, scientifique qu'en forment les théoriciens : loin d'être trivial, le corollaire de *É*IIp13 est, comme nous l'avons vu, d'une importance majeure en stipulant que notre corps « existe comme nous le sentons ». En dernière analyse, il faut dire que la nature de notre corps en tant que corps qui entend réside dans ce qu'il entend et aucunement dans ce que l'audiométrie considérerait[1].

Une interrogation fondamentale est aussitôt soulevée : comment rendre raison de la prétendue validité, de la rationalité, de la valeur intrinsèque et en vérité de l'adéquation de ce non-dit, silencieux et implicite ? Les notions communes étant enveloppées dans la perception des corps extérieurs, elles sont ainsi condition et justification de celle-ci ; mais la même chose vaut pour le corps propre de chacun, puisqu'il fait partie du monde physique. Ce sont là les fondements de la connaissance rationnelle dès lors que celle-ci réside ultimement dans la tâche qui consiste à rendre explicites les présuppositions communes qui sous-tendent l'expérience actuelle. Toutefois, la perception de soi, immédiate et strictement en première personne est également enveloppée dans ce qui apparaît à la surface, et cela, de façon encore plus décisive. C'est ce que Spinoza veut dire quand il affirme que l'âme est l'idée du corps. Un tel enveloppement de la nature d'un corps particulier dans une expérience actuelle est fondement et source d'une rationalité et d'une adéquation qui ne relèvent pas de la science

1. Il s'agit en fait de la théorie de Leibniz : ce qui est caché dans l'expérience sensible, obscure et confuse comme l'est l'expérience auditive, c'est la théorie des ondes sonores, qui est une théorie rationnelle, claire, distincte et ultimement formalisable et théoriquement mathématisable.

simpliciter mais de la *scientia intuitiva.* C'est la seule façon de pouvoir donner un sens à des phrases telles que : « les idées dans la mesure où elles sont en Dieu », ou encore à des assertions hardies et apparemment paradoxales telles que : « L'esprit humain a une connaissance adéquate de l'essence éternelle et infinie de Dieu » (*É* IIp47).

Comment en effet peut-on donner un sens – ne parlons pas de les justifier – à de telles assertions ? Dire que les hommes – tous autant qu'ils sont et toujours – ont une « connaissance adéquate » de Dieu paraît vraiment aller à l'encontre de la réputation de Spinoza comme celle d'un rationaliste mesuré. Ce qui incite à quelque commentaire. Le mouvement qui conduit à cette conclusion n'est pas facile à déchiffrer mais le raisonnement en cause est tiré au clair surtout dans la démonstration de *É* IIp45. Les propositions 46 et 47 ainsi que le scolie qui suit la proposition 47 expliquent fort clairement quelques-unes des conséquences résolument non triviales de la proposition 45. Cette proposition stipule que : « Chaque idée d'un corps quelconque, ou d'une chose singulière existant en acte, enveloppe nécessairement l'essence éternelle et infinie de de Dieu. » La proposition 46 pose que : « La connaissance de l'essence éternelle et infinie de Dieu qu'enveloppe chaque idée est adéquate et parfaite ». Le scolie qui suit la proposition 47 commence en inférant de ce qui le précède que « nous voyons par-là que l'essence infinie de Dieu et son éternité sont *connues de tous.* »[1]. Ces affirmations sont remarquables : les idées – toutes les idées des corps, c'est-à-dire toutes les âmes – enveloppent l'essence de Dieu ; un tel enveloppement de l'essence est, en fait, connaissance ; celle-ci est nécessairement adéquate et parfaite ; dès lors, nous – tous les hommes – avons une connaissance adéquate de l'essence de Dieu.

La démonstration de *É* IIp45, comme il arrive souvent dans l'*Éthique* n'est pas seulement une justification formelle de la légitimité qu'il y a à tenir la proposition démontrée pour vraie, elle explique aussi sa signification. Elle repart en arrière, en effectuant un certain nombre de pas qui nous font revenir aux tout premiers et plus importants principes de la métaphysique spinoziste : *É* II8cor., *É* Ip15, *É* IIp6, et ainsi de suite jusqu'au *É* Iax4 et à la Def.6. Le mouvement en son entier est très clairement gouverné par la logique de l'opérateur *involvere*. Le terme apparaît fort explicitement à deux reprises dans la démonstration et probablement une troisième fois de façon implicite. On le voit de façon encore plus nette dans les propositions, l'axiome et la définition sur lesquels il déclare prendre appui. L'argumentation procède schématiquement comme suit : le concept de Dieu (c'est-à-dire la substance) est la condition sous

1. Nous soulignons.

laquelle les « choses singulières » sont concevables : « les choses singulières ne peuvent être conçues sans Dieu ». C'est la proposition fondamentale en *É* Ip15 qui en est le fondement : « Tout ce qui est, est en Dieu et rien ne peut sans Dieu ni être ni être conçu ». L'ultime conditionnalité de chaque chose – et tout particulièrement des idées – est maintenant transférée à l'affirmation que chaque idée enveloppe l'essence de Dieu. *É* Iax4 : « La connaissance de l'effet dépend de la connaissance de la cause et l'enveloppe » et cette fois, cet axiome est utilisé pour effectuer un déplacement qui va de la métaphysique générale à la théorie des idées. Spinoza, en prenant appui sur cet axiome, va conclure que, puisque Dieu est cause de toutes les choses selon l'attribut sous lequel on les considère, les idées de ces choses enveloppent le concept de leur attribut, lequel n'est rien d'autre que l'essence infinie et éternelle de Dieu (en vertu de *É* Idef6). L'utilisation de la définition 6 et non de la définition 4 (celle de l'attribut) doit être soulignée : elle ne repose pas sur ce qui est à définir – le *definiendum* de *É* Idef6 – lequel est Dieu – mais sur le définissant. La présence explicite de Dieu[1] dans la définition 6 peut expliquer cette façon de faire – ce qui exprimerait, une fois de plus, le caractère ontologique qu'il faut conférer à la totalité de ce mouvement.

La première phrase de la démonstration ne fait pas vraiment partie de la preuve de la proposition 45. De façon inhabituelle, elle renvoie au corollaire de *É* IIp8 : « L'idée d'une chose singulière existant en acte enveloppe nécessairement tant l'essence que l'existence de la chose elle-même (Coroll. de la prop. 8) » La redondance de *É* IIp8cor dans la démonstration de la proposition 45 est évidente mais elle n'est cependant pas gratuite. Elle semble bien plutôt offrir une expression explicite à ce qui constitue sans cesse depuis le début le propos encore implicite de la noétique spinoziste. La doctrine des idées singulières leur octroie l'objectivité de leur profondeur implicite, gnoséologique ou si on préfère conceptuelle en ce que l'« essence de Dieu » se trouve « enveloppée » en elles : une telle doctrine est ipso facto une doctrine de leur « épaisseur ontologique ».

C'est dans le scolie qui suit *É* IIprop45 qu'est tiré au clair le sens du concept « d'existence » qui figure dans la proposition même. Sa présence à ce moment précis n'est pas moins significative que son contenu car on voit bien que tout ce dont il s'agit dans le groupe de propositions qui va

1. Nous sautons une étape, celle au cours de laquelle, en prenant appui sur *É* IIp6 Spinoza stipule que la façon dont Dieu est la cause des choses singulières dépend de l'attribut sous lequel cette relation de causalité est considérée. Nous avons supposé ci-dessus que l'attribut devait être tenu non pour une entité, mais pour un principe – précisément en tant que principe d'une possibilité d'être fondamentale et irréductible.

de 45 à 47 est de nature ontologique autant que gnoséologique. En d'autres termes : c'est là qu'on voit clairement comment la doctrine de l'adéquation permet au concept apparemment gnoséologique de l'adéquation de se faire le porte-parole d'une signification proprement ontologique. C'est en effet dans le scolie que Spinoza distingue entre deux conceptions de l'existence : l'une « abstraitement et comme une certaine sorte de quantité » – l'autre, concrètement quand « la nature même de l'existence est attribuée aux choses singulières pour cette raison qu'une infinité de choses suivent de la nécessité éternelle de Dieu en une infinité de modes ». C'est là, dit-il, que se tient le second sens de l'existence dont je parle. Ce sens concret consiste à concevoir des choses singulières comme des modes de la substance une, un mode étant défini uniquement par sa *dépendance.* (*É* Idef5). Nous savons ce que c'est que la dépendance, c'est-à-dire ce que signifie le fait d'être un mode pour peu que nous prenions vraiment garde à cette relation à la fois sémantique et notionnelle qui est en jeu à chaque fois que nous utilisons des termes tels que *involvere, comprehendere*, ou *continere.*

Il est évident que « les choses singulières » dont il s'agit sont les corps humains tandis que les idées de ces choses singulières, ces idées qui « enveloppent nécessairement l'essence éternelle et infinie – ou attribut de Dieu » sont les âmes humaines. Encore deux pas supplémentaires, et Spinoza parvient à la conclusion déjà citée : « l'essence infinie de Dieu et son éternité sont connues de tous (*omnibus esse notam*) » (*É* IIp47s). La syntaxe de cette assertion invite toutefois à la prudence : pour quelle raison en effet Spinoza n'a-t-il pas écrit tout simplement et directement que « nous connaissons tous l'essence de Dieu » ? Il n'y a là aucune pédanterie, on le voit bien dans la suite du scolie. Spinoza revient à des considérations gnoséologiques pour affirmer que cette connaissance de l'essence de Dieu pourrait permettre de former ce troisième genre de connaissance dont nous avons parlé dans le scolie 2 de la proposition 40. Spinoza se livre alors à une observation fort intéressante si on songe à ce qui vient d'être rappelé en ce qui concerne la connaissance universelle de l'essence de Dieu. Comment se fait-il, demande-t-il, que « les hommes n'ont pas de Dieu une connaissance aussi claire que celle qu'ils ont des notions communes » ? Cela provient, répond-il, de ce qu'« ils ne peuvent imaginer Dieu comme ils imaginent les corps ». La portée d'une telle explication est autant polémique que théorique. L'enseignement majeur toutefois de la réponse de Spinoza est que ce qu'on pourrait appeler la connaissance « implicite » c'est-à-dire les « notions communes » et, par extrapolation, l'essence de Dieu – est considéré comme une connaissance valide. Cette validité toutefois n'est pas purement gnoséologique puisqu'en dernière analyse, elle est ontologique en ce sens qu'avoir des idées adéquates, c'est prendre part à un mode d'être spécifique.

Ainsi que Spinoza l'écrit dans le scolie de la proposition 47 : parce que « l'essence infinie de Dieu et son éternité sont connues de tous » et parce que « tout est en Dieu et se conçoit par Dieu », nous pouvons « former ce troisième genre de connaissance dont nous avons parlé dans le scolie 2 de la proposition 40 et de l'excellence et de l'utilité duquel il y aura lieu de parler dans la cinquième Partie ». La *noétique* des treize premières propositions de *É* II, aussi bien que les conséquences que Spinoza en déduit dans les propositions 45-47 de *É* II, constituent les fondements de la seconde partie de *É* V, de sorte que leur signification véritable et entière ne peut être mesurée que du point de vue de ce rôle fondateur qu'elles exercent à l'égard de la dernière partie de l'*Éthique*.

Chapitre VII

L'HOMME COMME MODE DE LA SUBSTANCE

L'éternité de l'âme

La théorie de « notre salut, de notre félicité et de notre liberté » telle est l'étape finale à laquelle parvient ce long et difficultueux périple au cours duquel Spinoza aura conduit son lecteur comme « par la main ».Mais « tout ce qui est beau est difficile autant que rare » : telle est la célèbre ultime phrase de l'*Éthique*. La seconde moitié de *É* V qui contient la dernière et difficile étape, confère au voyage en son entièreté son ultime excellence et sa valeur ultime : c'est ce qu'affirme le long scolie qui suit *É* Vp20 en divisant *É* V en deux parties qui sont quasiment égales. La première de ces parties porte à son achèvement ce que nous avions appelé précédemment le moment médical-stoïcien (ou thérapeutique), c'est-à-dire le moment eudémoniste de la théorie de la libération. Spinoza écrit d'ailleurs avoir « réuni dans les Propositions précédentes tous les remèdes aux affections, c'est-à-dire tout ce que l'âme, considérée en elle seule, peut contre elles. » À la fin de ce scolie, et après s'être livré à une récapitulation des principaux acquis antérieurs, il introduit à l'ultime pas qu'il va encore effectuer : « J'ai ainsi terminé ce qui concerne la vie présente… Il est donc temps maintenant de passer à ce qui touche à la durée de l'âme sans relation avec l'existence du corps ». En d'autres termes, il est temps maintenant de parler de l'éternité de l'âme. En vérité toutefois et en dépit d'avoir proclamé que ce sera « sans relation avec l'existence du corps », il sera constamment fait référence au corps dans ce qui va suivre.

Une seule assertion concerne directement l'« éternité » de l'« âme humaine » et c'est *É* Vp23 : « L'âme humaine ne peut être entièrement détruite avec le corps, mais il reste d'elle quelque chose qui est éternel ». Cette proposition est incontestablement une des plus énigmatiques de toute l'*Éthique* ; elle constitue un défi majeur si on essaie de parvenir à une interprétation solide et un peu cohérente de la philosophie de Spinoza, en ceci qu'il semble bien que la religiosité qui lui est souvent attribuée s'y manifeste d'une façon peu conciliable avec le rationalisme sécularisé et naturaliste qui est le sien. Tout incompréhensible qu'elle paraisse, cette proposition n'en est pas moins une des plus importantes de toute l'*Éthique*. N'en tenir aucun compte, comme il est souvent fait, ou la traiter de façon expéditive comme une simple métaphore revient à s'avouer vaincu – qu'il s'agisse du commentateur ou de Spinoza – ou peut-être d'ailleurs des deux.

> Si nous avons égard à l'opinion commune des hommes, nous verrons qu'ils ont conscience, à la vérité, de l'éternité de leur âme, mais qu'ils la confondent avec la durée et l'attribuent à l'imagination ou à la mémoire qu'ils croient subsister après la mort (*É* Vp34s).

Ce que le philosophe devrait savoir est plus juste. Si la notion d'*éternité* est en effet pertinente, sa signification philosophiquement exacte diffère de ce en quoi l'opinion commune la fait consister[1]. Ce que Spinoza appelle « éternité de l'âme » ne signifie pas que l'âme bénéficierait ou qu'elle serait détentrice d'un surplus d'existence ou d'être qui surpasserait ceux dont jouit le corps en le transcendant. Toutefois, qu'il existe une idée qui exprime le corps humain sous l'angle de l'éternité, cela n'est pas seulement légitime mais c'est une nécessité. Dans la démonstration de *É* Vp23, Spinoza renvoie à *É* IIp8 en ce sens que cette éternité de l'âme doit être comprise conformément aux propos antérieurs qui portaient sur le mode ou plutôt sur la nature de l'être des « modes qui n'existent pas » : disons en gros que l'éternité de l'âme, ou plutôt de cette partie de l'âme qui subsiste après la mort du corps (et qui sans doute préexistait à la naissance) détient

1. Mais on peut soutenir qu'elle diffère tout autant de ce que la plupart des philosophes et des théologiens ont soutenu ; il s'ensuit que la notion d'éternité est une des plus impénétrables notions de la philosophie de Spinoza. Au lieu de présenter et paraphraser cette notion comme il arrive dans des études générale d'introduction à la philosophie de Spinoza, il faut mentionner trois études de nature plus monographique qui se sont affrontées à la difficulté : H. E. Hallett : *Aeternitas*, Oxford, Clarendon Press, 1930 ; B. Rousset, *La perspective finale...*, *op. cit.* et C. Jaquet, *Sub specie aeternitatis. Études des concepts de temps, durée, et éternité chez Spinoza.*, Paris, Kimé, 1997. S. M. Nadler, *Spinoza's Heresy*, *op. cit.*, aborde également ce point – c'est toutefois dans une perspective tout autre que celle des trois études signalées.

une existence qui ressemble ou même qui est équivalente à celle dont bénéficiait cette implication semi-sémantique, cette condition de l'existence actuelle du corps, ou plutôt du fait de son existence.

La dernière phrase de la démonstration explique comment, en dépit du fait que « nous n'attribuons la durée à l'âme que pendant la durée du corps (en vertu de *É* IIp8cor) », nous n'en concluons pas moins, premièrement que « ce qui est conçu avec une éternelle nécessité en vertu de l'essence même de Dieu est néanmoins quelque chose » (et non pas rien) et deuxièmement, que ce « quelque chose » est nécessairement éternel. Le nerf de l'argument réside dans le lien que Spinoza instaure entre « la nécessité » et « être quelque chose ». Avec cette « nécessité », nous sommes renvoyés de façon remarquable, au tout début de l'*Éthique*, ce qui donne le sentiment que le cercle se referme. C'est que la huitième et dernière définition de la Première partie est celle du concept d'éternité : « J'entends par éternité l'existence elle-même en tant qu'elle est conçue comme suivant nécessairement de la seule définition d'une chose éternelle ». Et si cela n'était pas assez clair, Spinoza adjoint une *explicatio* à la définition : « Une telle existence, en effet, est conçue comme une vérité éternelle, de même que l'essence de la chose, et, pour cette raison, ne peut être expliquée par la durée ou le temps, alors même que la durée est conçue comme n'ayant ni commencement ni fin ».

L'éternité n'est donc pas une question de temps, ni de durée. Ce n'est ni un temps très long, ni un temps infini ou indéfini. Puisque l'éternité ne saurait s'expliquer en référence au temps, dire qu'elle est « hors du temps » est un vain subterfuge dans la mesure où adjoindre une négation au temps revient encore à l'expliquer par le temps sans tenter d'élucider son sens effectif. La définition de *É* I fait clairement entendre qu'il ne s'agit pas de temps – ni très long, ni même infini ou indéfini – mais il s'agit de l'existence : l'éternité est l'existence elle-même saisie sous l'angle très particulier de ce qu'elle est, en tant qu'elle suit et dérive de la définition d'une chose éternelle et qu'elle est conçue comme telle. C'est là l'existence nécessaire, c'est-à-dire l'existence conçue *sub specie necessitas.* Le célèbre « nécessitarisme » de Spinoza constitue un thème central dans tout ce qui résulte de la Première Partie de l'*Éthique :* tout ce qui existe, l'existence de chaque chose suit de la sorte, c'est-à-dire avec nécessité, de la définition d'une « chose éternelle ».

C'est presque toujours en conjonction avec le concept d'attribut que l'adjectif « éternel » fait son apparition. Or, l'attribut, selon la définition 4 de *É* I est « ce que l'entendement perçoit d'une substance comme constituant son essence. ». D'un autre côté, ainsi que l'affirme explicitement quoique de manière quelque peu indirecte le scolie de *É*Ip10, il semble y avoir une totale équivalence entre l'éternité et la nécessité : « il n'est rien dans la nature de plus clair que ceci : chaque être doit être conçu sous un certain attribut et, à proportion de la réalité ou de l'être qu'il possède, il a un plus grand nombre d'attributs qui expriment et une nécessité, autrement dit (*sive*) une éternité, et une infinité ». L'éternité par conséquent est l'existence vue du point de vue de la nécessité. Il ne s'agit toutefois pas de n'importe quelle nécessité mais uniquement de celle qui témoigne de la pensée rationnelle et de sa capacité à raisonner *more geometrico*. La nécessité dont il s'agit doit être prise au sens que prend la notion d'éternité quand on parle des *vérités éternelles*. Cette expression est communément utilisée au XVIIe siècle pour désigner les vérités nécessaires, c'est-à-dire, de façon exemplaire, les vérités mathématiques[1].

Il n'y a rien d'inusité dans l'utilisation des notions de « vérité éternelle » ou d'« éternité » quand Spinoza veut caractériser de façon plus ou moins métaphorique la nécessité mathématique ou conceptuelle. Ainsi les expressions « nécessité », « suivre avec nécessité » et « vérité éternelle » jouent, dans la doctrine de l'éternité que Spinoza élabore, un rôle majeur, et même constitutif. Pour autant la signification de l'« éternité » n'est à l'évidence pas saisie par une conception de la rationalité scientifique, quelle qu'elle soit, qu'on imaginerait pouvoir en déduire ou pouvoir édifier en prenant appui sur elle. La « nécessité » est donc, en tant qu'elle est un mode de l'existence un concept ontologique avant d'être une notion modale ou logique. Nombre de commentateurs ont déjà travaillé sur l'ontologie complexe du temps et de l'éternité chez Spinoza, de sorte que nous n'y reviendrons pas. Il y a cependant pour nous maintenant deux points d'une importance majeure qu'il nous faut souligner : l'éternité pour Spinoza est vraiment un concept ontologique et non affaire de temporalité, mais cette spécificité ontologique est d'un genre étrange. C'est l'existence comme nécessité que la notion désigne. Non pas l'existence nécessaire, mais l'existence comme nécessité. Nous reviendrons sur cette idée mais pour l'instant il suffira d'ajouter que, pour Spinoza le sens de la nécessité n'est réductible ni à son acception modale, à la structure formelle de la modalité, ni au « déterminisme » causal, pas plus qu'il ne serait épuisé par l'un ou par l'autre. Il faut dire que le nécessitarisme de Spinoza est avant tout le refus de ce qu'on pourrait appeler « l'arbitraire de l'être ».

Il y a encore un autre élément qui est incontestablement plus original et plus iconoclaste : c'est le refus radical de la voie idéaliste qui fonde à la fois

1. Voir par exemple G. Rodis-Lewis, *Idées et vérités éternelles chez Descartes et ses successeurs*, Paris, Vrin, 1985.

la théorie de l'éternité comme nécessité rationnelle et le refus de l'arbitraire métaphysique de l'être. Bien qu'une tentation idéaliste se fasse constamment jour dans la philosophie rationaliste de Spinoza, cette tentation est surmontée et, répétons-le une fois encore, elle est surmontée d'une façon qui ne se contente pas d'être originale, plutôt iconoclaste et extraordinaire mais on doit également dire que Spinoza s'y montre paradoxal. Comment en effet Spinoza tente-t-il de vaincre sa tentation idéaliste ? En faisant de sa doctrine de l'éternité comme nécessité – plus précisément, de cette doctrine de l'éternité comme nécessité de l'existence d'une chose en tant qu'elle suit de la définition ou essence de cette chose, le garde-fou principal, la sauvegarde majeure contre l'arbitraire de l'être. Il le fait en plaçant au cœur même de l'ontologie de la nécessité, de la raison et de la pensée ce qui est, au contraire, considéré généralement comme le lieu même de l'arbitraire, à savoir *le corps*.

Ce qui était seulement par provision dans la Première partie de l'*Éthique* devient plus clair au cours des deux mouvements suivants qui se complètent l'un l'autre : celui des treize premières propositions de *É* II et celui des propositions 21-40 de *É* V. Si la constante référence au corps détient à l'évidence un rôle sensiblement polémique, elle joue aussi un rôle fort positif dans la théorie spinoziste de la béatitude, du salut et de la liberté. Traditionnellement, ces trois notions, tout comme d'ailleurs celle d'éternité, sont exclusivement rattachées à l'âme. Sans doute non sans quelque subtile ironie, Spinoza introduit sa doctrine du *salus, beatitude, libertas* comme une doctrine qui ne vaudrait que pour l'âme considérée « sans relation avec l'existence du corps » (*É* Vp20s). Mais, plaçant le corps au centre de son propos, il poursuit en y faisant constamment référence. Dans les propositions *É* Vp21-40, le corps est censé expliquer indirectement de façon mi ironique, mi polémique, que l'éternité de l'âme lui revient à lui, ce paradigmatique *hic et nunc*. Spinoza se livre à une radicale démystification des thèmes traditionnels que sont le salut, la béatitude et la liberté dans la mesure où ils véhiculent pour les non-philosophes une signification « religieuse ». Spinoza s'efforce de la neutraliser en attribuant au corps le rôle majeur dans sa doctrine de l'éternité de l'âme – de son salut, de sa béatitude et de sa liberté. Une fois qu'elles sont purgées de leur signification non-philosophique, non seulement ces notions demeurent pertinentes, mais elles revêtent une importance décisive pour le philosophe.

La plupart des choses qui viennent d'être dites trouvent une formulation ramassée et fort curieuse dans le scolie qui suit *É* Vp23 : il y a là un texte à la fois fascinant et très énigmatique. Il commence en reprenant l'assertion paradoxale et peut-être ironique que, d'un côté, l'idée du corps qui constitue, ainsi que *É*IIp11 le stipule, l'être actuel de l'âme, est « un certain mode du penser qui appartient à l'essence de l'âme et qui est éternel ». Cependant d'un autre côté, « il est impossible qu'il nous souvienne d'avoir existé avant le corps ». Ce qui, toutefois, n'entre pas en contradiction avec l'éternité de l'âme puisque nous savons déjà que « l'éternité ne peut se définir par le temps ni avoir aucune relation au temps ».

Dans le même scolie, arrive ensuite une autre affirmation remarquable – elle est en vérité l'une des plus remarquables de toute l'*Éthique* : bien que nous n'ayons aucun souvenir de ce qui advint avant l'existence de notre corps, « nous sentons néanmoins et nous savons *par expérience* que nous sommes éternels » (je souligne). En écrivant ces lignes, l'expérience à laquelle songe apparemment Spinoza n'a que peu à voir avec ce qu'on entend généralement par ce terme, bien que le choix de ce vocable ne doive sans doute rien au hasard, car l'expérience dont il s'agit est l'expérience qui consiste à comprendre ou à concevoir rationnellement : « Car l'âme ne sent pas moins ces choses qu'elle *conçoit par un acte de l'entendement* que celles qu'elle a dans la mémoire » (je souligne).

Quel que soit le nom par lequel on désigne l'action par laquelle l'intelligible est appréhendé – comprendre, donc entendre, intelliger ou penser – cette action par conséquent n'en fait pas moins l'objet pour l'âme d'une expérience vivante et intense. Une telle expérience est aussi digne de foi que ce que nous percevons par la médiation du corps et à laquelle nous accordons crédit en tant qu'expérience. Dès lors, et c'est encore plus important, l'intellection devient homogène à l'expérience entendue selon son sens le plus commun.

Le plus remarquable toutefois vient ensuite (et c'est sans doute la raison qui fait que la traduction en est souvent défaillante) : « Les yeux de l'âme par lesquels elle voit et observe les choses sont les démonstrations elles-mêmes ». La vue elle-même, ces « yeux intérieurs » qui sont censés regarder intérieurement tout ce qui est pensé – et tout particulièrement les démonstrations valides qui sont en bonne et due forme, rationnellement déduites – ne sont rien d'autre que ces démonstrations elles-mêmes. Il s'agit bien des yeux, et non pas de l'objet vu par ces yeux intérieurs et éclairé par une lumière naturelle. Cette dernière bien sûr est la métaphore cartésienne (parmi d'autres) pour la raison. Ainsi que Descartes le dit de plusieurs façons, celle-ci à la façon de la lumière, éclaire tous les objets en étant indifférente à la spécificité des objets qu'elle éclaire selon les différentes occurrences qui se présentent. Dès lors, cette fois encore, la dualité cartésienne – et cette fois, c'est celle de la raison et de ses objets – tombe à l'intérieur d'une seule et même entité : les yeux de l'âme ne sont rien d'autre que les démonstrations. Il n'y a rien au delà de l'acte d'intellection et cet acte ne fait qu'un avec l'intellect, ce qui veut dire que l'intellect comme agent de la pensée ne fait qu'un avec l'acte de penser et avec l'objet de la pensée ; il s'agit donc exactement de cette unité même que quelques Hébreux avaient vue comme au travers d'un nuage. Si l'expérience est par excellence une question de vision, il n'y rien d'étrange à faire appel à une métaphore oculaire pour mettre l'accent sur la façon concrète dont l'« expérience intellective » s'effectue. Il n'y a aucune vision mystérieuse dans cette affaire ou quoi que ce soit de cette farine – mais juste une démonstration ordinaire, qui n'est d'ailleurs pas banale, et en vérité qui est même la moins banale qui soit. Cette expérience par laquelle on sait qu'on est éternel réside dans le labeur rigoureux que s'assignent le mathématicien, le géomètre et aussi, tout particulièrement le métaphysicien dans ses démonstrations.

Mais alors, on voit revenir le corps sur le devant de la scène et il semble que Spinoza ait songé à un genre particulier de démonstration de sorte qu'il ne s'agissait après tout pas tant de la démonstration mathématique que de sa propre démonstration philosophique, ainsi qu'on le voit finalement désormais avec clarté : « Bien qu'il ne nous souvienne pas d'avoir existé avant le corps, nous sentons cependant que notre âme, en tant qu'elle enveloppe l'essence du corps avec une sorte d'éternité, est éternelle ».

En effet, ce sentiment réflexif de la pensée, en tant qu'il enveloppe l'essence du corps *sub specie aeternitatis*, est précisément ce que les démonstrations de Spinoza lui-même mettent au jour. La manière dont il s'y prend est toutefois à double sens : moyennant le contenu des démonstrations d'un côté, et de l'autre par retour sur leur nature en tant que démonstrations, et en tant qu'idées adéquates. En d'autres termes, plus spinozistes, c'est à la fois par son être formel et son être objectif que l'idée du corps en tant qu'elle enveloppe son essence éternelle est également le sentiment de l'être éternel de notre âme.

LE TROISIÈME GENRE DE CONNAISSANCE

Les remarques qui précèdent délimitent le champ à l'intérieur duquel la théorie spinoziste de l'éternité de l'âme acquiert le sens d'un véritable concept autant que celui d'une possibilité humaine concrète : dans le royaume de la connaissance rationnelle, la nécessité s'impose évidemment et, en tant que telle, elle devient le mode d'être de celui qui connaît. On peut dire que Spinoza a fait de la nécessité rationnelle propre à la vérité mathématique – telle du moins qu'il la concevait – un modèle pour sa théorie de l'éternité-nécessité de l'âme. Quand en revanche la doctrine de la béatitude[1] est en jeu, on ne la voit guère pouvoir jouer le même rôle. C'est la théorie du troisième genre de connaissance qui va effectuer le mouvement essentiel : celui qui, partant du supposé modèle mathématique de la nécessité rationnelle aboutit à la rationalité concrète de la béatitude et de la liberté du philosophe.

On trouve la doctrine des genres de connaissance dans les trois principaux essais de Spinoza : le *Traité de la réforme de l'entendement* – le *Court traité sur Dieu, l'homme et son bien-être* – et l'*Éthique.* S'il y a quelques différences entre ces trois versions, la doctrine essentielle demeure plus ou moins la même. Ainsi, dans le *Court Traité,* il est question de « degrés » ou « niveaux » de connaissance, dans le *TRE* ils sont appelés des « modes de perception » et dans *l'Éthique,* des « genres » *(genera).* Dans le *TRE,* il y a quatre genres de connaissance, tandis que dans *le Court Traité* comme dans l'*Éthique* il y en a trois genres majeurs, mais le premier est divisé en deux. Spinoza dit que le premier genre de connaissance est la seule source d'erreur mais, comme il est cependant bien une connaissance, il n'est donc pas nécessairement erroné par lui-même. Puisque, par définition, il ne consiste pas en vérités démontrées *more geometrico*, il est source d'erreurs possibles. Les deux autres genres de connaissance par définition n'enveloppent pas l'erreur puisqu'ils sont pleinement rationnels et « adéquats ». On comprend généralement que le second genre de connaissance, que Spinoza appelle « raison », concerne la connaissance scientifique. Disons plus précisément, que c'est une connaissance rationnelle ou scientifique en ce sens traditionnel que la connaissance rationnelle est une connaissance *générale*. Rien n'indique si, ni comment, ce que Spinoza en dit peut valoir pour la « science », entendue au sens moderne de la théorisation mathématique de la réalité physique telle qu'elle commençait à prendre forme à l'intérieur de la République des Lettres, dont Spinoza lui-même était un membre respecté. Il n'est pas plus clair de savoir si ce que Spinoza dit de ce deuxième genre de connaissance pourrait, et comment, inspirer au lecteur moderne des vues utiles sur la nature de la rationalité scientifique ? Tous ces sujets ont déjà fait l'objet de

1. On ne saurait dire la même chose de la doctrine de la liberté parce qu'en un sens elle effectue un pas intermédiaire entre d'un côté, le concept de nécessité de type mathématique, et de l'autre, celui de la « béatitude humaine ». La nécessité que l'idéal mathématique adopte en se livrant à des démonstrations en bonne et due forme constitue une situation exemplaire de « libre nécessité » et, à ce titre, tout le contraire de la nécessité coercitive.

nombreuses discussions dans la littérature secondaire de sorte qu'il n'y a pas lieu d'y revenir[1]. Dans ce qui va suivre, nous nous en tiendrons uniquement au troisième genre de connaissance.

Spinoza appelle le troisième genre de connaissance «*scientia intuitiva*», et elle est définie peu ou prou dans les mêmes termes dans les trois traités philosophiques. Dans l'*Éthique*, le deuxième scolie de *É*IIp40 dit que «ce genre de connaissance procède de l'idée adéquate de l'essence formelle de certains attributs de Dieu à la connaissance adéquate de l'essence des choses». Il est certain que cette définition est plutôt obscure et il n'est donc pas très étonnant qu'elle ait suscité tant d'embarras et de disconvenues parmi les lecteurs de l'*Éthique*. C'est le langage religieux dont Spinoza se sert généralement pour parler de cette *scientia intuitiva* à quoi tient l'objet majeur des controverses. C'est notamment le cas dans le *Court Traité* à tel point que quelques commentateurs sont prêts à voir dans le langage mystique l'expression d'une véritable expérience mystique: c'est ainsi par exemple le cas de l'«union» de l'âme avec l'objet de sa connaissance et de son amour (II, 22 et autres endroits). Dans le *TRE* le langage religieux y est bien moins manifeste. Dans l'ensemble, la présentation de la doctrine des genres de connaissance, y compris le troisième genre, paraît surtout répondre à des préoccupations gnoséologiques. Le langage religieux revient, en revanche, dans l'*Éthique* bien que de façon moins «mystique» que dans le *Court Traité*. Cependant, quand il expose la doctrine des sortes de connaissance, Spinoza en fournit la même illustration: le troisième genre de connaissance est de même sorte que ce qui se passe lorsque nous considérons des nombres très petits tels que par exemple 1, 2 et 3: «il n'est personne qui ne voie que le quatrième proportionnel est 6 et cela beaucoup plus clairement, parce que de la relation même, que nous voyons d'un regard qu'a le premier avec le second, nous concluons le quatrième.» Sans entrer plus avant dans ce genre de considérations, nous pouvons néanmoins dire ce qu'est cette «essence formelle» dont nous sommes supposés procéder vers la connaissance que procure la saisie directe de la raison d'une proportion: il s'agit de la connaissance mathématique de la nature de «la raison» (*ratio*,

1. Gueroult, Rousset et Macherey pour le français, Mignini pour l'italien, ont proposé des commentaires très détaillés et très utiles; le lecteur de l'hébreu dispose des riches commentaires tant du *Court Traité* que du *TRE* par Yosef Ben Shlomo; l'anglais comporte aussi d'innombrables présentations de cette doctrine. Parmi les commentaires en anglais, ceux de Wolfson contiennent comme à son habitude, un très riche arrière-plan historique, même s'il n'est pas toujours pertinent; le *Cambridge Companion to Spinoza* est utile. Hallett a des choses importantes à dire; il faut enfin ne pas oublier de mentionner les travaux que Geneviève Lloyd a consacrés à Spinoza.

proportion) en général telle qu'elle est fournie dans la démonstration du dix-neuvième théorème du livre VII d'Euclide. En dépit peut-être des apparences, il y a là un savoir qui n'a rien de trivial car derrière l'apparente simplicité et innocence de l'exemple, gît un univers de pensées complexes et des types de raisonnements qui n'ont rien de trivial[1].

Dans l'*Éthique* la définition générale du troisième genre de connaissance n'est pas seulement abrupte, mais elle est de surcroît présentée comme ne faisant pas vraiment partie intégrante de la théorie de la connaissance rationnelle, laquelle fait l'objet de *É*IIp40 et de ses deux scolies. Le second de ces scolies débute en affirmant que la présentation des sortes de connaissance qui va suivre porte sur la façon dont « nous avons nombre de perceptions et formons des notions générales ». Après avoir considéré les deux sortes qui procurent une connaissance, selon la signification la plus courante de ce terme, c'est-à-dire à la fois une connaissance non-scientifique et une connaissance scientifique, Spinoza ajoute : « Outre ces deux genres de connaissance, il y en a encore un troisième, comme je le montrerai dans la suite, que nous appellerons science intuitive ». L'aperçu général et ambigu que Spinoza consacre en *É*II à cette autre sorte de connaissance ne vise, semble-t-il à rien d'autre qu'à avertir le lecteur que la théorie de la connaissance n'est pas complètement menée à bien, de sorte que ce qui lui est consacré en *É*II ne constitue qu'une partie de cette théorie. On en saura davantage plus tard. C'est là ce qui arrive dans la Cinquième partie de l'*Éthique* où la nature du troisième genre de connaissance est en principe élucidée pour devenir le guide conduisant à l'élaboration des conclusions finales.

La proposition 23 de *É*V, rappelons-le, pose que « l'âme humaine ne peut être entièrement détruite avec le corps mais il reste quelque chose d'elle qui est éternel ». Le dernier paragraphe du scolie suivant se livre à un typique va et vient entre le langage élevé de la religion en ce qui touche à l'éternité – et le langage « naturaliste », terre à terre pour ce qui touche à l'existence actuelle de notre corps. Le mouvement alambiqué de ce scolie prend ainsi fin par une volte face : ainsi que nous l'avons vu – nous sentons et savons par expérience que nous sommes éternels. Or nous savons que cette éternité nôtre ne peut être définie par le temps ni expliquée comme étant une durée (*per durationem explicari non posse*). Nous concluons donc que notre âme ne peut être dite perdurer (*durare*) « qu'en tant qu'elle enveloppe l'existence actuelle du corps et, dans cette mesure seulement, elle a la puissance de déterminer temporellement l'existence des choses et

1. Voir le remarquable article d'A. Matheron « Spinoza and the Euclidean Arithmetic », art. cit., ainsi que Yakira « What is a Mathematical Truth ? », art. cit.

de les concevoir dans la durée ». Cette dernière remarque nous ramène à la durée, à l'existence, et au corps – mais tout autant à la connaissance en tant qu'activité supposée essentielle de l'âme. Son « éternité » peut dès lors être conçue *in concreto* comme un mode d'existence. La voie est par là rendue libre pour l'ultime étape : il s'agit plus ou moins des propositions 24-33 au cours desquelles la véritable signification du troisième genre de connaissance sera dégagée.

L'exposé de la *scientia intuitiva* – en *É* Vp24 – débute de façon paradoxale, une fois encore tant du point de vue de ce qui est stipulé qu'en ce qui touche à son mode de démonstration. La proposition pose que : « Plus nous connaissons (*intelligimus*) les choses singulières, plus nous connaissons Dieu ». La démonstration affirme en toute simplicité que « cela est évident par le corollaire de la proposition 25 partie I ». Ce corollaire qui prétend être une conséquence évidente et immédiate des vérités démontrées antérieurement stipule que « les choses particulières ne sont rien si ce n'est des affections des attributs de Dieu, autrement dit des modes ». Dans cette proposition 24 en *É* V, Spinoza ne précise pas ce qu'il entend au juste par connaître les « choses singulières » mais il va, semble-t-il, le faire dans ce qui suit.

La proposition 25 de *É* V porte expressément sur le troisième genre de connaissance, et, par implication on peut considérer que la proposition 24 fait de même. Toutefois, au premier abord, ce qu'en évoque la proposition 24 semblerait provoquer une tension, voire une contradiction avec la quête philosophique originaire telle qu'elle est décrite par exemple dans le *TRE* comme la recherche d'un objet spécifique de connaissance et d'amour (§ 1, 6, 10). Or, il devient maintenant clair que cette connaissance de l'objet d'amour « éternel et infini », cette connaissance « de la nature dans son entièreté » (*TRE* § 1, 3) c'est-à-dire de Dieu, n'est pas une sorte de connaissance à part. Elle est au contraire conditionnée et, semble-t-il, identique à la connaissance des choses du monde, ou même peut-être est-elle contenue dans une telle connaissance qui est celle de ces « choses singulières » dont parlait la proposition 24 en *É* V. On ne devrait cependant pas croire qu'une telle stipulation signifierait que Spinoza ferait consister la connaissance de Dieu dans l'accumulation des connaissances portant sur « les choses ». Bien que toutes les choses soient, à un titre ou un autre, des parties, ou des manifestations ou des expressions de Dieu, c'est-à-dire des modes de la substance une et infinie, il serait simpliste, pour ne pas dire faux, de croire que, selon Spinoza, plus nous connaissons de choses, plus nous nous rapprocherons d'une connaissance complète de la nature et de Dieu. Ce que désigne « la connaissance des choses singulières » peut sans doute faire l'objet d'une compréhension moins simpliste par le truchement d'un rapprochement entre Spinoza et Kant. La formulation « plus nous connaissons de choses singulières » reviendrait, en ce cas, à poser implicitement quelque idée « régulatrice » de la connaissance totale du tout de la nature. Une telle interprétation ne peut toutefois être acceptée car attribuer à Spinoza une hypothèse « progressive » de type kantien, ou encore, assimiler à une connaissance « scientifique », la connaissance de *Deus sive natura*, sous prétexte qu'elle dépend de la connaissance des choses singulières, revient, pourrait-on dire, à laisser échapper ce qui importe le plus à Spinoza[1].

Le troisième genre de connaissance n'est pas vraiment « connaissance ». Il ne s'agit du moins pas d'une connaissance si on entend par là la collecte empirique de données cumulatives et accessibles qu'on peut traiter et présenter dans un langage particulier. Dans l'exposé qui porte ensuite (*É* Vp26-33) sur la nature du troisième genre de connaissance, et sa portée pour la béatitude humaine, le fait que Spinoza utilise *intelligere* et *concipio* plus souvent que *cognoscendi* est digne d'être souligné. En dépit du fait que Spinoza paraisse parfois utiliser ces termes de façon interchangeable, ce n'est certainement pas par hasard qu'il ait préféré parler de la réalisation de la connaissance du troisième genre comme d'une intellection (*intelligere*). Tous ces termes sont plurivoques de sorte que leurs différentes connotations se recoupent en partie. Mais, dans la mesure où *intelligere* connote l'acte propre à l'intellect, l'intellection elle-même, et inversement l'acte par lequel ce qui est intelligible est saisi, on devrait plutôt, dirions-nous, traduire par « compréhension » ou « appréhension ». En tout état de cause, alors que les trois genres de connaissance sont bien tous des genres de *connaissance*, il convient de souligner que Spinoza utilise *intelligere* quand il parle seulement du troisième genre, *la scientia intuitiva* pour la décrire concrètement.

Il serait vain d'essayer de se livrer à une distinction systématique entre « connaître », « comprendre » et « concevoir ». Pour parler de manière

1. Ainsi que R. Mason le souligne dans un remarquable petit article (« Intelligibility : the basic premise ? » *Iyyun, The Jerusalem Philosophical Quaterly,* 50, juillet 2001, p. 229-244), la plupart des interprètes majeurs de Spinoza partagent l'idée que l'hypothèse de « l'intelligibilité de la nature » ou du monde fut une supposition fondamentale pour le spinozisme. Mais bizarrement, Mason en tire la conclusion que « Spinoza n'était pas un rationaliste » ; or, on ne peut raisonnablement le soutenir qu'à la condition d'entendre par « rationalisme » une forme de scientisme, ce qu'on ne peut vraiment pas dire de la philosophie de Spinoza. Cependant, selon son origine platonicienne, l'intelligibilité, et avec elle la raison, la rationalité et ainsi de suite, sont des notions qui ne sont pas nécessairement réductibles au genre d'intelligibilité que procurent les explications modernes qu'elles soient mécanistes ou mathématiques.

informelle, on pourrait toutefois suggérer, en premier lieu, que « connaître » et « comprendre » sont distincts, à la fois conceptuellement et phénoménologiquement. En deuxième lieu, on pourrait dire que chacun renvoie à des expériences et à des procédures cognitives spécifiques. Enfin, tandis que « connaître » se prête plus facilement à une interprétation objective – en termes épistémologiques, mais aussi historiques, sociologiques et institutionnels –, « comprendre » peut également être compris de façon non psychologique, en dépit de ce qui le distingue de tous les autres. On pourrait faire un pas de plus et faire l'hypothèse que la préférence que marque Spinoza pour « *intelligere* » par rapport à « *cognoscendi* » ne doit rien au hasard, même si on peut imaginer qu'elle n'a pas été vraiment délibérée. Elle souligne que le préjugé d'une dualité originaire entre le domaine intérieur de la connaissance et l'extériorité de son objet sera plus aisé à surmonter par une « compréhension » que par une « connaissance ». Un tel présupposé, ainsi que nous avons déjà tenté de le montrer, est incompatible avec une interprétation adéquate de la doctrine spinoziste fondamentale et avec l'unité originaire de l'idée avec son idéat qui résulte de sa noétique.

Dans tous ses écrits, Spinoza utilise très fréquemment le terme d'« *intelligere* » et, ainsi qu'il vient d'être rappelé, il semble que ce soit souvent sans intention particulière. Pourtant, parfois cet usage n'a rien de banal, ce qui est sans doute également le cas des propositions 23-28 en *É* IV, on peut le supposer. Ces propositions font partie de la discussion relativement longue qui se tient au milieu de *É* IV (à peu près dans les propositions 19-28); elles font transition entre la première partie de *É* IV, et la doctrine de l'homme « sage » et « libre » qui a pouvoir sur ses affections et qui suit les « préceptes de la raison ». Dans la première partie, ainsi que Spinoza le dit en *É* IVp18, il pense avoir « expliqué les causes de l'impuissance et de l'inconstance de l'homme et pourquoi les hommes n'observent pas les préceptes de la raison. »

Le thème majeur des ces propositions consiste d'un côté dans la doctrine de la vertu comme l'effort (*conatus*) pour persévérer dans l'être. D'un autre côté, il s'agit de la doctrine de la nature rationnelle de cette vertu du *conatus* dans la mesure où il obéirait à la raison. Il faut remarquer, et sans doute n'est ce pas dépourvu d'ironie, qu'en plein milieu de ce qu'on pourrait entendre, ce qui n'a pas manqué d'être le cas, comme la recherche proto-darwinienne de la survie qui caractériserait la complexion fondamentale de la réalité – à tout le moins, de la réalité du vivant –, le lecteur tombe sur des déclarations telles que celle qui stipule que l'homme n'agit au sens véritable du terme qu'à la condition qu'il y soit déterminé par ce qu'il comprend (*É*IVp23). Spinoza identifie donc la vertu, la compréhension et l'action et il en va de même pour vivre, exister et persévérer dans son être. Toutes ces notions sont autant de façons différentes de dire la même chose, à savoir que le « principe » de la vertu réside dans « la recherche de l'utile propre sous la conduite de la raison » (*É*IVp24). Soit encore que « tout effort dont la raison est en nous le principe n'a d'autre objet que la connaissance ; et l'âme, en tant qu'elle use de la raison, ne juge pas qu'aucune chose lui soit utile, sinon ce qui conduit à la connaissance » ; (*É*IVp26) et « il n'est aucune chose que nous sachions avec certitude être bonne ou mauvaise, sinon ce qui conduit réellement à la connaissance ou peut empêcher que nous ne la possédions. » (*É*IVp27)

C'est de la même chose dont il est question dans la deuxième partie de *É*V. La conclusion de cette étape finale de l'exposé du système philosophique de Spinoza semble consister en une sorte de compréhension ou de conception, ou plus précisément dans ce qu'on saisit mieux par le latin *intelligere*, plutôt qu'en une « connaissance ». Disons une fois encore, que l'intelligibilité qui arrive à la fin, ou mieux, l'être même de cet acte, n'est, peut-on dire, pas exactement une connaissance au sens « informatif » qu'expriment des locutions telles que : « je sais que ». Ainsi ce n'est pas parce qu'il saurait que le fruit est empoisonné et qu'il ferait mieux de ne pas le manger que Adam serait sauvé (voir la suite). La béatitude et la liberté exigent un autre type de savoir. Quelque chose qui s'est joué tout du long, de manière peu ou prou implicite, devient maintenant explicite par la terminologie que Spinoza choisit d'utiliser. Obtenir et emmagasiner des informations ; savoir comment faire ; expliquer en assignant les causes : tels sont les sens habituels de « connaître ». C'est pourquoi « compréhension » ou « conception », au sens que désormais Spinoza leur octroie, figurent plus volontiers dans le champ de la noétique spinoziste. Si on prend au sérieux la seconde moitié de *É*V, on dira que, d'une part, cette noétique est une ontologie de cette expérience la plus immédiate et apparemment la plus ordinaire qui consiste à « comprendre » ; mais, d'autre part, il s'agit du type de compréhension dont on fait l'expérience lorsqu'on comprend *more geometrico*, c'est-à-dire lorsqu'un concept ou une démonstration géométriques nous deviennent totalement transparents. Il s'agit donc de la tentative de donner une réponse à la question de savoir en quoi consiste au juste ce dont on a l'expérience quand on « intuitionne » que 6 est à 3 ce que 2 est à 1. En quoi consiste cette expérience des plus simples qui soient ? Comment peut-on la décrire ? Comment l'expliquer ? Quel genre d'êtres sont ces êtres comprenants ? Quel est le mode d'être d'un acte de compréhension ? Si la philosophie commence avec l'étonnement, celui de Spinoza est soulevé par le fait que nous intellectons, pensons, et, fait le plus étonnant qui soit, nous comprenons. Plus précisément, ainsi que nous l'avons supposé ci-dessus, puisque l'âme est l'idée du corps et son intelligibilité immanente, l'étonnement de Spinoza tient au fait que nos corps sont capables de penser et de comprendre, c'est-à-dire qu'ils sont des machines dotées de compréhension.

Le moment arrive enfin de montrer qu'il y a un troisième genre de connaissance, ainsi que le second scolie de *É* IIp40 l'avait promis. Ce qui advient avec la première mention explicite qui en est faite dans la proposition 25 de *É* V. La présentation détaillée à laquelle se livre Spinoza en *É* V n'est pas dépourvue de circularité : il paraît présupposer l'existence de cette connaissance comme s'il s'agissait d'un fait déjà établi. En s'accordant une supposée définition du troisième genre de connaissance en *É* II, Spinoza commence par démontrer que « plus nous connaissons (*intelligimus*) les choses singulières, plus nous connaissons Dieu » (*É* Vp24) ; à la suite de quoi il pose dans les propositions 25 et 26, respectivement que « le suprême (*summus*) effort (*conatus*) de l'âme et sa suprême vertu est de connaître les choses par le troisième genre de connaissance » et aussi que « plus l'âme est apte à connaître les choses par le troisième genre de connaissance, plus elle désire connaître les choses par ce genre de connaissance ».

La nature exacte de cette connaissance est un point qui demeure dépourvu de véritable clarté en tout ceci. La définition que donne *É* II est plutôt générale et vague, il faut bien le reconnaître, et les premières propositions qui se consacrent au troisième genre de connaissance n'expliquent ni ce qui est au juste connu de cette façon, ni ce qu'est vraiment une telle connaissance. La proposition 25 en parle comme du suprême effort de l'âme ; la proposition 26 explique que plus l'âme est capable de connaître les choses de cette façon, plus elle désire les connaître réellement ainsi ; la proposition 27 parle de son effet comme du contentement[1] le plus élevé, mais nulle part elle n'est présentée de façon plus précise.

En fait, ce ne sera pas avant *É* Vp30 et *É* Vp31 qu'il sera possible de parvenir à mieux saisir la nature du troisième gendre de connaissance et son rapport à la définition générale qu'en avait donnée *É* II. La proposition 30 stipule que « le troisième genre de connaissance dépend de l'âme comme de sa cause formelle, en tant que l'âme est elle-même éternelle ». On doit en

1. Spinoza utilise le terme de (*Mentis*) *acquiescentia*. On traduit ce néologisme de Spinoza par exemple par « satisfaction » – ce que font à la fois Curley et Pautrat. Il semblerait que Spinoza ait plutôt songé à quelque sorte d'acceptation, d'approbation ou d'accueil, plutôt qu'à une « satisfaction ».

premier lieu, de nouveau souligner que la thèse positive est inséparablement entrelacée avec une intention polémique : dire de l'âme qu'elle est la cause formelle du troisième genre de connaissance, c'est dire que, si on parvient à cette connaissance, en dépit du fait qu'elle est chose difficile autant que rare, elle ne requiert aucune cause surhumaine ou supranaturelle. C'est l'âme humaine qui en est la cause et la source et il n'y a rien en elle qui justifierait qu'on la dise connaissance « révélée » ou connaissance « miraculeuse ». Rien qui autorise à la prétendre accessible seulement aux rares privilégiés qui auraient été choisis par quelque autorité supra-humaine. Nulle grâce n'est requise pour y parvenir. Ce qui veut également dire que l'éternité n'a rien à voir avec une récompense que ce soit pour nos bonnes actions ou pour avoir mené une vie vertueuse. La pleine portée de ce dernier point deviendra plus claire avec *É* Vp42 qui est la toute dernière proposition de l'*Éthique*. En posant que « la béatitude n'est pas le prix de la vertu, mais la vertu elle-même », ce final pourrait paraître moralisateur, mais il est significatif que Spinoza ait décidé que ce serait là son dernier mot.

Non seulement cette connaissance n'a rien de supranaturel mais son objet ne l'est pas davantage : la proposition 30 affirme que dans la connaissance que notre âme a d'elle-même et du corps « comme des choses ayant une sorte d'éternité, elle a nécessairement la connaissance de Dieu ». La démonstration explique qu'il en va ainsi en ce que « l'éternité est l'essence même de Dieu en tant qu'elle enveloppe l'existence nécessaire » (*É* Idef.8) En guise de révélation supranaturelle, on a affaire à une connaissance, et même en vérité à une forme de compréhension. « Concevoir les choses avec une sorte d'éternité, c'est donc concevoir les choses en tant qu'elles se conçoivent comme être réels par l'essence de Dieu, c'est-à-dire en tant qu'en vertu de l'essence de Dieu elles enveloppent l'existence » (*É* Vp30dém). Ainsi, réalité, nécessité et existence éternelle sont autant de façons différentes de désigner une seule et même chose, à savoir la nature non arbitraire de l'existence (humaine), le fait qu'elle n'est ni simple donné ni pure facticité.

Les avancées majeures que contient la démonstration de *É* Vp31 sont les suivantes : l'éternité de l'âme consiste dans le fait qu'elle conçoit son corps et elle-même *sub specie aeternitatis*. Être éternel veut dire avoir la connaissance de Dieu (dont l'éternité est l'essence même – ainsi qu'il fut posé en *É* Vp30dém). Une telle connaissance est nécessairement adéquate, ce qui veut dire que « l'âme en tant qu'elle est éternelle, est apte à connaître tout ce qui peut suivre de cette connaissance de Dieu supposée donnée (*É* IIp40) ». Selon la définition qu'en donne *É* II, connaître les choses de cette façon, c'est en avoir une connaissance intuitive, c'est connaître par le troisième genre de connaissance.

On peut supposer que le nerf de cette argumentation un peu absconse se trouve dans l'idée de « la connaissance de Dieu supposée donnée » [1]. Une telle formulation, assurément dépourvue de trivialité, renvoie probablement à la connaissance de Dieu telle que « donnée », au sens où elle a déjà été élaborée dans la Première partie de l'*Éthique* pour que le lecteur s'en saisisse. Si c'est bien le cas, alors l'appréhension des choses que « l'âme est apte à connaître » comme suivant de la connaissance adéquate de Dieu, sera exactement ce qui est déduit dans l'*Éthique* comme suivant de la doctrine de *De Deo*, c'est-à-dire de la doctrine de Dieu – de la substance, de la nature, telle qu'elle est exposée dans sa Première partie. On croit parfois que cette « déduction », cette connaissance des choses en tant qu'elles « suivent de l'idée de Dieu » vaudrait pour quelque calcul apte à aboutir, en principe du moins, à la connaissance du « tout », de toute l'existence, et de la « totalité » de l'être. La notion spinoziste de l'idée ou de l'intellect de Dieu, va en effet dans une direction de cette sorte, de façon toutefois très abstraite. Il y a là un point important du point de vue de l'économie concrète de la *scientia intuitiva* et du salut, car s'il en allait différemment, la première et la deuxième partie de l'*Éthique* deviendraient redondantes. La pertinence de cette vue ne devrait cependant pas être comprise comme s'il s'agissait d'accorder une légitimité à la notion d'un savoir total. Jamais en effet Spinoza ne parle de la connaissance humaine, pas même de celle du troisième genre, dans des termes qui laisseraient supposer qu'un tel savoir total pourrait être le fait des hommes – pas même en tant qu'idéal régulateur – à plus forte raison d'une véritable possibilité humaine. Spinoza n'a jamais accordé un intérêt majeur, comme ce fut le cas de Descartes, de Leibniz ou de Kant, au progrès – pas même au progrès de la connaissance scientifique qui s'accomplissait sous ses yeux et auquel il apporta sa contribution, même fort modeste. L'effort rationnel destiné à comprendre la nécessité de notre propre existence corporelle n'a jamais relevé pour lui d'un processus historique qui se jouerait au niveau politique, culturel ou à celui des institutions scientifiques. En dépit de toute leur importance, tout cela se tient en dehors de la question du salut propre au troisième genre de connaissance.

1. Le latin affirme que : *Dei cognitione mens, quatenus aeterna est, ad illa Omnia cognoscendum est apta, quae ex data hac cognitione consequi possunt.* Pautrat traduit par « cette connaissance de Dieu une fois qu'elle est là » – traduction qui a du sens en évitant l'ambiguïté dont souffre la traduction de Curley, tout en n'étant pas inexacte du point de vue de la littéralité de la phrase.

En de multiples occasions Spinoza souligne que le troisième genre de connaissance ne peut naître que du deuxième. Ce qui demeure assez obscur ; par exemple, est-il vraiment clair de voir si, comment, jusqu'à quel point la saisie directe d'une proportionnalité dépend vraiment de la connaissance d'Euclide ? Voici en revanche ce qui est parfaitement clair : le deuxième genre de connaissance enveloppe une rationalité qui, moyennant les notions communes, repose sur quelque conception nominaliste (ou semi-nominaliste) de la généralité. Le troisième genre en revanche est connaissance du particulier, saisie directe de l'essence d'un être individuel. Cependant, et en dépit de ce que suggère et sa définition et l'exemple arithmétique qui en fournit l'illustration, une telle essence n'est pas un terme générique mais un nom propre. La façon dont Spinoza aborde ce troisième genre de connaissance comporte nombre d'ambiguïtés ; il n'en demeure pas moins que la logique interne de la doctrine implique qu'il ne s'agit aucunement d'une connaissance qui subsumerait beaucoup d'objets, mais de celle qui consiste en la compréhension d'un objet privilégié. Le troisième genre de connaissance désigne la compréhension de notre propre corps *sub specie aeternitatis*. Elle signifie une attitude rationnelle à l'égard de notre propre existence en tant que celle-ci n'est ni arbitraire, ni simplement donnée mais qu'elle est, non pas seulement causalement, mais métaphysiquement nécessaire.

Perfection I

La proposition 31 avec son scolie effectue un mouvement assez compliqué. Elle conclut l'exposé de la doctrine de la *scientia intuitiva* et introduit à ce qui va faire l'objet de la décision finale de *É* V, c'est-à-dire en vérité, de la totalité de l'entreprise philosophique de Spinoza, à savoir la doctrine de la béatitude et de la liberté. Outre son apport polémique, la proposition 31 elle-même contient une thèse très problématique : « le troisième genre de connaissance dépend de l'âme comme de sa cause formelle, en tant que l'âme est elle-même éternelle ». Cela veut dire que l'éternité de l'âme n'est pas l'aboutissement mais au contraire la condition du troisième genre de connaissance. Et pourtant ce troisième genre de connaissance, la connaissance de Dieu, et le contentement de l'âme ont tous été présentés comme autant d'aboutissements et le seront tout autant dans les propositions qui suivront. Ainsi *É* V25dém : « plus nous connaissons les choses de cette manière [par le troisième genre de connaissance] plus nous connaissons Dieu » ; *É* Vp33 : « L'amour intellectuel de Dieu, qui naît du troisième genre de connaissance, est éternel » ; *É* Vp38 et son scolie : « plus l'âme connaît de choses par le deuxième et le troisième genres de connaissance (…) moins elle craint la mort », etc.

Ainsi, le scolie qui suit *É* Vp31 commence avec ce qui apparaît comme une conséquence directe et non problématique de ce qui est sous-jacent au troisième genre de connaissance conçu comme un accomplissement : « Plus haut chacun s'élève dans ce genre de connaissance, mieux il est conscient de lui-même et de Dieu, c'est-à-dire plus il est parfait et possède la béatitude ». Cette notation apparemment innocente n'en introduit pas moins deux notions très importantes : la perfection (après avoir été utilisée antérieurement de diverses manières, cette notion est réintroduite ici), et la béatitude qui va se trouver au cœur des considérations qui vont suivre. Toutefois, avant d'en venir à ces propositions finales, une objection se présente : si l'éternité de l'âme est condition et non résultat de sa compréhension des choses *sub specie aeternitatis,* il s'ensuit à l'évidence que cette compréhension a dû être en elle, en quelque façon, depuis le début. En vérité, dit le scolie, nous comprenons maintenant que ce que nous appelons « éternité de l'âme » ne fait qu'un avec le fait de concevoir les choses *sub specie aeternitatis*. Cependant, écrit Spinoza, « afin d'expliquer plus facilement et de faire mieux connaître ce que nous voulons montrer, nous la considérerons toujours, ainsi que nous l'avons fait jusqu'ici, comme si elle commençait seulement d'être et de concevoir les choses avec une sorte d'éternité ».

Le scolie qui suit la proposition 33 se livre à une clarification analogue. *É* Vp32cor affirme que « du troisième genre de connaissance naît nécessairement un amour intellectuel de Dieu ». Quant à la proposition 33 elle stipule que « l'amour intellectuel de Dieu qui naît du troisième genre de connaissance est éternel ». Le scolie qui suit dit que :

> Bien que cet amour de Dieu n'ait pas eu de commencement il a toutes les perfections de l'amour comme s'il avait pris naissance, ainsi que nous le supposions (*finximus*). Cela ne fait aucune différence, sinon que l'âme possède éternellement ces perfections que nous supposions qui s'ajoutaient à elle et cela avec l'accompagnement de l'idée de Dieu comme cause éternelle. Que si la joie consiste dans un passage à une perfection plus grande, la béatitude certes doit consister en ce que l'âme est douée de la perfection elle-même.

L'âme éternelle, l'éternité de l'âme, ou l'éternité de cette part d'elle-même qui demeure, n'est cependant pas, sauf en un sens tout autre, une condition de cette connaissance, ni son substrat, sa source ou le lieu de son occurrence. Ainsi qu'il a été vu, la démonstration que quelque chose qui est éternel demeure de l'âme (proposition 23) s'appuie sur le corollaire de

É IIp8 : ce dernier explique ce qu'il en est du mode d'existence des idées des modes qui n'existent pas. On aurait un bon exemple de ce type d'idées avec celle de la part subsistante de l'âme qui est l'idée du corps. Quant aux modes qui n'existent pas, on en aurait un exemple avec le corps qui n'est pas déjà né, ou celui qui est déjà mort. En ce sens qu'elle est idée, l'âme peut être dite condition du troisième genre de connaissance, parce qu'elle est, ou plutôt, parce qu'elle enveloppe une certaine sorte de fait ontologiquement intelligible et ce dernier qui lui est toujours tacitement présent, peut devenir explicite comme une compréhension effective.

C'est dans la proposition 32 et son corollaire que nous « feignons » que s'élève, ou naisse, ou encore résulte (*oritur*) du troisième genre de connaissance, le contentement qui est la plus grande satisfaction de l'âme et un « amour intellectuel de Dieu ». L'idée que nous passons d'un état à un autre a en vérité été présente dans la totalité de l'élaboration de la théorie philosophique de l'homme et cela, dès la deuxième partie, et tout particulièrement avec le rôle central dévolu au *conatus* dans la troisième partie. Ce n'est pas avant l'extrême fin de l'*Éthique* qu'il y a lieu d'interroger la nature de la philosophie de Spinoza et de se demander si elle est vraiment une philosophie de l'amélioration de la vie humaine, une doctrine de la libération, de l'éducation de soi et de l'acquisition rigoureuse de la sagesse et de la maîtrise de nos affections. Ce dont la totalité de l'entreprise philosophique s'est souciée, ou du moins c'est bien ce qu'elle a paru faire – prend nécessairement place dans le temps, soit qu'il s'agisse d'un certain type de puissance humaine, d'une *potentia* qui se déploie, ou d'une capacité intellectuelle susceptible de devenir un mode concret d'existence. La transformation se trouve donc occuper le centre de tout le propos : de l'ignorance relative à la connaissance. D'une joie moindre à une autre, plus grande, plus durable et plus stable. De la pathologie de l'existence à la bonne santé et ainsi de suite.

Nous découvrons maintenant que là n'était pas vraiment la question. Une difficulté nouvelle réapparaît qui doit être énoncée. Elle « réapparaît » en ce sens qu'elle est présente, selon divers degrés d'explicitation, depuis le début, et cette difficulté est l'une des plus redoutables de la philosophie de Spinoza. Beaucoup de critiques l'ont déjà soulevée et affrontée de nombreuses façons. Ainsi qu'il advient avec d'autres aspects de sa pensée, ce n'est pas avant l'extrême fin de l'œuvre majeure de Spinoza que sa signification se fait réellement jour. En un mot, on peut dire qu'il s'agit de la difficulté notoire de la particularisation. Soit encore c'est la difficulté que soulève la question de la façon dont on descend continûment par la chaîne des raisons ou des causes, de la substance une et infinie vers les modes finis. Cette question prend maintenant un autre visage : comment rendre compte de l'apparente contradiction suivante ? D'un côté, le fait de l'éternité essentielle de l'âme et de la connaissance innée de celle-ci[1]. Par contraste et par-delà la question du but de la philosophie, la poursuite du bonheur et de formes plus élevées de compréhension est conçue comme la question absolument cruciale de l'accès à un mode de vie plus élevé. D'un côté, la joie, le contentement, l'amour sont conçus comme autant de manifestations ou de résultats, ou encore comme le versant idéatif des médiations qui permettent de passer d'une forme de connaissance plus ordinaire à une autre plus élevée – d'un moindre à un plus grand bien-être, toutes choses qui se déroulent manifestement dans le temps : en tout cela, il est question, en vérité, d'être tout simplement. Mais, d'un autre côté, l'éternité, qui est, pour ainsi dire l'être par excellence, n'est pas vraiment un accomplissement, elle est bien plutôt un fait ontologique fondamental et la précondition du mouvement vers davantage d'être.

Spinoza avertit à maintes reprises son lecteur que nous n'avons d'autre choix que de continuer à parler « comme si » se jouaient sur la scène du temps, et la compréhension philosophique, et le genre d'existence humaine liée à ce genre de compréhension, mais aussi ce que Spinoza appelle béatitude et liberté. Même dans ce moment final de l'exposé de la théorie rationnelle de l'homme, on ne peut éluder le temps, cet « auxiliaire de l'imagination ». Une des questions sans doute les plus difficiles que soulève l'entreprise philosophique de Spinoza, bien qu'elle soit souvent laissée de côté, réside dans la possibilité de concilier le caractère inévitablement temporel de l'existence humaine avec une conception de la rationalité qui la pense *sub specie aeternitatis*[2]. De façon plus concrète, on peut formuler la question comme une interrogation sur la signification et la pertinence que détient le fait de considérer la vie humaine et le bonheur sous l'angle de l'éternité. Bien qu'il en ait été apparemment conscient, Spinoza ne l'a pas posée directement. En son lieu et place, il a présenté à son lecteur des clarifications assez rapides et partielles telles que celles que nous venons de rappeler ci-dessus, ainsi que nombre de mises en garde contre le fait de se limiter à l'horizon de l'opinion commune des hommes, laquelle n'excède

1. Nous avons déjà vu que les hommes – tous les hommes – « ont conscience, à la vérité, de l'éternité de leur âme » (*É* Vp34s)

2. Bien entendu, ce n'est nullement la totalité des commentateurs qui éludent cette question. On peut invoquer les deux exemples de Mason (*The God of Spinoza*, Cambridge, CUP, 1997) qui lui consacre quelques pages, et de Macherey, qui lui attribue une place considérable dans son ouvrage *Introduction à l'Éthique de Spinoza*, V : *Les voies de la libération*, *op. cit.*

jamais les notions temporelles à l'intérieur desquelles nous pensons tous nécessairement.

Toutefois, la réponse à cette question se trouve en réalité dans l'entièreté du système de pensée dont l'*Éthique* est l'articulation la plus exhaustive et la plus achevée. La nature de l'entreprise de Spinoza dans sa totalité, autant que la prise en compte de la dernière partie de l'*Éthique* en particulier, requièrent du lecteur une herméneutique radicale. On comprend l'embarras des commentateurs : l'ambiguïté du langage spinoziste, son caractère allusif, le constant va-et-vient entre le temps et l'éternité, tout comme le caractère partiel des brèves explications qu'il fournit dans les dernières propositions et scolies de la cinquième partie de l'*Éthique*, tout cela explique également que la littérature consacrée à Spinoza soit tellement diverse. Ainsi on va, par exemple, de l'omission totale de la dernière partie par Jonathan Bennett, à son opposé, à une sorte d'interprétation mystique, comme celle de Jon Wetlesen[1].

Selon *É* Vp33s qui vient d'être cité, joie et béatitude sont distinctes : si la première réside dans le « passage », nécessairement temporel, « à une perfection plus grande », la seconde « consiste en ce que l'âme est douée de la perfection elle-même ». On voit la notion de perfection également dans la proposition 27 : qui connaît les choses par le troisième genre de connaissance « passe à la plus grande perfection humaine ». La perfection a déjà fait son apparition à de nombreuses reprises dans les parties antérieures de l'*Éthique*, et l'utilisation qu'en fait Spinoza est non seulement variée mais aussi assez paradoxale. *É* I parle très souvent de l'« absolue perfection de Dieu » (par exemple en *É* Ip11s et en *É* Ip33 second scolie). *É* II déf6 stipule que : « par réalité et par perfection j'entends la même chose » et plus loin, la formulation *realitate sive perfectio* apparaît un grand nombre de fois. En *É* III, dans la théorie des affections, la « perfection » se réfère le plus souvent à l'âme qui est sujette à de grands changements, passant « tantôt à une perfection plus grande, tantôt à une moindre »(*É* IIIp11s). *Perfectio* est utilisée en un sens catégorique dans toutes ces occurrences alors que la préface à *É* IV en propose une version relativiste, en faisant d'elle un simple schème permettant de faire des comparaisons. Ce relativisme est toutefois plus apparent que réel. La longue considération que Spinoza consacre à la signification de la « perfection » dans la préface atteste

1. Voir J. Wetlesen, *The Sage and the Way*, Assen, Van Gorcum, 1979. Wetlesen n'est qu'un des nombreux commentateurs à trouver dans la philosophie de Spinoza de la religiosité et même du mysticisme. Comme Moreau le remarque à juste titre, ces interprétations sont défendues de façon plus verbale que substantielle (*Spinoza, L'expérience et l'éternité*, *op. cit.*, p. 287-288). Voir le premier chapitre.

combien la tentative de trouver une normativité non moralisatrice en la fondant ontologiquement est problématique.

Ainsi, la préface à la Quatrième partie : « De la servitude de l'homme ou des forces des affections » est un texte vraiment important. Pour une part, elle paraît contenir une réponse tardive et indirecte à Blyenbergh; ce dernier avait lancé un vrai défi à Spinoza en l'incitant à s'embarquer dans ce qui est devenu sa tentative la plus complète (quoiqu'inachevée) destinée à expliquer la nature de la normativité morale en fournissant un fondement aux distinctions normatives et de évaluatives[1]. La notion de perfection se trouve au centre des considérations contenues dans les lettres à Blyenbergh comme dans la préface à *É* IV. La préface est un écrit dense et tortueux, et il n'est pas sans signification que les deux formulations spinozistes célèbres et lourdes de sens y figurent. Il s'agit du *Deus sive natura* (à deux reprises) et de *causa sive ratio*. Les positions en jeu sont complexes et énigmatiques dans les deux cas. Dieu est-il réductible à la nature, et Spinoza était-il panthéiste? Ou encore, Spinoza donnait-il dans le panenthéisme ou dans l'acosmisme? Les «raisons» ont-elles une efficace causale? Ou peut-être les causes sont-elles les instruments des explications rationnelles? Il ne s'agit pas de traiter ces questions maintenant, ce qui d'ailleurs a déjà été fait, directement ou de façon oblique, dans ce qui précède. Il semble qu'il n'y a rien d'accidentel dans le fait que de telles questions soient suscitées par ce texte qui contient une tentative sérieuse pour affronter quelques difficultés très réelles. Voilà pourquoi il mérite une attention particulière.

Spinoza commence cette préface à *É* IV en présentant l'objet de ce que le lecteur va rencontrer dans cette partie de l'*Éthique :* « J'appelle servitude l'impuissance de l'homme à gouverner et réduire ses affections; soumis aux affections, en effet, l'homme ne relève pas de lui-même mais de la fortune, dont le pouvoir est tel sur lui, que, souvent, il est contraint, voyant le meilleur, de faire le pire. Je me suis proposé, dans cette partie, d'expliquer cet état par sa cause et de montrer, en outre, ce qu'il y a de bon et de mauvais dans les affections. »

Après cette introduction générale, Spinoza propose en premier lieu de procéder à une sorte de genèse des termes par lesquels on désigne les notions de «perfection et imperfection», ainsi que celles de «bon et

1. En dehors de quelques références dispersées ici ou là, il n'y a pour ainsi dire rien en anglais (ni d'ailleurs dans d'autres langues) sur l'échange de lettres entre Blyenbergh et Spinoza. Il semblerait que Deleuze soit le seul à s'être occupé sérieusement de cet important échange avec Blyenbergh dans son petit *Spinoza: Philosophie pratique*. Les vues que Deleuze consacre à cette correspondance avec Blyenbergh sont, à beaucoup d'égards, remarquables, mais il est également possible qu'elles laissent échapper l'essentiel (voir *infra*).

mauvais». En dépit de quelques différences – même si certaines sont hautement significatives – la critique à la fois des termes de «perfection-imperfection» et de ceux de «bon-mauvais» repose sur un seul et même principe qui est l'anthropomorphisme. Disons plus précisément que c'est par un déplacement caractéristique que se produit l'erreur qui conduit au moralisme: des termes qui sont pertinents et même nécessaires quand il s'agit de l'existence humaine, font l'objet d'une extrapolation illégitime quand on les applique à la métaphysique et quand on suppose qu'ils peuvent valoir pour l'être comme tel. Dans les deux cas, le contexte naturel et la source de ces vocables se trouve dans quelque forme de comparaison. Quand il s'agit de la perfection et de l'imperfection, l'erreur anthropomorphiste conduit à une conception téléologique; ce point a déjà été analysé dans l'Appendice de *É* I et Spinoza en a fait plus ou moins le péché philosophique par excellence. Le diagnostic qui en fut fait a débusqué sa source dans la conduite que les artefacts suscitent habituellement. Sachant que ces choses résultent de quelque projet ou intention de celui qui l'a faite, on considère de tels objets du point de vue de ce qui en avait été envisagé et on en estime la valeur selon que cet objet remplit ou non l'objectif que recherchait celui qui l'a fabriqué. Lorsque les hommes ont commencé à penser en s'aidant de termes universels, ils ont forgé des idées abstraites de tels objets artificiels. Puis, par une généralisation de cette façon générale d'appréhender des choses fabriquées par les hommes, ils ont considéré les idées générales qu'ils en avaient formées comme des modèles ou des critères selon lesquels évaluer de façon absolue d'abord les choses artificielles, puis tout aussi bien les choses naturelles. Voilà, prétend Spinoza, la raison pour laquelle «les hommes ont accoutumée d'appeler «parfaites» ou «imparfaites» les choses naturelles» qui n'ont pas été faites de main humaine. «Perfection» et «imperfection» sont donc forgées comme des notions téléologiques; une formulation tangible est ainsi donnée au préjugé selon lequel la nature agit en fonction de fins préétablies de sorte que les causes finales seraient véritables et dotées d'efficace, en dehors du champ des projets des hommes et de leurs prévisions.

Ce sera au même titre que nous dirons que «perfection et imperfection», ainsi que «bon et mauvais» ne sont autre chose que des *modi cogitandi*, c'est-à-dire «des notions que nous avons coutume de forger» parce que nous comparons les choses. Si le couple «perfection-imperfection» est un schème qui permet, pour ainsi dire, de comparer les choses à elles-mêmes (ou à ce qu'elles sont censées être), la distinction «bon-mauvais» est le champ notionnel au sein duquel les comparaisons concernent des choses différentes. «Une seule et même chose peut, au même moment, être bonne et mauvaise et aussi être indifférente » : tout dépend de qui fait la comparaison et de ce qui est comparé. Ainsi, « bon et mauvais » sont des dénominations relatives.

La genèse spinoziste des préjugés qu'expriment des termes tels que « perfection », « imperfection », « bon » et « mauvais », est assurément à la fois simpliste et dépourvue d'originalité. Toutefois on a là le signe qu'il s'agit moins d'un défaut d'inventivité intellectuelle que du fait que la genèse de la pensée finaliste n'est pas ce qui préoccupe vraiment Spinoza dans cette préface. La critique de ces vocables sert de marchepied pour parvenir au véritable propos. Et de nouveau, comme ce fut déjà le cas ici, ce propos est à double enjeu : à la fois positif et polémique. La réfutation de la pertinence des notions en question entre dans une argumentation compliquée en un mouvement typique de va-et-vient entre la critique, le rejet et une réhabilitation partielle qui repose sur une forme de dialectique herméneutique. Le premier moment est heuristique et effectue la critique des usages et mésusages des termes considérés, qui vont se voir ou révoqués ou amendés en tant qu'ils font barrage à une meilleure compréhension des problèmes qu'ils enveloppent. Derrière le voile d'ignorance et des préjugés gît une véritable conception philosophique – elle-même peut-être elle aussi aperçue comme au travers des nuées – et il faut la rendre saisissable pour que le véritable examen théorique des questions en jeu puisse débuter.

La polémique que contient la préface vise, de façon générale, ce qu'on peut baptiser l'instance « moralisatrice ». Il y a toutefois un écart significatif entre la façon dont Spinoza stigmatise la portée néfaste de la réification de la perfection et de l'imperfection, comparée à la façon qu'il a de s'en prendre au « bon » et au « mauvais ». Alors que « bien » et « mal » ne désignent rien de réel dans les choses, la question de savoir s'il en va de même quand il s'agit de la perfection ou de l'imperfection n'est pas très claire. Lorsque Spinoza aborde la perfection et l'imperfection, il ne s'attache qu'à un versant de cette opposition : « lors donc que (les hommes) voient se faire, dans la nature, quelque chose de peu conforme au modèle par eux conçu pour une chose de même sorte, ils croient que la nature elle-même s'est trouvée en défaut ou a péché, et qu'elle a laissé imparfaite son œuvre ».

Spinoza n'analyse donc pas de la même façon l'opposition entre perfection et imperfection et l'opposition du bon et du mauvais, ce qui donne l'impression qu'il reprend à son compte une asymétrie classique. Un argument majeur qu'avancent les théodicées classiques dans leur opposition aux manichéens comme aux gnostiques, consiste à dire que le mal est dépourvu de toute positivité tant ontologique que conceptuelle. Le Dieu absolument bon est l'unique créateur, de sorte qu'il ne saurait y avoir un principe du mal puisque ce que Dieu a créé est nécessairement et intégralement bon. Ce qui est perçu ou conçu comme mal par les hommes consiste en la privation du bien, et non dans quoi que ce soit de positivement existant ou concevable. Or dans sa façon d'aborder les termes de bon et mauvais, Spinoza prend une décision majeure en ce qu'il affirme du « bon » tout ce que la tradition imputait au « mal », à savoir qu'il ne désigne rien qui se trouve positivement dans les choses. Pour peu qu'on considère les choses en elles-mêmes, elles ne sont ni bonnes ni mauvaises, ni même moralement indifférentes. « Bon » et « mauvais » ne peuvent tout bonnement pas être dits des choses considérées en elles-mêmes[1].

On ne peut cependant pas répéter la même chose quand il s'agit de la perfection et de l'imperfection. « Bon » et « mauvais » sont rejetés parce que ce sont deux notions qui sont, au même titre, abstraites, relatives et métaphysiquement vaines; quand il s'agit en revanche de la perfection et de l'imperfection, l'asymétrie traditionnelle est conservée et l'imperfection n'est rien que privation de perfection. Ce qui demeure encore à l'état implicite dans la préface de *É* IV va devenir pleinement explicite vers la fin de l'*Éthique :* appliquée à l'existence humaine, la perfection est un vrai concept.

Mais, avec la critique du bien et de la perfection, Spinoza n'a pas dit son dernier mot dans cette préface. Dès lors qu'elles peuvent être utilisées en vue d'une théorie rationnelle de l'homme, les deux notions vont recouvrer leur dignité perdue. À la façon dont la doctrine de la béatitude et de la liberté en avait appelé à la temporalité, des motifs philosophiques, cette fois encore, conduisent à avoir en quelque façon recours à l'imagination : « désirant en effet former une idée de l'homme qui soit comme un modèle de la nature humaine placé devant nos yeux, il nous sera utile de conserver ces vocables dans le sens que j'ai dit. J'entendrai donc par bon dans ce qui va suivre, ce que nous savons avec certitude qui est un moyen de nous rapprocher de plus en plus du modèle de la nature humaine que nous nous

1. C'est expressément afin de s'opposer à quelque chose comme ce sur quoi Leibniz insiste dès le second paragraphe de son *Discours de métaphysique* : ainsi que le récit biblique de la création l'enseigne, il y a une bonté intrinsèque dans toutes les choses créées où il est dit que, après chacun des six jours au cours desquels il créa le monde, Dieu considéra ce qui avait été fait, « et vit que c'était bien ». Ce qui se joue entre Leibniz et Spinoza ne concerne ni l'existence de Dieu ni sa bonté. La « cause de Dieu » (ainsi que s'intitule un appendice de la *Théodicée*) est moins dirigée contre le supposé athéisme de Spinoza que contre son antimoralisme. Que des qualificatifs moraux puissent être attribués à l'être (c'est-à-dire à la création), c'est là ce que Leibniz cherche à défendre.

proposons» et «nous dirons en outre les hommes plus ou moins parfaits, suivant qu'ils se rapprocheront plus ou moins de ce même modèle».

Toutefois, ainsi qu'il vient d'être dit, à la différence du «bien», si la perfection est de nouveau partie prenante de la rationalité philosophique, ce n'est pas seulement au titre d'un type de pensée susceptible de rendre service, mais en tant que vrai *concept*. Aussitôt après que Spinoza ait montré la source des préjugés concernant les deux notions de perfection et d'imperfection, la perfection seule – et non l'imperfection – est réhabilitée dans son contenu positif. «L'imperfection» quant à elle demeure un préjugé qui ne signifie jamais rien de positif: ni la négation d'une perfection, ni son opposé, mais toujours une privation – laquelle est d'ailleurs forcément relative. Penser en termes de «perfection-imperfection» trouve son origine dans la tendance à faire des comparaisons entre des choses appartenant à la même espèce, et c'est en ce point que se fait jour l'équivalence entre les concepts de perfection et de réalité qu'avait posée la définition 6 en *É* II :

> Nous avons coutume en effet de ramener tous les individus de la nature à un genre unique appelé généralissime, autrement dit à la notion de l'être qui appartient à tous les individus de la nature absolument. En tant donc que nous ramenons les individus de la nature à ce genre et les comparons entre eux, et dans la mesure où nous trouvons que les uns ont plus d'entité ou de réalité que les autres, nous disons qu'ils sont plus parfaits les uns que les autres, et en tant que nous leur attribuons quelque chose qui, telle une limite, une fin, une impuissance, enveloppe une négation, nous les appelons imparfaits, parce qu'ils n'affectent pas notre âme pareillement à ceux que nous appelons parfaits, et non parce qu'il leur manque quelque chose qui leur appartienne ou que la nature ait péché. Rien en effet n'appartient à la nature d'une chose, sinon ce qui suit de la nécessité de la nature d'une cause efficiente, et tout ce qui suit de la nature d'une cause efficiente arrive nécessairement.

Il semble à première vue que, dans la mesure où «être» et «réalité» sont dotés d'une signification positive, il en aille de même pour «perfection». Toutefois, on ne voit pas vraiment pour quelles raisons perfection et être seraient identiques, ni en quoi résiderait au juste la nature de cette identité. Ainsi, par exemple si « comparer » est une habitude de la pensée, on ne voit pas clairement pourquoi une comparaison entre des êtres subsumables sous le genre le plus général qui soit, serait plus objective et pourvue d'une légitimité théorique plus grande qu'une comparaison faite selon un autre critère. Ce sont les doctrines philosophiques et théologiques passées et contemporaines qui ont défini la perfection comme un mode d'être, ou plutôt comme une quantité d'être, qui constituent l'arrière plan à partir duquel les termes de Spinoza doivent être lus, et il y a là un argument de poids. Et cette fois encore, la curieuse tension dialectique entre traditionalisme et subversion ne saurait échapper. Il récuse d'une main une raison théorique majeure qui plaide en faveur de la doctrine compliquée de la perfection, à savoir le « préjugé téléologique », mais de l'autre, il lui donne autorité pour en faire le fondement de sa théorie éthique.

NÉCESSITÉ, RAISON, SAGESSE ET PHILOSOPHIE

Le fragment tiré de la préface de *É* IV qui vient d'être cité, se termine par l'affirmation suivante : « Rien n'appartient à la nature d'une chose, sinon ce qui suit de la nécessité de la nature d'une cause efficiente, et tout ce qui suit de la nécessité de la nature d'une cause efficiente arrive nécessairement ». Il y a là encore une réfutation de plus au préjugé finaliste. Toutefois, il ne s'agit plus de se reposer sur la genèse et la détection de ses sources psychologiques pour le réfuter mais la réfutation prendra appui, de façon autrement consistante, sur la doctrine de la nécessité causale et déterministe. Elle se rattache aux analyses finales de l'*Éthique* en faisant allusion à la doctrine de la liberté humaine qui est élaborée dans les dernières propositions de *É* V. C'est toute la métaphysique de la nécessité qui constitue l'arrière plan à partir duquel on devrait lire les quelques mots que Spinoza consacre à la nécessité causale dans la préface de *É* IV. La nécessité causale constitue en vérité l'envers du problème traditionnel du déterminisme et de sa signification pour la théorie morale. Bien qu'il faille attendre la fin de l'*Éthique* pour savoir si ce renversement peut être effectué et comment il le peut, le court fragment qui vient d'être cité indique qu'une utilisation curieuse, originale et parfaitement iconoclaste du déterminisme fait de ce dernier le fondement de la normativité et de la valeur positive de l'être.

On considère en général que le déterminisme, qu'il soit causal ou d'une autre nature, fait obstacle à la théorie morale en ce qu'il serait incompatible avec une volonté libre. Si toute chose est déterminée par des causes qui agissent selon des lois immuables, et si de surcroît les hommes font partie de la nature et que leurs actes sont complètement déterminés, alors il ne reste aucun espace pour la volonté libre : voilà ce que prétend une très ancienne et durable revendication. Les hommes seraient alors soumis à la nécessité naturelle, exactement à la façon dont tous les autres êtres naturels le sont, de sorte que ce qu'ils accomplissent ne résulterait de rien d'autre que de la grande chaîne de causes et d'effets qui les déterminerait complètement. Il s'ensuit qu'il n'y a que vaines chimères dans ce que nous croyons être notre propre « choix », et ce que nous appelons notre libre volonté. Or, sans libre choix et libre volonté, la moralité serait impossible. Ce que les êtres humains accomplissent peut peut-être consister en « comportements », mais il ne saurait s'agir d'« actions » au sens strict du terme car il ne reste aucune place pour concevoir positivement, dans une telle théorie de la nature humaine, que les êtres humains puissent être agents de leurs conduites. Il s'ensuit, et c'est le point essentiel, que les hommes ne peuvent plus être tenus pour comptables de ce qu'ils font. Or, pour le dire de façon plus théologique, puisque la responsabilité présuppose le libre choix, si les causes naturelles ou secondes suivent de la cause première, c'est-à-dire de Dieu, c'est lui qui est la source d'où découle tout ce qui arrive, en bien comme en mal. De Saint Augustin à Kant et chez beaucoup d'auteurs contemporains, la même question revient sans cesse : est-ce que le déterminisme causal d'un côté, la prescience, l'omniscience et l'omnipotence divines de l'autre, sont compatibles avec la libre volonté et le libre choix ? S'ils ne sont pas compatibles, alors l'homme cesserait d'être un agent moral. S'ils le sont, comment est-ce concevable ?

La réponse de Spinoza est très célèbre et peut-être accablante : libre volonté et libre choix ne sont en effet que chimères. Quand les hommes s'imaginent agir par libre choix, ils ressemblent à une pierre qui, en train de tomber, serait consciente de sa chute tout en se disant à elle-même qu'elle tombe en vertu de son libre choix. Si on prend au pied de la lettre et véritablement au sérieux, comme on le doit, le déterminisme radical de Spinoza, il semble bien mettre en péril toute perspective éthique, y compris la sienne. Si toute chose est causalement déterminée, ou plutôt prédéterminée, il devient vain, à ce qu'il semble, d'essayer de convaincre les hommes (ce que *l'Éthique* est censée faire) d'agir et de vivre d'une façon autre que celle à laquelle les causes naturelles les déterminent. De telles vues qui sont simplistes sans être complètement erronées ont pour conséquence un fatalisme qui a été récusé à de nombreuses reprises et en font partie, les nombreuses tentatives destinées à réfuter le célèbre argument dit « du paresseux » (le *sophisme du paresseux* ainsi que le nomme Leibniz) qui remonte aux Stoïciens, tout particulièrement à Cicéron et à Chrysippe et jusqu'au *De Interpretatione* d'Aristote.

Hisdai Crescas, l'un des seuls philosophes juifs médiévaux que Spinoza respecte, propose une version particulièrement intéressante du point de vue qui est le nôtre, de la réfutation de l'argument fataliste, effectuée d'un point de vue éthico-théologique. Crescas écrit une défense de la doctrine du libre vouloir en se situant à l'intérieur d'une théologie philosophiquement déterministe[1]. Disons en gros que la solution que Crescas propose à la difficulté, consiste à dire que, dans les événements en tant qu'ils sont toujours déterminés, la volonté est une présupposition nécessaire. Dans sa formulation classique, il pose que ce qui est prédéterminé ce n'est pas simplement que le patient ait été, ou non, guéri (et en ce cas, il n'y aurait en principe pas lieu d'appeler un médecin) mais c'est aussi l'événement entier qui inclut le fait d'appeler, on non, le médecin. Le fait d'appeler – ou non – le médecin, fait partie intégrante de la guérison – ou de son échec. Et à son tour, la volonté et la décision de consulter, ou non, le médecin, fait partie du fait qu'il ait été – on non – consulté et par conséquent, elles font partie de la guérison.

Spinoza connaissait l'œuvre de Crescas et lui accordait sans doute une valeur plus grande qu'à d'autres philosophes juifs qu'il avait étudiés dans sa jeunesse. Il y a quelques commentateurs pour trouver des ressemblances significatives entre le déterminisme de Spinoza et la solution qu'apporte Crescas à la question de la libre volonté. L'argument qu'oppose Spinoza à l'argument paresseux est toutefois très différent de celui de Crescas. Le fatalisme comme l'argument paresseux apparaissent parfois comme des défis qui mettraient en question le fait même d'avoir écrit l'*Éthique* : si toute chose arrive nécessairement, et si, entre autres choses, le fait de découvrir la vérité et d'avoir des idées adéquates est lui-même déterminé par des causes naturelles, alors, à la façon de la guérison du malade de Cicéron, cela aura lieu, ou non, quoi qu'il en soit. Mais alors pourquoi se donner la peine d'écrire l'*Éthique ?* N'est-ce pas vain ? La réponse que fait Spinoza à cette question ne repose pas sur la tentative de montrer la compatibilité entre le déterminisme et la libre volonté : en ce sens, elle est très différente de celle de Crescas. Au lieu de contourner le déterminisme nécessitant, il en fait le fondement même de sa réponse. La nécessité géométrique est souvent considérée comme la source des difficultés en cause. Or, paradoxalement, du moins du point de vue de la longue histoire (toujours vivante) de ce questionnement, c'est en elle que réside le nerf de la réponse au défi que pose le fatalisme et c'est dans cette même nécessité géométrique que réside la condition de possibilité d'une liberté effective.

1. Le lecteur de l'hébreu trouvera un résumé concis de la doctrine de Crescas, comme aussi de certaines de ses affinités avec Spinoza, chez W. Z. Harvey, *Rabbi Hesdai Crescas* (en hébreu) Jérusalem : Centre Zalman Shazar, 2010. Il y a, bien sûr, beaucoup d'autres commentaires et de présentations qui se sont consacrés en d'autres langues à cet important philosophe médiéval juif. Si on reprend quelques uns des usages terminologiques contemporains, et leurs catégories pseudo typologiques, on dira de Crescas que c'est un « compatibiliste » – les notions de libre choix et de libre vouloir étant, selon lui, compatibles avec une théorie de la création totalement déterministe.

Pour essayer de formuler la réponse que donne Spinoza et de comprendre quelle est la place de la doctrine de la liberté dans son déterminisme, une remarque générale s'impose maintenant. La doctrine de la libre volonté selon Crescas apparaît comme un exemple de « compatibilisme » et on dit parfois que Spinoza lui aussi serait une sorte de compatibiliste. Cependant, ce qui est appelé de la sorte apparaît plus souvent qu'à son tour comme un *deus ex machina* théorique qui s'efforce de nous convaincre en quelque sorte, que ce qui est incompatible est quand même, après tout, compatible, ne serait-ce que dans le cas privilégié et peut-être « anormal » de la volonté et du choix humains. Vu sous cet angle, le compatibilisme est en général une sorte de *pis aller*[1], un « moindre mal » théorique qui maintient, faute de meilleure solution, les deux exigences de la raison (ainsi que dirait Kant), rivales et contradictoires, à savoir le déterminisme et la liberté. La réponse que fait Spinoza n'a rien à voir car, selon lui, déterminisme et libre vouloir sont en vérité incompatibles. La raison montre que le libre choix est une illusion. Mais il n'en va pas de même pour la liberté. Toutefois, la liberté n'aurait aucun sens et serait un mot vide si le déterminisme nécessitant n'était pas vrai. Il n'y a pas lieu de montrer que la liberté est compatible avec la nécessité – et encore moins de renoncer à l'un des deux termes – puisqu'elles sont une seule et même chose.

L'ontologie spinoziste qui pose le caractère nécessitant de tout être, est aussi, fût-ce à mi mots, une sorte de phénoménologie de la pensée géométrique. Disons, en bref, que cette doctrine affirme, semble-t-il, que, bien que le géomètre qui démontre, par exemple, l'absolue vérité – et nécessité – du théorème de Pythagore ne choisit librement aucun de ses éléments ; bien qu'il n'ait ni à les tenir pour vrais, ni à les réputer non-vrais, il n'en est pas moins complètement libre quand il démontre la vérité de ce théorème. Son libre vouloir ne joue aucun rôle dans sa démonstration, abstraction faite de la structure de la démonstration elle-même. Et cependant, il n'y aurait aucun sens à prétendre que ce géomètre spinoziste agirait de façon non libre, soit encore plus précisément, de façon soumise et assujettie à la vérité du théorème. L'*Éthique démontrée suivant l'ordre géométrique* apparaît donc comme la tentative de généraliser cette sorte de libre nécessité à une vaste ontologie, à une théorie de l'homme et à une éthique. En tant que telle, elle est elle-même un exercice de liberté.

Il ne s'agit là, cependant, que d'une partie de l'histoire. Leibniz, un des lecteurs les plus profonds de Spinoza, a fort bien compris qu'il n'y a aucune contradiction entre la nécessité et une certaine forme de liberté, dans la mesure où on parle de vérités formelles. Il a toutefois considéré que,

1. En français dans le texte [NdT].

du point de vue de la théorie morale, cette doctrine spinoziste était défaillante. Dans sa *Théodicée*, comme à beaucoup d'autres reprises, il a invoqué des raisons semblables à celles de Crescas, pour en faire une des pièces de sa stratégie et de ses multiples tentatives pour formuler une théorie efficace de la liberté. À la différence de Spinoza et de Crescas, il pensait que « sauver la contingence », selon ses propres termes, était une condition nécessaire du sauvetage des notions de choix, de responsabilité et de culpabilité, c'est-à-dire plus généralement une condition nécessaire de la cohérence et de la légitimité d'un point de vue moral. Tout comme Spinoza, Leibniz n'était aucunement un compatibiliste car il a, sa vie durant, cherché le fil d'Ariane qui permettrait de sortir sain et sauf du labyrinthe de la nécessité et de la liberté, et il l'a fait en s'efforçant de contrer Spinoza par une philosophie totalement rationaliste qui conserverait néanmoins les dogmes essentiels de la théorie morale que Spinoza était supposé avoir rendus indéfendables.

Selon Leibniz, affirmer le libre vouloir, la capacité d'être un agent moral et la responsabilité serait problématique voire contradictoire, sans pour autant épuiser la menace que le déterminisme fait peser sur la théorie morale. La mise en cause de la légitimité de toute pensée évaluative qu'entraîne le déterminisme causal est un danger autrement plus sérieux que les supposées incompatibilités dont il vient d'être question. Soit, plus simplement : l'assertion selon laquelle nous ne pouvons pas choisir d'agir différemment de la façon dont nous agissons en réalité n'est pas, en elle-même la réfutation de la solidité, de l'objectivité qu'il y a à parler des choses en général, et de la conduite humaine en particulier, en termes de « bon » et de « mauvais ». Il faut ajouter quelque chose d'autre pour être à même de refuser toute véritable teneur conceptuelle au langage moral, à la façon dont Spinoza dénie toute légitimité *sui generis* au fait de parler en termes de bon et mauvais. En vérité, Leibniz a fort bien compris non seulement le fait que le nécessitarisme constitue une menace pour la théorie morale, mais il en a aussi mesuré la pleine signification. Il n'est même pas tout à fait impossible qu'il en ait pris conscience au cours de sa longue et incessante confrontation avec la philosophie de Spinoza[1]. Le nécessitarisme ne veut pas seulement dire que toute chose est et advient

1. Dans son *The Courtier and the Heretic. Leibniz, Spinoza, and the Fate of God in the Modern World* (New York, W. W. Norton & Company, 2006), M. Stewart se livre à une présentation fort intéressante, résolument non-académique et pro-spinoziste, quelquefois simpliste mais tout de même dans l'ensemble intelligente et informée, de la lutte que Leibniz mena contre Spinoza de manière presque obsessionnelle, pour en faire sa motivation la plus importante. Bien qu'elle soit à coup sûr exagérée, il y a cependant davantage qu'une once de vrai dans une telle assertion.

conformément à des lois naturelles immuables, généralement conçues comme causales – mais il signifie aussi, de la façon la plus radicale, que ce qui arrive ne peut arriver autrement qu'il arrive, de sorte que la seule hypothèse d'une autre possibilité revient à un pur non-sens. Cela veut dire qu'au delà de l'existence actuelle, aucune possibilité véritable (c'est-à-dire non actualisée) n'existe. Tout ce qui est en jeu dans la critique que Leibniz adresse au nécessitarisme de Spinoza tient à la considération suivante : on doit, par delà l'existence actuelle, ménager un espace aux possibilités réelles. C'est la condition *sine qua non* d'une défense véritable de la cohérence et de la pertinence des concepts moraux les plus fondamentaux. En l'absence d'un tel espace pour des possibilités réelles qui transcendent l'existence actuelle, il n'y a plus aucune place pour une pensée évaluative, quelle qu'elle soit[1]. Si toute chose est ce qu'elle est, si rien ne fait défaut à la réalité, si l'« existence en acte » occupe la totalité de l'être (et du possible), si les choses ne peuvent être autres qu'elles ne sont actuellement, si la pensée est incapable d'ouvrir sur des perspectives de possibilités qui se situent au delà de l'horizon de l'existence, alors, ainsi que Spinoza le souligne ici comme en d'autres occasions, rien ne peut être dit manquer de quoi que ce soit et les jugements d'évaluation morale ne sont pas possibles. L'argument est plus profond que la simple critique de la pensée téléologique et de l'anthropomorphisme, car, faute d'être en mesure d'envisager un ensemble de possibilités virtuelles, c'est-à-dire de purs possibles, rien d'autre ne semble se présenter à la pensée que l'affirmation du pur *donné*.

Leibniz a mis le doigt sur une vraie difficulté. C'est aussi le sens, quoique de façon différente, de la critique célèbre que Hegel oppose à Spinoza. Celui-ci, faute d'un concept de négativité, aurait fait montre de quelque naïveté en se livrant à ce qui apparaît comme la tentative de ne pas tomber dans le piège du pur « affirmationisme ». C'est en ce point que la notion de comparaison entre en jeu, en ce qu'elle paraît permettre d'avoir, sans difficulté, recours à un langage normatif. Cette fois encore, la posture est compliquée. La notion de comparaison, ou l'acte de comparer, est loin d'être quelconque et Spinoza paraît, du moins à quelque égard, en avoir été conscient.

Comparer, pense-t-il, présuppose quelque troisième terme ou quelque contexte pour qu'on puisse le faire de façon intelligible. Nous comparons des choses qui relèvent « du même genre ou de la même espèce ». La doctrine des « notions communes » et des « propriétés communes » se tient à l'arrière plan de ce principe, mais avec elle l'idée de *in suo genere* qu'on

1. Voir E. Yakira, *Contrainte, nécessité..., op. cit.*

trouve en particulier en *É*Idef2 pour définir de qui est « fini selon son genre ». La préface à *É*IV ajoute que l'ultime contexte de la comparaison consiste en « un genre unique appelé généralissime » que nous concevons comme le concept d'« être » *(entis)*. Toutefois, que la comparaison ouvre ou non une brèche à l'intérieur du nominalisme, et même si le fait de comparer est effectué de façon incontestable, il demeure qu'il ne peut à soi seul transcender le pur « affirmationisme » et laisser la voie libre à une évaluation à laquelle il fournirait explication et fondement. Juger qu'une chose est plus verte ou plus grande qu'une autre ne consiste pas en un jugement de valeur ni à poser en quoi que ce soit une préférence normative. Si on juge qu'une chose est plus forte ou plus saine qu'une autre, personne ne comprend qu'on attribue purement et simplement à cette chose davantage de perfection, de réalité ni bien sûr, de valeur. On ne peut dire qu'un criminel fort et en bonne santé ait davantage de perfection et de valeur qu'un philosophe spinoziste frêle et souffrant par exemple.

Il n'en demeure pas moins que nous entreprenons d'évaluer

> en tant que nous ramenons les individus de la nature à ce genre [unique appelé généralissime] et les comparons entre eux, et dans la mesure où nous trouvons que les uns ont plus d'entité ou de réalité que les autres, nous disons qu'ils sont plus parfaits les uns que les autres, et en tant que nous leur attribuons quelque chose qui, telle une limite, une fin, une impuissance, enveloppe une négation, nous les appelons imparfaits, parce *qu'ils n'affectent pas notre âme pareillement à ceux que nous appelons parfaits,* et non parce qu'il leur manque quelque chose qui leur appartienne ou que la nature ait péché[1].

C'est donc en vertu des différents degrés d'intensité selon lesquels les choses « affectent notre âme » que nous considérons qu'elles détiennent plus ou moins de réalité *sive* perfection. Aucune chose ne manque de quoi que soit qu'elle aurait dû posséder, et la nature ne pêche pas : une telle position ne soulève aucune difficulté particulière si on en fait ce sur quoi repose la polémique contre l'anthropomorphisme qui en est la conséquence immédiate. En vérité cependant, cette assertion est bien moins innocente qu'il y paraît à première vue. Elle excède implicitement la nature purement positive et assertive de la simple comparaison. En premier lieu, on ne voit pas du tout clairement comment et pourquoi des choses dont nous concevons qu'elles enveloppent une « certaine négation, telle une limite, une fin, une impuissance etc. », « affectent notre âme » moins que d'autres choses. Comment et pourquoi cette différence dans la façon dont

1. *É*IV, « Préface » (italiques ajoutées).

notre âme est affectée peut-elle être conçue en tant que mesure de la quantité de perfection ou réalité que les choses possèdent ? Enfin, et c'est le plus important, comment et pourquoi la mesure de la « quantité d'être » serait-elle apte à fonder des jugements normatifs, des évaluations et des préférences ?

Pour critiquer Descartes, il est bien connu que Spinoza rabat l'une sur l'autre la perception d'un contenu conceptuel et l'« affirmation » ou le jugement portant sur sa valeur de vérité, pour en faire un seul acte de cognition des idées (plus ou moins) vraies ou adéquates. Mais il y a là une position purement abstraite dont il est problématique de supposer qu'elle contient, de façon essentielle, une dimension évaluative. Pour prendre un exemple banal, disons que la comparaison des résultats de deux athlètes ne peut, à soi seul, être la source d'une *évaluation* quelconque de leurs exploits respectifs. La simple perception qu'il y a une différence entre eux ne revient pas au même que juger que leurs résultats sont « meilleurs » ou « plus faibles », que juger qu'ils possèdent plus ou moins de réalité et ainsi, nous trouver plus ou moins affectés par ces résultats. Inversement, la monstruosité, des faits horribles et un mal extrême peuvent « affecter notre âme » davantage que, disons, une douce bonté, mais, du moins selon Spinoza, nous continuerons à juger que ceux-là enveloppent privation et possession d'une moindre réalité que celle-ci.

Évaluer, préférer et autres choses semblables expriment une attitude *sui generis*, un acte ou une structure intentionnels. C'est du moins ce que Kant par exemple pensait (mais aussi Hume et beaucoup d'autres) et sa *Critique du jugement* prend appui sur ces phénomènes. Les « modes de pensée » du « comparatiste » spinoziste (si on ose dire) pourraient conduire à voir en eux une sorte de doctrine proto-transcendantale dans la mesure où ils constituent une tendance non seulement à comparer les choses, mais aussi à les évaluer et à introduire un contenu normatif dans ces comparaisons. Toutefois, et en dépit des apparences, ce n'est pas de cela dont il s'agit. Pour le voir, il suffit de renvoyer à la discussion antérieure à propos de l'éternité de l'âme et du troisième genre de connaissance afin de prendre conscience que ces positions concernant les différents degrés par lesquels des choses réelles plus ou moins parfaites affectent notre âme sont essentiellement des positions ontologiques et non pas transcendantales. La « réalité », selon Spinoza, se suffit à elle-même, et même, en somme, à double titre : les idées adéquates sont des modes d'être de l'âme et elles sont également « vraies », ce qui signifie qu'elles désignent des choses réelles. Mieux encore cependant, ce sont des entités qui détiennent une perfection véritable et une réalité, y compris cette réalité ultime dont nous avons vu que Spinoza la nomme « éternité ». C'est en la réalité que la doctrine spinoziste fait résider le contexte ultime de toute comparaison. Prétendre que cette doctrine spinoziste de la réalité impliquerait un psychologisme ou un proto-transcendantalisme ne soulèverait, d'une façon ou d'une autre, aucune difficulté pour sa théorie éthique. La vraie question est soulevée par la nature exacte de l'identification de la « perfection » avec la « réalité » : s'agit-il de réduire la pensée normative et évaluative à l'ontologie ? Peut-être est-ce l'inverse dont il s'agit ?

> Une affection à l'égard d'une chose que nous imaginons simplement et non comme nécessaire ni comme possible ou comme contingente est, toutes choses égales, la plus grande qui soit (*É* Vp5).

> Dans la mesure où l'âme connaît toutes choses comme nécessaires, elle a sur les affections une puissance plus grande, c'est-à-dire qu'elle en pâtit moins. (*É* Vp6).

Répétons-le : le concept de *nécessité* joue un rôle central, et plutôt inhabituel, dans la théorie éthique de Spinoza. Au lieu de ruiner la légitimité et la pertinence de concepts tels que ceux d'*évaluation*, de *valeur*, de *normes* et de *normativité*, il fonctionne plutôt comme leur fondement et leur justification. Ainsi qu'il a été souligné ci-dessus, on estime communément que le déterminisme sous toutes ses formes – qu'il soit causal, épistémologique, théologique ou autre – est l'obstacle majeur qui se présente à l'encontre de la théorie morale comme au fait d'avoir un point de vue moral cohérent. Spinoza prend le contre-pied de cette opinion commune pour faire du déterminisme la justification ultime d'une théorie de l'être et de l'homme qui est fondamentalement une éthique. Il y parvient toutefois en effectuant un certain nombre de pas qui, en s'ajoutant les uns aux autres aboutissent à une position assez compliquée dont la consistance ne saute pas aussitôt aux yeux.

En premier lieu, la « nécessité » a un rôle psychologique. Il s'agit, en vérité, d'un rôle double. En un sens qui est, cette fois encore, une réminiscence stoïcienne, on dit que la nécessité exerce une sorte d'effet apaisant sur la vie affective des hommes. Ce point a une portée générale mais il est particulièrement important dans le champ des rapports interpersonnels. Ce que nous imaginons *simpliciter*, c'est-à-dire comme étant neutre du point de vue modal (ni nécessaire, ni possible, ni contingent), nous affecte avec la plus grande intensité (*É* Vp5). Nous envisageons les choses avec une telle neutralité modale lorsque la connaissance des causes qui les déterminent nous fait défaut. Cette façon de voir peut valoir pour toutes sortes de merveilles et de « miracles » naturels. Lorsque la cause de tels événements fait défaut et que ces événements sont considérés *simpliciter*, les hommes en sont affectés de la façon la plus vive qui soit. Mais le propos véritable concerne les êtres humains. La démonstration commence ainsi par évoquer l'attitude naturelle envers ce que nous concevons comme « libre »[1], mais le langage de la liberté s'applique, après tout, surtout aux êtres humains. Il établit ensuite une équivalence entre le concept de liberté et le fait de concevoir les « choses » en dehors de tout contexte causal. « Imaginer une chose comme libre » ne consiste en rien d'autre qu'à l'imaginer *simpliciter*, c'est-à-dire en étant ignorant des causes qui la déterminent. Les hommes paraissent « libres » en ce sens qu'ils paraissent n'être pas causés par des causes naturelles. On pourrait voir là la signification négative de la « liberté » – négative toutefois, non pas au sens où l'entend Berlin dans son célèbre article sur « les deux concepts de liberté », mais au sens de la privation de connaissance.

Inversement, plus nous comprenons que la nature des choses est nécessaire, plus nous connaissons que toutes les choses sont déterminées par des causes naturelles, d'autant plus grande est la puissance que nous avons sur nos affections (*É* Vp6). Dans le scolie qui suit, on voit clairement où Spinoza veut en venir : la tristesse causée par la perte ou le manque d'une chose diminue quand on sait que la perte ou le manque sont inévitables, c'est-à-dire nécessaires. Bien que cette analyse, si on la prend en son acception générale, paraisse dépeindre l'effet affectif que les événements naturels peuvent avoir sur nous, elle s'applique néanmoins plus spécifiquement et de façon plus intéressante aux affections que la conduite humaine provoque. Si on prête aux hommes la qualité d'agents libres et qu'on leur attribue la liberté de choix, on confère par là à ce qu'ils font une force toute particulière. En considérant que les hommes sont la source de ce qu'ils accomplissent, et en supposant que des intentions conscientes et des choix libres seraient les véritables causes de leurs actions, on est conduit à attribuer à ces acteurs la responsabilité de leurs actes, surtout si on croit que les choses auraient pu être autres. Cette même responsabilité devient également imputable, aussi bien aux affections mauvaises telles que le *ressentiment*[2] qu'à l'admiration et à la vénération.

Les propositions 5 et 6 de *É* V contiennent deux aperçus psychologiques complémentaires : considérer l'homme *simpliciter*, ce qui revient tout juste à une forme d'ignorance, devient le fait de le considérer comme positivement libre, et en tant que tel, auteur de ses actes. Là gît en vérité le

1. *É* IIIp49 évoque ceci : « L'amour et la haine envers une chose que nous imaginons qui est libre, doivent tout deux être plus grands, à cause égale, qu'envers une chose nécessaire ».

2. En français dans le texte [NdT].

penchant à voir l'existence humaine de façon mystifiante en nous assignant, à nous-mêmes et à nos semblables, responsabilité morale et culpabilité, ou inversement, gloire et sainteté. Toutes ces affections sont mauvaises et entraînent des conséquences pernicieuses. On peut toutefois les surmonter en comprenant que leur véritable origine se trouve dans la nécessité naturelle de causes naturelles. Comprendre que la conduite humaine a une origine naturelle revient à cesser de considérer les acteurs humains *simpliciter* de sorte que les affections mauvaises qui résultent de l'ignorance de la nécessité naturelle cessent d'être les compagnes de notre appréhension des autres. Celui qui sait que ce qui l'affecte de façon négative est causalement déterminé, celui-là surmonte les effets mauvais de ce qui a causé cette affection. On peut ainsi être plus « stoïque » à l'égard des calamités naturelles qui nous frappent, mais il est clair que l'enseignement à tirer de cette analyse importe davantage quand elle porte sur la conduite humaine et les rapports interindividuels.

Les aperçus psychologiques qui sont formulés dans les propositions du début de *É* V, aussi intéressants soient-ils, ne sont que les préalables à une thématique plus importante, à savoir la théorie éthique de Spinoza. En ce point, la dimension négative et polémique de cette théorie apparaît en pleine lumière, à savoir son anti-moralisme radical. L'intensité émotionnelle de l'attitude à l'égard de ce qui est considéré *simpliciter* accède à une signification éthique dès lors que l'ignorance des causes se métamorphose en une image positive du choix libre et de la liberté car ce sont des notions qui expriment une attitude éthique. C'est en ce point que surgit la moralité du bien et du mal qu'on imagine comme des absolus : l'équipement émotionnel et cognitif des hommes a horreur du vide de sorte que le manque de véritable connaissance des causes est compensé par les puissantes notions imaginaires du bien et du mal prises absolument.

L'anti-moralisme de Spinoza s'appuie sur une théorie de la vérité, plus que sur un modèle médical ou biologique. Agir mal ressemble à une erreur plutôt qu'à une maladie, non pas au sens platonicien traditionnel selon lequel le mal est interprété comme une forme d'ignorance, mais plus spécifiquement en ce que le mal, tout comme l'erreur, ne peut être attribué à un libre agent agissant auquel, par conséquent on ne peut reprocher d'avoir intentionnellement mal agi. Il faut, bien sûr, éviter l'erreur, exactement comme les autres formes de conduite déraisonnables et pernicieuses doivent être évitées. Si toutefois de telles conduites se produisent, ce qui arrive plus souvent qu'à leur tour, on doit les comprendre pour ce qu'elles sont, et les expliquer comme on explique les erreurs, c'est-à-dire comme l'effet de causes naturelles. Inversement, il n'y a pas de raison de se vanter de façon excessive, de saisir la vérité, du fait d'avoir des idées adéquates ou de se conduire de façon exemplaire : « Le suprême orgueil ou la suprême dépréciation de soi sont le signe de la suprême impuissance de l'âme » (*É* IVp56). On peut en vérité dire, en un sens assez négatif, que la nécessité de l'erreur et des idées inadéquates est « la même » que celle de la vérité ou des idées adéquates – les deux sont naturelles en ceci qu'elles ne dépendent d'aucune force ou faiblesse moralement blâmable ou louable de la part d'un agent humain.

L'importance que Spinoza accorde à ce rejet polémique du moralisme est attestée par le choix qu'il fit de le faire figurer en plein cœur de l'exposition de la doctrine de la *Potentia Intellectus*. La dénonciation du moralisme est un thème constant dans l'*Éthique* qui trouve à s'exprimer de multiples manières. L'une d'elles, d'ailleurs fort célèbre, consiste à rejeter les moralistes en ce qu'ils imaginent que les hommes constituent un empire à l'intérieur d'un empire et qu'ils sont une exception à l'ordre naturel, ce qui n'est rien d'autre que l'excuse morale pour « (chercher) la cause de l'impuissance et de l'inconstance humaines, non dans la puissance commune de la nature, mais dans je ne sais quel vice de la nature humaine et, pour cette raison, pleurent à son sujet, la raillent, la méprisent ou le plus souvent la détestent. » (*É* III, préface).

Les propositions 5 et 6 de *É* V, semblent poser, comme on peut s'y attendre, que les affections irrationnelles s'opposent à la raison et à la compréhension rationnelle en ce qu'elles agissent pour les réfréner. Une dualité qui est en réalité plus profonde et plus complexe se cache ici. L'observation suivante atteste que cette dualité, ou plutôt cette tension, opère sous la surface apparente : la démonstration de *É* Vp5 renvoie en arrière, à *É* IIIp49 et à *É* IVp11 comme à deux sources plus ou moins séparées. Comme nous l'avons vu, *É* IIIp49 affirme que l'amour ou la haine que nous ressentons « envers une chose que nous imaginons qui est libre, doivent être plus grands, à cause égale, qu'envers une chose nécessaire ». *É* IVp11 pose qu'« une affection se rapportant à une chose que nous imaginons comme nécessaire est plus intense, toutes choses égales d'ailleurs, que si elle se rapportait à une chose possible ou contingente, c'est-à-dire non nécessaire. »

À première vue, les deux propositions sont contradictoires. L'une pose que ce que nous concevons comme libre nous affecte de la façon la plus forte ; l'autre que, ce que nous concevons comme nécessaire nous affecte plus intensément que ce que nous concevons comme non-nécessaire. La contradiction cependant n'est ici qu'apparente. Selon le contexte de *É* III, c'est-à-dire dans le contexte de la théorie des affections, « libre » n'est pas un concept mais une image. En *É*IV en revanche, il s'agit d'un concept et Spinoza fournit une expression très explicite à cette distinction dans sa façon différente de rédiger les deux propositions. Tandis que en *É*Vp5 et dans sa démonstration, « libre » est neutre modalement, en *É*IVp11, il n'est plus question de choses « libres » ou « non-libres », mais de celles qui sont nécessaires, possibles ou contingentes. Le terme de « liberté » est donc implicitement utilisé en deux acceptions différentes : en tant que raison, rationalité, c'est-à-dire nécessité; et en tant qu'imagination, c'est-à-dire comme pure négation, en excluant toute modalité. La légitimité philosophique du concept de liberté réside en une sorte de nécessité – la nécessité d'être et d'agir en vertu de sa propre nature et s'il s'agit d'une chose, il en va de même. L'idée de liberté imaginaire et vide trouve son origine dans le fait d'envisager les choses *simpliciter*, c'est-à-dire en dehors de la chaîne causale qui fait qu'elles existent.

L'erreur tient à ce que la liberté est conçue comme l'absence de détermination. La vérité philosophique sur la question est, au contraire, que la liberté est pleine détermination. La puissance psychologique de cette notion est le point commun qui demeure entre la vérité philosophique et l'erreur. La liberté d'un côté, la nécessité de l'autre, sont les sources de ce qui affecte le plus notre âme. Quand on comprend que liberté et nécessité ne sont pas contradictoires mais, en vérité, synonymes, la contradiction apparente se dissipe et on peut dire que la chose libre – cette fois au sens d'un concept authentiquement philosophique – suscite l'affection la plus intense qui soit, ou encore, ce qui revient au même, qu'elle possède la perfection la plus élevée et la plus grande quantité de réalité.

Le renversement radical du rôle du déterminisme dans la théorie éthique consiste donc dans les éléments suivants : au lieu de présupposer que le libre choix légitime le point de vue moral et lui confère sa condition de possibilité ainsi qu'aux notions morales fondamentales telles que la responsabilité et l'imputabilité, ce libre choix n'est pas seulement chimérique mais sa notion est également la source d'affections mauvaises et tout particulièrement la source de cette anti-éthique qu'est le moralisme. C'est du point de vue de la théorie morale que Spinoza s'élève contre l'opinion commune selon laquelle les conditions de la moralité se trouveraient dans le libre vouloir et la liberté que cette notion implique. Ces vues ne sont pas seulement fausses mais ces notions se trouvent à l'opposé de ce qui peut fonder une moralité réellement philosophique. En second lieu et d'un point de vue métaphysique, puisque chaque chose est déterminée causalement, il n'y aucune place pour la notion de libre choix. Mais disons une fois encore qu'à la différence de ce qui est pris pour du bon sens, le déterminisme ne menace aucunement une éthique philosophiquement adéquate. Tout au contraire, le déterminisme nécessitariste, c'est-à-dire la forme la plus radicale de déterminisme, est la présupposition et la condition nécessaires de l'éthique. L'idée de libre choix, c'est-à-dire d'une détermination à agir qui serait sans cause, est incompatible avec la nécessité rationnelle : au lieu de courir après quelque compatibilité imaginaire et purement verbale entre ces notions incompatibles, on devrait plutôt comprendre que c'est le concept philosophique de la liberté qui se cache derrière la puissance affective et émotionnelle dont est dotée la représentation imaginaire d'un « libre agent », et ce concept philosophique réside en la détermination nécessaire de nos actes en tant qu'ils s'accordent avec notre propre nature. La question de savoir comment une telle chose est possible requiert maintenant quelques éclaircissements.

PERFECTION II
(OU LA SOURIS ET L'ANGE)

Entre décembre 1664 et juin 1665, Spinoza et Willem van Blyenbergh, marchand de Dordrecht, ont échangé huit lettres, quatre chacun, et ils se sont rencontrés une fois. Le moment se situe plutôt au début de la production de Spinoza car c'est la lecture des *Principes de la philosophie de Descartes* et celle des *Pensées métaphysiques* (1663) qui conduisit van Blyenbergh à écrire à Spinoza. Il n'avait pas à cette époque une connaissance véritable de la philosophie de Spinoza et ses questions, qui étaient, en vérité, des objections et une critique, étaient dirigées, du moins à première vue, à la fois contre Spinoza et Descartes, ou, en tout cas, contre la présentation que Spinoza faisait de ce dernier. Il est toutefois très rapidement devenu parfaitement clair qu'un profond désaccord le séparait de Spinoza. La correspondance vira très vite à la polémique acerbe et se termina par le refus courtois mais très ferme de poursuivre l'échange de la part de Spinoza. Cette correspondance avec Blyenbergh est fort intéressante à de nombreux égards, bien qu'elle soit souvent négligée dans la littérature secondaire consacrée à Spinoza. Elle porte sur des problèmes qui concernent la normativité et les valeurs, notions dont Spinoza ne s'occupe pas directement, alors qu'il se pourrait bien qu'elles constituent le cœur de sa philosophie. Elle est aussi la seule circonstance connue au cours de laquelle Spinoza fut sommé d'être directement confronté à un adversaire qui le mettait au défi avec intransigeance et opiniâtreté, en critiquant sa théorie éthique de façon non dépourvue d'intelligence au nom de ses propres principes. Pour le dire de façon générale, Blyenbergh contraignit Spinoza à se confronter au défi classique de la théodicée. Ce qui est formulé comme suit, étant donné que l'échange était censé prendre place dans le contexte de la doctrine cartésienne de la « création continuée » : si créer et maintenir à l'être sont une seule et même chose, il s'ensuit que « Dieu n'est pas seulement cause de la substance de l'âme, mais du mouvement ou de la tendance en elle à laquelle nous donnons le nom de volonté ». « De cette prémisse semble résulter nécessairement soit qu'aucun mouvement ou volonté de l'âme ne saurait être un mal, soit que Dieu lui-même est l'agent immédiat de ce mal » (Lettre XVIII).

On doit avant tout souligner que Spinoza s'engagea vraiment dans cet échange avec Blyenbergh, et bien plus, qu'il continua à écrire de longues missives circonstanciées, même après avoir compris que ce correspondant n'avait rien d'un interlocuteur *bona fide*. Il semblerait donc que Spinoza ait vraiment considéré que le défi était lancé avec honnêteté et que le philosophe ait cherché à surmonter la difficulté que le déterminisme soulève pour le libre choix et la liberté : c'est du moins l'impression que donne le début de cette correspondance. Mais le déterminisme (sous ses diverses formes) ne suscite un défi à relever que si on tient pour fondamental un certain point de vue moral : il n'est intenable qu'à condition de présupposer la validité d'une instance morale. Il est révélateur que Spinoza prenne au sérieux les objections de Blyenbergh. Les positions respectives de Spinoza et de Blyenbergh sont incommensurables, en un sens vraiment majeur : après tout, Spinoza refuse presque tout ce à quoi Blyenbergh croit et, selon lui, le désir de celui-ci d'être un philosophe chrétien et de se fier à la parole révélée de Dieu (Lettre XX) est de la pure superstition, et cela de façon exemplaire. Ainsi le fossé qui les sépare est aussitôt éclatant. Si on suppose que la volonté d'Adam de manger le fruit défendu fut déterminée par Dieu, alors, demande Blyenbergh, on ne peut plus dire que la transgression du commandement de Dieu par Adam, cet archétype du péché, est un « mal » (Lettre XVIII).

La réponse de Spinoza est acérée : le « défendu » est métaphorique, c'est une image forgée à l'intention des hommes simples. D'un point de vue philosophique, il faut comprendre que s'il ne fallait pas manger le fruit, c'est uniquement parce qu'il était empoisonné et qu'il était dangereux de le manger. Ce qui suit des actions des hommes n'est ni une récompense ni un châtiment, mais l'effet naturel de l'ordre naturel, dont nous parlons en termes de « lois », et cela de façon métaphorique, répétons-le. La signification de tout ceci revient à saper radicalement la pertinence du langage de la moralité : le devoir, le licite et l'illicite, la récompense et le châtiment, le bien et le mal et ainsi de suite – tous ces termes doivent être rejetés pour laisser place à des vocables qui soient philosophiquement valides.

Cependant Spinoza, l'homme du célèbre *Caute*, choisit de ne pas éluder un débat et s'engage justement dans une telle discussion au lieu de congédier les allégations de son correspondant comme étant indignes d'une discussion philosophique sérieuse. Les deux positions, celle de Spinoza et celle de Blyenbergh ne sont peut-être, après tout, *pas* incommensurables. Bien que le défi que suscite la théodicée ne présente aucune vraie difficulté pour Spinoza, du moins sous sa forme classique, il fait revenir sur le devant de la scène, pour lui aussi, une question philosophique fondamentale, qui est peut-être la plus cruciale de toutes. Il y a une véritable interrogation derrière sa forme plus habituelle, qui, du point de vue de Spinoza est une forme simpliste et même erronée : est-il même seulement possible, et si oui, comment le montrer, qu'une vision complètement rationaliste de l'être (par là-même nécessitariste) ne soit pas seulement compatible avec une théorie pleinement morale, complète et effective, mais qu'elle lui soit en vérité identique ? C'est alors que Blyenbergh avance l'argument classique du libre vouloir et de l'imputabilité : aucune place ne demeure pour la moralité s'il n'y a pas de libre choix, et quoi qu'il fasse, on ne peut plus rien reprocher à quiconque. Spinoza commence par ne pas tenir compte de cette question, puis il la récuse non sans quelque impatience pour redire qu'il n'y a pas de vraie difficulté en ce point. Le « libre choix » est une image creuse et nous sommes libres, en l'absence de tout choix, lorsque nous déduisons avec une nécessité absolue que la somme des angles d'un triangle est égale à deux droits (Lettre XXI – voir également les développements antérieurs). Spinoza ne voit pas davantage de difficulté à déduire de son déterminisme la conclusion qui fait scandale selon Blyenbergh : il va sans dire que les notions de culpabilité et de responsabilité sont tout autant des notions creuses. Ce que Blyenbergh conçoit comme étant le cœur de l'éthique et de la religion est un quasi non-sens pour Spinoza.

Et cependant, le défi est sérieux. On doit souligner que Spinoza transpose aussitôt la question de Blyenbergh au lieu de répondre directement aux questions de son correspondant et d'engager « le fer » à propos du libre choix. La discussion se déplace et son objet devient la signification de la « perfection ». Il va être question des voies selon lesquelles ce concept peut légitimement figurer dans le cadre d'une théorie philosophique[1] qui repose sur la doctrine de la nécessité absolue de l' « action » de

1. Et peut-être même semi-théologique – Spinoza accepte de jouer le jeu de Blyenbergh, si on ose dire, et il accepte d'utiliser le langage théologique de ce dernier.

Dieu. En d'autres termes, comment le nécessitarisme radical peut-il également être une ontologie du statut objectif et effectif des concepts de *valeur*, de *normativité*, et précisément, de *perfection ?*

L'argumentation de Spinoza prend appui sur l'identification traditionnelle de la *perfection* avec la *réalité*. Il a déjà eu affaire à cette identification dans les *Principia philosophiae cartesianae* ainsi que dans les *Cogitata metaphysica* et il y revient maintenant dans ses lettres à Blyenbergh. Le concept de perfection et l'identité entre perfection et réalité dont il s'agit prennent appui sur une ontologie morale téléologique, finaliste, qui est censée en permettre la compréhension. La perfection-réalité est surtout liée à la tradition onto-théologique aristotélicienne. Disons schématiquement qu'il s'agit de fonder l'objectivité et la normativité entière d'un point de vue moral, et de tels fondements reposent sur l'évaluation et la mesure de la proximité avec laquelle une chose particulière parvient à l'égard de sa forme, c'est-à-dire à l'égard de l'essence propre à l'espèce à laquelle cette chose appartient. Chez Spinoza, la fonction systématique de l'identité entre perfection et réalité demeure, tandis que sa signification téléologique traditionnelle fondamentale (conceptuelle et ontologique) est totalement rejetée. L'identité de la perfection avec la réalité fonde à la fois un vrai concept de normativité et un point de vue moral. La nature radicale du refus spinoziste du finalisme advient en pleine lumière avec l'interprétation – ou plutôt la réduction – qu'il propose, une fois de plus, pour un autre concept traditionnel, à savoir celui de *privatio*.

Le concept de privation, dit-il,

> ne consiste pas en l'acte de priver, mais purement et simplement en un manque, qui n'est rien par lui-même; il ne s'agit que d'un être de raison (*ens rationis*), d'une manière de pensée que nous formons quand nous nous livrons à une comparaison. Nous disons par exemple qu'un aveugle est privé de la vue, parce que nous l'imaginons sans peine voyant – par comparaison avec d'autres hommes qui voient, ou par comparaison de l'état présent de cet homme avec son état passé, du temps où il voyait. Quand nous considérons cet homme, donc, en comparant sa nature avec celle d'autres individus, ou avec sa nature antérieure, nous affirmons que la vision appartient à sa nature, et pour cette raison nous soutenons qu'il en est privé. Mais, *si nous considérons en revanche le vouloir de Dieu et la nature de ce vouloir, nous ne pouvons pas plus dire cet aveugle privé de la vue, que nous ne pourrions le dire d'une pierre.* Car, au moment donné, il serait contradictoire que la vision lui appartînt comme il serait contradictoire qu'elle appartînt à la pierre; puisque rien n'est à cet homme et ne peut être dit sien sauf ce que l'entendement et la volonté de Dieu lui ont accordé. Et ainsi, Dieu n'est pas davantage cause de la non-vision de cet homme,

que de la non-vision de la pierre; en ce cas, il faut bien parler d'une négation pure et simple[1].

Il est en effet très clair que la réponse que Spinoza adresse à Blyenbergh est polémique et anti-moraliste, ce qui ne suffit pas à résoudre la difficulté. Blyenbergh ne fut pas convaincu. Si la « comparaison » n'est qu'un *ens rationis* ainsi que Spinoza le maintient, alors, en un sens, Dieu ne compare pas. Chaque chose est ce qu'elle est et c'est tout ce que nous – ou plutôt Dieu – pouvons en dire. L'affirmation que la cécité présente serait moins parfaite que la vision antérieure, n'est ni ontologiquement valide, ni axiologiquement pertinente; s'il en est ainsi, il en résulte ce que Deleuze appelle *instantanéisme*, ce que nous, nous avons baptisé ci-dessus *affirmationisme*. Ce qui est « vraiment réel » au sens moral surtout, ne peut se dire que de l'existence et, finalement, de l'absolu *hic et nunc*[2]. Ce qui signifie que la seule position moralement légitime qu'on peut adopter consiste à se faire l'observateur neutre de ce qui est là, et de ce qui existe et advient actuellement. Aucun jugement ne saurait être philosophiquement justifié. Blyenbergh fait ses objections en termes de temporalité, mais ce qu'elles impliquent va bien au-delà de la temporalité, et soulève, en vérité, la difficulté la plus sérieuse : toutes les différences tombent dans la simple factualité, dans une pure théorie de l'effectivité de l'être qui serait radicalement dépourvue de toute téléologie. Si la notion de *perfection* n'est qu'un *ens rationis*, alors « le pur affirmationisme » est inévitable. Non seulement personne ne peut reprocher quoi que ce soit à qui que ce soit, mais il est impossible d'évaluer objectivement quoi que ce soit ou de juger de la valeur de quoi que ce soit, quels que soient les critères mis en œuvre.

Telle est la montagne que soulèvent les dernières questions de Blyenbergh et on ne peut pas vraiment dire que Spinoza leur ait fourni de vraies réponses. Dans la Lettre XXIII de mars 1665, son avant-dernière lettre, on devine déjà que son mécontentement s'accroît. Outre la polémique habituelle, Spinoza pose simplement que toute chose suit nécessairement des lois et des décrets éternels de Dieu – les œuvres de celui qui est sage et bon, tout comme celles de l'ignorant et du méchant. Cependant, « elles diffèrent néanmoins les unes des autres, non seulement en degré, mais par leur essence. Une souris aussi bien qu'un ange, la tristesse aussi bien que la joie, dépendent de Dieu. Pourtant une souris ne peut être une espèce d'ange, non plus que la tristesse une espèce de joie. »

1. Lettre XXI, trad. fr. M. Francès dans l'édition de la Pléiade.

2. Deleuze, *Spinoza, Philosophie pratique*, *op. cit.*, p. 55.

Dieu n'a ni amour ni haine pas plus pour les meurtriers que pour les justes; ils ne sont cependant pas également parfaits. Ni le voleur, ni le juste ne plaisent ou ne déplaisent à Dieu. Si on considère leurs actions à tous deux, en elles-mêmes, et leur réalité, en tant qu'il s'agit d'actions, elles sont également parfaites. Cependant, le voleur et l'homme juste ne sont pas également parfaits. Spinoza ne va pas au delà de ces affirmations plutôt hardies; il ajoute seulement que la question de savoir comment tout cela est tenable sera expliqué, en bonne et due forme, dans l'*Éthique* qu'il est encore en train de rédiger.

Dans l'*Éthique*, Spinoza ne répond jamais directement aux questions que Blyenbergh a soulevées. Le seul endroit dans lequel ces questions semblent être indirectement prises en compte se trouve dans la préface à *É* IV, dont il a été question ci-dessus; c'est là que figure, apparemment, une réponse implicite au défi. L'explication promise fait toutefois son apparition, de façon oblique, dans la dernière partie de l'*Éthique* et il n'est pas sans signification que ces dernières considérations portent sur la *perfection.* Ainsi :

> Plus chaque chose a de perfection, plus elle est active et moins elle est passive; et inversement, plus elle est active plus parfaite elle est. (*É* Vp40cor)
>
> Il suit de là que la partie de l'âme qui demeure, quelque petite ou grande qu'elle soit, est plus parfaite que l'autre. Car la partie éternelle de l'âme (prop23 et 29) est l'entendement, seule partie par laquelle nous soyons dits actifs (*É* IIIp3); cette partie au contraire que nous avons montré qui périt, est l'imagination elle-même (p. 21), seule partie par laquelle nous soyons dits passifs (*É* IIIp3, et déf. Gén. Des aff.); et ainsi, la première partie, petite ou grande, est plus parfaite que la deuxième (*É* Vp40cor.).

On a là le dernier mot de Spinoza à propos de l'âme humaine : son éternité est aussi sa perfection. La *perfection,* ou plutôt son caractère semi-quantitatif va jouer le rôle d'un « échafaudage conceptuel » pour parvenir aux dernières propositions de l'*Éthique.* C'est autour de cette notion que Spinoza noue ensemble les conclusions ultimes de son éthique ontologique (ou de son ontologie éthique). Toutefois, dans les dernières considérations de l'*Éthique*, c'est encore cette notion de perfection censée être dépourvue de toute téléologie, qui explique les concepts majeurs qui y figurent, ainsi que les relations qu'ils entretiennent entre eux : la quantité de réalité, l'existence et le corps, l'âme, l'intellect et sa puissance sur les affections, l'activité (et par implication la liberté) ainsi que l'éternité.

Une question méthodologique, qui est en vérité une question stratégique, à laquelle les lecteurs de Spinoza sont constamment confrontés est la question de savoir que faire de toutes ces façons qu'a Spinoza de ramener à l'identique des choses qu'on tient, généralement, pour disparates. Dieu et la nature ; la nécessité et la liberté ; et bien sûr, l'âme et le corps sont les cas les mieux connus. S'agit-il de réduire un terme à l'autre ? Si tel est le cas, dans quel sens s'effectue cette réduction ? Sinon, comment comprendre chacune de ces identifications ? Dans le cas qui nous occupe, doit-on lire l'identité entre perfection et réalité, ou leur équivalence, comme la réduction de l'évaluation qu'enveloppe celle-là à la pure factualité de celle-ci ? Peut-être faut-il faire l'inverse ? Il ne semble pas qu'il en soit ainsi. La nature de la position en cause est plus complexe, comme il arrive dans la plupart des autres occurrences. L'interrogation qui cherche à comprendre la notion de *perfection* et l'identité entre *réalité et perfection* pourrait fort bien fournir une clé pour parvenir à une évaluation philosophique sérieuse de la philosophie de Spinoza dans son entièreté. C'est très tôt dans l'*Éthique* qu'on trouve l'équivalence entre réalité et perfection : dans le scolie qui suit *É*Ip11, proposition qui contient la version spinoziste des preuves de l'existence de Dieu, on explique que « pour les choses qui proviennent de causes extérieures (...) tout ce qu'elles ont de *perfection ou de réalité* (*perfectionis, sive realitatis*) est dû à la vertu de la cause extérieure ». La définition 6 de É II, qui stipule que réalité et perfection sont synonymes justifie ainsi principiellement en le rendant explicite, ce qui avait été déjà présumé antérieurement. Dans le scolie qui suit *É*IIp1 on trouve *realitatis, sive perfectionis* et l'idée que réalité et perfection sont équivalentes fait encore un certain nombre de fois son apparition dans les dernières parties de *É*II aussi bien que dans *É*III. Elle est abondamment présente en *É*IV, puis apparaît de nouveau à l'extrême fin de *É*V. Ainsi, du début à la fin, l'identité entre réalité et perfection structure l'*Éthique*. C'est toutefois seulement vers l'extrême fin de la cinquième partie de l'*Éthique* que les différents chemins pris par le raisonnement convergent pour donner lieu à un ensemble d'affirmations en lequel se tient une éthique philosophique systématique et complète. C'est en ce point qu'on peut finalement comprendre ce que signifie la prétendue équivalence entre être, activité, intelligibilité, prouesses physiques, et perfection. La réapparition du concept de perfection en ce point final de l'*Éthique* atteste, qu'en un sens majeur, cette œuvre est en vérité, avant tout, une éthique.

LE CORPS ET SON IDÉE ÉTERNELLE

Après avoir exposé la doctrine de l'éternité de l'âme, du salut, du bonheur et de la liberté, dans les propositions 21-40, il est remarquable que Spinoza recommence, dans les deux dernières propositions, à parler d'une sagesse de type stoïcien et d'une moralité plus discrète et dépassionnée. Dans le scolie qui suit *É* Vp40, il apprend que les propositions précédentes contiennent « ce que je m'étais proposé de montrer au sujet de l'âme », ce qui implique peut-être qu'il y a d'autres points qu'il aurait décidé de garder pour lui. Toutefois, ajoute-t-il, ce qui a été dit suffit à montrer que « notre âme, en tant qu'elle connaît est un mode éternel du penser », et même un des constituants de « l'entendement éternel et infini de Dieu ». Il revient aussitôt après à une doctrine de la sagesse plus accessible, comme s'il avait anticipé l'incompréhension de ses futurs lecteurs, ou comme s'il n'avait pas voulu les décourager par ce qui semble n'être accessible qu'au petit nombre. Peut-être aussi a-t-il été embarrassé par la hardiesse de ses propres mots. Il pose donc en premier lieu que « quand même nous ne saurions pas que notre âme est éternelle, la moralité (*Pietatem)* et la religion et, absolument parlant, tout ce que nous avons montré dans la quatrième partie qui se rapporte à la fermeté d'âme (*animositatem*) et à la générosité, ne laisserait pas d'être pour nous la première des choses » (*É* Vp41)[1]. Enfin dans la suivante et toute dernière proposition de l'*Éthique*, il affirme que « la béatitude n'est pas le prix de la vertu mais la vertu elle-même »[2].

1. Dans *les Passions de l'âme*, la « générosité » était pour Descartes la vertu majeure; Spinoza songe probablement à Descartes quand il fait de la *generositatem* une de ses deux vertus principales. Il faut une fois de plus souligner comme il est remarquable que Spinoza choisisse de faire ici allusion, comme à une forme de moralité de « second-choix », aux vertus d'*animositatem* et de générosité. Les deux sont les fruits de la *fortitudo,* la force d'âme. Ces deux vertus (rationnelles) sont pratiquement les seules qui transcendent l'intérêt propre, du moins pris sous sa forme la plus simpliste, en un sens égoïste. Elles transcendent en vérité également l'ancienne moralité stoïcienne de l'Eudémonisme, y compris dans l'interprétation non égoïste de celui-ci en ceci que, la raison commande parfois qu'on affronte le danger et par conséquent qu'on risque sa vie. « La vertu d'un homme libre se montre aussi grande quand il évite les dangers que quand il en triomphe. » (*É* IVp69) et aussi « l'homme libre choisit la fuite avec la même fermeté d'âme ou présence d'esprit, que le combat » (*É* IVp69cor). Voir E. Yakira, « Is the Rational Man Free ? » (art. cit.).

2. Ce qui s'apparente à un très célèbre lieu hébraïque : la récompense d'une *mitzvah*, c'est-à-dire l'accomplissement d'un devoir religieux, est une autre *mitzvah*. Dans la tradition juive il y a beaucoup d'autres dires de cette sorte. À eux tous, ils aboutissent à une conception structurellement très proche de la doctrine kantienne en ce qui touche à la nature et à la forme de la motivation morale en ceci qu'elle est radicalement dépourvue de toute visée pragmatiste et utilitaire. Le concept kantien du devoir manque toutefois de l'ironie qui se cache dans la vieille sagesse juive. Du point de vue du *conatus*, de la conservation de soi, du persévérer dans

Les propositions 21 à 40 en lesquelles on trouve la doctrine de l'éternité de l'âme font ainsi figure de parenthèse. L'éternité prend place dans une doctrine courante de la sagesse et dans une conception de la conduite rationnelle de la vie dépourvue de toute emphase. Tout se passe comme si Spinoza avait changé d'avis, après avoir exposé sa doctrine étonnante de l'éternité de l'âme, et qu'il ait, semble-t-il, décidé de faire marche arrière pour s'adonner de façon caractéristique, à une sorte de prudence, le *caute* d'un homme avisé. Quels que soient les motifs d'un tel changement, il confère une aura indubitablement ironique à la seconde partie de *É* V. Tout n'y est pas dit ouvertement et certains points, parmi les plus importants, demeurent non formulés, dits à mi-mots, ou bien Spinoza ne fait que les évoquer ou y faire allusion. Il y a là une invite en direction du lecteur *érotique*, c'est-à-dire à celui qui a l'énergie et la patience de penser sérieusement ces choses rares et difficiles, qui sont aussi celles qui importent le plus. Si du moins on se fie au célèbre « art d'écrire » selon Leo Strauss, c'est exactement à la façon dont Maïmonide ne dit pas tout ce qu'il avait à dire en matière de philosophie que Spinoza demeure allusif et ironique au moment le plus décisif de l'exposition de sa philosophie, en dépit de la transparence entière que le *more geometrico* est censé lui conférer. Mais aussi longtemps que le but philosophique ultime n'est pas atteint, ou pour ceux qui ne peuvent vraiment y accéder, la leçon dernière est une leçon de sagesse morale : pour conduire sa vie avec justice, générosité et courage, il n'est pas nécessaire de comprendre que notre âme est éternelle. Cela veut également dire qu'on ne devrait pas faire dépendre sa propre moralité d'une rétribution, quelle qu'elle soit – ce qui est également étayé par des raisons philosophiques. Toute ironie est polémique. On le voit assurément dans les deux dernières propositions de *É* V, et de façon fort directe dans le scolie qui suit la proposition 41 (la « multitude » – *vulgi* – est persuadée que la liberté est licence et que vivre moralement fait souffrir; les hommes « ordinaires » n'ont de moralité que parce qu'ils craignent le châtiment et qu'ils espèrent une récompense dans l'au-delà.), mais encore dans la proposition 42, de façon implicite et indirecte, en ce qu'il est possible d'y déchiffrer une attaque dirigée contre la rhétorique de la récompense et de la punition, dans son rôle de puissante motivation morale.

Tous les développements que contiennent les propositions 21-40, sont semés d'avertissements destinés à demander qu'on lise ces propositions avec circonspection. Dans le scolie de *É* Vp20, Spinoza laisse entendre qu'il va désormais se consacrer à « ce qui touche à la durée de l'âme sans

l'être comme origine de la vertu, il n'est pas dénué de signification que Spinoza ait décidé d'achever l'*Éthique* par cette assertion-là.

relation avec l'existence du corps »[1]. Mais la proposition qui suit aussitôt, et en vérité toute la suite en général, n'est pas vraiment « sans relation avec l'existence du corps ». Cela commence par : « L'âme ne peut rien imaginer, et il ne lui souvient des choses passées que pendant la durée du corps » (*É* Vp21); et juste avant la fin il est posé que « qui a un corps possédant un très grand nombre d'aptitudes, la plus grande partie de son âme est éternelle » (*É* Vp39).

D'un autre côté, alors que nous apprenons que l'objet dont il va désormais être question porte sur « ce qui touche à la durée de l'âme » (sans relation à l'existence du corps), les propositions 22 et 23 ainsi que l'important scolie qui suit la proposition 23 (voir ce qui précède), ne se préoccupent pourtant pas moins de l'*éternité* de l'âme. Or, celle-ci, nous l'avons vu, doit être comprise en dehors de tout rapport au temps et à la durée. En outre, Spinoza introduit aussitôt dans tout ce qui concerne l'éternité de l'âme, une forme d'avertissement polémique : l'imagination et la mémoire – ainsi que le montre la proposition 21 – sont des fonctions dans lesquelles le corps joue un rôle essentiel et elles ne sont possibles qu'à la condition que le corps existe en acte, c'est-à-dire aussi longtemps que les parties du corps demeurent liées entre elles de façon à préserver l'individualité et l'existence organique de ce dernier. L'intention polémique est parfaitement claire : il n'y pas de « vie », ou plutôt, pas d'existence de l'âme au delà de l' « existence en acte » du corps. « L'éternité de l'âme » n'est pas l'immortalité ni la vie après la mort; la métempsychose, la transmigration des âmes comme aussi le *gilgul* des Hébreux, sont autant de notions dépourvues de sens et aussi répandues soient-elles, elles ne sont rien d'autre que superstitions.

La polémique, implicite quoique parfaitement claire, fait partie intégrante de la doctrine spinoziste de l'éternité de l'âme, comme on le voit à son importance. Steven Nadler a fait récemment l'hypothèse que la dureté exceptionnelle du *herem* lancé contre Spinoza pourrait peut-être s'expliquer par l'importance toute spéciale que les Juifs portugais d'Amsterdam accordaient à la question de la vie après la mort et à celle de l'éternité de l'âme[2]. Nadler suppose que la crise d'identité complexe des anciens Marranes expliquerait qu'ils aient été tout particulièrement offusqués par le refus spinoziste de toute forme de vie après la mort. Quoi qu'il en soit de cette hypothèse, deux choses sont sûres : l'importance de la

1. Note de Appuhn : « … *sine relatione ad corporis existentiam pertinent.* La substitution de *corporis existentiam* à *corpus* rend l'expression plus exacte et s'accorde, comme le fait observer W. Meijer, avec le texte du scolie de la proposition 40. »

2. Voir S. M. Nadler, *Spinoza's Heresy*, *op. cit.*, chap. VII.

question de la vie après la mort est indéniable pour les traditions théologique et religieuse, mais si l'importance et le sens de la doctrine de l'éternité de l'âme dans la philosophie de Spinoza prolonge cette tradition, elle lui fait subir une transformation radicale. La résurrection des morts est un des treize principes de la foi, selon Maïmonide qui a rédigé un traité entier à son propos, et elle fait partie de la prière juive quotidienne. Le thème de la vie après la mort n'est pas moins important dans la théologie chrétienne. Dans les deux cas, dans la tradition religieuse du judaïsme comme dans celle du christianisme, le thème de l'au-delà de la vie détient également, outre son contenu mythique et surnaturel, une symbolique morale d'une importance majeure. C'est dans la vie après la mort que les « jeux sont faits » au sens moral, c'est là que la théodicée trouve sa confirmation ultime, c'est là que le scandale de la souffrance du juste et de la prospérité du méchant est enfin réparé.

C'est dans son essence même que la doctrine spinoziste de l'éternité est polémique et subversive puisque tout ce que on a traditionnellement entendu par l'éternité de l'âme, la vie après la mort, la résurrection y devient faux, superstitieux et absurde. Toutefois si le refus spinoziste des aspects mythiques des traditions religieuses est évident et sans conteste, la portée que ce refus peut avoir du point de vue de la théorie éthique est plus complexe. D'un côté, l'éternité joue dans sa philosophie un rôle analogue à celui qui est le sien dans une éthique théologique, car l'éternité en tant que nécessité semble être la façon dont Spinoza formule l'idée de la valeur absolue de l'être. D'un autre côté, dans la mise en œuvre du concept de l'éternité de l'âme, la référence constante au corps confère à son éthique un sens véritablement iconoclaste.

Le message de Spinoza est radical, à double tranchant, positif et polémique, et c'est à ce double titre que la radicalité se fait jour. Les deux aspects, polémique et positif, du mouvement complexe que contiennent les propositions 21-40 de *É* V s'entrelacent à l'intérieur d'une stratégie paradoxale mais efficace, si on en juge aux réactions que provoque le spinozisme. C'est surtout le rôle qui est dévolu au corps dans l'architecture de la doctrine qui fait bien mesurer son importance polémique. Mais le rôle positif que Spinoza fait jouer au corps dans sa théorie ne laisse pas d'être très étonnant car il n'est manifestement pas conventionnel. Si on laisse de côté le contenu, la valeur et l'intérêt théoriques de la doctrine du corps et de l'âme en tant qu'elle est l'idée du corps, il reste que, dans la mise en œuvre des conséquences ultimes auxquelles conduit en *É* V la théorie éthique de Spinoza, le rôle attribué au corps diffère, à coup sûr, de tout ce qu'on a l'habitude de lui attribuer, qu'il s'agisse d'une théorie psycho-physique des affections par exemple, ou de façon plus générale du parallélisme entre le corps et l'âme. Il est difficile de saisir comment une conception plus ou moins mécaniste du corps pourrait fonder une théorie de la liberté. Ou encore, comment une doctrine du corps-esprit, et même une relation de parallélisme dans laquelle l'un est « cartographié » (*mapped*) dans l'autre, comment tout cela serait-il à même de saisir la signification d'une théorie de la béatitude[1] ? C'est cependant précisément ce que Spinoza s'est efforcé de mener à bien.

Si dans le contexte de *É* V, on lit la théorie du corps et de l'âme-idée du corps, comme une doctrine en vérité fondamentalement polémique, on aura résolu quelques-unes des énigmes auxquelles on se heurte dans cette partie la plus énigmatique de l'*Éthique*. En un sens, le cœur des considérations contenues dans la seconde moitié de *É* V réside dans la proposition 23 : elle prétend, rappelons-le, que quelque chose « demeure » de l'âme humaine. Elle est toutefois étroitement insérée dans un discours polémique qui est censé démystifier l'idée d'une éternité de l'âme. Le mouvement, qui prête à réflexion, débute dans la proposition précédente – dont la conséquence immédiate est présentée comme étant la proposition 23. Cette proposition pose que c'est de l'âme comme *idée du corps* dont nous pouvons dire qu'elle est éternelle : « Une idée est toutefois nécessairement donnée en Dieu, qui exprime l'essence de tel ou tel corps humain *avec une sorte d'éternité* »[2]. La démonstration de *É* Vp23 qui suit évoque *la noétique*[3] de *É* II; elle se réfère nommément à *É* IIp13 et à *É* IIp8cor, c'est-à-dire à la doctrine qui considère que l'âme est l'idée du corps *existant*. Ce qui nous met en position de pouvoir souligner que : « nous n'attribuons à l'âme humaine aucune durée ne pouvant se définir par le temps, sinon en tant qu'elle exprime l'essence actuelle du corps (...) autrement dit (*É* IIp8cor) nous n'attribuons la durée à l'âme elle-même que pendant la durée du corps ». L'affirmation sans ambages du privilège de l'âme sur le corps dans la proposition 23 devient bien moins nette dans la démonstration car ce qui « demeure » de l'âme n'est rien d'autre que « le concept, ou l'idée, qui exprime l'essence du corps humain ».

1. Et voir les formulations très prudentes mais aussi, de son propre aveu, fort embarrassées de Damasio à la fin de son *Spinoza avait raison*, *op. cit.*

2. L'utilisation de la notion d'« essence » (*essentia*) ne modifie pas nécessairement la voie que nous avons adoptée – bien que cette notion suscite par elle-même une interrogation exégétique compliquée. L'essence du corps est parfois conçue comme son *conatus* et, à d'autres moments, comme l'idée du corps ou encore son âme. L'utilisation en *É* Vp22 de la notion d'essence procure à Spinoza la possibilité de souligner que nous devons concevoir notre propre être selon la *nécessité* (ou l'éternité).

3. En français dans le texte [NdT].

Dans les propositions suivantes, tout continue ainsi plus ou moins dans la même veine de sorte que toute affirmation positive de l'éternité de l'âme est immédiatement remise en perspective afin de ne pas oublier que l'éternité n'est ni un temps très long ni un temps infini. Il ne s'agit en vérité aucunement du temps mais de quelque chose d'autre. Il est toutefois bien compréhensible que le non-philosophe confonde l'éternité avec le temps et la durée :

> Si nous avons égard à l'opinion commune des hommes, nous verrons qu'ils ont conscience, à la vérité, de l'éternité de leur âme, mais qu'ils la confondent avec la durée et l'attribuent à l'imagination ou à la mémoire qu'ils croient subsister après la mort (*É* Vp34s).

Soient la proposition 39 et son scolie, c'est-à-dire ce qui précède le « final » de la théorie de la béatitude, du salut et de la liberté dans les propositions 40, ses corollaire et scolie : ils permettent peut-être d'évaluer au mieux la portée de la polémique qui se trouve dans la dernière partie de l'*Éthique* avec cette référence constante à la notion de « corps » dans des considérations dont Spinoza avait promis qu'elles porteraient sur l'âme seule. Il n'est derechef pas dépourvu d'intérêt que ce soit le corps qui introduise au pas ultime que franchit l'*Éthique*. Le scolie qui suit *É* V40 indique qu'avec cette dernière proposition, s'achève ce qu'il fallait montrer au sujet de l'âme « considérée en dehors de sa relation avec l'existence du corps » bien que, évidemment, l'existence du corps ait précisément fait l'objet de la proposition 39 et de son scolie, ainsi qu'en vérité de toutes les considérations antérieures.

Bien qu'il n'y soit pas fait référence dans la démonstration de *É* Vp40, *É* Vp39 et son scolie permettent de passer à cette proposition 40 par laquelle se conclut la doctrine de la béatitude. Ils forment une étape intermédiaire qui fait transition entre d'un côté, les considérations qui portent sur le troisième genre de connaissance et l'amour intellectuel de Dieu qui en est la conséquence immédiate, et, de l'autre, la conclusion ultime qu'on trouve dans la proposition 40, qui est expressément évaluatrice et normative. Sans marquer clairement sa continuité avec ce qui précède, la proposition 39 fait entrer en jeu l'idée d'un corps « possédant un grand nombre d'aptitudes » : celui qui a un tel corps, « la plus grande partie de son âme est éternelle »[1]. On lit cela parfois comme si Spinoza avait eu quelque

1. Cette proposition rappelle le scolie qui suit *É* IIIp2 : « Personne, il est vrai, n'a jusqu'à présent déterminé ce que peut le corps, c'est-à-dire l'expérience n'a enseigné à personne jusqu'à présent ce que, par les seules lois de la nature considérée en tant seulement que corporelle, le corps peut faire. » ; mais aussi *É* IIp13s : « les idées diffèrent entre elles comme les

prescience des neurosciences en ayant l'idée que plus le cerveau et le système nerveux sont complexes, ou tout autre machinerie du corps imaginable, plus l'équipement mental sera compliqué. Bien que le texte lui-même semble parfois se prêter à une lecture de ce genre, et en particulier les propositions de *É*IV auxquelles la démonstration de *É*Vp39 renvoie (à *É*IVp38 et p30), Spinoza en vérité entendait faire comprendre tout autre chose.

Le scolie qui suit cette proposition met en avant le cas exemplaire de l'enfant, dont le corps est incapable d'accomplir ce que pourra faire l'adulte qu'il deviendra. L'âme de l'enfant elle aussi sait fort peu choses sur lui-même et sur Dieu. C'est de façon paradigmatique que la notion d'enfance sert à Spinoza à faire comprendre combien sa notion de perfection est non téléologique. Il en va dans le cas de l'enfant comme il en allait dans le cas de l'aveugle dont il fut question dans la lettre à Blyenbergh : l'enfant non plus n'offre aucune raison de lui reprocher quoi que ce soit, et bien plus important encore, il n'y en a aucune d'éprouver regrets, sentiments de peine, de compassion ou autres semblables à son endroit. Bien que nous sachions, en comparant son état présent à celui de sa future condition d'adulte, combien la condition de l'enfance est limitée et moins parfaite, il serait philosophiquement sans intérêt de la concevoir comme contrefaite, ou d'imaginer qu'elle aurait pu – ou aurait dû – être autre qu'elle est.

Si l'enfant offre le paradigme du corps qui n'est pas apte à un grand nombre de choses, le corps de l'adulte offre le paradigme du corps qui, lui, *est* apte à beaucoup de choses. Il en est toutefois ainsi seulement jusqu'au point et dans la mesure où lui, l'adulte, « est le moins troublé par des affections mauvaises » qui sont de ces affections « qui sont contraires à notre nature » ; il a ainsi le pouvoir « de faire que toutes les affections du corps se rapportent à l'idée de Dieu ». Il est en vérité très difficile de voir en quoi de tels propos auraient un rapport avec une conception moderne du cerveau et du système nerveux, quelle qu'elle soit. Il est en revanche bien plus aisé de voir en quoi ils se rapportent à la théorie éthique. Au lieu de frayer la voie à une interprétation philosophique des neurosciences, au parallélisme entre l'esprit et le corps, et autres vues analogues, ces vues fournissent sa forme finale à la doctrine du corps apte à une grande quantité de choses en ce qu'elle est la théorie de la liberté elle-même : en quoi c'est du spinozisme en général dont il s'agit. La proposition 39 elle-même souligne une fois encore, le rôle que le corps joue pour parvenir à la

objets eux-mêmes, et l'une l'emporte sur l'autre en excellence et contient plus de réalité dans la mesure où l'objet de l'une l'emporte sur l'objet de l'autre et contient plus de réalité ».

béatitude et plus particulièrement, le rôle de la « capacité physique ». La proposition de *É* Vp39 conduit, cette fois encore, à la *noétique* de *É* II et à la doctrine de l'âme comme idée du corps.

Ainsi, le contexte entier à l'intérieur duquel Spinoza inscrit son dernier mot philosophique devient celui du corps, en tant que *locus* de la liberté et du salut, ainsi que celui de l'âme comme idée du corps. L'âme en tant qu'idée du corps est l'intelligibilité intrinsèque d'un corps individuel donné, si toutefois l'hypothèse de lecture défendue dans ce qui précède est juste.

Le scolie de la proposition 39 explique plus loin que « les corps humains ayant un très grand nombre d'aptitudes, ils peuvent être d'une nature telle qu'ils se rapportent à des âmes ayant d'elles-mêmes et de Dieu une grande connaissance et dont la plus grande et principale partie est éternelle, et telles qu'elles ne craignent guère la mort. » La peur et l'espoir, Spinoza le dit souvent, sont les sources principales des affections mauvaises et du malheur. Si donc le bonheur consiste à vaincre la plus grande peur de toutes qui est la peur de la mort, nous devons également nous soucier davantage de la façon de vaincre l'espoir illusoire qui consiste, de façon ultime, à espérer survivre en étant vivant, et nous devrions mieux comprendre comment faire pour renoncer à cet espoir d'une existence corporelle qui survit. *É* Vp39 parle de l'éternité de l'âme, et c'est justement en l'ayant en vue, que le scolie explique maintenant que ce que nous appelons « bonheur » réside prosaïquement dans les vicissitudes terre-à-terre et les changements continuels qui adviennent au corps. La notion de « bonheur » est profondément inscrite dans la considération du corps, même dans le sens le plus radical qui soit, c'est-à-dire le sens qui précisément justifie qu'on lui confère une aura religieuse ou, à tout le moins, semi-religieuse.

> Qui d'enfant ou de jeune garçon passe à l'état de cadavre, est dit malheureux, et, au contraire, on tient pour bonheur d'avoir pu parcourir l'espace entier de la vie avec une âme saine dans un corps sain. Et réellement qui, comme un enfant ou un jeune garçon a un corps possédant un très petit nombre d'aptitudes et dépendant au plus haut point des causes extérieures, a une âme qui, considérée en elle seule, n'a presqu'aucune conscience d'elle-même, ni de Dieu ni des choses ; et au contraire qui a un corps aux très nombreuses aptitudes, a une âme qui, considérée en elle seule, a grandement conscience d'elle-même et de Dieu et des choses. Dans cette vie donc nous faisons effort avant tout pour que le corps de l'enfance se change, autant que sa nature le souffre et qu'il lui convient, en un autre ayant un très grand nombre d'aptitudes et se rapportant à une âme consciente au plus haut point d'elle-même et de Dieu et des choses, et telle

> que tout ce qui se rapporte à sa mémoire ou à son imagination soit presque insignifiant relativement à l'entendement.

Du point de vue textuel (voir la première partie), il n'y pas l'ombre d'un doute : tous les « ingrédients » qui, à eux tous, forment la doctrine du salut, du bonheur et de la liberté ont leur source dans la *noétique* de la deuxième partie de l'*Éthique*. C'est par la noétique qu'il est possible de les expliquer et d'en saisir la signification, plus précisément en se référant à ce mouvement complexe qui culmine avec l'affirmation que l'âme est l'idée du corps. L'ultime conclusion de l'*Éthique* repose sur une double identification fort peu courante qui la conditionne, et les deux visages du monisme de Spinoza résident précisément en ces identifications. Il s'agit d'abord de l'unicité primordiale et inconditionnée entre le corps et son âme-idée. Quant à la seconde, elle va même plus loin que la première dans la radicalité car il s'agit de l'identité – de l'identité numérique – entre l'âme individuelle et l'idée adéquate du corps individuel qui est en Dieu. Deux conséquences éthiques majeures, qui sont souvent tenues pour inconciliables, confèrent au double monisme de Spinoza toute sa portée. En premier lieu, tout ce qui est traditionnellement considéré comme élevé, important, extraordinaire, et précieux est introduit dans la corporalité concrète, et en vérité tout cela est ramené radicalement à celle-ci. En second lieu, la corporalité concrète devient le lieu du sérieux de l'être et de sa valeur. La pensée et l'entendement, l'intellect, la connaissance, la compréhension, la rationalité ultime, la personnalité ou la subjectivité : tout cela est l'affaire du corps et ne relève plus d'aucun domaine transcendant, supranaturel ou extra-physique de l'être. Toutefois, l'agir et la liberté, la béatitude et le salut trouvent, eux aussi, à résider dans le corps, cette machine par laquelle l'organisme fait l'expérience de soi, en tant que corps vécu. Une fois dépouillées de leur importance mythologique et théologique, toutes ces notions d'agent, de liberté, de béatitude et de salut, désignent surtout des valeurs et des appréciations, dès qu'on les saisit dans l'optique de la cohérence qu'elles entretiennent avec la doctrine de l'éternité comme mode de l'être définissable par sa nécessité inhérente.

LA DOCTRINE DE LA VALEUR

> Plus chaque chose a de perfection, plus elle est active, et moins elle est passive ; et inversement, plus elle est active, plus parfaite elle est (*É* Vp40).
>
> Il suit de là que la partie de l'âme qui demeure, quelque petite ou grande qu'elle soit, est plus parfaite que l'autre. Car la partie éternelle de l'âme (...) est l'entendement, seule partie par laquelle nous soyons dits actifs (*É* Vp40cor).

É Vp40 et son corollaire, et aussi le scolie qui en est la suite immédiate, exposent clairement les tout derniers mots de la doctrine de l'éternité de l'âme. On peut dire que c'est l'importance normative de l'aventure entière qui y est en vérité exposée, et cela d'une façon plus volontiers sous-entendue que proférée "à voix haute"[1]. La notion de *perfection* fait sa réapparition à la proposition 40 et permet ainsi d'en venir à l'explication finale. On montre maintenant que l'équivalence sémantique entre « perfection » et « réalité » englobe aussi la notion d'*action*. Ces trois notions fondent toutes des comparaisons et étayent des évaluations quantitatives ou semi-quantitatives : on peut être plus actif, cela veut dire être plus réel ou posséder davantage d'être, ce qui veut dire être doté d'une perfection plus grande. Le corollaire ajoute à cela une ultime concrétisation : puisqu'être plus actif c'est avoir plus d'être, c'est aussi vivre une vie plus rationnelle. Dès lors que la « partie éternelle de l'âme » consiste en un mode adéquat du penser, il s'agit donc avant tout, de façon ultime, originaire ou encore ontologique, de l'idée adéquate du corps. Selon le scolie précédent, une âme active est donc une intelligence plus grande de qui on est et de ce qu'on est. Et en tout ceci, on jouit d'une plus grande perfection.

Toutefois, implicitement et par implication, une telle perfection est également liberté. Au sens précis du terme, agir est un mode d'être dans lequel une chose est déterminée conformément à sa propre nature. La seconde définition de *É* III précise qu'agir veut dire être la cause adéquate de tout ce qui peut advenir, tant en nous qu'à l'extérieur de nous. Ce qui renvoie au sens philosophique exact de la liberté : est libre toute chose qui existe et agit en vertu de la nécessité de sa propre nature. La démonstration de *É* Vp40 renvoie à *É* IIIp3 qui effectue expressément le rapport qui relie la notion d'action aux idées adéquates : les actions de l'âme ne trouvent leur source que dans des idées adéquates. Avoir des idées adéquates, c'est être libre. La démonstration de la proposition 3 de *É* III commence par faire référence explicitement aux propositions 11 et 13

1. En français dans le texte [NdT].

de *É*II : « ce qui constitue en premier lieu l'essence de l'âme n'est rien d'autre que l'idée d'un corps existant en acte ». C'est, en dernière analyse, sur la *noétique* de la deuxième partie que se trouve fondée la possibilité de la connaissance adéquate, c'est-à-dire le fait d'avoir des idées adéquates, et c'est sur la *noétique* tout particulièrement que repose la possibilité de voir en de telles idées la perfection et la liberté en un sens ultime et objectif. Bien qu'elle n'apparaisse pas dans l'élaboration finale de *É*V – si ce n'est dans son titre – la liberté en constitue le moment philosophique, c'est-à-dire le moment moral le plus élevé. Il s'agit de la liberté entendue en l'acception totalement inusitée et contraire à toute intuition que Spinoza lui donne, à savoir la liberté comme une forme de nécessité. En ce qu'elle est désormais médiatisée par l'ontologie des idées, la liberté n'est plus seulement l'accomplissement de l'homme, elle est aussi un mode de l'être.

Spinoza trouve à exprimer la valeur irréductible de l'existence par le concept de liberté philosophiquement adéquat, c'est-à-dire par la doctrine qui définit la liberté comme une forme de nécessité. Nous avons déjà pris en considération la force psychologique qui s'attache aux notions de nécessité et de liberté, ainsi que leur complexité sémantique. La façon remarquable dont Spinoza explique le pouvoir psychologique qui s'attache à la notion d'agent libre transcende le domaine de la causalité naturelle, de l'indétermination et de l'ignorance des causes pour introduire à la vérité philosophique. À la faveur d'un déplacement typique, dont nous avons déjà rencontré l'analogue à de nombreuses reprises, Spinoza loge les causes de la pathologie humaine dans un concept philosophique solide et adéquat. Les forces psychologiques en cause enveloppent – en un sens spinoziste – une authentique notion philosophique qui agit silencieusement sous les images visibles et conscientes. Cette notion peut se dévoyer, devenir fallacieuse et source d'une pathologie, mais elle introduit à une conception solide de la liberté véritable, à condition que l'imaginaire de la liberté soit rectifiée.

*É*IIIp49 contient une indication importante qui permet d'en venir au véritable concept de liberté, ce qui est à soi seul un acte de libération. En prenant appui sur la vraie définition de la liberté laquelle stipule que « cette chose est dite libre qui existe par la seule nécessité de sa nature et est déterminée par soi seule à agir » (*É*Idéf7), ce qui explique combien ce qu'on conçoit comme libre exerce sur nous un grand pouvoir. *É*IIIp49dém affirme que :

> Une chose que nous imaginons libre doit (*selon la définition 7, partie I*) être perçue par elle-même, abstraction faite des autres choses. Si donc nous imaginons quelle est cause de joie ou de tristesse, par là même (*selon le*

> *scolie de la proposition 13*) nous l'aimerons ou la haïrons et cela du plus grand amour ou de la plus grande haine qui puisse naître du sentiment en question (*selon la proposition précédente*)[1].

Le scolie de *É* IIIp13 précise simplement que « l'amour et la haine ainsi que, respectivement la joie et la tristesse sont accompagnées de l'idée de leurs causes » ; *É* IIIp48 pose que

> l'amour et la haine, par exemple envers Pierre, sont détruits si la tristesse qu'enveloppe celle-ci et la joie qu'enveloppe celui-là sont associées à l'idée d'une autre cause ; et ils sont diminués l'un et l'autre dans la mesure où nous imaginons que Pierre n'a pas été la seule cause de cette joie et de cette tristesse[2].

La logique de ce raisonnement est directe et quasi intuitive. Il va sans dire que nous aimerons ou haïrons ce que nous imaginons être les causes de notre joie ou de notre affliction. Pourquoi dès lors ce raisonnement patent devrait-il dépendre de la définition tellement inhabituelle de la liberté, définition qui, réduisant la liberté à la nécessité en *É* I, constitue le fondement d'une des doctrines spinozistes le plus notoirement difficile et iconoclaste ?

Les deux formes de liberté ont, de façon paradoxale quelque chose en commun, qu'il s'agisse de l'ultime source d'erreur ou de l'ultime vérité philosophique. Quelle que soit la manière dont nous envisageons une chose comme libre, que ce soit par l'idée adéquate ou par une représentation imaginaire de la liberté, c'est de la façon la plus intense qui soit que nous en sommes affectés. La représentation d'un agent libre provoque les affections les plus fortes, qu'il s'agisse du concept ou d'une imagination. En ce point, la nécessité joue un rôle très ambigu. D'un côté, elle neutralise ou diminue l'intensité de notre amour et de notre haine, surtout à l'égard des autres hommes. D'un autre côté, la nécessité sous-tend l'affection la plus forte de toutes, à savoir l'amour intellectuel de Dieu, en ce qu'il dépend de la compréhension de l'absolue nécessité de Dieu. L'amour intellectuel de Dieu naît du troisième genre de connaissance (*É* Vp32cor), en ceci que le troisième genre de connaissance, ainsi que l'explique la démonstration du corollaire, enveloppe une joie qu'accompagne l'idée de sa cause, laquelle est éternelle. Mais la notion d'« éternité », est une notion qui n'est pas temporelle mais ontologique et elle véhicule avant tout la nature nécessaire, absolument non arbitraire de ce qui est éternel. On peut continuer à maintenir que la doctrine étrange de la nécessité-liberté de *É* I propre à Dieu – ou à la nature – devient intelligible dans les propositions

1. Trad. R. Caillois, dans l'édition de la Pléiade.
2. *Ibid.*

qui portent sur le troisième genre de connaissance, quoiqu'elle n'y soit présente que de façon semi-implicite. Si cette nécessité, la nécessité de l'être en sa totalité, est baptisée « liberté », alors une affection des plus puissantes s'ensuivra. Tandis qu'on s'attendrait à un sentiment de détresse et d'impuissance, Spinoza se met ici à parler d'amour. Quant à cet amour intellectuel, c'est d'une sorte de compréhension dont il s'agit. La position ultime du philosophe consiste à soutenir que la nature est absolument libre, ce qui revient à comprendre sa nature non arbitraire.

Cela est toutefois encore trop abstrait. La position philosophique à l'égard de l'être est, de fait, une position à l'égard de l'existence, c'est-à-dire plus précisément encore, à l'égard de sa propre existence corporelle. Les deux dernières propositions de la doctrine du *Salus sive Beatitude sive libertas*, les propositions 39 et 40 de *É* V, conduisent à leur conclusion toutes les analyses antérieures : « perfection » et « réalité » sont notions équivalentes. C'est ici que se fait jour l'équivalence entre liberté, perfection et réalité : c'est exactement à la façon dont ce que nous nous représentons comme libre nous affecte davantage qu'il en va de même pour la perfection et la réalité. Plus grande est la quantité de réalité d'une chose, plus grande est sa perfection et plus grand son pouvoir « d'affecter notre âme » (ce qui est affirmé dans la préface de *É* IV). Toutefois, la perfection *cum* quantité de réalité n'est pas seulement une abstraction et un mode de comparaison entre les choses. Il s'agit aussi d'une réalité concrète : plus nombreuses les capacités d'un corps à accomplir toutes sortes de choses, plus grande, la partie de son âme qui est éternelle (*É* Vp39); cette partie éternelle de l'âme est également plus parfaite que le reste de l'âme (*É* Vp40cor); plus une chose est parfaite et plus elle est active (*É* Vp40); et, en vertu de sa définition-même, l'activité est équivalente à la liberté : toutes deux veulent dire exister en vertu de la nécessité de sa propre nature.

La clé qui permet d'interpréter tout ceci se trouve dans un concept dont Spinoza n'a jamais fait un usage explicite. Activité, perfection, adéquation, compréhension ou intelligibilité, et enfin liberté par-dessus tout définissent la position du philosophe à l'égard de sa propre existence corporelle. La compréhension philosophique signifie une non-indifférence absolue. Pour le dire plus simplement, il s'agit de la *valeur* que le philosophe spinoziste accorde à l'existence, à lui-même ainsi qu'à son corps. Le double versant de l'argumentation finale de l'*Éthique* – le versant subversif et polémique d'une part, le versant positif de l'autre – convergent vers une théorie démystificatrice de la raison. Si la part éternelle de l'âme est l'idée éternelle de l'essence du corps, il ne reste pas grand-chose de ce que la tradition – surtout averroïste – avait appelé « intellect actif ». Comme en outre, l'idée éternelle de l'essence du corps en Dieu est identique – c'est-à-dire est numériquement une – avec l'âme individuelle, plus rien ne surpasse ni ne transcende l'âme-idée du corps. Ce qui est référé à l'idée de l'essence éternelle du corps en Dieu n'est rien d'autre que l'âme individuelle, c'est-à-dire ce qui fonde son être même. Toutefois, dans la mesure où cette fondation semi-cachée de l'âme ne consiste justement en rien d'autre que dans la seule idée adéquate du corps, il s'ensuit que c'est en elle que la vérité et la raison trouvent leur origine et leur demeure. En tant qu'en elle se tiennent à la fois les enjeux de la quête philosophique et la plus grande réussite de la vie humaine, la raison ne consiste en rien d'autre qu'à penser le corps, tel qu'il est en lui-même et tel qu'il existe en acte. La raison est fondée sur le *hic et nunc* du corps sans qu'une source transcendante soit requise. Une telle doctrine mérite bien qu'on la considère comme une démystification radicale de la raison.

Mais, c'est précisément par les voies de la subversion, de la polémique et de la démystification que la doctrine spinoziste de l'âme humaine est également une théorie *positive* de *l'importance, de la valeur et de la justification* de la raison et d'une vie philosophique. Cette doctrine saisit la signification d'expériences humaines aussi fondamentales et irréductibles que l'expérience qui consiste à comprendre et à connaître; elle justifie le sentiment de liberté; elle innocente la vie, et l'existence de façon générale en plaidant la cause de leur importance et de leur sérieux irréductible. Et tout cela est effectué en se livrant à « l'extraction », si on peut dire, de la profonde signification philosophique qui gît dans l'expérience de la vie corporelle, dans le penser-ressentir de notre propre corps, dans l'affectivité naturelle de la vie telle qu'elle relève de l'existence corporelle. Cette doctrine s'efforce de montrer qu'il n'y a aucun besoin de se livrer à la mystification de telles expériences pour les tenir en estime et leur accorder de la valeur. L'âme est l'idée du corps; elle est la pensée et la compréhension silencieuse de notre propre existence « en acte », ici et maintenant. À la façon de la compréhension de la vérité mathématique mais de manière plus décisive, la compréhension cachée de notre propre corporalité peut devenir un véritable mode de vie. Ce qui est ainsi compris, c'est que comprendre est tout simplement important; en d'autres termes, la philosophie est chose sérieuse. Ainsi le voyage philosophique trouve dans les propositions 21-40 son couronnement, son apogée et son achèvement avec la tentative de montrer que ce à quoi conduit ce voyage consiste à comprendre comment cette existence des plus prosaïques et apparemment banale qu'est notre existence corporelle est l'origine, la source et la justification de la *valeur*, en vérité de *la valeur absolue.*

En guise de conclusion

SALUS SIVE BEATITUDO SIVE LIBERTAS

Spinoza a tenté de dépouiller le concept de « perfection » de son contenu téléologique et finaliste. Les éléments théologiques et onto-théologiques qui sont traditionnellement liés à la téléologie se trouvent donc, eux aussi, neutralisés. Spinoza cependant conserve un aspect important de la « perfection ». Ainsi que ce fut aussi le cas pour beaucoup de ses prédécesseurs médiévaux, elle lui sert de médiation, pour se livrer à la transformation des concepts d'« être » ou de « réalité » afin qu'ils soient la source de mesures semi-quantitatives ainsi que de principes d'évaluation, ce qui importe encore davantage. Une chose peut avoir plus ou moins d'être, différentes choses posséder différentes quantités de réalité et être ainsi par conséquent pourvues de valeurs diverses. La quantité d'être qu'une chose possède est sa quantité de perfection et, plus important encore, sa quantité de valeur. En un sens, c'est ce dernier élément dont la nature est éthique, qui conditionne la totalité de l'entreprise spinoziste. Ce n'est pas seulement l'ontologie qui se trouve pourvue d'une signification normative, mais c'est en vérité l'ordre des raisons qui se trouve inversé : la motivation éthique conditionne l'investigation philosophique qui porte sur le sens de l'être. La philosophie devient servante de l'éthique, et l'ontologie, à son tour, devient fondamentalement théorie de la valeur de l'être.

La philosophie de Spinoza est souvent tenue pour un « matérialisme ». Le terme de « matérialisme » fut d'abord un terme d'opprobre dont on se servait pour blâmer Spinoza et voir en lui une sorte de scandale moral et théologique. Il a plus tard servi d'instrument de réhabilitation et d'appropriation. Les *philosophes* français d'abord, et plus tard, nombre d'écrivains russes de la période communiste ont considéré Spinoza comme un « matérialiste », quoique selon des voies très différentes, bien entendu. Au cours de la seconde moitié du XXe siècle et sous l'influence du marxisme, celui d'Althusser surtout, sous l'influence aussi de l'école qu'on appelait critique, ainsi que de quelques autres courants intellectuels, les approches matérialistes ont une fois de plus semblé séduisantes, à la fois politiquement et idéologiquement. On étudia intensément Spinoza, et les philosophes et universitaires qui appartenaient à ces courants écrivirent sur lui – ce furent surtout les Français, mais aussi les Allemands, les Italiens et les Espagnols, entre autres ; ce qui en soi n'est pas en contradiction avec le fait que de remarquables travaux universitaires virent le jour qui offraient des aperçus novateurs. On tient souvent Spinoza pour un « naturaliste » et sa philosophie pour une forme de « naturalisme » ce qui advient dans des optiques idéologiques pourtant sensiblement diverses. Sans être moins ambigu que « matérialisme », le « naturalisme » renvoie habituellement à une sorte de supériorité prétendument épistémologique de la connaissance que procurent les sciences de la nature par rapport aux discours prétendument dogmatiques et métaphysiques. On voit souvent dans le « naturalisme », une conception mécaniste et matérialiste, ou plutôt physicienne, qui supposerait que la « matière » et les lois causales qui la gouvernent auraient un rôle théorique majeur à jouer pour comprendre la structure de la réalité, bien supérieur à celui du « mental », du « psychique » et autres termes analogues.

On pourrait présenter ce qui réunit toutes ces façons d'aborder Spinoza comme une suspicion implicite à l'égard de la métaphysique, des « grandes narrations », du potentiel tyrannique de la « raison » et ainsi de suite. Il y a assurément une dimension fortement subversive dans les écrits de Spinoza, et ce n'est pas seulement le cas du *Traité théologico-politique*. Cette subversion est généralement dirigée contre la « religion », en un sens générique et à quelque égard symbolique quand elle est conçue comme l'exemple même du préjugé, de la superstition, du contrôle politique et de « l'esclavage » soit encore, pour le dire de façon tout à fait générale, qu'elle devient le paradigme de l'irrationalité. Il serait toutefois totalement inexact de loger Spinoza aux côtés du « soupçon » systématique. Après tout, la raison et la rationalité sont précisément ce dont il s'agit dans toute la philosophie de Spinoza. Spinoza ne laisse aucune place à quelque scepticisme que ce soit, pas davantage au relativisme dans la mesure où ce qui est en jeu porte sur la pertinence et l'importance de la métaphysique, soit encore, ce qui en dernière analyse revient au même, sur la validité de la raison. Toutefois, et c'est là que matérialisme, naturalisme et ainsi de suite renvoient à quelque chose de spinoziste; la raison, semble-t-il dire à ses lecteurs, n'est pas ce que vous avez cru qu'elle est, ou ce qu'on vous en avait raconté. Il s'agit avec elle d'un absolu *hic et nunc*, elle n'a aucune origine extra-mondaine, et elle n'est la source d'aucune autorité ni de quelque exigence d'obéissance. La religion, ainsi que Spinoza l'a montré dans son *TTP*, porte sur l'obéissance, tandis que la philosophie porte sur la compréhension. Or, la nécessité de la raison est liberté, et non pas obéissance. En fait, la nécessité propre à la vérité philosophique est l'exact opposé de l'obéissance, car la vérité philosophique est également une vérité qui porte sur la question de savoir comment conduire sa vie, sur ce qu'il convient de faire et de ne pas faire, et à ce titre, elle est liberté au vrai sens du terme, et en tant que telle, elle est nécessité. Cet aspect de la philosophie de Spinoza ne suscite à l'évidence pas d'assentiment unanime, et il n'est pas utile de s'y arrêter plus longuement. On doit toutefois souligner que l'instrument majeur dont Spinoza se sert pour tenter une démystification radicale de la raison se trouve dans la doctrine du corps comme étant immédiatement le siège de celle-ci.

Si on surmonte la tentation de lire Spinoza à la lumière des idées du jour, et en particulier des récentes idées scientifiques, on verra que l'âme et le corps jouent dans sa philosophie des rôles stratégique et théorique complémentaires quoique symétriquement opposés. En prenant un peu de recul par rapport au texte pour adopter pendant un instant une attitude plus herméneutique, on pourra dire que les deux notions, « l'âme » et « le corps » sont deux moments d'un va-et-vient complexe – ou si on préfère, d'un mouvement dialectique – au cours duquel la valorisation absolue, le sérieux et l'importance d'un côté, la démystification, la sobriété critique de l'autre se conditionnent et se relativisent l'une l'autre. Ce que Spinoza appelle l'éternité de l'âme et le troisième genre de connaissance constituent les moments les plus élevés de la recherche philosophique et Spinoza les envisage tous deux sous l'angle de la pensée, de l'intellect et de la raison. Toutefois la référence constante au corps et sa présence continue dans la deuxième moitié de *É*V mettent l'ensemble en perspective en procurant au moment final de l'*Éthique* une visée démystificatrice. C'est au sein même de cet espace complexe que surgissent la connaissance philosophique, l'activité, la liberté, c'est-à-dire en vérité la connaissance, l'activité et la liberté *en tant que* perfection, pour couronner l'entreprise éthico-philosophique.

Il y a de l'ironie dans le fait que le *more geometrico* de Spinoza se trouve souvent ambigu et obscur. Au cours des ans, le nom de Spinoza a acquis une charge symbolique dont la raison manque parfois de clarté.

Ce sont là les deux ingrédients qui suscitent la tentation de lire Spinoza à la lumière du « matérialisme », du « naturalisme », de « l'immanentisme » ou de quelque autre mot en « -isme » au goût du jour. Pour ce qu'il en est de toutes ces taxinomies, elles ne sont pas totalement fausses. Il est vrai que Spinoza est le philosophe de l'essentialité du *hic et nunc*, de la libération et d'une rationalité sobre. Il y a toutefois de bonnes raisons de formuler les plus profondes réserves à l'endroit de toutes ces classifications générales. En dernière analyse, la philosophie de Spinoza n'est pas assimilable aux théories de l'immanence historique, politique ou sociologique; ni aux théories critiques ou de la libération; ni en vérité à aucune autre théorie de l'*ici et maintenant* ordinaire et interindividuel. Le *hic et nunc* spinoziste est le *hic et nunc* du corps de l'individu, de son corps propre et personnel. C'est justement en vertu de cela qu'il est irréductible à quelque conception naturaliste du corps, si par « naturaliste », on entend, comme c'est généralement le cas, une saisie scientifique du corps, abstraite et « objective », c'est-à-dire extérieure et en troisième personne. L'ici et maintenant *corporel* selon Spinoza est l'ici et maintenant du corollaire de *É* IIp13. Il affirme, ainsi qu'il a été rappelé plus d'une fois, que l'homme est fait de corps et d'âme et, en particulier que « *Corpus humanum, prout ipsum sentimus, existere* ». Notre propre corps existe tel que nous le sentons, ou tel qu'il est pensé exister[1]. Mais c'est ce corps immédiatement ressenti, ou pensé qui est sauvé, heureux et libre. Les dernières propositions de l'*Éthique*, comme Spinoza le dit, sont une doctrine du *Salus sive Beatitudo sive libertas.* C'est là le dernier mot de Spinoza. Dans la mesure où c'est de l'idée du corps qu'il s'agit, ce dernier mot est paradoxal au point d'être oxymorique.

Le cercle se referme sur ce geste. Ce cercle indique quel fut le parcours suivi par le présent essai consacré à l'*Éthique* de Spinoza, et il fait converger deux moments importants de la philosophie de Spinoza : l'ontologie des idées ainsi que la doctrine de l'âme comme idée du corps des treize premières propositions de *É* II, avec la théorie du *Salus sive Beatitudo sive libertas* de la seconde partie de *É* V. Nous avons, au début de cet ouvrage, proposé de tenir la philosophie de Spinoza pour une philosophie du sérieux. La quête philosophique de l'intelligibilité est une affaire sérieuse, en vérité la plus sérieuse de toutes. Tel semble être le dernier mot de Spinoza. Il en va ainsi parce que la nature de ce que nous appelons « l'âme » est de comprendre. Or, l'acte de comprendre, « d'intelliger », de ce que le latin désigne par *intelligere,* est ce qui confère sa signification à ce que nous appelons la « raison ». Mais tout ceci, y compris le sérieux que

1. « Être pensé », ici, ne renvoie pas à une pensée *à propos* du corps, pas davantage à le feindre ou à l'imaginer, mais à l'« intelliger ».

cela enveloppe, s'enracine dans l'existence corporelle – bien plus, *est*, en quelque bizarre acception, l'existence corporelle elle-même. C'est là aussi ce qui constitue et révèle sa valeur irréductible. Le salut, la béatitude et la liberté sont la compréhension, la connaissance, l'intellection philosophique du corps. En d'autres termes, moins spectaculaires, le corps est le fondement de tout ce qui détient valeur, vérité et importance et c'est à lui que conduit tout ce qui détient valeur, vérité et importance. Telle est, semble-t-il bien, l'énigme spinoziste, car est-il possible de prendre au sérieux l'idée que l'âme n'est rien d'autre qu'une idée, et tout particulièrement que son objet est le corps à la façon dont le cercle est l'objet de l'idée du cercle ? Et peut-on prendre au sérieux la doctrine spinoziste selon laquelle le salut, la béatitude et la liberté seraient corporelles ? Est-ce qu'il n'y aurait pas dans tout cela rien d'autre qu'un grand oxymore ? Répétons toutefois : quelqu'un s'est-il jamais approché plus près de la formulation d'une éthique totalement sécularisée qui prône la valeur, l'importance et la gravité absolues de l'*hic et nunc ?*

BIBLIOGRAPHIE

AMARASINGAM, Amarnath (ed.), *Religion and the New Atheism. A Critical Appraisal*, Leiden, Brill, 2010.

ARENDT, Hannah, « Qu'est-ce que la liberté ? », in *La crise de la culture,* Paris, Gallimard folio, 1972, p. 186-222.

ATLAN, Henri, *Les Étincelles de hasard*, t. I : *Connaissance spermatique*, Paris, Seuil, 1999.

– *Les Étincelles de hasard*, t. 2 : *Athéisme de l'écriture*, Paris, Seuil, 2003.

BACHELARD, Suzanne, *La logique de Husserl : Étude sur logique formelle et logique transcendantale*, Paris, P.U.F., 1957.

BAYLE, Pierre, *Pensées sur l'athéisme*, édition de J. Boch, Paris, Éditions Desjonquères, 2004.

BEISER, Frederick C., *The Fate of Reason. German Philosophy from Kant to Fichte*, Cambridge, Mass., Harvard University Press, 1987.

BEINER, Ronald, *Civil Religion. A Dialogue in the History of Political Philosophy*, Cambridge, Cambridge University Press, 2011.

BELAVAL, Yvon, *Leibniz, critique de Descartes*, Paris, Gallimard, 1960.

BELLAH, Robert et TIPTON, Steven (eds), *The Robert Bellah Reader*, Durham, Duke University Press, 2006

– *Religion in Human Evolution. From the Paleolithic to the Axial Age*, Cambridge, Mass., Harvard University Press, 2011.

BENNET, Jonathan, *A Study of Spinoza's Ethics*, Cambridge, Cambridge University Press, 1984.

BEN SHLOMO, Yosef, *Etgar Ha'Spinozism* (en Hébreu), Jerusalem, Carmel, 2013.

BIDNEY, David, *The Psychology and Ethics of Spinoza : A Study in the History and Logic of Ideas*, New Haven, Yale University Press, 1940.

BITBOL-HESPÉRIÈS, Annie, « La vie et les modèles mécaniques dans la médecine du dix-septième siècle », *in* F. Monnoyeur (éd.), *Questions vitales. Vie biologique, vie psychique*, Paris, Kimé, 2009, p. 47-81.

BLUMENBERG, H., *La légitimité des temps modernes*, trad. de l'allemand par M. Sagnol, J.-L. Schlegel, D. Trierweiler et M. Dautrey, Paris, Gallimard, 1999.

BOLDUC, Carl, *Spinoza et l'approche éthique du problème de la liberation : critique du théologico-politique*, Hildesheim, Olms, 2009.

BORING, Edwin G., *A History of Experimental Psychology*, New Jersey, Prentice-Hall, 1950.

BOURDIN, Bernard, *La genèse théologico-politique de l'État moderne. La controverse de Jacques Ier d'Angleterre avec le cardinal Bellarmin*, Paris, P.U.F., 2004.

BOVE, L. BRAS, G., MÉCHOULAN, E., *Pascal et Spinoza. Pensées du contraste – de la géométrie du hasard à la nécessité de la liberté*, Paris, Éditions Amsterdam, 2007.

BROUGHTON, Janet, « Adequate Causes and Natural Change in Descartes' Philosophy », *in* A. Donagan, A. N. Perovich et M. V. Wedin (eds.), *Human Nature and Natural Knowledge, Essays Presented to Marjorie Grene on the Occasion of Her Seventy-Fifth Birthday*, Dordrecht, Reidel, 1986, p. 107-127.

BRUNSCHVICG, Léon, *Spinoza et ses contemporains*, Paris, P.U.F., 1951.

CANGUILHEM, Georges, *Le normal et le pathologique*, Paris, P.U.F., 1951.

CARRAUD, Vincent, *Causa sive ratio. La Raison et la cause de Suarez à Leibniz*, Paris, P.U.F., 2002.

CHALIER, Catherine, *Spinoza lecteur de Maïmonide. La question théologico-politique*, Paris, Cerf, 2006.

CHALMERS, David J., *L'Esprit conscient, à la recherche d'une théorie fondamentale*, traduit de l'anglais par Stéphane Dunand, Paris, Éditions Ithaque, 2010.

CHARLES-DAUBERT, Françoise, *Les libertins érudits en France au XVIIe siècle*, Paris, P.U.F., 1998.

COURTINE, Jean-François, *Suarez et le système de la métaphysique*, Paris, P.U.F., 1990.

– « Histoire et destin phénoménologique de l'*intentio* », *in* J.-F. Courtine, *La cause de la Phénoménologie*, Paris, P.U.F., 2007, p. 13-36.

CRONIN, Timothy J., *Objective Being in Descartes and Suarez*, Analecta Gregoriana, vol. 154, Roma, Gregorian University Press, 1966.

CURLEY, Edwin, « Spinoza's Exchange with Albert Burgh », *in* Yitzhat Y. Melamed and Michael A. Rosenthal (eds.), *Spinoza's Theological-Political Treatise. A Critical Guide*, Cambridge, CUP, 2010, p. 11-28.

CUSSET, Catherine (ed.), *Libertinage and Modernity*, New Haven, Yale University Press, 1999.

CUSSET, François, *French Theory : Foucault, Derrida, Deleuze & co. et les mutations de la vie intellectuelle aux États-Unis*, Paris, La Découverte, 2003.

DALBIEZ, Roland, « Les sources scolastiques de la théorie Cartésienne de l'être objectif », *Revue d'histoire de la philosophie*, 3, 1929, p. 464-472.

DAMASIO, Antonio, *Spinoza avait raison. Joie et tristesse, le cerveau des émotions*, Paris, Odile Jacob, 2003.

DANZIGER, Kurt, *Constructing the Subject. Historical Origins of Psychological Research*, Cambridge, CUP, 1994.

DAVIDSON, Herbert A., *Alfarabi, Avicenna and Averroes on Intellect: Their Cosmologies*, Oxford, Oxford University Press, 1992.

– « Gersonides on the Material and Active Intellect », *in* G. Freudenthal (ed.), *Studies on Gersonides. A Fourteenth-Century Jewish Philosopher Scientist*, Leiden, Brill, 1992, p. 195-265.

DAWKINS, Richard, *Pour en finir avec Dieu*, Paris, Perrin, 2009.

DERABANDER, Firmin, *Spinoza and the Stoics. Power, Politic and the Passions*, New-York, Continuum, 2007.

DE CARO, M. et Macarthur, D. (eds.), *Naturalism and Normativity*, New York, Columbia University Press, 2010.

DE DEUGD, C. (ed.), *Spinoza's Political and Theological Thought: International Symposium under the Auspices of the Royal Netherlands Academy of Arts and Sciences. Commemorating the 350th Anniversary of the Birth of Spinoza*, Amsterdam, 24-27 November 1982, Amsterdam, North Holland Publishing Company, 1984.

DELBOS, Victor, *Le problème moral dans la philosophie de Spinoza et dans l'histoire du Spinozisme*, Hildesheim, Olms, 1988.

DELEUZE, Gilles, *Spinoza et le problème de l'expression*, Paris, Les Éditions de Minuit, Paris, 1968.

– *Spinoza. Philosophie pratique*, Paris, Les Éditions de Minuit, 1981.

DE LIBERA, Alain, *Thomas d'Aquin, Contre Averroès. L'unité de l'intellect contre les averroïstes.* Suivi des textes contre Averroès antérieurs à 1270, traduction, introduction et notes par A. de Libera, Paris, GF-Flammarion, 1994.

– *L'unité de l'intellect de Thomas d'Aquin. Commentaire du* De unitate intellectus contra averroistas, Paris, Vrin, 2004.

– *Archéologie du sujet*, vol. 1 : *Naissance du sujet*, Paris, Vrin, 2007 ; vol. 2 : *La quête de l'identité*, Paris, Vrin, 2008.

DELLA ROCCA, M., *Representation and the Mind-Body Problem in Spinoza*, Oxford, Oxford University Press, 1996.

– *Spinoza*, London and New York, Routledge, 2008.

DENNEHY, M. et RAMOND C. (dir.), *La philosophie naturelle de Robert Boyle*, Paris, Vrin, 2009.

DENNETT, Daniel C., La conscience expliquée, trad. fr. P. Engel, Paris, Odile Jacob, 1993.

– *Darwin est-il dangereux ?*, trad. fr. P. Engel, Paris, Odile Jacob, 2000.

DESANTI, Jean-Toussaint, « Spinoza et la phénoménologie », *in* O. Bloch (éd.) *Spinoza au XXe siècle*, Paris, P.U.F., 1993, p. 113-127.

— et DESANTI Dominique, avec Roger PAUL-DROIT, *La liberté nous aime encore*, Paris, Odile Jacob, 2001.

DE VRIES, Hent et SULLIVAN, Lawrence (eds.), *Political Theologies. Public Religion in a Post-Secular World*, New York, Fordham University Press, 2006.

DOBBS-WEINSTEIN, Idit, « Gersonides' Radically Modern Understanding of the Agent Intellect », *in* Stephen F. Brown (ed.), *Meeting of the Minds:*

The Relations Between Medieval and Classical Modern European Philosophy, Begijnhof, Belgium Brepols, 1998.
– « Maïmonidean Aspects in Spinoza's Thought », in *Graduate Faculty Philosophy Journal*, vol. 17, n° 1 et 2, 1994, p. 153-174.
DONAGAN, Alan, « Spinoza's Theology », *in* D. Garrett (ed.), *The Cambridge Companion to Spinoza,* Cambridge, CUP, 1996.
— PEROVICH, A. N. et WEDIN, M. V. (eds.), *Human Nature and Natural Knowledge. Essays Presented to Marjorie Grene on the Occasion of Her Seventy-Fifth Birthday*, Dordrecht, Reidel, 1986.
DUFF, Robert A., *Spinoza's Political and Ethical Philosophy*, Glasgow, J. Maclehose and Sons, 1903.
DUMMETT, M., *Les origines de la philosophie analytique*, trad. fr. M.-A. Lescourret, Paris, Gallimard, 1992.
DUNIN-BORKOWSKI, Stanislaus von, *Der junge Spinoza. Leben und Werdegang im Lichte der Weltphilosophies*, Muenster, Aschendorf, 1912.
DUPÉRON, Isabelle, *G. T. Fechner. Le parallélisme psychophysiologique*, Paris, P.U.F., 2000.
FARRELL, Frank B., *Subjectivity, Realism, and Postmodernism – The Recovery of the World*, Cambridge, CUP, 1994.
FELDMAN, Seymor, « Gersonides on the Possibility of Conjunction with the Agent Intellect », *Association of Jewish Studies Review*, vol. 3, 1978, p. 99-110.
FOUCAULT, Michel, *Naissance de la Clinique. Une archéologie du regard médical*, Paris, P.U.F., 1963.
– *Histoire de la folie à l'âge classique*, Paris, Gallimard, 1972.
FLANAGAN, Owen, *The Problem of the Soul. Two Visions of Mind and How to Reconcile Them*, New York, Basic Books, 2002.
FRANKEL, Steven, « Politics and Rhetoric : The Intended Audience of Spinoza's *Tractatus Theologico-Politicus* », *The Review of Metaphysics*, 52, 4 (June 1999), p. 897-924.
– « The invention of liberal Theology. Spinoza's Theological-Political Analysis of Moses and Jesus », *The Review of Politics*, 63, 2, 2001, p. 287-315.
GARRETT, Don (ed.), *The Cambridge Companion to Spinoza*, Cambridge, CUP, 1996.
GAUCHET, Marcel, *Le désenchantement du monde*, Paris, Gallimard, 1985.
GOETSCHEL, Willi, *Spinoza's Modernity. Mendelssohn, Lessing, and Heine*, Madison, Wis., The University of Wisconsin Press, 2004.
GROSHOLZ, Emily R., *Cartesian Method and the Problem of Reduction*, Oxford, Clarendon Press, 1991.
— et YAKIRA, Elhanan, *Leibniz's Science of the Rational*, Stuttgart, Franz Steiner Verlag, 1998 (Studia Leibniziana Sonderheft 26).
GUEROULT, Martial, *Spinoza*, vol. 1 : *Dieu* ; vol. 2 : *L'âme*, Paris, Aubier, 1968 et 1974.
– *Dianoématique*, t. I : *Histoire de l'histoire de la philosophie*, vol. 1 : *En Occident des origines jusqu'à Condillac*, Paris, Aubier, 1984 ; vol. 2 : *En Allemagne,*

de Leibniz à nos jours, Paris, Aubier, 1988 ; vol. 3 : *En France de Condorcet à nos jours*, Paris, Aubier, 1988 ; t. II : *Philosophie de l'histoire de la philosophie*, Paris, Aubier, 1979.

GULLAN-WHUR, Margaret, *Within Reason. A Life of Spinoza*, London, Jonathan Cape, 1998.

HALBERTAL, Moshe, *People of the Book. Canon, Meaning, and Authority*, Cambridge, Mass., Harvard University Press, 1997.

HALLETT, Harold. F., *Aeternitas*, Oxford, Clarendon Press, 1930.

– « On a Reputed Equivoque in the Philosophy of Spinoza », *The Review of Metaphysics*, III, 1949-1950, p. 168-188.

– *Creation, Emanation and Salvation*, The Hague, Martinus Nijhoff, 1962.

HAMELIN, Octave, *La théorie de l'intellect d'après Aristote et ses commentateurs*, Paris, Vrin, 1953

HARRIS, Errol, *Spinoza's Philosophy. An Outline*, Amherst, Humanity Books, 1993.

HARVEY, Warren Zev, « A Portrait of Spinoza as a Maïmonidean », *Journal of the History of Philosophy*, 19/2, 1981, p. 151-171.

– « Maïmonidean Aspects in Spinoza's Thought », *Graduate Faculty Philosophy Journal*, 17, 1994, p. 153-174.

– *Rabbi Hesdai Kreskas* (en Hébreu), Jerusalem, The Jalman Shazar Center, 2010.

– « Spinoza on Ibn Ezra's Secret of the Twelve », *in* Melamed and Rosental (eds.), *Spinoza's Theological-Political Treatise. A Critical Guide*, Cambridge, CUP, 2010, p. 41-55.

HAZARD, Paul, *La crise de la conscience européenne, 1680-1715*, Paris, Boivin et Cie, 1935.

HEIDELBERGER, M. Michael, *Nature from Within. G. Th. Fechner and his Psychophysical Worldview*, Pittsburgh, University of Pittsburgh Press, 2004.

HESSING, Siegfried, « Prologue with Spinozana – Parallels via East and West », *in* S. Hessing (ed.), *speculum spinozanum 1677-1977*, London, Routledge & Kegan Paul, 1977, p. 1-62.

HIGHT, Marc A., *Idea and Ontology. An Essay in Early Modern Metaphysics of Ideas*, University Park, Penn., The Pennsylvania State University Press, 2008.

HITCHENS, Christopher, *Dieu n'est pas grand. Comment la religion empoisonne tout*, Paris, Belfond, 2009.

ISRAEL, Jonathan, *Les Lumières Radicales. La philosophie, Spinoza et la naissance de la modernité (1650-1750)*, trad. fr. P. Hugues, C. Nordmann, J. Rosanvallon, Paris, Éditions Amsterdam, 2005

– *Enlightenment Contested : Philosophy, Modernity and the Emancipation of Man 1670-1752*, Oxford, Oxford University Press, 2006.

– *A Revolution of the Mind : Radical Enlightenment and the Intellectual Origins of Modern Democraty*, Princeton, Princeton University Press, 2010.

JAQUET, Chantal, *Sub specie aeternitatis. Etude des concepts de temps, durée et éternité chez Spinoza*, Paris, Kimé, 1997.

– *L'unité du corps et de l'esprit. Affects, actions et passions chez Spinoza*, Paris, P.U.F., 2004.

JAMES, Susan, *Spinoza on Philosophy, Religion and Politics : The Theologico-Political Treatise*, Oxford, Oxford University Press, 2012.

JAMES, William, *The Varieties of Religious Experience A Study of Human Nature*, Digireads@yahoo.com, 2004.

JOACHIM, Harold A., *Study of Ethics of Spinoza*, Oxford, Oxford University Press, 1901.

– *Spinoza's Tractatus de Intellectus Emendatione*, Oxford, Clarendon Press, 1940.

JOËL, Manuel, *Spinoza's Theologisch-politischer Traktat auf seine Quellen geprüft*, Breslau, H. Skutech, 1870.

JOLLEY, Nicholas, *The Light of the Soul, Theories of Ideas in Leibniz, Malebranche, and Descartes*, Oxford, Clarendon Press, 1990.

JONAS, Hans, « Spinoza et la théorie de l'organisme », *Essais philosophiques*, trad. fr. O. Depré (dir.), Paris, Vrin, 2013.

KAPLAN, Yosef, *From Christianity to Judaism : the Story of Isaac Orobio de Castro*, translated from the Hebrew by R. Loewe, Oxford, Oxford University Press, 1989.

KASHAP, S. Paul (ed.), *Studies in Spinoza. Critical and Interpretative Essays*, Berkeley, University of California Press, 1972.

KLASSEN, Justin D., *The Paradox of Hope. Theology and the Problem of Nihilism*, Eugene, Oregon, Cascade Books, 2011.

KOJÈVE, Alexandre, *L'athéisme*, Paris, Gallimard, 1998.

KOLAKOWSKY, Leszek, *Chrétiens sans Église : La conscience religieuse et le lien confessionnel au XVIIe siècle*, trad. fr. A. Posner, Paris, Gallimard, 1969.

KOYRÉ, Alexandre, « Le chien, constellation céleste, et le chien animal aboyant », *Revue de Métaphysique et de Morale*, 55/1, 1950, p. 50-59.

KUSH, Martin, *Psychologism. A Case Study in the Sociology of Philosophical Knowledge*, London, Routledge, 1995.

LAGRÉE, Jacqueline, *Ad captum auditoris loqui : Theology and Tolerance in Lodewijk Meyer and Spinoza*, Delft, Eburn, 2001.

– *Spinoza et le débat religieux. Lectures du Traité Théologico-politique*, Rennes, Presses Universitaires de Rennes, 2004.

— et MOREAU, Pierre-François, *Louis Meyer, La philosophie interprète de l'Écriture Sainte*, trad., notes et présentation, Paris, Intertextes éditeur, 1988.

LANGERMANN, Tsvi Y, « Maïmonides and Miracles : The Growth of a (Dis)belief », *Jewish History,* 18, 2004, p. 147–172

LEBUFFE, Michael, *From Bondage to Freedom. Spinoza on Human Excellence*, Oxford and New York, Oxford University Press, 2010.

LEVY, Lia, *L'automate spirituel. La naissance de la subjectivité moderne d'après l'Éthique de Spinoza*, Assen, Van Gorcum, 2000.

LILA, Mark, *The Stillborn God, Religion, Politics, and the Modern West*, New York, Knopf, 2007.

LIVET, Pierre, *Les normes*, Paris, Armand Colin, 2006.

LLOYD, Genevieve, *Spinoza and the Ethics*, London, Routledge, 1996.

– *Spinoza : Critical Assessments* (in four volumes), London, Routlege, 2001.

Macherey, Pierre, *Hegel ou Spinoza*, Paris, Maspero, 1979.

– *Avec Spinoza. Études sur la doctrine et l'histoire du spinozisme*, Paris, P.U.F., 1992.

– *Introduction à l'Éthique de Spinoza*, Paris, P.U.F., t. I : *La nature des choses*, 1998 ; t. II : *La réalité mentale*, 1997 ; t. III : *La vie affective*, 1995 ; t. IV, *La condition humaine*, 1997 ; t. V : *Les voies de la libération*, 1994.

– *De Canguilhem à Foucault. La force des normes*, Paris, La Fabrique, 2009.

MACINTOSH, J. J. (ed.), *Boyle on Atheism*, Toronto, University of Toronto Press, 2005.

MACINTYRE, Alasdair, « The Debate about God » ; *in* Alasdair Macintyre et Paul Ricoeur, *The Religious Significance of Atheism*, New York, Columbia University Press, 1969, p. 1-55.

MANZINI, Frédéric (ed.), *Spinoza et ses scolastiques. Retour aux sources et nouveaux enjeux*, Paris, Presses de l'Université Paris-Sorbonne, 2011.

MARION, Jean-Luc, « Aporias and the Origin of Spinoza's Theory of Adequate Ideas », *in* Segal & Yovel (eds.), *Spinoza on Knowledge and the Human Mind*, Leiden, Brill, 1994, p. 129-158.

MARTIN, Michael (ed.), *The Cambridge Companion to Atheism*, Cambridge, CUP, 2007.

MASON, Richard, *The God of Spinoza. A Philosophical Study*, Cambridge, CUP, 1997.

– « Intelligibility : The Basic Premise ? », *Iyyun : The Jerusalem Philosophical Quaterly*, 50, July 2001, p. 229-244.

MATHERON, Alexandre, *Individu et communauté chez Spinoza*, Paris, Minuit, 1969.

– *Le Christ et le salut des ignorants chez Spinoza*, Paris, Aubier-Montaigne, 1971.

– « Spinoza and the Euclidean Arithmetic : The exemple of the Fourth proportional », *in* M. Greene et D. Nails (eds.), *Spinoza and the Sciences*, Berlin, Springer, 1986, p. 125-149.

– « Le moment stoïcien de l'Éthique de Spinoza », *in* P.-F. Moreau (éd.), *Le Stoïcisme aux* XVIe *et* XVIIe *siècles. Le retour des philosophies antiques à l'âge classique*, t. I, Paris, Albin Michel, 1999, p. 302-16.

– « Ideas of Ideas and Certainty in the Tractatus de Intellectus Emendatione », *in* Segal & Yovel (eds.), *Spinoza on Knowledge and the Human Mind*, Leiden, Brill, 1994, p. 83-91.

MÉCHOULAN, Henry, « Hébreux, juifs et pharisiens dans le Traité théologico-politique », *in* Emilia Giancotti Boscherini (ed.), *Spinoza nel 350 anniversero della nascita* (Actes du premier congrès international en Italie consacré à Spinoza, Urbino, octobre 4-8, 1982), Naples, Bibliopolis, 1985.

– *Être Juif à Amsterdam au temps de Spinoza*, Paris, Albin Michel, 1991.

– *Le droit et le sacré chez Spinoza*, Paris, Berg International, 2013.

MEINSMA, Karl O., *Spinoza et son cercle : étude critique historique sur les hétérodoxes hollandais*, trad. fr. R. Roosenburg and J.-P. Osier, Paris, Vrin, 1983.

MELAMED, Yitzhak Y. et ROSENTHAL, Michael A. (eds.), *Spinoza's Theological-Political Treatise. A Critical Guide*, Cambridge, CUP, 2010.

MERLAN, Ph., *Monopsychism, Mysticism, Metaconciousness. Problems of the Soul in the Neoaristotelian and Neoplatonic Tradition*, The Hague, Martinus Nijhof, 1963.

MERLEAU-PONTY, Maurice, *L'union de l'âme et du corps chez Malebranche, Biran et Bergson*, Paris, Vrin, 1978.

MILNER, Jean-Claude, *Le sage trompeur. Libres raisonnements sur Spinoza et les Juifs*, Paris, Verdier, 2013.

MINOIS, Georges, *Histoire de l'athéisme. Les incroyants dans le monde occidental des origines à nos jours*, Paris, Fayard, 1998.

MONTAG, Warren, *Bodies, Masses, Power. Spinoza and His Contemporaries*, London et New York, Verso, 1999.

— et STOLZE, Ted, (eds.), *The New Spinoza*, Minneapolis, University Of Minnesota Press, 1997.

MOREAU, Denis, *Deux Cartésiens. La polémique Arnauld-Malebranche*, Paris, Vrin, 1999.

MOREAU, Pierre-Francois, *Spinoza. L'expérience et l'éternité*, Paris, P.U.F., 1994.

– *Spinoza. État et religion*, Paris, ENS Éditions, 2005.

NAAMAN-ZAUDERER, Noa, *Descartes' Deontological Turn. Reason, Will, and Virtue in the Later Writings*, Cambridge, CUP, 2010.

NADLER, Steven M., *Arnauld and the Cartesian Philosophy of Ideas*, Manchester, Manchester University Press, 1989.

– *Malebranche and Ideas*, Oxford, Oxford University Press, 1992.

– *Spinoza*, trad .fr. J.-F. Sené, Paris, Bayard, 2003.

– *Spinoza's Heresy. Immortality and the Jewish Mind*, Oxford, Oxford University Press, 2002.

– « The Jewish Spinoza », *The Journal of the History of Ideas*, vol. 70, 3 (July 2009), p. 491-510.

– *A Book Forged in Hell. Spinoza's Scandalous Treatise and the Birth of the Secular Age*, Princeton, Princeton University Press, 2011.

NEGRI, Antonio, *L'anomalie sauvage*, Paris, P.U.F., 1982.

– « Reliqua Desiderantur. A Conjecture for a Definition of the Concept of Democracy in the Final Spinoza », *in* Montag and Stolze (eds.), *The New Spinoza*, Minneapolis, University Of Minnesota Press, 1997, p. 219-247.

NELSON, Eric, *The Hebrew Republic : Jewish Sources and the Transformation of European Political Thought*, Cambridge, Mass, Harvard University Press, 2010.

NIEWÖHNER, Friedrich W., « Die Religion Noahs bei Uriel da Costa und Baruch de Spinoza : Eine historische Miniatur zur Genese des Deismus », *in* De Deugd (ed.), *Spinoza's Political and Theological Thought : International Symposium under the Auspices of the Royal Netherlands Academy of Arts and Sciences. Commemorating the 350th Anniversary of the Birth of Spinoza*, Amsterdam, 24-27 November 1982, Amsterdam, North Holland Publishing Company, 1984, p. 143-149.

NORMORE, Calvin, « Meaning and Objective Being : Descartes and His Sources », *in* A. Rorty, *Essays on Descartes'* Meditations, Berkeley, Los Angeles, University of California Press, 1986, p. 223-241.

NOZICK, Robert, *The Nature of Rationality*, Princeton, Princeton University Press, 1993.

NUSSBAUM, Martha C., *Upheavals of Thought. The Intelligence of Emotions*, Cambridge, CUP, 1993.

OTTO, Rudolf, *Le sacré : L'élément non rationnel dans l'idée du divin et sa relation avec le rationnel* [1969], trad. fr. André Jundt, Paris, Payot & Rivages, 2001.

PANES, Joshua, *Maïmonides and Spinoza. Their conflicting views of Human Nature*, Chicago, The University of Chicago Press, 2012

PARKINSON, G. H. R., « Spinoza and British Idealism : The case of H. H. Joachim », *The British Journal for the History of Philosophy,* 1, 1993, p. 109-123.

PARROCHIA, Daniel, « Physique pendulaire et modèles de l'ordre dans *l'Éthique* de Spinoza », *Cahiers Spinoza*, 5, 1985, p. 71-92.

PETIT, P. et MCDOWELL, J. (eds.), *Subject, Thought, and Context*, Oxford, Clarendon Press, 1986.

PIETERSMA, Henry, « Merleau-Ponty and Spinoza », *International Studies in Philosophy*, 20, 3, 1988, p. 89-93.

PINES, Shlomo, *Moses Maïmonides, The Guide of the Perplexed*, traduction et introduction, Chicago, University of Chicago Press, 1968.

– « Spinoza's *Tractatus Theologico-Politicus*, Maïmonides and Kant », *Scripta Hierosolymitana*, 20, 1998, p. 3-54.

PINTARD, René, *Le libertinage érudit dans la première moitié du* XVIIe *siècle*, Paris, Boivin, 1943.

PREUS, Samuel J., *Spinoza and the Irrelevance of Biblical Authority*, Cambridge, CUP, 2001.

RADNER, Daisie, « Descartes' Notion of the Union of Mind and Body », *The Journal of the History of Philosophy*, 9, 1971, p. 159-170.

RAVVEN, H. et GOODMAN, L. (eds.) *Jewish Themes in Spinoza's Philosophy*, Albany, State University of New York Press, 2002.

RESCHER, Nicolas, *The Coherence Theory of Truth*, Oxford, Oxford University Press, 1973.

RICŒUR, Paul, *Soi-même comme un autre*, Paris, Seuil, 1990.

RIVAUD, Albert, *Les notions d'essence et d'existence dans la philosophie de Spinoza*, Paris, Alcan, 1906.

RODIS-LEWIS, Geneviève, *L'œuvre de Descartes*, Paris, Vrin, 1971.

– *Idées et vérités éternelles chez Descartes et ses successeurs*, Paris, Vrin, 1985.

RORTY-OKSENBERG, Amélie (ed.), *Essays on Descartes'* Meditations, Berkeley, Los Angeles, University of California Press, 1986.

ROSENTHAL, Michael, « Spinoza's Dogmas of the Universal Faith and the Problem of Religion », *Philosophy and Theology*, 13, 1, 2001, p. 53-82.

ROUSSET, Bernard, *La perspective finale de l'Éthique et le problème de la cohérence du spinozisme. L'autonomie comme salut*, Paris, Vrin, 1968.

SCHMALTZ, Ted, « Deflating Descartes' Causal Axiom », *Oxford Studies in Early Modern Philosophy*, vol. 3, 2006, p. 1-31.

SCHMIDT-Biggermann, W., *Theodizee und Tatsachen – Das philosophische Profil der deutschen Aufklärung*, Frankfurt, Suhrkamp, 1998.

SCHWARTZ, Daniel B., *The First Modern Jew: Spinoza and the History of an Image*, Princeton, Princeton University Press, 2012.

SCHWARZSCHILD, Steven S., « Do Noachites Have to Believe in Revelation? (A Passage in Dispute between Maïmonides, Spinoza, Mendelssohn and H. Cohen). A contribution to the Jewish view of Natural Law: The Textual Question », *in* M. Kelner (ed.), *The Pursuit of the Ideal. Jewish Writings of Steven Schwarzschild*, New York, SUNY Press, 1990, p. 29-60.

SEGAL, G. et Yovel, Y. (eds.), *Spinoza on Knowledge and the Human Mind* (the 2nd Jerusalem Conference – *Etica* II), Leiden, Brill, 1994.

SERRES, Michel, *Le système de Leibniz et ses modèles mathématiques*, Paris, P.U.F., 1968.

SMITH, Steven B., *Spinoza's Book of Life: Freedom and Redemption in the Ethics*, New Haven, Yale University Press, 2003.

STEENBAKKERS, Piet, « The text of Spinoza's Tractatus Theologico-politicus », *in* Y. Melamed et Rosenthal, *Spinoza's Theological-Political Treatise. A Critical Guide*, Cambridge, CUP, 2010, p. 29-40

STEWART, Matthew, *The Courtier and the Heretic. Leibniz, Spinoza, and the Fate of God in the Modern World*, New York, W. W. Norton & Company, 2006.

STRAUSS, Leo, *La Critique de la Religion chez Spinoza*, Paris, Cerf, 1996.

– *La Persécution et l'art d'écrire*, trad. fr. O. Seyden, Paris, Gallimard, 2009.

TAYLOR, Charles, *Les sources du moi. La formation de l'identité moderne*, trad. fr. C. Mélançon, Paris, Seuil, 1998.

– *L'âge séculier*, trad. fr. P. Savidan, Paris, Seuil, 2011.

TOULMIN, Stephen, *Cosmopolis, The Hidden Agenda of Modernity*, New York, The Free Press, 1990.

TOURAINE, Alain, *Critique de la modernité*, Paris, Fayard, 1992.

TUGENDHAT, Ernst, *Conscience de soi et autodétermination*, trad. fr. R. Rochlitz, Paris, Armand Collin, 1997.

VAN BUNGE, W., KROP, H., STEENBAKKERS, P. et VAN DE VEN, Jerom (eds.), *The Continuum Companion to Spinoza*, London, Continuum, 2011.

VERBEEK, Theo, *Spinoza's Theologico-Political Treatise. Exploring the Will of God*, Hampshire, UK, Ashgate, 2003.

– « Spinoza et la tradition scolastique des Seconds Analytiques », *in* F. Manzini, *Spinoza et ses scolastiques. Retour aux sources et nouveaux enjeux*, Paris, Presses de l'Université Paris-Sorbonne, p. 115-134.

VERNIÈRE, Paul, *Spinoza et la pensée française avant la Révolution*, Paris, P.U.F., 1954.

VINCIGUERRA, Lorenzo, *Spinoza et le signe. La genèse de l'imagination*, Paris, Vrin, 2005.

VYVERBERG, Henry, *Historical Pessimism in the French Enlightenment*, Cambridge, Mass., Harvard University Press, 1958.

WATSON, Richard A., *Representational Ideas, From Plato to Patricia Churchland*, Dordrecht, Kluwer Academic Publishers, 1995.

WETLESEN, John, *The Sage and the Way*, Assen, Van Gorcum, 1979.

WOLFSON, Harry A., *La philosophie de Spinoza*, trad. fr. A.-D. Balmès, Paris, Gallimard, 1999.

YAKIRA, Elhanan, *Contrainte, nécessité, choix. La métaphysique de la liberté chez Spinoza et chez Leibniz*, Zurich, Éditions du Grand Midi, 1989.

– « What Is a Mathematical Truth ? », *in* E. Curley, A. Heinekamp et M. Walther (eds.), *Studia Spinozana*, 6, 1990, p. 73-101.

– « Ideas of Nonexistent Modes : Ethics II Proposition 8, its Corollary and Scholium », in Y. Yovel (ed.), *Spinoza on Knowledge and Human Mind*, Leiden, Brill, 1994.1994.

– « Leo Strauss and Baruch Spinoza : Remarks in the Margins of Strauss' Timely Reflections », *in* S. Nadler, M. Walther et E. Yakira (eds.), *Studia Spinozana*, 13, 1997, p. 161-182.

– « Spinoza et le problème de l'intentionnalité », *Philosophiques*, 29, n° 1, 2001, p. 139-146.

– « Is the Rational Man Free ? » *in* Y. Yovel et G. Segal (eds.), *Spinoza on Reason and the « Free Man »*, New York, Little Room Press, 2004.

YOLTON, John W., *Perception and Reality, A History from Descartes to Kant*, Ithaca and London, Cornell University Press, 1996.

YOVEL, Yirmiyahu, *Spinoza and Other Heretics*, Princeton, Princeton University Press, 1992 (2 vol.).

– (ed.), *Spinoza on Knowledge and Human Mind*, Leiden, Brill, 1994.

ZAC, Sylvain, *Spinoza et l'Interprétation de l'Écriture*, Paris, Vrin, 1970.

– *Philosophie, théologie, politique dans l'œuvre de Spinoza*, Paris, P.U.F., 1970.

ZARKA, Yves-Charles, « First Philosophy and the Foundation of Knowledge », *in* T. Sorell (ed.), *The Cambridge Companion to Hobbes*, Cambridge, CUP, 1996.

TABLE DES MATIÈRES

TROISIÈME PARTIE

QUATRIÈME PARTIE

Achevé d'imprimer par Corlet Numérique - 14110 Condé-sur-Noireau
N° d'Imprimeur : 135026 - Dépôt légal : janvier 2017 - *Imprimé en France*